엑스포지멘터리

요한복음 I

John

엑스포지멘터리 요한복음 I

초판 1쇄 발행 2022년 10월 21일
2쇄 발행 2022년 10월 23일

지은이 송병현

펴낸곳 도서출판 이엠
등록번호 제25100-2015-000063
주소 서울시 강서구 공항대로 220, 601호
전화 070-8832-4671
E-mail empublisher@gmail.com

내용 및 세미나 문의 스타선교회: 02-520-0877 / EMail: starofkorea@gmail.com / www.star123.kr
Copyright ⓒ 송병현, 2022, *Print in Korea.*
ISBN 979-11-86880-93-7 93230

「이 도서의 국립중앙도서관 출판시 도서목록(CIP)은 서지정보유통지원시스템 홈페이지(http://seoji.nl.go.kr)와 국가자
료공동목록시스템(http://www.nl.go.kr/kolisnet)에서 이용하실 수 있습니다. (CIP제어번호:CIP2015000753)」

엑스포지멘터리

요한복음 I

John

| 송병현 지음 |

EXPOSItory comMENTARY

EM Exposi
Mentary

예수 그리스도의 생명의 복음

송병현 교수님이 오랫동안 연구하고 준비한 엑스포지멘터리 주석 시리즈를 출간할 수 있도록 인도해 주신 여호와 하나님께 감사와 영광을 돌립니다. 함께 수고한 스타선교회 실무진들의 수고에도 격려의 말씀을 드립니다.

많은 주석이 있지만 특별히 엑스포지멘터리 주석이 성경을 하나님의 완전한 계시로 믿고 순종하려는 분들에게 위로와 감동을 주었으면 하는 바람입니다. 단지 신학을 학문적으로 풀어내어 깨달음을 주는 수준이 아니라 성경을 통해 하나님의 세미한 음성을 들을 수 있도록 돕는 역할을 했으면 좋겠습니다. 예수 그리스도가 내 안에 내가 예수 그리스도 안에 있는 신앙으로 하나님의 말씀에 순종하는 사람을 길러내는 일에도 기여할 수 있기를 바랍니다.

우리 백석총회와 백석학원(백석대학교, 백석문화대학교, 백석예술대학교, 백석대학교평생교육신학원)의 신학적 정체성은 개혁주의생명신학입니다. 개혁주의생명신학은 성경의 가르침과 개혁주의 신학을 계승해, 사변

4

화된 신학을 반성하고, 회개와 용서로 하나 되며, 예수 그리스도께서 주신 영적 생명을 회복하고자 하는 신앙 운동입니다. 그리하여 성령의 도우심으로 삶의 모든 영역에서 예수 그리스도의 주권을 실현함으로써 오직 하나님께 영광을 돌리고, 나눔운동과 기도성령운동을 통해 자신과 교회와 세상을 변화시키는 실천 운동입니다.

송병현 교수님은 백석대학교 신학대학원에서 20여 년 동안 구약성경을 가르쳐 왔습니다. 성경 신학자로서 구약을 가르치면서도 기회가 있을 때마다 선교지를 방문해 선교사들을 교육하는 일을 게을리하지 않았습니다. 엑스포지멘터리 주석 시리즈는 오랜 선교 사역을 통해 알게 된 현장을 고려한 주석이라는 점에서 참으로 의미가 있습니다. 그만큼 실용적입니다. 목회자와 선교사님들뿐 아니라 모든 성도가 별다른 어려움 없이 쉽게 읽을 수 있습니다. 개혁주의생명신학이 추구하는 눈높이에 맞는 주석으로서 말씀에 대한 묵상과 말씀에서 흘러나오는 적용을 곳곳에서 만날 수 있습니다. 그래서 성경을 하나님의 말씀으로 믿고 고백하는 사람이라면 궁금했던 내용을 쉽게 배울 수 있고, 설교와 성경 공부를 하는 데도 도움을 받을 수 있습니다. 이번 구약 주석의 완간과 신약 주석 집필의 시작이 예수 그리스도의 생명의 복음을 온 세상에 전하려는 모든 분에게 도움이 되기를 바라는 마음으로 이 책을 추천합니다.

2021년 9월

장종현 목사 | 대한예수교장로회(백석) 총회장·백석대학교 총장

한국 교회를 향한 아름다운 섬김

우리 시대를 포스트모던 시대라고 합니다. 절대적 가치를 배제하고 모든 것을 상대화하는 시대입니다. 이런 시대를 살아가면서 목회자들은 여전히 변하지 않는 절대적인 계시의 말씀인 성경을 들고 한 주간에도 여러 차례 설교하도록 부름을 받습니다. 그런가 하면 진지한 평신도들도 날마다 성경을 읽고 해석하며 삶의 마당에 적용하도록 도전을 받고 있습니다.

이런 시대 속에서 우리는 전통적인 주석과 강해를 종합하는 도움을 기다리고 있었습니다. 저는 이러한 시대적 요청에 송병현 교수가 꼭 필요한 응답을 했다고 믿습니다. 그것이 구약 엑스포지멘터리 전권 발간에 한국 교회가 보여 준 뜨거운 반응의 이유였다고 믿습니다.

물론 정교하고 엄밀한 주석을 기대하거나 혹은 전적으로 강해적 적용을 기대한 분들에게는 이 시리즈가 다소 기대와 다를 수도 있을 것입니다. 그러나 목회 현장에서 설교의 짐을 지고 바쁘게 살아가는 설교자들과 날마다 일상에서 삶의 무게를 감당하며 성경을 묵상하는 성도들에게 이 책은 시대의 선물입니다.

저는 저자가 구약 엑스포지멘터리 전권을 발간하는 동안 얼마나 자신을 엄격하게 채찍질하며 이 저술을 하늘의 소명으로 알고 치열하게 그 임무를 감당해 왔는지 지켜보았습니다. 그리고 그 모습에 큰 감동을 받았습니다. 그렇기에 다시금 신약 전권 발간에 도전하는 그에게 중보 기도와 함께 진심 어린 격려의 박수를 보내고 싶습니다.

구약 엑스포지멘터리에 추천의 글을 쓰며 말했던 것처럼 이는 과거 박윤선 목사님 그리고 이상근 목사님에 이어 한국 교회를 향한 아름다운 섬김으로 기억될 것입니다. 더불어 구약과 신약 엑스포지멘터리 전권을 곁에 두고 설교를 준비하고 말씀을 묵상하는 주님의 종들이 하나님 말씀 안에서 더욱 성숙해 한국 교회의 면류관이 되기를 기도합니다.

이 참고 도서가 무엇보다 성경의 성경 됨을 우리 영혼에 더 깊이 각인해 성경의 주인 되신 주님을 높이고 드러내는 일에 존귀하게 쓰이기를 축복하고 축원합니다. 제가 그동안 이 시리즈로 받은 동일한 은혜가 이 선물을 접하는 모든 분에게 넘치기를 기도합니다.

2021년 1월

이동원 목사 | 지구촌 목회리더십센터 대표

신약 엑스포지멘터리 시리즈를 시작하며

지난 10년 동안 구약에 관해 주석 30권과 개론서 4권을 출판했다. 이 시리즈의 준비 작업은 미국 시카고 근교에 자리한 트리니티복음주의신학교(Trinity Evangelical Divinity School)에서 목회학석사(M. Div.)를 공부할 때 시작되었다. 교수들의 강의안을 모았고, 좋은 주석으로 추천받은 책들은 점심을 굶어가며 구입했다. 덕분에 같은 학교에서 구약학박사(Ph. D.) 과정을 마무리하고 한국으로 올 때 거의 1만 권에 달하는 책을 가져왔다. 지금은 이 책들 대부분이 선교지에 있는 여러 신학교에 가 있다.

신학교에서 공부할 때 필수과목을 제외한 선택과목은 거의 성경 강해만 찾아서 들었다. 당시 트리니티복음주의신학교가 나에게 참으로 좋았던 점은 교수들의 신학적인 관점의 폭이 매우 넓었고, 다양한 성경 과목이 선택의 폭을 넓혀 주었다는 점이다. 세계적으로 유명한 구약과 신약 교수들의 강의를 들으면서도 내 마음 한구석은 계속 불편했다. 계속 "소 왓?"(So what?, "그래서 어쩌라고?")이라는 질문이 나를 불편하게 했다. 그들의 주옥같은 강의로도 채워지지 않는 부분이 있었기 때문이다.

주석은 대상에 따라 학문적 수준이 천차만별인 매우 다이내믹한 장르다. 평신도들이 성경 말씀을 쉽게 이해하도록 돕기 위해 출판된 주석들은 본문 관찰에 대한 가장 기본적인 내용과 쉬운 언어로 작성된다. 나에게 가장 친숙한 예는 바클레이(Barclay)의 신약 주석이다. 나는 고등학생과 대학생 시절에 바클레이가 저작한 신약 주석 17권으로 큐티(QT)를 했다. 신앙생활뿐 아니라 나중에 신학교에 입학할 때도 많은 도움이 되었다.

평신도들을 위한 주석과는 대조적으로 학자들을 위한 주석은 당연히 말도 어렵고, 논쟁적이며, 일반 성도들이 몰라도 되는 내용을 참으로 많이 포함한다. 나는 당시 목회자 양성을 위한 목회학석사(M. Div.) 과정을 공부하고 있었기 때문에 성경 강해를 통해 설교와 성경 공부를 인도하는 데 도움이 될 만한 강의를 기대했다. 교수들의 강의는 학문적으로 참으로 좋았다. 그러나 그들이 가르치는 내용을 성경 공부와 설교에는 쉽게 적용할 수 없다는 생각이 들었다. 이러한 필요가 채워지지 않았기 때문에 계속 "소 왓"(So what?)을 반복했던 것이다.

그때부터 자료들을 모으고 정리하며 나중에 하나님이 기회를 주시면 목회자들의 설교와 성경 공부에 실질적인 도움을 줄 수 있는 주석을 출판하겠다는 꿈을 품었다. 그러면서 시리즈 이름도 '엑스포지멘터리' (exposimentary=expository+commentary)로 정해 두었다. 그러므로 『엑스포지멘터리 시리즈』는 20여 년의 준비 끝에 10년 전부터 출판을 시작한 주석 시리즈다. 2010년에 첫 책인 창세기 주석을 출판할 무렵, 친구인 김형국 목사에게 사전에도 없는 'Exposimentary'를 우리말로 어떻게 번역하면 좋겠냐고 물었다. 그는 우리말로는 쉽게 설명할 수 없는 개념이니 그냥 영어를 소리 나는 대로 표기해 사용하라고 조언했다. 이렇게 해서 엑스포지멘터리 시리즈 주석이 탄생하게 되었다.

지난 10년 동안 많은 목회자가 이 주석들로 인해 설교가 바뀌고 성경 공부에 자신감을 얻었다고 말해 주었다. 참으로 감사한 일이다. 나는 학자들을 위해 책을 쓰는 것이 아니라, 목회자들을 위해 주석을 집필하고 있다. 그래서 목회자들이 알아야 할 정도의 학문적인 내용과 설교 및 성경 공부에 도움이 될 만한 실용적인 내용이 균형을 이룬 주석을 출판하기 위해 노력하고 있다. 또한 학문적으로 높은 수준의 주석을 추구하지 않기 때문에 구약을 전공한 내가 감히 신약 주석을 집필할 생각을 했다. 나의 목표는 은퇴할 무렵까지 마태복음부터 요한계시록까지 신약 주석을 정경 순서대로 출판하는 것이다. 이 책으로 도움을 받은 독자들이 나를 위해 기도해 준다면 참으로 감사하고 영광스러운 일이 될 것이다.

2021년 1월 방배동에서

시리즈 서문

"너는 50세까지는 좋은 선생이 되려고 노력하고, 그 이후에는 좋은 저자가 되려고 노력해라." 내가 미국 시카고 근교에 위치한 트리니티복음주의신학교(Trinity Evangelical Divinity School) 박사 과정을 시작할 즈음에 지금은 고인이 되신 스승 맥코미스키(Thomas E. McComiskey)와 아처(Gleason L. Archer) 두 교수님이 주신 조언이다. 너무 일찍 책을 쓰면 훗날 아쉬움이 많이 남는다며 하신 말씀이었다. 박사 학위를 마치고 1997년에 한국에 들어와 신학대학원에서 가르치기 시작하면서 나는 이 조언을 마음에 새겼다. 사실 이 조언과 상관없이 당시에 곧장 책을 출판하기는 불가능한 일이었다. 중학생이었던 1970년대 중반에 캐나다로 이민 가서 20여 년 만에 귀국해 우리말로 강의하는 일 자체가 그 당시 나에게 매우 큰 도전이었던 만큼, 책을 출판하는 일은 사치로 느껴질 뿐이었다.

세월이 지나 어느덧 선생님들이 말씀하신 쉰 살을 눈앞에 두었다. 1997년에 귀국한 후 지난 10여 년 동안 나는 구약 전체에 대한 강의안을 만드는 일을 목표로 삼았다. 나 자신에게 동기를 부여하기 위해 몸담고 있는 신대원 학생들에게 매 학기 새로운 구약 강해 과목을 개설

해 주었다. 감사한 것은 지혜문헌을 제외한 구약 모든 책의 본문 관찰을 중심으로 한 강의안을 13년 만에 완성할 수 있었다는 점이다. 앞으로 수년에 거쳐 이 강의안들을 대폭 수정해 매년 2-3권씩을 책으로 출판하려 한다. 지혜문헌은 잠시 미루어 두었다. 시편 1권(1-41편)에 대해 강의안을 만든 적이 있는데, 본문 관찰과 주해는 얼마든지 할 수 있었지만 무언가 아쉬움이 남았다. 삶의 연륜이 가미되지 않은 데서 비롯된 부족함이었다. 그래서 지혜문헌에 대한 주석은 예순을 바라볼 때쯤 집필하기로 했다. 삶을 조금 더 경험한 후로 미루어 둔 것이다. 아마도 이 시리즈가 완성될 즈음이면, 자연스럽게 지혜문헌에 대한 책을 출판할 때가 되지 않을까 싶다.

이 시리즈는 설교를 하고 성경 공부를 인도해야 하는 중견 목회자들과 평신도 지도자들을 마음에 두고 집필한 책이다. 나는 이 시리즈의 성향을 'exposimentary'('해설주석')이라고 부르고 싶다. Exposimentary라는 단어는 내가 만든 용어다. 해설/설명을 뜻하는 'expository'라는 단어와 주석을 뜻하는 'commentary'를 합성했다. 대체로 expository는 본문과 별 연관성이 없는 주제와 묵상으로 치우치기 쉽고, commentary는 필요 이상으로 논쟁적이고 기술적일 수 있다는 한계를 의식해 이러한 상황을 의도적으로 피하고 가르치는 사역에 조금이나마 실용적이고 도움이 되는 교재를 만들기 위해 만들어낸 개념이다. 나는 본문의 다양한 요소와 이슈들에 대해 정확하게 석의하면서도 전후 문맥과 책 전체의 문형(文形, literary shape)을 최대한 고려해 텍스트의 의미를 설명하고 우리 삶과 연결하고자 노력했다. 또한 히브리어 사용은 최소화했다.

이 시리즈를 내놓으면서 감사할 사람이 참 많다. 먼저, 지난 25년 동안 내 인생의 동반자가 되어 아낌없는 후원과 격려를 해 준 아내 임우민에게 감사한다. 아내를 생각할 때마다 참으로 현숙한 여인(cf. 잠 31:10-31)을 배필로 주신 하나님께 감사할 뿐이다. 아빠의 사역을 기도와 격려로 도와준 지혜, 은혜, 한빛에게도 고마운 마음을 표한다. 평생기도와 후원을 아끼지 않는 친가와 처가 친척들에게도 감사하다는 말을 전하고 싶다. 항상 옆에서 돕고 격려해 주는 평생 친구 장병환·윤인옥 부부에게도 고마움을 표하며, 시카고 유학 시절에 큰 힘이 되어 주신 이선구 장로·최화자 권사님 부부에게도 이 자리를 빌려 평생 빚진 마음을 표하고 싶다. 우리 가족이 20여 년 만에 귀국해 정착할 수 있도록 배려를 아끼지 않으신 백석학원 설립자 장종현 목사님에게도 감사드린다. 우리 부부의 영원한 담임 목자이신 이동원 목사님에게도 고마움을 표하고 싶다.

2009년 겨울 방배동에서

감사의 글

스타선교회의 사역에 물심양면으로 헌신해 오늘도 하나님의 말씀이 온 세상에 선포되는 일에 기쁜 마음으로 동참하시는 백영걸, 정진성, 장병환, 임우민, 정채훈, 강숙희 이사님들께 감사의 마음을 전하고 싶습니다. 이사님들의 헌신이 있기에 세상은 조금 더 살맛 나는 곳이 되고 있습니다. 온 세상이 코로나19로 인해 겸손해질 수밖에 없는 시간을 지나고 있습니다. 여호와 라파의 주님께서 창궐한 코로나19를 다스리시고, 투병 중인 정채훈 이사님을 온전히 낫게 하실 것을 믿습니다.

2022년 봄의 향기가 가득한 방배동에서

일러두기

엑스포지멘터리(exposimentary)는 '해설/설명'을 뜻하는 엑스포지토리 (expository)와 '주석'을 뜻하는 코멘터리(commentary)를 합성한 단어다. 본 문의 뜻과 저자의 의도와는 별 연관성이 없는 주제와 묵상으로 치우치기 쉬운 엑스포지토리(expository)의 한계와 필요 이상으로 논쟁적이고 기술적일 수 있는 코멘터리(commentary)의 한계를 극복해 목회 현장에 서 가르치고 선포하는 사역에 실질적으로 도움을 주는 새로운 장르다. 본문의 다양한 요소와 이슈에 대해 정확하게 석의하면서도 전후 문맥과 책 전체의 문형(文形, literary shape)을 최대한 고려해 텍스트의 의미를 설명하고 성도의 삶과 연결하고자 노력하는 설명서다. 엑스포지멘터리는 다음과 같은 원칙을 바탕으로 인용한 정보를 표기한다.

1. 참고문헌을 모두 표기하지 않고 선별된 참고문헌으로 대신한다.
2. 출처를 표기할 때 각주(foot note) 처리는 하지 않는다.
3. 출처는 괄호 안에 표기하되 페이지는 밝히지 않는다.
4. 여러 학자가 동일하게 해석할 때는 모든 학자를 표기하지 않고 일 부만 표기한다.

5. 한 출처를 인용해 설명할 때 설명이 길어지더라도 문장마다 출처를 표기하지 않는다.

6. 본문 설명을 마무리하면서 묵상과 적용을 위해 "이 말씀은…"으로 시작하는 문단(들)을 두었다. 이 부분만 읽으면 잘 이해되지 않는 것들도 있다. 그러나 본문 설명을 읽고 나면 이해가 될 것이다.

7. 본문을 설명할 때 유대인들의 문헌과 외경과 위경에 관한 언급을 최소화한다.

8. 구약을 인용한 말씀은 장르에 상관없이 가운데 맞춤으로 정렬했으며, NAS의 판단 기준을 따랐다.

주석은 목적과 주된 대상에 따라 인용하는 정보의 출처와 참고문헌 표기가 매우 탄력적으로 제시되는 장르다. 참고문헌 없이 출판되는 주석도 있고, 각주가 전혀 없이 출판되는 주석도 있다. 또한 각주와 참고문헌 없이 출판되는 주석도 있다. 엑스포지멘터리 시리즈는 이 같은 장르의 탄력적인 성향을 고려해 제작된 주석이다.

선별된 약어표

개역	개역한글판
개역개정	개역개정판
공동	공동번역
새번역	표준새번역 개정판
현대	현대인의 성경
아가페	아가페 쉬운성경
BHS	Biblica Hebraica Stuttgartensia
ESV	English Standard Version
KJV	King James Version
LXX	Septuaginta
MT	Masoretic Text
NAB	New American Bible
NAS	New American Standard Bible
NEB	New English Bible
NIV	New International Version
NIRV	New International Reader's Version

NRS	New Revised Standard Bible
TNK	Jewish Publication Society Tanakh
AB	Anchor Bible
ABCPT	A Bible Commentary for Preaching and Teaching
ABD	The Anchor Bible Dictionary, 6 vols. Ed. by D. N. Freedman. New York, 1992
ABR	Australian Biblical Review
ABRL	Anchor Bible Reference Library
ACCS	Ancient Christian Commentary on Scripture
ANET	The Ancient Near Eastern Texts Relating to the Old Testament. 3rd ed. Ed. by J. B. Pritchard. Princeton: Princeton University Press, 1969
ANETS	Ancient Near Eastern Texts and Studies
ANTC	Abingdon New Testament Commentary
AOTC	Abingdon Old Testament Commentary
ASTI	Annual of Swedish Theological Institute
BA	Biblical Archaeologist
BAR	Biblical Archaeology Review
BAR	Biblical Archaeology Review
BBR	Bulletin for Biblical Research
BCBC	Believers Church Bible Commentary
BCL	Biblical Classics Library
BDAG	A Greek-English Lexicon of the New Testament and Other Early Christian Literature, 3rd ed. Ed. by Bauer, W., W. F. Arndt, F. W. Gingrich, and F. W. Danker. Chicago, 2000
BECNT	Baker Exegetical Commentary on the New Testament

BETL	Bibliotheca Ephemeridum Theoloicarum Lovaniensium
BETS	Bulletin of the Evangelical Theological Society
BibOr	Biblia et Orientalia
BibSac	Bibliotheca Sacra
BibInt	Biblical Interpretation
BR	Bible Reseach
BRev	Bible Review
BRS	The Biblical Relevancy Series
BSC	Bible Student Commentary
BST	The Bible Speaks Today
BT	Bible Translator
BTB	Biblical Theology Bulletin
BTC	Brazos Theological Commentary on the Bible
BV	Biblical Viewpoint
BZ	Biblische Zeitschrift
BZNW	Beihefte zur Zeitschrift für die neutestamentliche Wissenschaft
CB	Communicator's Bible
CBC	Cambridge Bible Commentary
CBQ	Catholic Biblical Quarterly
CBQMS	Catholic Biblical Quarterly Monograph Series
CGTC	Cambridge Greek Testament Commentary
CurBS	Currents in Research: Biblical Studies
CurTM	Currents in Theology and Missions
DJG	Dictionary of Jesus and the Gospels. Ed. by J. B. Green, S. McKnight, and I. Howard Marshall. Downers Grove, 1992
DNTB	Dictionary of New Testament Background. Ed. by C. A. Evans and S. E. Porter. Downers Grove, 2000

DPL	Dictionary of Paul and His Letters. Ed. by G. F. Hawthorne, R. P. Martin, and D. G. Reid. Downers Grove, 1993
DSB	Daily Study Bible
ECC	Eerdmans Critical Commentary
ECNT	Exegetical Commentary on the New Testament
EDNT	Exegetical Dictionary of the New Testament. Ed. by H. Balz, G. Schneider. Grand Rapids, 1990–1993
EvJ	Evangelical Journal
EvQ	Evangelical Quarterly
ET	Expository Times
FCB	Feminist Companion to the Bible
GTJ	Grace Theological Journal
HALOT	The Hebrew and Aramaic Lexicon of the Old Testament. Ed. by L. Koehler and W. Baumgartner. Trans. by M. E. J. Richardson. Leiden, 1994–2000
Hist. Eccl.	Historia ecclesiastica (Eusebius)
HNTC	Holman New Testament Commentary
HTR	Harvard Theological Review
IB	Interpreter's Bible
IBS	Irish Biblical Studies
ICC	International Critical Commentary
IDB	Interpreter's Dictionary of the Bible
ISBE	The International Standard Bible Encyclopedia. 4 vols. Ed. by G. W. Bromiley. Grand Rapids, 1979–88
JAAR	Journal of the American Academy of Religion
JBL	Journal of Biblical Literature
JESNT	Journal for the Evangelical Study of the New Testament

JETS	Journal of the Evangelical Theological Society
JQR	Jewish Quarterly Review
JRR	Journal from the Radical Reformation
JSNT	Journal for the Study of the New Testament
JSNTSup	Journal for the Study of the New Testament Supplement Series
JTS	Journal of Theological Studies
LABC	Life Application Bible Commentary
LB	Linguistica Biblica
LCBI	Literary Currents in Biblical Interpretation
LEC	Library of Early Christianity
Louw−Nida	Greek−English Lexicon of the New Testament: Based on Semantic Domains, 2nd ed., 2 vols. By J. Louw, and E. Nida. New York, 1989
LTJ	Lutheran Theological Journal
MBC	Mellen Biblical Commentary
MenCom	Mentor Commentary
MJT	Midwestern Journal of Theology
NAC	New American Commentary
NCB	New Century Bible
NIB	The New Interpreter's Bible
NIBC	New International Biblical Commentary
NICNT	New International Commentary on the New Testament
NICOT	New International Commentary on the Old Testament
NIDNTT	The New International Dictionary of New Testament Theology. Ed. by C. Brown. Grand Rapids, 1986
NIDNTTE	New International Dictionary of New Testament Theology and Exegesis. 2nd Ed. by Moisés Silva. Grand Rapids, 2014

NIDOTTE	New International Dictionary of Old Testament Theology and Exegesis. Ed. by W. A. Van Gemeren. Grand Rapids, 1996
NIGTC	New International Greek Testament Commentary
NIVAC	New International Version Application Commentary
NovT	Novum Testamentum
NovTSup	Novum Testamentum Supplements
NSBT	New Studies in Biblical Theology
NTL	New Testament Library
NTM	New Testament Message
NTS	New Testament Studies
PBC	People's Bible Commentary
PNTC	Pillar New Testament Commentary
PRR	The Presbyterian and Reformed Review
PSB	Princeton Seminary Bulletin
ResQ	Restoration Quarterly
RevExp	Review and Expositor
RR	Review of Religion
RRR	Review of Religious Research
RS	Religious Studies
RST	Religious Studies and Theology
RTR	Reformed Theological Review
SacP	Sacra Pagina
SBC	Student's Bible Commentary
SBJT	Southern Baptist Journal of Theology
SBL	Society of Biblical Literature
SBLDS	Society of Biblical Literature Dissertation Series
SBLMS	Society of Biblical Literature Monograph Series

SBT	Studies in Biblical Theology
SHBC	Smyth & Helwys Bible Commentary
SJT	Scottish Journal of Theology
SNT	Studien zum Neuen Testament
SNTSMS	Society for New Testament Studies Monograph Series
SNTSSup	Society for New Testament Studies Supplement Series
ST	Studia Theologica
TBT	The Bible Today
TD	Theology Digest
TDOT	Theological Dictionary of the Old Testament. 11 vols. Ed. by G. J. Botterweck et al. Grand Rapids, 1974–2003
TDNT	Theological Dictionary of the New Testament. Ed. by G. Kittel and G. Friedrich. Trans. by G. W. Bromiley. 10 vols. Grand Rapids, 1964–1976
Them	Themelios
TJ	Trinity Journal
TNTC	Tyndale New Testament Commentaries
TS	Theological Studies
TT	Theology Today
TTC	Teach the Text Commentary Series
TWBC	The Westminster Bible Companion
TWOT	R. L. Harris, G. L. Archer, Jr., and B. K. Waltke (eds.), Theological Wordbook of the Old Testament, 2 vols. Chicago: Moody, 1980
TynBul	Tyndale Bulletin
TZ	Theologische Zeitschrift
USQR	Union Seminary Quarterly Review

VE	Vox Evangelica
VT	Vetus Testament
WBC	Word Biblical Commentary
WBCom	Westminster Bible Companion
WCS	Welwyn Commentary Series
WEC	Wycliffe Exegetical Commentary
WTJ	The Westminster Theological Journal
WUNT	Wissenschafliche Untersuchungen zum Neuen Testament und die Kunde der älteren Kirche
WW	Word and World
ZNW	Zeitschrift für die neutestamentliche Wissenschaft

차례

선별된 참고문헌

(Select Bibliography)

Adams, S. L. *Social and Economic Life in Second Temple Judea.* Louisville, KY: Westminster John Knox, 2014.

Alexander, L. "What is a Gospel?" Pp. 13–33 in *The Cambridge Companion to the Gospels.* Ed. by S. Barton. Cambridge: Cambridge University Press, 2006.

Ashton, J., ed. *The Interpretation of John.* Minneapolis: Fortress, 1986.

_____. *Understanding the Fourth Gospel.* Oxford: Clarendon, 1991.

Aland, K., ed. *Synopsis of the Four Gospels: Greek-English Edition of the Synopsis Quattuor Evangeliorum.* 7th ed. Stuttgart, Germany: German Bible Society, 1983.

Alexander, J. *Commentary on the Prophecies of Isaiah.* New York/London: Wiley & Putnam, 1847.

Allison, D. C. *The Historical Christ and the Theological Jesus.* Grand Rapids: Eerdmans, 2009.

Aquinas, T. *Commentary on the Gospel of John.* 3 vols. Trans. by F. Larcher and J. A. Weisheipl. Washington, DC: The Catholic University

Press, 2010.

Arterbury, A. E. "Breaking the Betrothal Bonds: Hospitality in John 4." CBQ 72 (2010): 63–83.

Ashton, J. *Understanding the Fourth Gospel*. Oxford: Clarendon, 1991.

Attridge, H. W. "Genre Bending in the Fourth Gospel." JBL 121 (2002): 3–21.

_____. "How Priestly is the 'High Priestly Prayer' of John 17?" CBQ 75 (2013): 1–14.

The Works of Saint Augustine. A Translation for the 21st Century. Homilies on the Gospel of John. Trans. and ed. by E. Hill. Myde Park, NY: New City Press, 2009.

Aune, D. E. *The New Testament in Its Literary Environment*. Philadelphia: Westminster, 1987.

Bailey, K. E. *Poet and Peasant*. Grand Rapids: Eerdmans, 1976.

_____. *Through Peasant Eyes: More Lucan Parables, Their Culture and Style*. Grand Rapids: Eerdmans, 1980.

_____. *Jesus through Middle Eastern Eyes: Cultural Studies in the Gospels*. Downers Grove, IL: InterVarsity Press, 2008.

Barclay, W. *The Gospel of John*. 2 vols. DSB. Rev. ed. Philadelphia: Westminster Press, 1975.

Barrett, C. K. *The Gospel According to St. John*. Philadelphia: Westminster Press, 1955.

_____. *Essays on John*. Philadelphia: Westminster Press, 1982.

_____. *The Gospel of John and Judaism*. London: SPCK, 1975.

Bauckham, R. *The Testimony of the Beloved Disciple: Narrative, History, and Theology in the Gospel of John*. Grand Rapids: Baker, 2007.

_____. *Gospel Women: Studies in the Named Women in the Gospels*. Grand

Rapids: Eerdmans, 2002.

_____. *Jesus and the Eyewitnesses: The Gospels as Eyewitness Testimony*. Grand Rapids: Eerdmans, 2006.

_____, ed. *The Gospel for All Christians*. Grand Rapids: Eerdmans, 1998.

Baumgardt, D. "Kaddish and the Lord's Prayer." JBQ 19 (1991): 164–69.

Beale, G. K.; B. L. Gladd. *The Story Retold: A Biblical-Theological Introduction to the New Testament*. Downers Grove, IL: InterVarsity Press, 2020.

Beasley-Murray, G. R. *John*. WBC. Waco, TX: Word, 1987.

_____. *Baptism in the New Testament*. Grand Rapids: Eerdmans, 1962.

Bernard, J. H. *The Gospel of John*. 2 vols. ICC. Edinburgh: T&T Clark, 1928.

Bird, M. F. *Jesus and the Origin of the Gentle Mission*. London: T&T Clark, 2006.

_____. "New Testament Theology Re-Loaded: Integrating Biblical Theology and Christian Origins." TynBul 60(2009): 265–91.

_____. *Jesus Is the Christ: The Messianic Testimony of the Gospels*. Downers Grove, IL: InterVarsity Press, 2012.

Blank, J. *The Gospel According to John*. New York: Crossroads, 1981.

Blomberg, C. L. *The Historical Reliability of the Gospels*. Downers Grove, IL: InterVarsity Press, 1987.

_____. *Interpreting the Parables*. Downers Grove, IL: InterVarsity Press, 1990.

_____. *Making Sense of the New Testament: Three Crucial Questions*. Grand Rapids: Baker, 2004.

Bock, D. L.; M. Glasser. *The Gospel According to Isaiah 53: Encountering the Suffering Servant in Jewish and Christian Theology*. Grand Rapids: Kregel, 2012.

Bockmuehl, M. *Seeing the Word: Refocusing New Testament Study*. Grand Rapids: Baker, 2006.

Boice, J. *The Gospel of John*. Grand Rapids: Zondervan, 1979.

Bond, H. "Discarding the Seamless Robe: the High Priesthood of Jesus in John's Gospel." Pp. 183–94 in *Israel's God and Rebecca's Children: Christology and Community*. Ed. by D. Capes et al. Festschrift for L. Hurtado and A. Segal. Baylor University Press, 2007.

Bonhoeffer, D. *Discipleship*. Trans. by B. Green and R. Krauss. Minneapolis: Fortress, 2001.

Borchert, G. L. *John*. 2 vols. NAC. Nashville: Broadman & Holman, 1996, 2002.

Brandon, S. G. F. *Jesus and the Zealots*. New York: Scribner's, 1967.

Brant, J. A. *John*. PCNT. Grand Rapids: Baker, 2011.

Brodie, T. L. *The Gospel of John: A Literary and Theological Commentary*. New York: Oxford University Press, 1993.

Brown, D. *The Four Gospels: A Commentary, Critical, Experimental and Practical*. Carlisle, PA: The Banner of Truth Trust, 1976rep.

Brown, R. E. *The Death of the Messiah: From Gethsemane to Grave. A Commentary on the Passion Narratives of the Four Gospels*. 2 vols. New York: Doubleday, 1994.

_____. *The Gospel According to John*. 2 vols. AB. New York: Doubleday, 1966, 1970.

_____. *The Community of the Beloved Disciple: The Life, Loves, and Hates of an Individual Church in New Testament Times*. New York: Paulist, 1979.

Bruce, F. F. *The Gospel of John: Introduction, Exposition, and Notes.* Grand Rapids: Eerdmans, 1983.

_____. *New Testament History.* Garden City, New York: Doubleday & Company, 1980.

_____. *Hard Sayings of Jesus.* Downers Grove, IL: InterVarsity Press, 1983.

Bruner, F. D. *The Gospel of John: A Commentary.* Grand Rapids: Eerdmans, 2012.

Bryan, S. M. "The Eschatological Temple in John 14." BBR 15 (2005): 187–98.

Bultmann, R. *The Gospel According to John: A Commentary.* Trans. by G. R. Beasley–Murray, et al. Philadelphia: Westminster Press, 1971.

_____. *The History of the Synoptic Tradition.* 2nd ed. Trans. by J. Marsh. Oxford: Blackwell, 1968.

_____. *Theology of the New Testament.* 2 vols. Trans. by K. Grobel. New York: Charles Scribner's Sons, 1951.

Burge, G. M. *The Anointed Community: The Holy Spirit in the Johannine Tradition.* Grand Rapids: Eerdmans, 1987.

_____. *Interpreting the Gospel of John.* NIVAC. Grand Rapids: Baker, 1992.

Burridge, R. A. "Gospel Genre and Audiences." Pp. 113–46 in *The Gospels for All Christians: Rethinking the Gospel Audiences.* Ed. by R. Bauckham. Grand Rapids: Eerdmans, 1998.

_____. *What Are the Gospels? A Comparison with Graeco-Roman Biography.* 2nd ed. Grand Rapids: Eerdmans, 2004.

Byrskog, S. *Story as History—History as Story: The Gospel Tradition in the Context of Ancient Oral History.* Leiden: Brill, 2002.

Caird, G. B.; L. D. Hurst. *New Testament Theology*. Oxford: Clarendon, 1994.

Calvin, J. *The Gospel According to St. John*. 2 vils. Trans. by T. H. L. Parker. Grand Rapids: Eerdmans, 1959, 1961.

Caragounis, C. C. *Peter the Rock*. BZNW 58. Berlin: de Gruyter, 1990.

Carlston, C. E.; D. Norlin. "Statistics and Q—Some Further Observations." NovT 41 (1999): 108−23.

Carrington, P. *The Primitive Christian Calendar*. Cambridge: Cambridge University Press, 1952.

Carse, J. P. *The Gospel of the Believed Disciple*. San Francisco: Harper, 1997.

Carson, D. A. *The Gospel According to John*. PNTC. Grand Rapids: Eerdmans, 1991.

_____. "What is the Gospel?—Revisited." Pp. 147−170 in *For the Fame of God's Name: Essays in Honor of John Piper*. Ed. by S. Storms and J. Taylor. Wheaton, IL: Crossway, 2010.

Carson, D. A.; Moo, D. J.; Morris, L., eds. *An Introduction to the New Testament*. Grand Rapids: Zondervan, 1992.

Carter, W. *The Roman Empire and the New Testament: An Essential Guide*. Nashville: Abingdon, 2006.

Casey, M. "General, Generic, and Indefinite: The Use of the Term 'Son of Man' in Jewish Sources and the Teaching of Jesus." JSNT 29 (1987): 21−56.

Chapman, D. W. "Perceptions of Crucifixion Among Jews and Christians in the Ancient World." TynBul 51 (2000): 313−16.

Charlesworth, J. H. *The Beloved Disciple: Whose Witness Validates the Gospel of John?* Valley Forge, PA: Trinity Press International, 1995.

Collins, A. Y. *Mark*. Hermeneia. Minneapolis: Fortress, 2007.

Coloe, M. L. *God Dwells with Us: Temple Symbolism in the Fourth Gospel*. Collegeville, MN: Liturgical Press, 2001.

Crossan, J. D. *Cliffs of Fall: Paradox and Polyvalence in the Parables of Jesus*. New York: Seabury, 1980.

_____. *The Historical Jesus: The Life of a Mediterranean Jewish Peasant*. San Francisco: Harper, 1991.

Cullman, O. *The Christology of the New Testament*. Philadelphia: Westminster Press, 1959.

Culpepper, R. A. *Anatomy of the Fourth Gospel: A Study in Literary Design*. Philadelphia: Fortress, 1983.

Culpepper, R. A.; C. C. Black, eds. *Exploring the Gospel of John*. Louisville: Westminster, 1996.

Daube, D. *The New Testament and Rabbinic Judaism*. London: University of London Press, 1956.

_____. "Jesus and the Samaritan Woman: The Meaning of sugcra,omai." JBL 69 (1950). 137–47.

Davis, S.; D. Kendall; G. O'Collins, ed. *The Resurrection: An Interdisciplinary Symposium on the Resurrection of Jesus*. Oxford: Oxford University Press, 1997.

De Boer, E. A. *The Gospel of Mary: Beyond a Gnostic and a Biblical Mary Magdalene*. New York: Continuum, 2005.

deSilva, D. A. *An Introduction to the New Testament: Context, Methods and Ministry Formation*. Downers Grove, IL: InterVarsity Press, 2004.

Derrett, J. D. M. *Law in the New Testament*. London: Dartman, Longman & Todd, 1970.

Dibelius, M. *From Tradition to Gospel*. Trans. by B. L. Woolf. Cambridge: James Clarke & Company, 1971.

Dodd, C. H. *The Interpretation of the Fourth Gospel*. Cambridge: Cambridge University Press, 1953.

_____. *Historical Tradition in the Fourth Gospel*. Cambridge: Cambridge University Press, 1963.

Dodds, M. *The Gospel According to St. John*. EGNT. Grand Rapids: Eerdmans, 1976.

Doeve, J. W. *Jewish Hermeneutics in the Synoptic Gospels and Acts*. Assen: Van Gorcum, 1954.

Duke, P. D. *Irony in the Fourth Gospel*. Atlanta: John Knox, 1985.

Dunn, J. D. G. *Jesus and the Spirit: A Study of the Religious and Charismatic Experience of Jesus and the First Christians as Reflected in the New Testament*. London: SCM, 1975.

_____. *Unity and Diversity in the New Testament: An Inquiry into the Character of Earliest Christianity*. Philadelphia: Westminster Press, 1977.

_____. *New Testament Theology: An Introduction*. Nashville: Abingdon, 2009.

Edwards, M. *John*. BBC. Malden, MA: Blackwell, 2004.

Ellis, E. E. *The World of St. John*. Grand Rapids: Eerdmans, 1984.

Evans, C. A., ed. *Encyclopedia of the Historical Jesus*. New York: Routledge, 2008.

Fenton, J. C. *The Gospel According to St. John*. Oxford: Clarendon, 1970.

Ferguson, E. *Backgrounds of Early Christianity*. Grand Rapids: Eerdmans, 1987.

Filson, F. *The Gospel According to St. John*. Atlanta: John Knox, 1963.

Fortna, R. T. *The Gospel of Signs: A Reconstruction of the Narrative Source Underlying the Fourth Gospel*. Cambridge: Cambridge University

Press, 1970.

France, R. T. *Jesus and the Old Testament*. Grand Rapids: Baker, 1982.

_____. "Chronological Aspects of 'Gospel Harmony.'" VE 16 (1986): 33−60.

Funk, R. W., R. W. Hoover, Jesus Seminar. *The Five Gospels: What Did Jesus Really Say? The Search for Authentic Words of Jesus*. San Francisco: HarperOne, 1996.

Gardner−Smith, P. *Saint John and the Synoptic Gospels*. Cambridge: Cambridge University Press, 1938.

Godet, F. L. Commentary on John's Gospel. 3rd ed. Trans. by T. Dwight. Grand Rapids: Kregel, 1974rep.

Grassi, J. A. *The Secret Identity of the Beloved Disciple*. Mahwah, NJ: Paulist Press, 1992.

Grayston, K. *The Gospel of John. Narrative Commentaries*. Philadelphia: Trinity Press, 1990.

Green, J. B., J. K. Brown, N. Perrin, eds. *Dictionary of Jesus and the Gospels*, 2nd ed. Downers Grove, IL: InterVarsity Press, 2013.

Guelich, R. A. "The Gospel Genre." Pp. 173−208 in *The Gospel and the Gospels*. Ed. by P. Stuhlmacher. Grand Rapids: Eerdmans, 1991.

Guilding, A. *The Fourth Gospel and Jewish Worship*. Oxford: Clarendon, 1960.

Gundry, R. H. *A Survey of the New Testament*. Rev. ed. Grand Rapids: Zondervan, 1981.

Guthrie, D. *New Testament Introduction*. Downers Grove, IL: InterVarsity Press, 1970.

_____. *New Testament Theology*. Downers Grove, IL: InterVarsity Press, 1981.

Haenchen, E. A. *Commentary on the Gospel of John.* 2 vols. Hermeneia. Trans. by R. W. Funk. Philadelphia: Fortress, 1984.

Harris, M. J. *Jesus as God: The New Testament Use of Theos in Reference to Jesus.* Grand Rapids: Baker, 1992.

Harvey, A. E. *Jesus on Trial: A Study in the Fourth Gospel.* London: SPCK, 1976.

Hays, R. B. *The Moral Vision of the New Testament: Community, Cross, New Creation, A Contemporary Introduction to New Testament Ethics.* San Francisco: HarperOne, 1996.

_____. *Reading Backwards: Figural Christology and the Fourfold Gospel Witness.* Waco, TX: Baylor University Press.

Heil, J. P. *Jesus Walking on the Sea.* Rome: Pontifical Biblical Institute, 1981.

_____. *Blood and Water: The Death and Resurrection of Jesus in John 18-21.* CBQMS. Washington, DC: Catholic Biblical Association of America, 1995.

Hendriksen, W. *The Gospel of John.* 2 vols. Grand Rapids: Baker, 1954.

Hengel, M. *The Four Gospels and the One Gospel of Jesus Christ: An Investigation into the Collection and Origin of the Canonical Gospels.* London: SCM, 2000.

_____. *Crucifixion in the Ancient World and the Folly of the Message of the Cross.* Philadelphia: Fortress, 1977.

_____. *The Johannine Question.* London: SCM, 1989.

Hengstenberg, E. W. *Christology of the Old Testament, abridged edition.* Grand Rapids: Kregel, 1970.

Hoehner, H. W. *Chronological Aspects of the Life of Christ.* Grand Rapids: Zondervan, 1977.

Hooker, M. *Jesus and Servant*. London: SPCK, 1959.

_____. "John the Baptist and the Johannine Prologue." NTS 16 (1969): 354–58.

Hoskyns, E.; F. N. Davey. *The Fourth Gospel*. 2nd ed. London: Faber & Faber, 1947.

House, H. W. *Chronological and Background Charts of the New Testament*. Grand Rapids: Zondervan, 1981.

Howard, W. F. *Saint John: Introduction and Exegesis*. IB vol 8. Nashville: Abingdon, 1952.

Hull, W. E. *John*. BBC. Nashville: Broadman, 1970.

Hunter, A. M. *The Gospel According to John*. Cambridge: Cambridge University Press, 1965.

Isaksson, A. *Marriage and Ministry in the New Testament*. Lund: Gleerup, 19965.

Jeffers, J. S. *The Graeco-Roman World of the New Testament: Exploring the Background of Early Christianity*. Downers Grove, IL: InterVarsity Press, 1999.

Jeremias, J. *The Parables of Jesus*. 2nd ed. New York: Scribner's, 1972.

_____. *The Eucharistic Words of Jesus*. London: SCM, 1966.

Johnston, G. *The Spirit-Paraclete in the Gospel of John*. Cambridge: Cambridge University Press, 1970.

Käsemann, E. *The Testament of Jesus*. Philadelphia: Fortress, 1968.

Kealy, S. P. *The You May Believe: The Gospel According to St. John*. Middlegreen, Slough: St. Paul Publishers, 1978.

Keener, C. S. *The Gospel of John: A Commentary*. 2vols. Peabody, MA: Hendrickson, 2003.

_____. *The Historical Christ of the Gospels*. Grand Rapids: Eerdmans,

2009.

Kelly, J. N. D. *Early Christian Doctrines*. London: A. & C. Black, 1977.

Klink, E. W. *John*. ECNT. Grand Rapids: Zondervan, 2016.

_____. *The Sheep of the Fold: The Audience and Origin of the Gospel of John*. SNTSMS. Cambridge: Cambridge University Press, 2007.

Koester, C. R.; R. Bieringer, eds. *The Resurrection of Jesus in the Gospel of John*. Tübingen: Mohr Siebeck, 2008.

Köstenberger, A. J. *John*. BECNT. Grand Rapids: Baker, 2004.

_____. *A Theology of John's Gospel and Letters: The Word, the Christ, the Son of God*. Grand Rapids: Zondervan, 2009.

Kümmel, W. G. *Introduction to the New Testament*. Trans. by H. C. Kee. Nashville: Abingdon, 1975.

Kysar, R. *John*. Minneapolis: Augsburg, 1986.

_____. *John's Story of Jesus*. Philadelphia: Fortress, 1984.

_____. *The Fourth Evangelist and His Gospel: An Examination of Contemporary Scholarship*. Minneapolis: Augsburg, 1975.

Ladd, G. E. *A Theology of the New Testament*. Grand Rapids: Eerdmans, 1974.

Leithart, P. J. *Deep Exegesis: The Mystery of Reading Scripture*. Waco: Baylor University Press, 2009.

Lightfoot, R. H. *St. John's Gospel*. Oxford: Oxford University Press, 1956.

_____. *History and Interpretation in the Gospels*. New York: Hodder & Stoughton, 1934.

Lincoln, A. T. *The Gospel according to Saint John*. BNTC. London: Continuum, 2005.

_____. *Truth on Trial: The Lawsuit Motif in the Fourth Gospel*. Peabody,

MA: Hendrickson, 2000.

Lindars, B. *The Gospel of John*. NCB. London: Oliphants, 1972.

Longenecker, R. N. *The Christology of Early Jewish Christianity*. Grand Rapids: Baker, 1981.

_____. *Biblical Exegesis in the Apostolic Period*. Grand Rapids: Eerdmans, 1999.

Lunn, N. P. "Jesus, the Ark, and the Day of Atonement: Intertextual Echoes in John 19:38–20:18." JETS 52 (2009): 731–46.

Luther, M. *Luther's Works*. 15 vols. Ed. & Trans. by J. J. Pelikan and H. T. Lehmann. St. Louis: Concordia, 1955–1960.

MacGregor, G. H. C. *The Gospel of John*. London: Hodder, 1928.

MacRae, G. W. *Invitation to John*. New York: Doubleday, 1978.

Malina, B. J.; R. L. Rohrbaugh. *Social-Science Commentary on the Gospel of John*. Minneapolis: Fortress, 1998.

Manson, T. W. *The Sayings of Jesus*. London: SCM, 1949.

Marsh, J. *Saint John*. Philadelphia: Westminster Press, 1968.

Marshall, I. H. *Last Supper and Lord's Supper*. Exter: Paternoster, 1980.

Martyn, J. L. *History and Theology in the Fourth Gospel*. 3rd ed. Louisville: Westminster John Knox, 2003.

McPolin, J. *John*. Dublin: Veritas Publishers, 1979.

McHugh, J. F. *A Critical and Exegetical Commentary on John 1-4*. ICC. London: T&T Clark, 2009.

_____. *The Mother of Jesus in the New Testament*. Garden City, NJ: Doubleday, 1975.

McKnight, S. *Turning to Jesus: The Sociology of Conversion in the Gospels*. Louisville: John Knox Press, 2002.

_____. *The Jesus Creed: Loving God, Loving Others*. Brewster, MA: Paraclete, 2004.

_____. *Jesus and His Death: Historiography, the Historical Jesus, and Atonement Theory*. Waco, TX: Baylor University Press, 2005.

Meeks, W. A. "The Man from Heaven in Johannine Sectarianism." JBL 91 (1972): 44–72.

_____. *The Prophet King*. Leiden: E. J. Brill, 1967.

Meier, J. P. *A Marginal Jew: Rethinking the Historical Jesus: The Roots of the Problem and the Person*. New York: Doubleday, 1991.

Metzger, B. A *Textual Commentary on the Greek New Testament*. 2nd ed. New York: United Bible Societies, 1994.

Meyer, B. F. *Critical Realism and the New Testament*. Allison Park, PA: Pickwick, 1989.

Michaels, J. R. *The Gospel of John*. NICNT. Grand Rapids: Eerdmans, 2010.

Miller, R. J. *The Jesus Seminar and Its Critics*. Salem, OR: Polebridge Press, 1999.

_____. *Born Divine: The Births of Jesus and Other Sons of God*. Santa Rosa, CA: Polebridge Press2003.

Milne, B. *The Message of John*. BST. Downers Grove, IL: InterVarsity Press, 1993.

Minear, P. S. "The Original Functions of John 21." JBL 102 (1983): 91–98.

Moloney, F. J. *The Gospel of John*. SP. Collegeville, MN: Liturgical Press, 1998.

Moo, D. J. *The Old Testament in the Gospel Passion Narratives*. Sheffield: Almond Press, 1983.

Moody, D. "God's Only Son: The Translation of John 3:16 in the Revised Standard Version." JBL 72(1953): 213–19.

Morris, L. *The Gospel According to St. John*. Rev. ed. NICNT. Grand Rapids: Eerdmans, 1995.

Moule, H. C. G. *The High Priestly Prayer*. London: Religious Tract Society, 1908.

Mounce, R. H. "John." Pp. 357–661 in *The Expositor's Bible Commentary*, Rev. ed. Vol. 10. Grand Rapids: Zondervan, 2007.

Moule, C. F. D. *The Phenomenon of the New Testament*. London: SCM, 1967.

_____. *An Idiom Book of New Testament Greek*. 2nd ed. Cambridge: Cambridge University Press, 1959.

Moulton, J. H.; W. F. Howard; N. Turner. *A Grammar of New Testament Greek*. 4 vols. Edinburgh: T&T Clark, 1908.

Motyer, J. A. *The Prophecy of Isaiah*. Downers Grove, IL: InterVarsity Press, 1993.

Motyer, S. *Your Father the Devil? A New Approach to John and "the Jews."* Carlisle: Paternoster, 1997.

Neirynck, F. "John 21." NTS 36 (1990): 321–36.

Newbigin, L. *The Light Has Come: An Exposition of the Fourth Gospel*. Grand Rapids: Eerdmans, 1982.

Neyrey, J. H. *The Gospel of John*. NCBC. Cambridge: Cambridge University Press, 2007.

_____. *An Ideology of Revolt: John's Christology in Social-Science Perspective*. Philadelphia: Fortress, 1988.

O'Day, G. R. "The Gospel of John: Introduction, Commentary, and Reflections." Pp. 491–865 in *The New Interpreter's Bible*, vol. 9. Nashville: Abingdon, 1995.

Oswalt, J. N. *The Book of Isaiah*. 2 vols. NICOT Grand Rapids: Eerdmans, 1986, 1998.

Pagels, E. *The Johannine Gospel in Gnostic Exegesis: Heracleon's Commentary on John*. Atlanta: Scholars Press, 1972.

Painter, J. *The Quest for the Messiah: The History, Literature and Theology of the Johannine Community*. Nashville: Abingdon, 1993.

Pazadan, M. "Nicodemus and the Samaritan Woman: Contrasting Models of Discipleship." BTB 17 (1987): 145–48.

Pendrick, G. "Monogenh.j." NTS 41(1995): 587–600.

Plummer, A. *The Gospel According to St. John*. Cambridge: Cambridge University Press, 1891.

Porter, S. E. *Idioms of the Greek New Testament*. Sheffield: Almond Press, 1992.

_____. *Verbal Aspect in the Greek of the New Testament, with Reference to Tense and Mood*. New York: Peter Lang, 1989.

Pryor, J. W. "Jesus and Israel in the Fourth Gospel—John 1:11." NovT 32 (1990): 201–218.

Reith, G. *The Gospel according to St. John*. Edinburgh: T&T Clark, 1948.

Rensberger, D. *Johannine Faith and Liberating Community*. Philadelphia: Westminster Press, 1988.

Richardson, A. *The Gospel According to St. John*. London: SCM, 1959.

Ridderbos, H. *The Gospel of John*. Grand Rapids: Eerdmans, 1997.

Robinson, J. A. T. *Redating the New Testament*. Philadelphia: Westminster Press, 1976.

_____. *Twelve More New Testament Studies*. London: SCM, 1984.

_____. *The Priority of John*. Grand Rapids: Eerdmans, 1986.

Robinson, J. M.; P. Hoffmann; J. S. Kloppenborg, eds. *The Critical*

Edition of Q: Synopsis Including the Gospels of Matthew and Luke, Mark, and Thomas, with English, German and French Translations of Q and Thomas. Hemeneia. Minneapolis: Fortress, 2000.

Rousseau, J. J.; R. Arav. *Jesus and His World: An Archaeological and Cultural Dictionary*. Minneapolis: Fortress, 1995.

Sanders, E. P. *Jesus and Judaism*. Philadelphia: Fortress, 1985.

Sanders, J. N.; B. A. Mastin. *A Commentary on the Gospel According to St. John*. HNTC. London: A. & C. Black, 1968.

Schnabel, E. J. *Early Christian Mission*. 2 vols. Downers Grove, IL: InterVarsity Press, 2004.

Schnackenburg, R. *Gospel According to St. John*. 3 vols. New York: Seabury, 1968, 1980, 1982.

Schweizer, E. *Jesus, the Parable of God: What Do We Really Know about Jesus?* Allison Park, PA: Pickwick, 1994.

Scott, B. B. *Hear Then the Parable: A Commentary on the Parables of Jesus*. Minneapolis: Fortress, 1989.

Shepeherd, D. "'Do You Love Me?' A Narrative–Critical reappraisal of avgapa,w and file,w in John 21:15−17. JBL 129 (2010): 777−92.

Sider, J. W. *Interpreting the Parables: A Hermeneutical Guide to Their Meaning*. Grand Rapids: Zondervan, 1995.

Siker, J. S. *Disinheriting the Jews: Abraham in Early Christian Controversy*. Louisville, KY: Westminster John Knox Press, 1991.

Sloyan, G. *John*. Interpretation. Atlanta: John Knox, 1988.

_____. *What Are They Saying About John?* New York: Paulist, 1991.

Smalley, S. *John: Evangelist and Interpreter*. New York: Thomas Nelson, 1978.

Smallwood, E. M. *The Jews under Roman Rule*. Leiden: E. J. Brill, 1976.

Smith, D. M. *John*. Philadelphia: Fortress, 1976.

_____. *John Among the Gospels: The Relationship in Twentieth Century Research*. Minneapolis: Fortress, 1992.

_____. *The Theology of the Gospel of John*. Cambridge: Cambridge University Press, 1995.

Snodgrass, K. R. *Stories with Intent: A Comprehensive Guide to the Parables of Jesus*. Grand Rapids: Eerdmans, 2008.

Stein, R. H. *An Introduction to the Parables of Jesus*. Philadelphia: Westminster Press, 1981.

_____. *Jesus the Messiah*. Downers Grove, IL: InterVarsity Press, 1996.

Strachan, R. H. *The Fourth Gospel*. London: SCM, 1941.

Streeter, B. H. *The Four Gospels: A Study of Origins Treating of the Manuscript Tradition, Sources, Authorship, and Dates*. New York: Macmillan, 1925.

Strauss D. F. *The Life of Jesus Critically Examined*. Trans. by G. Eliot. London: SCM, 1973.

Strauss, M. L. *Four Portraits, One Jesus: A Survey of Jesus and the Gospels*. Grand Rapids: Zondervan, 2007.

Stuhlmacher, P., ed. *The Gospel and the Gospels*. Grand Rapids: Eerdmans, 1991.

Talbert, C. H. *What Is a Gospel? The Genre of the Canonical Gospels*. Philadelphia: Fortress, 1977.

Tasker, R. B. G. *John*. TNTC. Grand Rapids: Eerdmans, 1960.

Temple, W. *Readings in St. John's Gospel*. London: MacMillan, 1945.

Tenney, M. *The Gospel of John*. EBC vol. 9. Grand Rapids: Zondervan, 1981.

Theissen, G. *The Gospels in Context: Social and Political History in the Syn-

optic Tradition. Trans. by L. M. Maloney. Minneapolis: Fortress, 1991.

_____. *The Miracle Stories of the Early Christian Tradition*. Trans. by F. McDonagh. Philadelphia: Fortress, 1983.

Theissen, G.; A. Merz. *The Historical Jesus: A Comprehensive Guide*. Minneapolis: Fortress, 1997.

Thiselton, A. C. *Thiselton on Hermeneutics: Collected Works with New Essays*. Grand Rapids: Eerdmans, 2006.

Thomas, J. C. *Footwashing in John 13 and the Johannine Community*. Cleveland, TN: CPT Press, 2014.

Thompson, M. M. *The Humanity of Jesus in the Fourth Gospel*. Philadelphia: Fortress, 1988.

Tuckett, C. M. "Jesus and the Gospels." Pp. 71–86 in *The New Interpreter's Bible, vol. 1*. Nashville: Abingdon, 1994.

Turner, N. *Grammatical Insights into the New Testament*. New York: Bloomsbury Academic, 2015.

Twelftree, G. H. *Jesus the Miracle Worker*. Downers Grove, IL: InterVarsity Press, 1999.

Vanderlip, D. G. *Christianity According to John*. Philadelphia: Westminster Press, 1979.

Vanhoozer, K. J. *Is There A Meaning in This Text? The Bible, the Reader, and the Morality of Literary Knowledge*. Grand Rapids: Zondervan, 1998.

Vermes, G. *The Religion of Jesus the Jew*. Minneapolis: Fortress, 1993.

Verseput, D. *Rejection of the Humble Messianic King: Study of the Composition of Matthew 11-12-European University Studies v. 291*. Frankfurt: Peter Lang, 1986.

von Wahlde, U. C. *The Gospel and Letters of John.* 3 vols. Grand Rapids: Eerdmans, 2010.

Walker, P. W. *Jesus and the Holy City: New Testament Perspectives on Jerusalem.* Grand Rapids: Eerdmans, 1996.

Walker, W. O. "John 1:43−51 and 'the Son of Man' in the Fourth Gospel." JSNT 56 (1994): 31−42.

Wallace, D. B. *Greek Grammar beyond the Basics: An Exegetical Syntax of the New Testament.* Grand Rapids: Zondervan, 1996.

Wenham, D. *The Parables of Jesus.* Downers Grove, IL: InterVarsity Press, 1989.

Wenham, J. W. "Gospel Origins." TJ 7 (1978): 112−134.

_____. "When Were the Saints Raised?" JTS 32 (1981): 150−52.

Westcott, B. F. *The Gospel According to St. John: The Greek Text with Introduction and Notes.* 2 vols. London: J. Murray, 1908.

Whitacre, R. A. *John.* IVPNTC. Downers Grove, IL: InterVarsity Press, 1999.

Witherington, B. *What Have They Done with Jesus?* San Francisco: Harper, 2006.

Wildberger, H. *Isaiah 1-12.* CC. Philadelphia: Fortress, 1991.

Wiles, M. F. *The Spiritual Gospel: The Interpretation of the Fourth Gospel in the Early Church.* Cambridge: Cambridge University Press, 1960.

Wilkins, M. J. *Following the Master: A Biblical Theology of Discipleship.* Grand Rapids: Zondervan, 1992.

Williams, P. J. "Not the Prologue of John." JSNT 33 (2011): 375−86.

Winter, W. *John the Baptist in the Gospel Tradition.* SNTSMS. Cambridge: Cambridge University Press, 1968.

Winter, P. "Monogenh.j para. Patro,j." ZRGG 5 (1953): 335−365.

Witherington, B. *John's Wisdom*. Louisville: Westminster John Knox, 1995.

Wrede, W. *The Messianic Secret*. Trans. by J. C. G. Greig. Cambridge: James Clarke & Company, 1971.

Wright, A. *Christianity and Critical Realism: Ambiguity, Truth, and Theological Literacy*. New York: Routledge, 2013.

Wright, N. T. *The New Testament and the People of God*. Christian Origins and the Question of God 1. London: SPCK, 1992.

_____. *Jesus and Victory of God*. Christian Origins and the Question of God 2. Minneapolis: Fortress, 1996.

_____. *Scripture and the Authority of God: How To Read the Bible Today*. New York: HarperOne, 2011.

Wright, N. T.; M. F. Bird. *The New Testament in Its World: An Introduction to the History, Literature, and Theology of the First Christians*. Grand Rapids: Zondervan Academic, 2019.

Wuest, K. S. *The Practical Use of the Greek New Testament*. Chicago: Moody Press, 1982.

Zerwick, M. *A Grammatical Analysis of the Greek New Testament, 5th ed.* Trans. by M. Grosvenor. Rome: Biblical Institute Press, 1996.

요한복음

참 빛 곧 세상에 와서 각 사람에게 비추는 빛이 있었나니 그가 세상에 계셨으며 세상은 그로 말미암아 지은 바 되었으되 세상이 그를 알지 못하였고 자기 땅에 오매 자기 백성이 영접하지 아니하였으나 영접하는 자 곧 그 이름을 믿는 자들에게는 하나님의 자녀가 되는 권세를 주셨으니 이는 혈통으로나 육정으로나 사람의 뜻으로 나지 아니하고 오직 하나님께로부터 난 자들이니라 말씀이 육신이 되어 우리 가운데 거하시매 우리가 그의 영광을 보니 아버지의 독생자의 영광이요 은혜와 진리가 충만하더라

(1:9–14)

내가 곧 길이요 진리요 생명이니 나로 말미암지 않고는 아버지께로 올 자가 없느니라 너희가 나를 알았더라면 내 아버지도 알았으리로다 이제부터는 너희가 그를 알았고 또 보았느니라

(14:6–7)

소개

"하나님이 세상을 이처럼 사랑하사 독생자를 주셨으니 이는 그를 믿는 자마다 멸망하지 않고 영생을 얻게 하려 하심이라"라는 요한복음 3:16은 거의 모든 그리스도인이 제일 먼저 외우는 말씀이다. 이 말씀은 하나님이 인간을 얼마나 사랑하시는지, 예수님과 하나님은 어떤 관계이신지를 잘 보여 준다. 또한 주님이 이 땅에 오셔서 이루신 놀라운 구원과 우리는 이 구원을 믿음으로 얻는다는 사실을 잘 요약한다. 기독교가 지향하는 진리 중 상당 부분이 포함된 이 구절은 그리스도인들이 참으로 사랑하는 성경 말씀 중 하나다.

고등 비평이 활성화되기 전인 18세기까지 교회는 요한복음을 로마서와 더불어 신학적으로 가장 깊이 있는 책으로 간주했다. 교부 클레멘트(Clement of Alexandria)는 요한복음을 '영적인 복음서'(Spiritual Gospel)라고 부르며 공관복음과 차별화했다. 초대교회 성도들도 요한복음을 네 복음서 중 가장 귀한 것으로 간주했다(Burge). 그러나 이단들도 요한복음을 좋아했다. 2세기 이집트 영지주의자들(Gnostics)은 요한복음을 그들의 주장을 뒷받침하는 데 악용하기도 했다(Pagels). 반면에 동시대에 활동한 교부 이레네우스(Irenaeus)는 요한복음을 근거로 그들의 이단성을 온 세상에 드러냈다(Borchert, Plummer). 같은 복음서가 이단에는 그들의 정당성을 인정하는 증거로, 정통파 교인에게는 이단이 주장하는 바의 허구를 드러내는 기준이 된 것이다.

4세기 반(半)아리우스파(Semi-Arianism) 이단들은 예수님이 피조물이며 창조주이신 하나님과 다른 본질(substance)을 지녔으므로 하나님보다 못한 존재라는 주장을 펼쳤다. 예수님은 하나님과 '비슷한 본질'(homoiousios)을 지녔지만, '동등한(같은) 본질'(homoousios)을 지니지는 않았다는 것이다. 두 단어의 유일한 차이는 중앙에 'ι'(헬, 이오타)가 있고 없고의 차이이므로 이 논쟁은 그 유명한 '이오타 논쟁'(Iota-

52

controversy)으로 불렸다. 한 글자 차이지만 이는 삼위일체를 부인하는 심각한 오류였다.

이때 아타나시우스(Athanasius of Alexandria)는 요한복음을 근거로 성부와 성자와 성령이 동등한 본질을 지니신 삼위일체 하나님이심을 주장했다. 그의 주장은 325년에 열린 니케아 공의회(Council of Nicaea)에서 성부와 성자와 성령이 동일(등)하신 하나님임을 선포하며 아리우스파를 이단으로 규정하는 데 지대한 영향을 미쳤다(Wiles). 이 일로 인해 아우구스티누스(Augustine, 354-430) 시대부터 아퀴나스(Thomas Aquinas, 1225-1274) 시대까지 이어진 중세기 동안 요한복음은 예수님이 하나님이심을 가장 자세하고 구체적으로 보여 주는 책으로 간주되었다. 그러다 보니 후유증도 있었다. 수도원에서 하나님과 직접 교통하고자 하는 신비주의자들과 하나님과의 교통에서 성찬을 가장 중요한 수단으로 여기는 자들(sacramentalists)이 예수님을 가장 자세하게 묘사한 요한복음을 유일한 복음서인 것처럼 대했다(Moloney). 건전한 균형감을 잃은 것이다.

요한복음을 공관복음과 비교해 보면 매우 많은 차이점이 있다. 그 중 인상적인 것 하나는 변화산 이야기다. 공관복음에는 모두 이 이야기를 기록해 예수님의 특별하심(하나님의 아들 메시아이심)을 강조한다(마 17:1-8; 막 9:2-8; 눅 9:28-36). 하지만 이와는 대조적으로 그 어느 복음서보다 예수님의 신성을 자세하게 묘사하는 요한복음에는 변화산 사건에 대한 기록이 없다. 요한은 자신의 책에 기록한 모든 일이 변화산에서 제자들이 경험한 하나님의 현현과 비슷한 경험이라고 생각했기 때문이다(Wright & Bird). 즉, 그는 예수님의 삶과 하신 모든 일을 하나님의 현현으로 간주한다.

요한은 예수님을 통해 하나님의 새로운 창조가 시작되었다며 새로운 창세기를 써 내려간다(Wright & Bird). 이러한 사실을 암시하기 위해 옛 창조 이야기를 시작하던 '태초에'(בְּרֵאשִׁית=ἐν ἀρχῇ)(창 1:1)라는 말로 복음서를 시작한다(요 1:1). 요한이 전개해 나가는 새(재) 창조 이야기는 옛 창조에서 인간을 지으신 창조주께서 직접 육신(피조물)이 되신 일로 시작한다. "말씀이 육신이 되어 우리 가운데 거하시매"(1:14a). 이후 예수님은 옛 창조가 시작된 주의 첫날(일요일)에 부활하셔서 새(재) 창조에 생명을 불어 넣으신다.

요한은 새로운 출애굽도 써 내려간다(Wright & Bird). 옛 출애굽에서 모세는 이스라엘 백성을 이집트에서 인도해 내 광야에서 율법을 주고 성막에 임할 하나님의 임재를 준비하게 하며 약속의 땅으로 인도했다. 예수님은 새로운 출애굽을 이루시기 위해 자기 백성 가운데 임하신 하나님이시다. "우리가 그의 영광을 보니 아버지의 독생자의 영광이요 은혜와 진리가 충만하더라"(1:14b).

요한복음은 이처럼 예수님의 삶과 사역에 대해 공관복음과는 상당히 다른 면모를 강조한다. 한때 학자들은 이러한 차이가 요한복음의 헬라 문화적 배경에서 비롯된 것이라고 주장했지만, 쿰란 공동체가 보존한 사해 사본이 발굴된 이후로는 1세기 팔레스타인 유대교가 이 복음서의 배경이라고 한다. 네 복음서 중 구약을 가장 많이 인용하는 책은 마태복음이지만, 유대인과 가장 밀접한 관계가 있는 책은 요한복음이다.

공관복음과 요한복음

네 복음서 중 요한복음이 가장 늦게 저작되었다고 주장하는 학자 중 요한복음이 공관복음에 의존해 저작되었다고 하는 이들이 있다. 책의 상당 부분을 공관복음에서 도입했다는 뜻이다. 만일 요한복음이 공관복음에 의존해 저작되었다면, 요한복음의 저작 시기는 공관복음이 출판된 이후다. 반면에 요한복음이 공관복음에 의존하지 않고 저작되었다면, 저작 시기는 상당히 앞당겨질 수 있다. 그러므로 요한복음의 공관복음 의존 여부는 중요하다.

만일 요한복음이 공관복음에 의존해 저작되었다면, 요한복음의 저작 목적은 공관복음과 비교할 때 드러나야 한다. 예를 들면 공관복음이 자세히 언급하지 않는 것을 보완하거나 혹은 대체하기 위해 저작되었다는 것 등이다. 그러나 대부분은 그렇게 간주하기에는 요한복음과 공관복음이 여러 가지 중요한 차이를 보인다고 생각한다.

첫째, 요한복음에는 공관복음에 없는 사건과 가르침이 많다. 가나의 혼인 잔치에서 물을 술로 바꾸신 일(2:1–12), 니고데모와 대화하신 일(3:1–21), 사마리아 여인과 나누신 대화(4:1–42) 등을 포함해 예수님의 갈릴리 사역을 회고하는 2–4장 내용이 공관복음에는 없다. 죽은 나사로를 살리신 이야기(11:1–44)도 공관복음에는 없다.

둘째, 공관복음에 기록된 일 중 요한복음에는 없는 것들이 있다. 예수님이 요한에게 세례를 받으신 이야기가 요한복음에는 없다. 변화산 사건도 기록되어 있지 않다. 감람산 디스코스도 없다. 귀신 들린 자들에게서 귀신을 쫓아내는 이야기도 없다. 유월절 만찬 중 성찬식을 제정하신 이야기도 없다. 요한복음에서는 하나님 나라와 천국에 관한 말씀도 매우 제한적이다. 요한복음에서 예수님은 매우 짧은 비유(metaphor)와 격언을 사용하시지만(cf. 4:36–37; 8:35; 10:1–5; 12:24; 16:21 등) '하나님의 나라는 …와 같다' 등으로 시작하는 연장된 비유(parable)를 통해 말씀하시지 않는다.

셋째, 같은 일이라도 다르게 묘사되는 것들이 있다. 공관복음에서는 예수님이 예루살렘을 수난 주간에 한 번 방문하시지만, 요한복음에서는 여러 차례 방문하신다. 공관복음은 예수님이 주로 갈릴리에서 사역하신 것으로 묘사하지만, 요한복음에서는 예수님의 사역 대부분이 예루살렘과 유다에서 이뤄진다. 공관복음에서는 예수님이 갈릴리에서 사역을 시작하신 후 십자가에서 죽으실 때까지 유월절이 한 번 지나지만, 요한복음에서는 세 차례 지난다(2:13; 6:4; 11:55). 공관복음은 예수님이 유월절에 죽으셨다고 하지만, 요한은 그 전날인 준비일에 죽으셨다고 한다(18:28; 19:14).

넷째, 내용과 프레젠테이션 스타일이 다른 것들이 있다. 요한복음은 예수님이 하나님이라고 직설적으로 표현하는데(1:1, 18; 20:28), 다른 복음서에는 이러한 표현이 없다. 또한 공관복음에서 간략하게 기록된 것들이 요한복음에서는 이야기와 대화와 가르침 등과 섞여 긴 드라마처럼 연출되는 경우가 있다(O'Day, cf. 4:4-42; 6:1-69; 9:1-10:21; 11:1-44). 요한은 간략한 가르침보다 긴 디스코스를 선호하는 듯하다.

그러므로 대부분 학자는 공관복음과 요한복음 사이에 존재하는 차이를 의식해 더는 요한복음이 공관복음에 의존해 저작된 것이라고 하지 않는다. 물론 공관복음과 요한복음을 비교하면 겹치는(중복되는) 이야기와 가르침들이 있다. 그러나 전개 방식이나 내용을 보면 출처를 공유한다고 하기에는 많은 차이를 지닌다. 요한복음은 저자가 독자적으로 모은 고유 출처(들)에 기록된 내용을 설교적·강론적으로 풀어 서술한 고유 작품인 것이다(cf. Mounce).

장르

신약을 구성하는 정경 27권 중 처음 네 권의 장르를 복음서라고 한다. 예수 그리스도의 죽음과 부활을 통해 세상에 임한 복음을 묘사하고 있기 때문이다. 그러므로 우리는 한 복음(그리스도의 죽음과 부활)에 대해 네 복음서를 전수받았다. 역사를 주관하시는 하나님이 예수님의 죽음과 부활에 관해 증언하는 복음서로 마태복음-마가복음-누가복음-요한복음을 정경으로 정하셨다.

어떤 저자든 작품을 만들 때 자기 작품이 일정한 기준과 원칙에 따라 읽히고 해석되기를 원한다. 이에 저자는 이러한 의도와 기대를 작품이 취하는 장르를 통해 표현한다. 따라서 작품 안에서 직접 언급되거나 암시되기도 하는 장르는 무의식적으로 성립된 저자와 독자 사이의 계약 또는 약속이라 할 수 있다(Burridge, cf. Guelich).

네 복음서는 예수 그리스도의 복음에 관한 책이다. '복음'($\epsilon\dot{\upsilon}\alpha\gamma\gamma\acute{\epsilon}\lambda\iota o\nu$)은 '좋은/복된 소식'이라는 의미를 지녔으며, 이사야 40:9, 52:7, 61:1 등에서 시작된 개념으로 보인다(Beale & Gladd). 복음을 가장 간략하게 정의하자면 '듣는 이들에게 복된 소식'이라는 뜻이다. 구약에서는 사람에게 복된 소식을 주실 수 있는 분이 하나님뿐이기에 신약에서도 예수 그리스도의 복음은 처음부터 끝까지 여호와 하나님의 개입(사역)임을 전제한다.

예수님의 복음에 관해 기록하는 복음서는 구체적으로 어떤 장르에 속하는가? 한 학자는 복음서를 가리켜 창의적인 미드라쉬(creative midrash)라고 주장한다(Gundry). 미드라쉬는 정경이 간단히 언급하는 한 사건이나 인물을 근거로 완전히 새로운 이야기를 만들어 낸 것이다. 진보적인 성향의 학자들은 구약에서 가장 독보적인 미드라쉬로 요나서를 지목한다. 열왕기하 14:25에서 '아밋대의 아들 선지자 요나'가 언급되는 점을 근거로 미드라쉬로 저작한 것이 요나서라는 것이다. 그러므로 이들은 요나서에 나타나는 선지자와 사역의 역사성을 부인한다. 요나서는 열왕기하 14:25을 바탕으로 창조된 허구라는 뜻이다. 물론 전혀 설득력 없는 논리다(『엑스포지멘터리 소선지서 1권』에 포함된 "요나서" 섹션을 참조하라).

미드라쉬의 예를 하나 더 들자면 몇 년 전에 상영된 영화 〈노아〉를 꼽을 수 있다. 창세기는 노아의 삶에 대해 많은 공간을 할애하지 않기 때문에 창세기에 기록된 내용만으로 노아에 관한 장편 영화를 만드는 것은 불가능에 가깝다. 그러므로 이 영화 작가는 온갖 상상력을 동원해 허구적인 소설을 썼다. 즉, 영화 〈노아〉는 전형적인 미드라쉬다.

미드라쉬가 순전한 허구와 연관된 장르라는 것을 잘 알았던 건드리

(Gundry)는 복음서를 가리켜 당시 독자들이 사실과 사실이 아닌 부분을 구분할 수 있게 한 '창의적인 미드라쉬'(creative midrash)라고 주장한다. 그러나 이러한 주장은 별로 설득력이 없다(Moo, cf. Guelich, Shuler, Talbert). 복음서들이 구약을 미드라쉬처럼 대하는 부분이 전혀 없지는 않지만, 구약 말씀을 대할 때는 그 말씀에 대한 해석이 주를 이루기 때문이다(Carson, France, Moo, Stendahl). 게다가 복음서들의 출처에 대한 유일한 언급이라 할 수 있는 누가복음 1:1-4은 복음서에 기록된 예수님의 삶과 사역이 이를 직접 목격한 이들의 기억과 증언을 토대로 하는 만큼 모든 내용이 사실이라는 것을 전제한다.

복음서 저자들의 이 같은 전제에 따르면 네 복음서에 기록된 모든 내용은 사실이며, 예수님의 삶과 사역에서 비롯된 것들이다. 그러므로 복음서는 역사성과 교훈적인 기능을 강조하며 구약에서 유래한 '종말적-역사적 내러티브'(eschatological-historical narrative)다(Collins). 복음서는 전기적(biographical), 역사적(historical), 신학적(theological), 교훈적(didactic) 이야기들을 담고 있다. 또한 이 책들에 기록된 사건들을 목격한 증인들(eyewitnesses)의 증언(testimony)을 토대로 저작된 만큼 예수님에 대한 역사적 사실성(historical reality)을 이해하게 한다(Bauckham).

그러나 복음서 저자들의 전제에 동의하지 못하는 일부 학자는 복음서에서 '역사적 예수'(historical Jesus)를 찾아 나섰다(cf. Crossan, Theissen & Merz). 예수님 시대 유대교와 사도 시대 교회의 교리 및 가르침으로 오염되지 않은 순수한 '인간 예수'를 찾아 나선 것이다. 한때는 수년 동안 복음서에 예수님이 하신 것으로 기록된 말씀 중 어떤 것이 예수님이 하신 것이고, 어떤 것이 하시지 않은 것인지를 규명하는 '예수 세미나'(Jesus Seminar)까지 진행했다.

결과는 참으로 실망스럽고 허황되었다(cf. Funk, Miller). 이들의 노력은 참으로 소모적이었으며, 정경 저자들의 전제만 받아들였어도 얼마든지 피할 수 있는 낭비였다. 복음서의 예수님은 역사적 예수와 동일하다. 복음서는 기록된 것들을 목격한 증인들의 증언을 바탕으로 저술되었기 때문이다(cf. Bauckham, Byrskog, 눅 1:1-4; 행 1:1-3; 벧후 1:16).

요한복음에도 역사(history), 전기(biography), 신학(theology), 고백(confession), 교리(dogma), 설교(sermon) 등 다양한 양식의 글이 포함되어 있다(Carson). 그러므로 요한복음의 장르를 규명하는 일은 쉽지 않다. 요한이 살던 사회에는 '삶'(Lives)이라는 장르가 있었다. 이는 묘사하는 사람의 삶, 시대, 가르침, 찬양, 도덕, 철학, 이야기 등을 포함한 매우 유연한 장르로 여러 면에서 요한복음과 비슷하다고 할 수 있다(Burridge). 반면에 지난 수십 년 동안 다수의 학자가 요한복음의 장르를 그리스-로마 시대 전기(Graeco-Roman biography)라고 주장했다(Shuler, Talbert, cf. Burridge). 그러나 복음서에 반영된 주제들(언약, 왕국, 예언, 약속 등)은 그리스-로마 시대 전기에서는 찾아볼 수 없는 주제다(Alexander). 이러한 주제들은 구약에서 시작된 전통을 이어간다고 할 수 있다. 그러므로 복음서는 그리스-로마 시대 전기에 유대인과 헬라 문화(Hellenistic)의 전기를 포함해 더 유연한 장르로 정의해야 한다는 것이 상당수 학자의 주장이다(Aune, Carson et al., Guelich, Keener).

이 양식의 문헌들은 주인공(지도자)의 삶과 업적 등을 회고함으로써 독자들로 하여금 그가 남긴 메시지와 가르침을 믿게 했다. 요한복음도 예수 그리스도의 복음을 독자들에게 알리고 믿게 하려는 목적으로 저작되었다(Beale & Gladd). 요한이 전하고자 하는 복음의 핵심은 하나님이 예수 그리스도의 죽음과 부활을 통해 이루신 일이다(cf. 롬 1:1-4; 고전 15:3-4). 비슷한 맥락에서 마가복음도 "하나님의 아들 예수 그리스도의 복음의 시작이라"라는 말로 시작한다(막 1:1).

장르를 논할 때는 책의 신학적인 면이 반드시 고려되어야 한다. 요한복음은 분명 기독교적인 관점과 신학적인 메시지와 목적을 담고 있는 정경이다. 따라서 이 책을 당시 문화에서 비슷한 것을 찾을 수는 있어도 동일한 것은 찾을 수 없는 독특한 장르로 보는 것이 바람직하다

(cf. Aune). 요한복음은 역사적인 사실을 전달하는 일에 매우 보수적이며 성실하다(Keener).

저자

2세기에 저작된 요한복음 사본에 이미 '요한복음'(Ευαγγελιον κατα Ιωαννην)이라는 타이틀이 기록되어 있으며, 이후 출판된 거의 모든 사본도 이 타이틀을 포함하고 있다. 그러므로 한 학자(Hengel)는 요한복음뿐 아니라 네 복음서 모두 맨 처음 유통될 때부터 이러한 타이틀을 지니고 있었다고 주장한다. 초대교회는 처음부터 이 복음서의 저자를 예수님의 삶과 사역에 대한 증인이자 사도인 요한으로 간주했다(Bauckham).

학자들은 대부분 사도 요한이 이 복음서의 저자라는 전통적인 견해를 별문제 없이 수용했다. 그러다가 1900년대 초에 이르러 일부 학자가 문제를 제기하기 시작했다. 그들이 제기한 문제는 크게 세 가지다. (1)요한이 묘사하는 팔레스타인 지역의 지리적 디테일이 정확하지 않다, (2)초대교회의 일부 저자는 요한복음 인용하기를 주저했다, (3)어부 출신인 사도 요한은 이 복음서처럼 통찰력이 있고 정교한 작품을 쓸 수 없다.

첫 번째 문제는 시간이 지나면서 저절로 해결되었다. 책을 세밀히 검토한 결과 요한복음의 저자는 팔레스타인에서 살았던 유대인이 확실하며, 유대교와 지역 지리와 풍습에 익숙하다는 것이 보편적인 견해가 되었다(Wright & Bird). 두 번째 문제인 일부 초대교회 저자가 요한복음 인용을 주저한 것은 영지주의자들(Gnostics) 때문이다. 초대교회를 괴롭히던 영지주의자들은 요한복음에 나오는 말과 비슷한 말을 사용했다. 이에 일부 저자는 괜한 오해를 받지 않으려고 요한복음 인용을 자제했다(Burge).

　세 번째 문제는 많이 배우지 못한 어부 출신의 사도 요한이 요한복음 같은 걸작을 저작할 수 있느냐 하는 것이다. 이러한 주장은 저자들에게 영감을 주어 정경을 집필하게 하신 성령의 능력과 역할을 과소평가한 데 따른 것이다. 만일 요한복음이 한 인간의 작품에 불과하다면 이 같은 문제 제기가 당연하다. 그러나 그를 도우신 성령의 역할을 인정한다면 그다지 문제 되지 않는다. 게다가 예레미야가 바룩을 통해 예레미야서 일부를 저작한 것이나(cf. 렘 36:4) 혹은 바울이 마가를 통해 갈라디아서를 저작한 것처럼(cf. 갈 6:11) 만약 요한이 하나님이 붙여 주신 사람(들)을 통해 요한복음을 마무리했다면 요한복음 같은 대작이 나온 것은 충분히 가능한 일이다.

　요한복음에는 책의 저자에 관한 어떤 힌트가 담겨 있는가? 책의 저자일 가능성이 가장 다분한 사람은 '예수께서 사랑하시는 그 제자'(τὸν μαθητὴν ὃν ἠγάπα ὁ Ἰησοῦς)이며, 요한복음은 이 사람에 대해 5차례 언급한다(13:23; 19:26; 20:2; 21:7, 20). 그는 유월절 만찬 중 예수님의 품에 의지해 누운 사람이다(13:23). 그런데 공관복음은 이 만찬에 예수님과 사도 열두 명만 참석했다고 한다(마 26:17-30; 막 14:12-26; 눅 22:7-23). 그러므로 이 사람은 열두 사도 중 하나다.

　이 사도는 일요일 아침에 예수님이 부활하셨다는 막달라 마리아의 말을 듣고 베드로와 함께 빈 무덤을 찾은 사람이다(20:1-9). 예수님은 십자가에서 친어머니 마리아를 이 사람에게 부탁하셨다(19:26-27). 이 제자는 예수님이 부활하신 후 고기를 잡으러 갈릴리 호수로 간 일곱 제자 중 하나였으며(21:1-14), 갈릴리에서 제일 먼저 부활하신 예수님을 알아보았다(21:7). 그러므로 뒤에 남은 베드로나 도마나 나다나엘은 아니다(Carson & Moo).

　베드로는 부활하신 예수님에게 이 제자가 장차 어떻게 될 것인지 물었다(21:20-21). 그러자 예수님은 베드로에게 이 제자가 어떻게 될 것인지 알려고 하지 말라고 하셨다(21:22-23). 바로 이 제자가 요한복음을 저작했다. "이 일들을 증언하고 이 일들을 기록한 제자가 이 사람이라 우리는 그의 증언이 참된 줄 아노라"(21:24). 또한 이 제자는 예수님이 특별히 가까이하신 세 제자(베드로, 야고보, 요한) 중 하나다(cf. 마 17:1; 막 14:33; 눅 8:51).

그러나 베드로는 아니다. 베드로는 마가복음과 연관이 있다. 야고보는 요한복음이 저작되기 전에 일찍 순교했다(행 12:2). 그러므로 세 사람 중 사도 요한만 남는다(Beale & Gladd). 요한복음은 사도 요한이 저자임을 곳곳에서 암시하고 있다. 요한은 예수님의 삶과 사역을 가장 가까운 곳에서 지켜본 산 증인이다.

이와 같이 열두 사도 중 하나인 요한이 이 복음서를 저작했다는 수많은 내부 증거가 있음에도 불구하고 지난 200년 동안 학자들은 저자에 대해 다양한 추측을 내놓았다. 예수님이 죽은 나사로를 살리는 이야기(11장)에서 두 차례나 예수님이 그를 사랑하셨다는 말이 나오는 것(cf. 11:3, 36)을 근거로 요한복음을 집필한 '예수께서 사랑하시는 그 제자'는 나사로라고 주장하는 이들이 있다(cf. Morris, Witherington, de Silva). 막달라 마리아(de Boer, Grassi) 혹은 예수님이 대화를 나누신 사마리아 우물가의 여인(Carse)이라는 주장도 있다. 사도 중 도마가 제자들에게 리더십을 발휘한 것(11:16)과 예수님의 허리에 난 창 자국을 만진 일(19:35)을 근거로 그가 저자라고 주장하는 이도 있다(Charlesworth). 마가라고도 하는 요한이 저자라는 이들도 있다(cf. 행 12:12). 그러나 마가는 베드로와 연관이 있고, 두 번째 복음서인 마가복음을 저작했다. 게다가 요한복음의 저자는 열두 제자 중 하나이므로(cf. 13:23), 열둘 중 하나가 아닌 마가는 저자가 아니다. 한 학자는 이 외에도 저자로 제시된 22명의 가능성을 평가한다(Charlesworth).

어떤 이들은 요한복음에 등장하는 '예수께서 사랑하시는 그 제자'(cf. 13:23; 19:26; 20:2; 21:7, 20)는 실제 인물이 아니라 이상화된 문학적 존재(an idealized literary figure)라고 주장한다. 요한복음뿐 아니라 요한 서신 모두 요한 공동체(Johannine Community)에서 저작되었으며, 이 공동체가 저자를 이상적인 그리스도인으로 가상화했다는 것이다(cf. O'Day).

사도 요한 외에 요한복음의 저자로 그나마 가장 많은 지지를 얻는 견해는 교회 지도자 '요한'(John the elder)이라는 주장으로, 이는 초대교회 교부 파피아스(Papias of Hierapolis, 70–163)가 남긴 말을 바탕으로 제기된 것이다(Bauckham, Hengel, von Wahlde, Wright & Bird). 이 요한은 열두 제자 중 하나는 아니었으며, 예루살렘 출신이었다. 요한복음은 이 사람이 저작했지만, 세월이 지나면서 더 유명한 요한으로 대체되었다는 것이다(Bauckham). 그러나 이렇게 결론 짓기에는 극복하기 어려운 가정들이 있다.

따라서 초대교회의 만장일치적 주장인 열두 제자 중 하나이자 세베대의 아들인 요한이 이 책의 저자라는 것이 가장 설득력 있다(Carson, cf. 막 3:17; 행 1:13). 그는 예수님이 열두 제자 중 특별히 아끼신 세 제자 중 하나다. 공관복음에서 베드로와 함께 가장 자주 언급되는 제자이며, 사도행전에서는 베드로의 동반자로 등장한다(행 3–4장; 8:14). 이 요한은 어머니 쪽을 통해(요한의 어머니가 예수님의 이모) 예수님과 사촌지간이었으며, 후에 예수님이 십자가에서 요한에게 그분의 어머니 마리아를 부탁하셨다(19:25–27).

저작 시기와 장소

일부 학자가 주장하는 것처럼 만일 요한복음이 공관복음에 의존해 저작되었다면, 요한복음의 저작 시기는 세 공관복음이 저작된 이후가 될 수밖에 없다. 배럿(Barrett)은 요한복음이 마가복음에 크게 의존해 저작되었다고 한다(cf. Smith). 그러나 대부분은 요한복음이 세 공관복음을 출처로 사용한다고 하지 않는다. 그렇게 보기에는 차이점이 너무나도 많기 때문이다(cf. Burge, Carson, Dodd, Garnder-Smith).

요한복음의 저작 시기에 관한 간접적인 증거들은 다음과 같다. 이집트에서 130년쯤에 저작된 P52 파피루스 사본 조각은 요한복음 18:31-33과 37-38절을 담고 있다. 요한복음이 늦어도 이때쯤에는 이집트에 알려진 것이다. 이그나시우스(Ignatius of Antioch)는 2세기 초에 요한복음을 인용했고, 헤라클레온(Heracleon)은 150년경에 요한복음에 대한 최초 주석을 출판했다(Pagels). 이레네우스(Irenaeus, 180년경), 멜리토(Melito of Sardis, 175년경), 폴리크라테스 감독(Bishop Polycrates, 190년경), 무라토리 정경(Muratorian Canon, 180-200년경) 등도 요한복음에 대해 알고 있었다. 그러므로 학자들은 요한복음이 늦어도 1세기 말에는 저작되었다고 확신한다.

만일 사도 요한이 저자라면 그의 나이를 고려할 때(예수님과 10세 차이?) 1세기 말보다 훨씬 더 이른 시기에 저작했을 것으로 볼 수도 있다. 그럼에도 불구하고 학자들이 이때를 주목하는 이유는 요한이 매우 오래 살았다는 기록이 남아 있기 때문이다. 이레네우스(Irenaeus)는 요한 사도가 트라야누스 황제 시대(Marcus Ulpius Nerva Trajanus, 98-117)까지 살았다고 한다. 제롬(Jerome, 375년경)은 요한이 예수님이 죽으신 지 68년째 되는 해인 주후 98년에 죽었다는 말을 남겼다. 그러므로 1세기 말을 요한복음의 저작 시기로 보는 것도 충분히 가능하다.

학자들은 대부분 주후 80-100년을 저작 연대로, 더 구체적으로는 80-85년(Carson), 80년대(Beale & Gladd), 70-95년(Köstenberger) 등을 제시한다. 한편, 요한복음에서 세 차례 사용되는 '출교'(ἀποσυνάγωγος, 9:22; 12:42; 16:2)라는 단어가 유대교에 의해 주후 85-95년 사이에 공식화된 것이라며 이때 저작된 것이라고 주장하는 이도 있다(Martyn). 또한 요한복음이 회당에서 핍박받는 것을 당연하게 여기는 소수를 대상으로 쓰인 책이라며, 저작 시기로 주후 75-80년이 가장 적합하다고 주장하는 이도 있다(Rensberger).

요한복음은 베드로의 죽음을 암시하는데(21:18-19), 베드로는 주후 65-66년에 로마에서 순교한 것으로 알려져 있다. 그러나 요한은 주후 70년에 있었던 예루살렘 성전 파괴에 대해서는 어떠한 언급도 하지 않는다. 그러므로 일부 학자는 요한복음이 공관복음과 비슷한 시기이며 성전이 파괴되기 전인 주후 60년대에 저작되었다고 한다(Morris, cf. Beale & Gladd). 요한복음의 저작 시기를 주후 65년경으로 보는 이도 있으며(Robinson), 초본이 주후 60-65년경에 저작되었다가 훗날 최종본이 완성되었다고 주장하는 이도 있다(Burge). 요한복음이 공관복음에 의존하지 않고 저작되었기 때문에 충분히 가능한 일이다. 또한 요한복음은 예루살렘 성전이 파괴된 주후 70년 이전의 팔레스타인 유대교를 배경으로 하고 있으며, 이러한 전제를 인정하지 않으면 이 복음서의 상당 부분을 제대로 이해할 수 없다는 주장도 있다(Dodd).

출처 비평(source criticism)을 지향했던 불트만(Bultmann)은 요한복음이 (1)수난 이야기를 중심으로 한 출처(a passion-narrative source), (2)계시와 디스코스를 중심으로 한 출처(a revelation-discourse source), (3)기적 이야기를 중심으로 한 출처(a signs source) 등 세 가지 주요 문서(source documents)를 사용해 작성되었다고 주장했다. 초대교회의 한 편집자가 이 세 가지 문서에 자신이 속한 공동체의 필요를 더해 편집한 것이 요한복음이라는 주장이다. 이 같은 불트만의 주장은 한 저자에 의해 쓰인 공관복음과 달리 요한복음이 한 사람의 작품이 아니라 여러 단계를 거쳐 여러 사람에 의해 편집된 것이라는 주장의 시작이었다(Martyn).

이 같은 주장을 하는 학자들은 대체로 요한복음의 저작을 다섯 단계로 본다(Brown, Burge, von Wahlde, Wright & Bird). 첫 번째 단계에서는 그리스도인들이 구전과 조각 문서 등으로 전해지는 예수님의 말씀과 사역에 관한 자료들을 모아 정리해야 할 필요를 느끼고 자료를 수집했다. 주후 55년에서 65년 사이에 있었던 일이며, 이때 모은 자료들은 공관복음의 출처와 상관없는 독립적인 것이었다. 이 자료들은 사도 요한에 의해 정리되고 정비되었다. 그는 자신의 설교 등을 통해 이 자료들을 바탕으로 예수님의 삶과 가르침에 대해 강론했다.

두 번째 단계에서는 첫 번째 단계의 결과물에 그리스도인들이 유대교 및 유대인들과 빚는 갈등에 관한 내용이 추가되었다. 이 일은 주후 60-65년 사이에 진행되었으며, 요한 공동체의 가르침과 설교 내용도 더해졌다.

세 번째 단계에서는 요한 공동체의 한 유능한 신학자가 요한의 회고와 증언을 근거로 그동안 모았던 가르침과 이야기들을 순서대로 (consecutive), 또한 응집력이 있게(cohesive) 정리했다. 이 노력의 결과가 요한복음 1:19-20:31의 초본(draft)이라 할 수 있으며, 주후 65-70년 사이에 진행된 작업이다.

네 번째 단계에서는 영지주의자들이 교회를 괴롭히자 한 무명의 신학자가 세 번째 단계에서 얻은 문서(요한복음 초본)를 성육신에 대한 가르침을 바탕으로 개정했다. 여기에 1:1-18을 더해 개정증보판을 출판했다. 요한 서신들도 이때 출판되었다. 주후 80년에서 90년 사이에 있었던 일이다.

다섯 번째 단계에서는 사도 요한이 죽자 그의 제자들이 복음서를 한번 더 편집해 21장을 에필로그로 더했다. 주후 90년에서 95년 사이에 있었던 일이다. 이 최종본이 우리가 전수받은 요한복음이다.

요한복음을 읽다 보면 1:1-18은 프롤로그이며, 21장은 에필로그라는 생각을 하게 된다. 그러므로 이 학자들의 주장이 완전한 허구는 아닌 것 같다. 그러나 이들의 주장은 자칫 예수님이 말씀하지 않으신 것을 훗날 요한 공동체가 예수님이 말씀하신 것으로 둔갑시켰다는 오류를 범한다. 또한 다른 복음서들은 각각 한 저자가 집필했는데 요한복음만 여러 단계를 거쳐 여러 사람이 집필한 것이라는 주장은 그다지 설득력 있어 보이지 않는다. 게다가 일부 학자는 위의 다섯 단계 중

3-5단계를 구분하기가 불가능하다고 한다(O'Day). 이 복음서는 사도 요한이 저작 과정에서 주변의 도움을 받았을 수는 있지만, 홀로 저작한 것으로 보는 것이 가장 설득력 있다.

사도 요한은 어디서 이 책을 저작했는가? 요한복음은 1세기 유대교를 배경으로 저작된 것이 확실하지만 저자와 장소는 알 수 없다고 주장하는 이가 있다(O'Day). 저자가 하나님의 사역을 드러내기 위해 의도적으로 자신의 정체와 저작된 때와 장소를 가리고 있다고 주장하는 이도 있다(Hoskyns). 그러나 대부분은 저작 장소를 추측한다. 이집트의 알렉산드리아, 시리아의 안디옥도 저작 장소로 논의되지만(Martyn), 거의 모든 학자가 소아시아의 에베소를 지목한다(cf. Beale & Gladd, Burge, Carson).

에베소는 바울이 주후 52년쯤에 방문해 교회를 세운 소아시아에 있는 도시다(cf. 행 18장). 이곳에는 큰 유대인 공동체가 있었으며, 브리스길라와 아굴라가 에베소 교회의 주축이었다(행 18:19). 바울은 훗날 이곳에서 2년 이상 지냈다(행 19:10; 20:3). 디모데도 이곳에서 사역한 적이 있다(딤전 1:3). 사도 요한도 에베소를 중심으로 활동했을 가능성이 충분한 만큼 학자들 사이에서는 이곳이 요한복음의 저작 장소로 자주 언급된다(Burge, cf. 계 1-3장). 정확히 알 수는 없지만 에베소는 그 어느 도시보다 요한복음의 저작 장소일 가능성이 높다.

목적

요한복음을 인용해 영지주의(Gnostics)의 이단성을 규명한 이레네우스(Irenaeus)는 이 책이 영지주의 이단자 케린투스(Cerinthus)의 주장을 반박하기 위해 저작되었다고 했다(Burge). 영지주의가 사도 시대 교회를 괴롭힌 것은 사실이지만, 요한복음이 그들에게 대응하기 위해 저작된 것은 아니다. 아마도 요한복음이 영지주의의 정당성을 부인하는 것은 예수님과 교회에 대한 진리를 선포하는 과정에서 자연스럽게 빚어진 일일 것이다.

요한복음은 공관복음보다 예수님과 유대인들의 갈등을 더 자주, 더 자세하게 묘사하며 그들을 지속적으로 비난하는 듯하다(8:31-59; 10:19-39 참조). 요한복음에서 '유대인'(Ιουδαῖος)은 71회 사용되며 유대인 그리스도인들을 반대하고 핍박하는 회당 지도자들을 의미한다(O'Day). 유대인은 예수님을 거부하고 훼방하는 자들의 상징인 것이다. 한 예로 예수님이 앞을 보지 못하는 사람을 낫게 했을 때 그의 부모가 자기 아들에게 있었던 일에 대한 증언을 회피한 일을 들 수 있다. "그 부모가 이렇게 말한 것은 이미 유대인들이 누구든지 예수를 그리스도로 시인하는 자는 출교하기로 결의하였으므로 그들을 무서워함이러라"(9:22).

이러한 정황을 고려해 어떤 이들은 요한복음이 유대인들을 전도하고 유대교에서 기독교로 개종한 사람들을 양육하기 위한 선교적 목적을 지닌 복음서라고 한다(Carson). 그러나 요한복음은 다음과 같이 유대인이라면 당연히 아는 용어의 의미를 계속 헬라어로 설명한다. "랍비는 번역하면 선생이라"(1:38), "메시야는 번역하면 그리스도라"(1:41), "게바는 번역하면 베드로라"(1:42), "실로암은 번역하면 보냄을 받았다는 뜻이라"(9:7), "히브리 말로 가바다"(19:13), "히브리 말로 골고다"(19:17), "이는 선생님이라는 말이라"(20:16). 즉, 요한복음은 유대인의 용어에 익숙하지 않은 이방인 독자들도 의식하며 저작된 책이다. 요한복음은 유대인과 헬라인을 전도하고, 그리스도인들의 믿음을 강건하게 하며, 예수님을 새로 영접한 사람들을 교리화하기 위해 쓰인 책이다(Beasley-Murray).

요한은 자신이 책을 쓴 동기에 대해 "오직 이것을 기록함은 너희로 예수께서 하나님의 아들 그리스도이심을 믿게 하려 함이요 또 너희로 믿고 그 이름을 힘입어 생명을 얻게 하려 함이니라"(20:31)라고 증언한다. 이 말씀은 요한복음의 주요 주제(믿음, 하나님의 아들, 예수님을 통한 영생)를 하나로 묶고 있으며, 전도와 양육의 중요성을 암시한다.

문제는 사본에 따라 '믿게 하다'라는 동사에서 차이(textual variant)를 보인다는 것이다. 일부 사본은 '이 책을 통해 드디어 믿음 생활을 시작하기를 바란다'라는 전도적인 의미를 지닌 부정 과거 가정형(aorist subjunctive)인 'πιστεύσητε'를 사용한다. 반면에 더 많은 사본은 '이미 시작한 믿음 생활을 계속하라'는 의미를 지닌 현재 가정형(present subjunctive) 'πιστεύητε'를 사용한다. 접미사에서 단 한 글자(σ) 차이지만, 의미를 구상하는 데 있어 매우 중요한 차이다. 요한복음을 전도를 목적으로 쓰인 책으로 읽을 것인지, 혹은 성도들의 신앙 양육을 목적으로 쓰인 책으로 읽을 것인지를 가름하기 때문이다. 오늘날에는 대부분 학자가 전도와 양육 모두 요한복음의 목적이라고 한다(Bird). 요한복음은 믿지 않는 사람을 믿게 하고, 이미 믿고 있는 사람의 신앙을 성장시키기 위해 저작되었다.

신학적 메시지

요한복음은 온갖 신학적 가르침과 통찰력으로 가득하다. 이러한 이유에서 초대교회는 이 책을 '영적 복음서'(spiritual gospel)라고 불렀다. 그중 우리의 삶과 신앙에 직접적으로 연관되는 몇 가지만 간략하게 정리하면 다음과 같다.

1. 하나님

하나님은 세상과 시간의 시작이고 끝이시다(cf. 1:3). 세상을 창조하신 하나님은 세상에서 이미 일어난 모든 일과 일어나고 있는 모든 일, 그

리고 앞으로 일어날 모든 일을 아신다. 이 모든 일이 하나님의 계획과
섭리에 따라 진행되고 있기 때문이다. 그러므로 하나님께 지음받은 인
간이 존재하는 이유와 목적은 웨스트민스터 소요리 문답 1번이 말하는
것처럼 영원하신 하나님과 함께하는 삶을 누리고 즐기기 위해서다. 이
러한 가르침은 요한복음 곳곳에 드러난다.

사람들은 종종 영원하심(8:58), 창조하심(1:3), 전지전능하심(2:24-25)
등을 사람이 하나님의 신성을 설명하기 위해 만들어 낸 용어라고 착각
한다. 그렇지 않다. 이런 용어들은 하나님의 속성에 이미 있는 것들이
다. 인간이 인위적으로 만들어 낸 것이 아니라, 성경이 말하는 하나님
의 본질에서 자연스럽게 드러난 개념이라는 뜻이다.

하나님은 예수님의 아버지이시다(cf. 5:17; 6:45; 14:16). 또한 예수님
이시며 성령이시다. 그러므로 일부 학자가 요한복음이 하나님 중심적
(theocentric)인지 혹은 그리스도 중심적(Christocentric)인지를 묻는 것은 잘
못된 질문이다(cf. Barrett). 성부와 성자와 성령은 하나님의 나눠질 수 없
는 정체성이기 때문이다. 세 하나님이 지니신 동일한 본질을 강조하는
것을 '내재적 삼위일체'(Immanent Trinity)라 한다. 요한복음은 내재적 삼
위일체를 암시하는 말씀으로 가득하다.

그럼에도 불구하고 우리가 성부-성자-성령 순서로 말하는 것은 중
요성의 순서에 따른 것이 아니라 순서와 역할을 강조하는 경륜적 삼위
일체(Economic Trinity)를 따른 것이다. 경륜적 삼위일체는 삼위일체 하나
님이 구속사에서 각각 창조(creation)와 구속(atonement)과 완성(perfection)
에 어떻게 연관되어 있는지를 정의한다. 그러므로 세상을 창조하신 아
버지가 제일 먼저 언급되고, 그다음 구원을 이루신 성자가 언급이 되
며, 그 구원을 완성하실 성령이 마지막으로 언급되는 것이다. 하나님
은 예수님과 항상 하나였다.

하나님은 아들을 세상에 보내셨고(3:16; 4:34; 5:38; 8:29; 20:21), 그 아
들을 통해 더 많은 자녀를 얻고자 하셨다(1:12-13). 하나님은 새로운

자녀로 맞이하고자 하는 사람들을 참으로 사랑하셨다(3:16). 그들의 죄를 용서하고 구원하기 위해 하나뿐인 아들을 보내셨다. 그러므로 요한복음에서 하나님은 '독생자 아들'을 보내시는 분이며, 동시에 '새 자녀들'을 받으시는 분이다. 자기를 보내신 아버지의 뜻을 이루기 위해 보내심을 받은 예수님이 하시는 모든 일은 하나님으로부터 온 것이며, 하나님을 위한 것이다(4:34; 5:10-27; 17:4).

2. 예수 그리스도

요한복음의 기독론을 논하는 데 있어 가장 중요한 말씀은 1:1-18이다. 특히 1절과 4절은 예수님이 성육신하신 하나님의 말씀이라고 한다. 예수님이 하나님의 말씀을 선포하시고 하나님의 일을 하시지만(cf. 5:19-20, 30; 10:25, 37-38; 12:48-49), 예수님은 옛 선지자들처럼 하나님의 말씀을 대언하는 매체(medium)가 아니라 하나님의 말씀 자체이시다. 그러므로 예수님의 말씀과 사역, 삶과 죽음은 선을 그어 나눌 수 없는 하나이며, 예수님은 우리가 하나님께 나아갈 유일한 길이요 진리요 생명이시다(14:6). 예수님은 하나님이시기 때문이다(1:18).

예수님은 하나님 아버지와 하나이시며(10:30; 14:9-10), 같은 목적을 지니셨지만(5:17-18; 8:42) 다르시다(14:28; 17:1-5). 사람이 보고도 죽지 않는 유일한 하나님의 '인간 얼굴'(human face)이시다(Wright & Bird). 육신을 가진 예수님을 보는 것은 곧 하나님을 보는 것이며(14:9), 아들이신 예수님은 아버지 하나님의 세상 사랑에 대한 절정이다. 또한 요한복음은 하나님으로서 친히 육신이 되신 아들에 대한 전기(biography)다(Klink). 이 전기의 주인공인 예수님이 자신에 대해 계시하신 것은 곧 하나님에 대한 계시다(O'Day). 그러므로 요한복음에서 신론(Theology)과 기독론(Christology)이 하나가 되었다.

예수님은 어두운 세상을 밝히는 빛으로 오셨다(1:5). 예수님은 새로운 아담이므로(19:5) 세상 모든 사람(all human persons)의 완성(성취)이라 할 수 있다. 예수님은 옛 아담의 후예들을 새로운 아담의 후손으로 삼기 위해 하나님이 구약에서 메시아에게 요구하시는 모든 것을 이루셨다(4:44; 6:14; cf. 1:21). 예수님은 하나님의 계시이며(14:9), 동시에 구원이시다(1:4). 구원을 이루기 위해 예수님은 자신의 생명을 제물로 드렸고, 구원받은 이들의 공동체를 세우셨다(17:20-26). 이 공동체는 그리스도의 영을 품어야 생존할 수 있다. 하나님의 아들을 향한 세상의 미움이 그들을 향하고 있기 때문이다(15:12ff).

요한복음은 예수님의 "내가 그다"(ἐγώ εἰμι, "I AM, I am he")라는 말씀을 여러 차례 기록한다(4:26; 6:20; 8:24, 28, 58; 13:19; 18:5-8; cf. 사 43:25; 51:12; 52:6). 이 중 상당수는 옛적에 모세가 호렙산에서 만난 여호와 하나님이 하신 말씀 "나는 스스로 있는 자이니라"(אֶהְיֶה=ἐγώ εἰμι)를 상기시킨다(출 3:14). 이 외에도 예수님은 여러 수식어를 더해 7가지 비유(metaphor)로 자신에 대해 말씀하신다. 이 비유는 모두 예수님만이 우리가 하나님께 나아가 영생을 얻는 유일한 방법임을 강조한다.

'나는 …이다'	성경 구절
나는 생명의 떡이다	6:35, 41, 48
나는 세상의 빛이다	8:12, 9:5
나는 양의 문이다	10:7, 9
나는 선한 목자다	10:11, 14
나는 부활이요 생명이다	11:25
나는 길이요 진리요 생명이다	14:6
나는 참 포도나무다	15:1

요한복음은 예수님이 100% 인간이시며(1:14; cf. 20:27), 100% 하나님이심을 강조한다(Ladd). 또한 아버지 하나님이 아들 예수님을 보내셨다. 그러므로 요한은 예수님을 언급할 때 항상 보내신 아버지 다음

에 두 번째로 언급한다(4:34; 6:44; 7:29; 8:28; 20:21; cf. 마 28:19). 요한복음은 삼위일체 신학을 정립하는 데 매우 중요한 역할을 했다. 교회는 325년 니케아 공의회(Nicaea Council)에서 삼위일체를 정식 교리로 채택했다.

3. 성령

요한복음은 성령에 대해 공관복음을 모두 합한 것보다 더 많이 언급한다(Wright & Bird). 성령은 예수님이 세례를 받으실 때부터 함께하셨다(cf. 1:32-33). 구약과 세례 요한을 통해서 예수님이 누구였는지, 누구인지, 예수님의 제자로 부르심을 받은 사람들을 뭐라고 부를 것인지, 또한 그들에게 어떤 일을 맡길 것인지에 대해 증언하셨다(Wright & Bird). 그러므로 부활하신 예수님은 제자들에게 제일 먼저 성령을 받으라고 권면하셨다(20:22). 학자들은 예수님의 이 같은 권면을 '요한의 오순절'(Johannine Pentecost)이라고 한다(Wright & Bird).

성령은 영원히 예수님과 함께하는 하나님의 내재이시며(cf. 3:34), 예수님 안에 흐르는 생수의 근원이시다(4:10; 7:37-39). 성령은 예수님의 삶에서 있어도 되고 없어도 되는 부수적인 존재가 아니다. 그러므로 사람이 예수님과 함께한다는 것은 성령을 체험하는 것을 의미한다(Johnston).

그렇다면 성령은 예수님을 직접 만난 사람만 하나님을 알게 하시는가? 성령은 예수님을 만나 본 적 없는 사람이라 해도 영접한 사람 모두 하나님을 알게 하신다. 지난 2000년 동안 계속 이 일을 해 오셨다. 예수님이 십자가에서 죽으실 때 떠났다가 예수님이 승천하신 후 보혜사로 제자들에게 임하셨다(1:32-33; 7:39; 16:7).

'보혜사'(παράκλητος)는 '위로하는 자, 돕는 자'라는 의미를 지닌다. 예수님이 승천하신 후에도 예수님이 세우신 공동체와 함께하시며 예수님에 대한 계시와 가르침을 계속하는 일로 공동체를 위로하고 도우신다. "보혜사 곧 아버지께서 내 이름으로 보내실 성령 그가 너희에게 모든 것을 가르치고 내가 너희에게 말한 모든 것을 생각나게 하리라"(14:26).

보혜사 성령은 믿는 자들을 말씀과 가르침으로 위로하고 도우시지만, 예수님을 믿지 않는 세상은 죄와 의와 심판으로 책망하신다. "죄에 대하여라 함은 그들이 나를 믿지 아니함이요 의에 대하여라 함은 내가 아버지께로 가니 너희가 다시 나를 보지 못함이요 심판에 대하여라 함은 이 세상 임금이 심판을 받았음이라"(16:9-11).

이 모든 일은 성령과 하나님과 예수님의 관계를 근거로 이해해야 한다. "내가 아버지께 구하겠으니 그가 또 다른 보혜사를 너희에게 주사 영원토록 너희와 함께 있게 하리니 그는 진리의 영이라 세상은 능히 그를 받지 못하나니 이는 그를 보지도 못하고 알지도 못함이라 그러나 너희는 그를 아나니 그는 너희와 함께 거하심이요 또 너희 속에 계시겠음이라 내가 너희를 고아와 같이 버려두지 아니하고 너희에게로 오리라 조금 있으면 세상은 다시 나를 보지 못할 것이로되 너희는 나를 보리니 이는 내가 살아 있고 너희도 살아 있겠음이라 그 날에는 내가 아버지 안에, 너희가 내 안에, 내가 너희 안에 있는 것을 너희가 알리라"(14:16-20).

4. 교회

교회는 예수님의 제자들이 모이는 곳이다. 누가 예수님의 제자인지는 "새 계명을 너희에게 주노니 서로 사랑하라 내가 너희를 사랑한 것 같이 너희도 서로 사랑하라 너희가 서로 사랑하면 이로써 모든 사람이 너희가 내 제자인 줄 알리라"(13:34-35)라는 말씀으로 정의된다. 예수님의 제자는 예수님이 그를 사랑하신 것처럼 이웃(다른 제자)을 사랑하는 사람이며, 이런 제자들이 모인 곳이 교회다.

교회는 예수님이 새로 시작하신 하나님 백성 공동체이며, 이방인과 유대인을 포함한다. 교회가 유대인뿐 아니라 이방인도 포함하는 것은 우연이나 실수로 빚어진 일이 아니라 하나님이 태초부터 계획하셨던 인류 구원 역사의 일부다. 구약은 아브라함의 후손으로 오는 이가 이러한 구원을 이루실 것이라고 한다(cf. 창 12:1-3; 22:18).

요한복음이 예수님을 이스라엘과 온 인류의 구원자로 묘사하는 것은 교회가 옛것(구약과 유대인의 전통)을 포기하지 않으면서 새것(신약과 이방인의 시대)을 껴안게 하기 위해서다. 이러한 가르침은 '남은 자들'에 대한 선지자들의 이해와 맥을 같이한다. 선지자들은 미래에 형성될 '이스라엘 이후 공동체'(post-Israel community)가 남은 자들(하나님께 신실한 사람들)로 구성될 것이라고 하는데, 이 남은 자 공동체는 범위가 넓어지는 면모가 있는가 하면 좁아지는 면모도 지닌다.

남은 자 공동체가 좁아진다는 것은 이런 의미다. 예전에는 누구든지 아브라함의 후손, 곧 이스라엘 사람이면 하나님의 백성이 될 수 있었다. 그러나 선지자들이 계시로 받은 남은 자들의 공동체는 더는 혈연으로 이어지는 집단이 아니다. 이스라엘 사람이라 할지라도 믿음이 없으면 남은 자가 될 수 없다.

또한 남은 자 공동체의 범위는 넓어지기도 한다. 예전에는 이스라엘 사람만 남은 자가 될 수 있었다. 반면에 선지자들이 꿈꾸었던 남은 자들은 이방인을 포함한다. 이방인 중에서도 믿음이 있는 사람들은 남은 자가 될 수 있다. 심지어 이방인이 여호와의 제사장이 되어 하나님을 가장 가까운 곳에서 섬기는 일이 있을 것이라고 한다(cf. 사 65-66장). 신약은 이런 시대가 도래했다고 하는데(롬 3:29; 9:24; 엡 2:11-22) 요한복음도 이러한 사실을 선포한다.

구조

요한복음은 프롤로그를 형성하는 1:1−18과 에필로그를 형성하는 21:1−25에 싸여 있다. 이 두 섹션에 감싸인 1:19−20:31은 (1)'징조의 책'(book of signs)으로 불리는 1:19−12:50, (2)'영광의 책'(book of glory)으로 불리는 13:1−20:31 등 두 파트로 나뉜다.

첫 번째 섹션(1:19−12:50)이 '징조의 책'으로 불리는 이유는 예수님이 행하신 7가지 기적이 모두 이 섹션에 있기 때문이다. (1)가나의 혼인 잔치(2:1−11), (2)왕의 신하의 병든 아들(4:46−54), (3)중풍병자(5:1−18), (4)오병이어로 5,000명을 먹이심(6:1−14), (5)물 위를 걸으심(6:16−21), (6)나면서부터 눈먼 사람(9:1−41), (7)나사로를 살리심(11:1−44). 어떤 이들은 20:30−31을 근거로 요한복음 전체를 징조로 간주하기도 한다 (Carson). 이 기적 중 가나의 혼인 잔치 사건 외에는 모두 공관복음에 비슷한 이야기가 기록되어 있다.

또한 '징조의 책'(1:19−12:50)에는 예수님이 사람들과 나누시는 7개의 공식적인 대화(formal dialogue)가 있다(Klink). (1)니고데모(3:1−21), (2)사마리아 여인(4:1−42), (3)유대인 무리(6:22−71), (4)유대교 지도자들과 유대인 무리(7:14−52), (5)유대교 지도자들(8:12−59), (6)유대교 지도자들(9:1−41), (7)유대교 무리(10:22−42).

두 번째 섹션(13:1−20:31)은 예수님이 제자들에게 주신 가르침이 주를 이룬다. 예수님은 "자기가 세상을 떠나 아버지께로 돌아가실 때가 이른 줄 아시고"(13:1) 제자들을 가르치는 일에 집중하셨다. 그런 다음 유대교 지도자들에게 잡혀 십자가에서 죽으심으로 영광의 길을 가셨다. 그러므로 학자들은 이 섹션을 '영광의 책'이라고 한다. 이처럼 각 섹션에 따라 특별한 장르가 편중되어 있는 것을 근거로 요한복음을 주제별로 정리된 책이라 하기도 한다(Burge).

요한복음에는 예수님이 자신이나 하나님께 말씀하시는 듯한 독백이 여럿 등장한다. 그중 대표적인 네 가지는 (1)하나님의 아들(5:19-47), (2)목자와 양(10:1-21), (3)때가 이름(12:20-50), (4)고별사(13:31-16:33) 다. 이 독백들은 전반부와 후반부를 통일성 있게 연결하는 고리다. 본 주석에서는 요한복음을 다음과 같이 구분해 주해하고자 한다.

Ⅰ. 프롤로그(1:1-18)

Ⅱ. 세례 요한과 첫 제자들(1:19-51)

Ⅲ. 공개 사역 시작(2:1-4:54)

Ⅳ. 커져 가는 반발(5:1-8:11)

Ⅴ. 유대인들과의 갈등(8:12-10:42)

Ⅵ. 전환: 사역에서 죽음과 부활로(11:1-12:50)

Ⅶ. 다락방 디스코스(13:1-17:26)

Ⅷ. 재판과 죽음(18:1-19:42)

Ⅸ. 부활(20:1-31)

Ⅹ. 에필로그(21:1-25)

Ⅰ. 프롤로그

(1:1-18)

책의 프롤로그인 본문은 요한복음을 해석하는 데 가장 중요한 현관이자 주춧돌이라 할 수 있다(Carson, Klink). 또한 신약에서 해석하기 매우 어려운 텍스트 중 하나다(O'Day). 다양한 신학적 주제와 심오한 메시지를 포함하고 있기 때문이다. 그럼에도 예수님의 신성과 인성, 천지창조 이전부터 계심, 성육신과 계시, 그리고 희생을 매우 간단명료하면서도 헤아릴 수 없는 깊이로 묘사한다.

이러한 이유로 본문은 초대교회 때부터 기독론을 정의하는 데 가장 중요한 말씀으로 자리를 잡았다. 중세 시대 성도들은 질병과 악령을 쫓는다며 본문을 목에 거는 부적(amulet)으로 만들어 목걸이처럼 착용하기도 했다(Burge). 한편, 옛적에 가톨릭교회는 병자들과 새로 세례받은 이들에게 이 말씀을 읽어 주기도 하고, 미사를 마무리하는 기도문으로 사용하기도 했다.

학자 중에는 본 텍스트가 책의 나머지 부분과 비교할 때 상당히 이질적이라는 점을 이유로 이 책이 원래는 1:19의 세례 요한 이야기로 시작했는데, 훗날 이 부분을 서문으로 도입했다고 주장하는 이들이 있다(Brown, Dodd, Morris, Schnackenburg, Smalley). 어떤 이들은 이 프롤로그가 빌립보서 2:5-11처럼 초대(사도)교회의 찬송가였다고 주장하기도 한다 (Brown, Bultmann, Burge, Haenchen, O'Day, cf. 골 1:15-20). 한편, 요한복음을 저작한 요한이 훗날 요한 서신을 저작할 때쯤 이 찬송을 자신의 책에 더했다고 하는 이도 있고(Burge), 이 복음서를 탄생시킨 공동체가 이 부분을 더한 것이라고 주장하는 이들도 있다(Brown, Haenchen, Kysar). 그러나 본문은 시(노래)라고 보기에는 문제가 있으며, 리듬감 있는 서술 (rhythmical prose)로 보아야 한다(Barrett, Hooker, cf. Carson).

게다가 세례 요한의 이야기를 시작하는 1:19에는 책의 앞부분에 일반적으로 나타나는 전형적인 시작(formal introduction)이 보이지 않다. 또한 프롤로그와 책의 나머지 부분은 스타일과 주제가 매우 비슷해 도저히 독립적으로 취급할 수 없다(Carson, Keener, Klink, Michaels, Robinson, Williams). 만일 본문이 예수님의 속성에 대한 찬송이라면 예수님의 속성을 묵상하는 찬송에 세례 요한의 이야기가 섞여 있는 점도 잘 이해되지 않는다. 그러므로 이 섹션은 요한이 복음서를 저작할 때부터 복음서의 일부였던 것으로 간주하는 것이 가장 설득력 있다(Bauckham, Carson, O'Day, Robinson).

프롤로그는 대부분 고대 문헌의 시작 부분에서 볼 수 있는 흔한 양식이다(Klink). 요한은 본 텍스트에서 두 가지 영역, 곧 (1)말씀의 영원하고 범우주적인 영역(1-5절), (2)세례 요한의 한시적이고 제한적인 영역(6-18절)에 관해 말하고자 한다. 또한 본문은 요한복음 전체에 대한 서문이며(Mounce), 앞으로 더 발전시킬 주요 주제들을 요약한다. (1)태초부터 창조주이신 그리스도(1:1-2; 17:5), (2)빛 안에 생명이 있음(1:4; 5:26), (3)빛을 반대하는 어두움(1:5; 3:19), (4)빛이 세상에 들어옴(1:9; 3:19; 12:46), (5)드러난 하나님의 영광(1:14; 12:41), (6)하나님의 독생자(1:14, 18; 3:16), (7)신적 탄생(1:12-13; 3:1ff), (8)메시아의 사역에서 세례 요한의 위치(1:7, 15; 1:19, 30). 이 외에도 본문과 연관된 다른 주제가 많다(cf. O'Day, Robinson).

또한 1:11-12은 요한복음에서 전개될 이야기의 흐름을 요약한다고 할 수 있다(Klink). 먼저 1-12장은 예수님이 유대교로부터 버림받은 이야기를 기록하고 있으며, 이어지는 13-21장은 메시아이신 예수님을 영접하고 따르는 사람들에 관한 이야기로 구성되어 있다. 본 텍스트는 다음과 같이 구분된다.

A. 말씀의 근원(1:1-5)
B. 말씀에 대한 증인(1:6-8)
C. 말씀이 빛이 되어(1:9-14)
D. 말씀이 은혜와 진리가 되어(1:15-18)

Ⅰ. 프롤로그(1:1-18)

A. 말씀의 근원(1:1-5)

¹ 태초에 말씀이 계시니라 이 말씀이 하나님과 함께 계셨으니 이 말씀은 곧 하나님이시니라 ² 그가 태초에 하나님과 함께 계셨고 ³ 만물이 그로 말미암아 지은 바 되었으니 지은 것이 하나도 그가 없이는 된 것이 없느니라 ⁴ 그 안에 생명이 있었으니 이 생명은 사람들의 빛이라 ⁵ 빛이 어둠에 비치되 어둠이 깨닫지 못하더라

정경 중 '태초에'(Ἐν ἀρχῇ)라는 말로 시작하는 책은 요한복음과 창세기뿐이다. "태초에 하나님이 천지를 창조하시니라"(창 1:1). 칠십인역(LXX)은 히브리어 '태초에'(בְּרֵאשִׁית)를 요한복음을 시작하는 첫 문구와 같은 헬라어 문구(ἐν ἀρχῇ)로 번역했다. 이러한 사실을 잘 아는 요한은 이 문구로 자신의 책을 시작함으로써 독자들이 창세기, 특히 천지창조 이야기의 첫 부분을 떠올리게 한다(Schwarz).

이 문구는 창세기에서는 첫(옛) 창조 이야기를 소개하며, 이곳에서는 새(재) 창조 이야기를 소개한다. 또한 독자들의 관심을 옛적에 하나님이 이루신 첫 창조 이야기에서 예수님이 이루실 새 창조 이야기로 옮기는 역할도 한다(Bruce). 옛 창조에 버금가는, 혹은 더 위대한 새로운 창조가 시작되고 있음을 암시하는 것이다. 하나님이 첫 번째 아담의 코에 생기를 불어 넣어 살게 하신 것처럼(창 2:7; cf. 창 1:26-28), 두 번째 아담으로 오신 예수님은 새로 창조될 사람들(예수님을 영접하는 자들)에게 생기를 불어 넣어 죄로 인해 죽을 수밖에 없는 그들에게 새로운 가능성을 주실 것이다.

'태초'(ἀρχῇ)는 '출처, 근원'(origin)을 의미한다(TDNT). 본문에서도 태초는 인류 역사와 우주의 근원을 뜻한다(Morris). 요한은 '태초에'라는 말을 통해 세상이(우주가) 창조되기 전부터 말씀이 있었다고 한다(Beale & Carson). 예수님은 하나님의 아들이시며, 우리의 형제이시며, 유대인이시다. 그러나 그 이전에 하나님이시다. 예수님의 전기(biography)인 요한복음은 1세기 팔레스타인에서 시작하는 것이 아니라, 태고(primeval)에서 시작한다(Klink).

'태초'는 '끝/종말'(τέλος)과 쌍을 이룰 때 의미가 있다. 그러므로 태초는 종말을 염두에 둔 개념이기도 하다. 정경을 마무리하는 요한계시록 22장이 '처음과 마지막'(ἡ ἀρχὴ καὶ τὸ τέλος)이라는 말을 담고 있는 것은 우연이 아니다(계 22:13). 창세기와 요한복음은 세상이 끝나는 때를 염두에 두고 저작된 것이다.

창세기를 플라톤의 이데아(Platon's Idea)와 연결해 알레고리적으로 설명한 유대인 철학자 필로(Philo, 주전 25년 이집트 알렉산드리아에서 태어남)는 '말씀'(λόγος)을 초월하신 하나님과 세상을 중재하는 매개체로 정의하며 자신의 저서에 1,300회 이상 사용했다(NIDNTT). 또한 헬라 사람들은 '로고스'(말씀)를 세상의 질서를 확립하는 기준으로 삼기도 했다(Bruce). 그러므로 일부 학자는 요한이 플라톤(Platonic), 금욕주의(Stoic),

신플라톤(Neoplatonic) 등 헬라 철학과 사상에 근거해 '로고스'(말씀)를 자기 책에 도입했다고 한다(Godet). 혹은 로고스가 영지주의(Gnosticism)에서 유래한 것이라고 주장하는 이들도 있다(Bultmann).

그러나 헬라 철학이 생기기 전부터 구약에서는 말씀(히, רָבָד)이 하나님의 매우 역동적인 창조 능력을 의미했다. 하나님이 말씀하실 때 만물이 창조되었으며(창 1:3-31; 시 33:6), 성경에서 하나님의 말씀은 계시(렘 1:4; 사 9:8; 겔 33:7; 암 3:1, 8)와 구속(시 107:20; 사 55:1)으로 묘사된다(Barrett, Carson). 말씀이 계시라는 것은 곧 구약 율법과 지혜와도 연관이 있음을 의미한다.

영지주의 문헌 중 요한복음보다 먼저 저작된 것은 없다(O'Day). 따라서 로고스가 영지주의에서 비롯되었다는 주장도 잘못되었다. 말씀은 하나님의 자기표현이며(self-expression)(cf. 시 19:1-4), 하나님이 말씀하시니 세상이 존재하게 되었다(창 1:3, 6, 9, 11, 14; 시 33:6; cf. 히 11:3). 또한 말씀은 하나님을 떠나면 하나님이 계획하신 모든 것을 이루기 전까지는 하나님께 돌아가지 않는다(사 55:11; cf. 사 40:8). 말씀은 인류 역사에 오신 그리스도의 삶과 사역이다(Mounce). 그러므로 요한은 구약의 배경을 바탕으로 예수님이 곧 '말씀'(λόγος)이라고 증언한다(Beale & Carson, Köstenberger).

'말씀'은 태초에 계셨다(1절). 요한은 1절에서 '있다'(εἰμί)의 과거형 '계셨다'(ἦν)를 세 차례 사용한다. 이 단어(εἰμί)는 '…이 되다'(γίνομαι)와 비슷한 말이다. 그러나 '…이 되다'(γίνομαι)는 태어나는 것(became, came into being)을, '있다'(εἰμί)는 이미 오래전부터 존재해 온 것을 뜻한다(Carson). 그러므로 요한은 이 두 단어가 지닌 의미의 차이를 염두에 두고 사용한다. 예를 들면, 8:58에서 예수님은 "진실로 진실로 너희에게 이르노니 아브라함이 나기 전부터(γενέσθαι) 내가 있느니라(εἰμί)"라고 하시며 이 두 단어의 의미가 지닌 차이점을 바탕으로 아브라함이 창조되기 전부터 자신이 이미 하나님과 함께 있었음을 강조하신다. 또한 1:6에서는 세례 요한을 두고 "하나님께로부터 보내심을 받은 사람이 있으니"라며 '…이 되다'(γίνομαι)의 부정 과거형(aorist)인 '되었다/있었다'(ἐγένετο)를 사용해 요한이 창조된 인간임을 분명히 하신다.

1절을 구성하는 세 문장('Εν ἀρχῇ ἦν ὁ λόγος, καὶ ὁ λόγος ἦν πρὸς τὸν θεόν, καὶ θεὸς ἦν ὁ λόγος)은 각 문장의 마지막 단어가 다음 문장을 시작한다는 공통점을 지닌다. 또한 '말씀'(λόγος)과 '계셨다'(ἦν)를 각각 세 차례 사용한다. 첫 번째 문장인 "태초에 말씀이 계시니라"에서 '계시니라'(ἦν)는 주어인 말씀의 지속적인 면모를 강조한다. 말씀(예수님)이 없었던 때(아니었던 때)를 부인함으로써 말씀이 천지창조 때 함께 창조되었을 가능성을 원천적으로 배제한다(Porter). 만일 말씀이 어느 한 시점(하나님이 천지를 창조하실 때)에 창조되었다면 3절에서처럼 '…이 되다'(γίνομαι)의 부정 과거형(aorist)인 '되었다/있었다'(ἐγένετο)를 사용했을 것이다(cf. 1:6). 말씀은 우리가 상상할 수 있는 모든 시간의 테두리 밖에 계신다(Mounce).

예수님은 하나님의 창조 에이전트로 천지창조와 깊은 연관이 있다. 그러나 창조된 세상의 일부는 아니다. 말씀은 시작된, 혹은 생겨난 근원(origin)이 없다. 말씀의 존재하심은 시간과 역사를 초월하기 때문이다(Hoskyns).

1절의 두 번째 문장인 "말씀이 하나님과 함께 계셨으니"는 인간이 이해하는 시간이 시작되기 전부터 말씀(예수님)이 하나님과 함께 계셨음(ἦν)을 선언한다(Klink). '함께'(πρὸς)는 관계와 교통을 강조한다. 그러므로 첫 번째 문장에서 말씀의 영원한 존재성을 강조했다면, 이번에는 말씀의 내재성(immanency)을 강조하며 세상이 창조되기 전부터 말씀이 하나님과 '영원한 상호 교제'(eternal intercommunion)의 '관계'(belonging)를 누렸다고 한다(Brown, Harris). 세상이 시작되기 전부터 하나님과 함께 계셨던 말씀이 세상이 끝날 때까지 우리와 함께하고자 성육신하셨다.

1절의 세 번째 문장인 "이 말씀은 곧 하나님이시니라"(θεὸς ἦν ὁ

λόγος)를 두고 이단들은 '하나님과 비슷하기는 하지만 하나님보다 조금 못하다'라는 의미로 해석한다. 그러나 요한은 그들이 주장하는 것을 정확히 반영하는 헬라어 단어(θεῖος)를 사용하지 않고 '하나님'(θεός)을 사용한다. 만일 예수님이 하나님보다 조금이라도 못하다면(다르다면) 요한복음에서 예수님을 칭하는 타이틀과 역할과 관계는 모두 잘못된 것이다.

또한 이 문장을 구성하는 단어들의 위치를 고려해 직역하면 "하나님은 말씀이셨다"(God was the Word)이다. 만일 요한이 말씀이 하나님 같기는 하지만 조금 못하다는 의미로 말하고자 했다면 두 명사의 위치를 바꾸어 '말씀은 한 신[하나님]이었다'(ὁ λόγος ἦν θεός)라고 표현해야 한다(Klink). 그러나 요한은 말씀이 하나님의 본질을 지닌, 하나님과 동등한 분임을 강조하기 위해 "이 말씀은 곧 하나님이시니라"(θεὸς ἦν ὁ λόγος)라고 표현한다(Barrett, Carson). 이 문장에서 하나님(θεός) 앞에 정관사(ὁ)가 붙지 않은 것을 문제 삼는 이단도 있지만, 말씀이 하나님과 동등한 본질을 지녔다는 사실을 강조하는 이 문장에서는 정관사가 있는 것이 더 이상하고 부자연스럽다(Porter, Wallace).

예수님은 여호와 하나님이 모세에게 자신을 드러내며 사용하신 '나는 스스로 있는 자'(אֶהְיֶה = ἐγώ εἰμι)(출 3:14)라는 타이틀을 사용해 자신이 하나님임을 암시하신다(cf. 8:24, 28, 58). 예수님이 "아브라함이 나기 전부터 내가 있느니라"(8:58)라고 하실 때 '있느니라'(ἐγώ εἰμι)는 예수님 자신이 하나님임을 암시하기 때문에 이를 들은 유대인들은 망언이라며 예수님을 돌로 쳐 죽이려고 했다(8:59). 또한 예수님은 자신과 아버지가 하나라고 하셨고(10:30), 제자인 도마는 부활하신 예수님을 보고 '나의 주님, 나의 하나님'(ὁ κύριός μου καὶ ὁ θεός μου)이라고 외쳤다(20:28).

요한복음은 예수님이 존재적으로(ontologically) 하나님이심을 지속적으로 선언한다(cf. 빌 2:6). 그러므로 예수님을 보는 것은 곧 하나님을 보는 것이며, 예수님의 말씀을 듣는 것은 하나님의 음성을 듣는 것이다. 우리가 하나님에 관해 말하는 모든 것은 곧 예수님에 관한 말이기도 하다. 또한 예수님이 말씀하시는 것은 곧 하나님의 계시다(O'Day, cf. 5:37-38; 8:19; 14:9-11). 이 같은 성경의 증거를 토대로 니케아 공의회(Council of Nicea)에서는 325년에 예수님의 본질이 인간보다 월등하지만(하나님과 비슷하지만) 하나님은 아니라고 주장한 아리우스(Arius)와 그의 추종자들(Arians)을 이단으로 규명했다.

"그가 태초에 하나님과 함께 계셨고"(2절)는 1절을 요약한다. 예수님이 천지창조 이전부터 존재하시며(preexistence), 하나님과 영원한 상호 교제(eternal intercommunion)를 하셨고, 하나님과 같은 본질을 지니신 것을 함축하고 있기 때문이다. 그러므로 1-2절은 요한복음의 기독론에 대한 서곡이며, 삼위일체에 대한 가르침의 시작이라 할 수 있다(cf. Carson). 또한 요한은 복음서 전체가 1-2절을 바탕으로 읽히기를 바란다(cf. Barrett).

요한은 1-2절에서 말씀(ὁ λόγος)과 하나님(ὁ θεὸς)의 관계를 설명한 다음 3-5절에서는 말씀과 세상의 관계에 대해 말한다. 헬라어 사본에서 3-4절은 구두점(punctuation)을 어디에 찍느냐에 따라 다소 의미가 달라진다. 개역개정과 NIV처럼 3절을 마무리하는 '지은 것'(ὃ γέγονεν) 다음에 마침표를 찍으면 "만물이 그로 말미암아 지은 바 되었으니 지은 것이 하나도 그가 없이는 된 것이 없다"라며 '지은 것'이 3절의 일부가 된다. 이렇게 번역하면 3-4절은 "모든 것이 그분을 통하여 지음을 받았습니다. 지음을 받은 것 중에서 어느 것 하나도 그분 없이 지어진 것이 없습니다. 그분 안에는 생명이 있습니다. 그 생명은 세상 사람들을 비추는 빛이었습니다."라는 의미가 된다(아가페). 반면에 새번역과 NRS처럼 두 단어 앞인 '하나도 없다'(οὐδὲ ἕν) 다음에 마침표를 찍어 '지은 것'(ὃ γέγονεν)이 다음 문장을 시작하는 것으로 간주하면, 3-4절은 "모든 것은 말씀을 통하여 생겨났고 이 말씀 없이 생겨난 것은 하나도 없다. 생겨난 모든 것이 그에게서 생명을 얻었으며 그 생명은 사람들의 빛이었다."라는 의미를 지닌다(cf. 공동).

이 두 번역의 차이는 4절이 언급하는 '생명'(ζωή)이 있는 '그[것]'(αὐτῷ)가 말씀(λόγος)인 예수님이신지, 혹은 말씀으로부터 생명을 받은 '지은 것'(ὃ γέγονεν)인지 하는 점이다. 일부 학자는 새번역과 NRS의 해석(cf. 공동)을 선호하지만(Brown), 대부분은 개역개정과 NIV의 해석을 선호한다(Barrett, Burge, Haenchen, Klink, O'Day, Schnackenburg). 후자가 1-2절의 스타일과 일치하며(O'Day), 말씀이 하나님의 창조적 에이전트(creative agent)가 되어 천지를 창조하셨지만(골 1:16-17; 히 1:2) 생명이 말씀으로부터 생기를 얻은 '피조물 안'에 있는 것이 아니라 이 피조물에게 생명을 주신 '말씀 안'에 있다는 것이 요한이 강조하는 포인트이기 때문이다.

세상에 있는 모든 것은 말씀을 통해 창조되었고 말씀 없이 생겨난 것은 하나도 없다(3절). 또한 '만물'(πάντα), 곧 이 세상의 창조된 모든 것은 말씀으로부터 생명을 얻었다. 만물은 그(말씀)를 통해 '지은 바 되었기'(δι' αὐτοῦ ἐγένετο) 때문이다. 세상 모든 피조물은 자신을 스스로 창조할 능력이 없다. 또한 요한은 말씀(λόγος)이 천지창조 전에 먼저 창조되었다고 하지도 않는다. 말씀은 창조된 적이 없다. 반면에 우리가 상상할 수 있는 모든 피조물은 말씀을 통해 창조되었다.

창세기 1장은 하나님이 온 우주를 말씀으로 창조하셨다고 한다. 칠십인역(LXX)은 창세기 1장에 기록된 하나님의 창조 사역을 묘사하면서 23차례나 '…이 되다/만들다'(γίνομαι)로 번역한다. 요한은 프롤로그(1:1-18)에서 말씀(예수님)의 창조 사역을 묘사하면서 같은 동사를 11차례(3, 6, 10, 12, 14, 15, 17, 18절) 사용한다(Klink). 이 동사는 복음서의 나머지 부분에서도 예수님의 창조와 변화시키는 능력을 강조하며 지속적으로 사용될 것이다(cf. BAGD). 이를 통해 요한은 하나님이 천지를 창조하실 때 하신 일은 곧 말씀이 하신 일이며, 예수님이 하시는 일은 곧 하나님이 하시는 일이라고 강조할 것이다.

말씀(λόγος)이 한 일 중 가장 중요한 것은 자신이 창조한 피조물에 생명을 주시는 일이다. 말씀은 자신 안에 있는 생명을 살아 있는 모든 생명체에게 나누어 주셨다(4a절). 지음을 입은 모든 것이 말씀을 통하지 않고 스스로 창조된 것이 없는 것처럼, 모든 생명체는 말씀으로부터 생명을 얻었다. 또한 말씀 안에 있는 생명은 사람들의 빛이 되어 그들을 비추었다(4b절).

말씀은 세상의 모든 살아 있는 생명체에 생기를 준 생명의 근원이시다(4a절). 생명은 하나님 말씀과의 관계를 통해 존재한다(Hoyskin). 요한이 4절에서 두 차례나 '있었다'(ἦν)라며 과거형을 사용하는 것은 말씀 안에 있던 생명이 아직도 존재하고 있음을 뜻한다(Riderbos). 그러므로 말씀이 만물의 생명도 정의한다(Klink).

'생명'(ζωή)은 신약에서 135차례 사용되며 신학적으로 매우 중요한 단어다. 요한복음에서는 36차례 사용되며, 요한 서신과 요한계시록에서 사용된 횟수를 더하면 요한 문헌에서 이 단어를 사용한 횟수가 전체의 거의 절반이 된다(TDNT). 육체적 생명을 뜻하는 바이오스(βίος)와 달리 조에(ζωή)는 하나님이 주신 초자연적인 생명이다(Mounce). 장차 미래에 부활할 생명, 혹은 이 부활한 생명의 맛보기(foretaste)라 할 수 있는 현세에서의 영적 삶이다(Carson). 이 생명의 구약적 배경은 창세기에 기록된 창조 이야기다(cf. 창 1:20-31; 2:7; 3:20). 예수님은 이 생명(ζωή)을 성도에게 주기 위해 '생명의 떡'(6:35)으로, '생명의 빛'(8:12)으로, '생명의 물'(4:10)로, '생명과 영'(6:63)으로 오셨다.

또한 말씀 안에 있는 생명은 사람들의 빛이다(4b절). 말씀이 사람들에게 생명을 주고(cf. 8:12; 9:5; 11:9) 하나님을 볼 수 있게 하셨다는 뜻이다(Lindars). 인간이 사는 것은 하나님을 뵙기 위해서다. 사람이 하나님을 이해할 수 있는 모든 지적 능력이 예수님으로부터 와서 계시를 가능하게 했다. 말씀(예수님)과 생명은 결코 떼 놓을 수 없는 것처럼,

말씀과 계시도 결코 떼 놓을 수 없다.

말씀이 하나님이 어떤 분인지 밝히는 빛이 되어 어둠(세상)을 비추었지만, 어둠이 깨닫지 못했다(5절). 빛과 어두움의 대조는 창세기 1:3-5, 14, 18 등을 근거로 한다. 빛과 어두움은 세상을 형성하는 이원론적인(dualistic) 힘(존재)이 아니다. 단순히 빛이 없는 것이 곧 어두움이다(Carson). 그러므로 하나님이 천지를 창조하실 때 어둠으로 덮여 있던 곳에 빛이 있으라 하시니 세상에서 어둠이 걷히고 빛으로 가득했다(cf. 창 1:3).

그러나 빛과 어둠의 대조는 창조 이야기에서 끝나지 않는다. 요한복음에서 어둠은 빛에 대항하는 악이다(cf. 3:19; 8:12; 12:35, 46). 메시아에 관한 예언에서도 빛이 자주 등장한다(사 9:2; 42:6-7; 49:6; 60:1-5; 말 4:2; cf. 민 24:17; 눅 1:78-79). 요한은 빛의 비춤을 현재형 동사(φαίνει)로, 어두움이 깨닫지 못한 것은 부정 과거형 동사(κατέλαβεν)로 표현한다. 빛이 세상을 밝히기 위해 오래전에 오셨고, 지금도 비추고 계시며, 반대에도 시들지 않았음을 강조하기 위해서다(Williams).

'깨닫다'(καταλαμβάνω)는 '이기다'라는 의미로 해석할 수 있고(새번역, 공동, 현대인, NIV, NRS), 개역개정처럼 '깨닫다'로 간주할 수도 있다(아가페, NAS). 전자는 갈등에 초점을, 후자는 무지(無知)에 초점을 둔 번역이다. 둘 다 가능한 대안이지만, 후자가 앞으로 요한복음에서 전개될 내용과 더 잘 어울린다. 어둠(온 인류)은 빛이 그들 위에 비추고 있는 것을 알지 못했다(cf. 1:10-11).

이 말씀은 예수님이 성육신하기 전에 지니셨던 신성에 대해 가르쳐 준다. 예수님은 세상이 창조되기 전부터 하나님과 함께 계셨고, 하나님과 동등한 본질을 지닌 하나님이시다. 세상 만물이 예수님을 통해 창조되었으며, 예수님은 모든 생명의 근원이 되셨다. 안타까운 것은 창조주요 생명의 근원이신 예수님이 자신이 지으신 세상에 오셨지만, 세상은 자기를 지으시고 생명을 주신 분을 알아보지 못했다.

그러나 다행히도 아직 기회가 있다. 예수님이 성경을 통해 남기신 말씀과 하신 일들이 모두 하나님의 말씀이며 하나님이 하신 일이라는 사실을 믿고 따라야 한다. 이 놀라우신 하나님이 우리가 지은 죄의 대가를 대신 치르기 위해 십자가에서 죽으시고 부활하신 것을 믿어야 한다. 예수님은 이 세상을 살았던 가장 위대한 인간이며, 유대인들이 기대하던 메시아이며, 하나님의 아들이며, 아버지가 보내신 분이며, 하나님이시다. 이러한 사실 중 한 가지라도 등한시한다면 이 복음서를 잘못 읽는 것이다(Burge).

I. 프롤로그(1:1-18)

B. 말씀에 대한 증인(1:6-8)

[6] 하나님께로부터 보내심을 받은 사람이 있으니 그의 이름은 요한이라 [7] 그가 증언하러 왔으니 곧 빛에 대하여 증언하고 모든 사람이 자기로 말미암아 믿게 하려 함이라 [8] 그는 이 빛이 아니요 이 빛에 대하여 증언하러 온 자라

프롤로그는 실제로 있었던 사람들과 사건 등 보이는 것을 통해 보이지 않는 하나님을 보게 한다(Klink). 이번에는 요한이라는 사람이 보이지 않는 말씀에 대해 증언한다. 하나님은 그분의 백성에게 모세(출 3:10-15)와 선지자(사 6:1-8; 렘 1:4-7) 등 사람들을 꾸준히 보내셨다. 이번에는 예수님을 보내시기 전에(3:17) 요한을 예수님에 대한 증인으로 먼저 보내셨다. 하나님의 은혜가 임했다고 하는 요한의 증언은 예수님을 위해서가 아니라 우리 자신을 위해 필요하다(Calvin).

어떤 이들은 6-8절이 훗날 요한이 아닌 다른 사람에 의해 삽입된 것이라고 하지만(cf. Beasley-Murray, Burge, McHugh, O'Day), 그다지 설득력 있는 추론은 아니다(Klink). 본문 속 빛의 의미가 앞에 있는 4-5절을 배

경으로 하며, 본문을 잇는 9절이 빛에 관한 이야기를 계속 이어 가는 것으로 보아 문맥에도 잘 어울린다.

하나님으로부터 보내심을 받은 사람이 있었다(6a절). 이 구절에서 동사 '보내다'(ἀποστέλλω)는 보냄받은 자(messenger)보다 보낸 이(sender)의 권위를 강조한다(TDNT). 성경이 사도들을 이 헬라어 동사에서 파생한 명사(ἀπόστολος)로 부르는 것도 보내심을 입은 사도들이 아니라 그들을 보내신 예수님의 권위를 강조하기 위해서다. 칠십인역(LXX)은 하나님이 보내신 자인 경우에만 이 동사를 사용해 히브리어 텍스트를 번역한다. 즉, 이 단어는 하나님의 인허(authorization)를 전제하는 전문적인 용어인 것이다(TDNT).

'보내다'(ἀποστέλλω)뿐 아니라 전치사 '…부터'(παρὰ)도 요한을 보낸 주체가 하나님임을 강조한다. 만일 보냄받은 자를 강조하려고 했다면 다른 전치사 '…에 의해'(ὑπό)를 사용했을 것이다(Klink). 저자는 하나님이 세례 요한을 보내셨다는 사실을 강조한다. 그는 스스로, 혹은 사람들이 선지자로 세운 이가 아니다. 하나님이 보내신 사람이다.

세례 요한은 하나님이 보내신 특별한 사람이지만, 그 역시 하나님이 창조하신(만드신) 인간이다. '있으니'(ἐγένετο)는 '있다, 되다'(γίνομαι)의 부정 과거형('became, born')이며, 이는 요한이 창조되었다는 사실을 강조한다(cf. 1:3). 세상 만물을 창조하신 하나님이 말씀(λόγος)에 대한 증인으로 요한을 창조하셨다(Morris). 요한이 '있게 된 것, 창조된 것'(ἐγένετο)이 부정 과거형으로 표현되는 것은 요한의 탄생이 구속사의 흐름 중 한 시점에 편입되었다는 것을 암시한다(McHugh). 마치 시간이 멈춘 듯한 1-5절의 흐름과는 사뭇 다르다.

공관복음은 한결같이 그를 '세례 요한'(Ἰωάννης ὁ βαπτιστὴς)이라고 부른다(마 3:1; 11:11, 12; 14:2, 8; 16:14; 17:13; 막 1:4; 6:14, 24, 25; 8:28; 눅 7:20, 33; 9:19). 이와는 대조적으로 요한복음은 항상 그를 단순히 '요한'(Ἰωάννης)이라고 부른다(1:15, 19, 26, 28, 32, 35, 40, 42; 3:23, 24 등). 다

른 복음서는 세례 요한을 예수님의 제자 중 세베대의 아들 요한과 구분하기 위해 '세례 요한'이라고 부른다. 하지만 요한복음에서는 예수님의 제자 요한이 세베대의 아들들에 포함되어 언급될 뿐(21:2) 독립적으로 언급되지 않는다. 따라서 '세례 요한'을 '세베대의 아들 요한'과 구분할 필요가 없는 만큼 단순히 '요한'이라 부른다. 요한복음의 저자가 세베대의 아들 요한이라고 주장하는 이들은 저자가 메시지를 강조하고 저자인 자신의 정체를 최대한 감추기 위해 이렇게 표현하는 것이라고 한다(Carson). 또한 저자가 어떠한 추가 정보나 수식어 없이 그를 단순히 '요한'이라는 이름으로 부르는 것은 이 책의 독자들이 그를 익히 알고 있으며, 요한복음은 그가 누구인지(identity) 보다는 그가 보내심을 받은 자로서 하는 일(task)에 초점을 맞추고 있기 때문이다(Klink).

세례 요한은 1장에서 40%나 되는 비중을 차지할 정도로 중요한 인물이지만, 그가 증언하는 빛은 아니다. 이 책이 그를 단순히 요한이라 부르는 것도 하나님의 구속사에 중요한 인물이기는 하지만 메시아는 아니라는 사실을 강조하려는 노력을 반영하는 것이다(Mounce). 요한은 공관복음에서 '주의 길을 예비하기 위해 먼저 온' 사람이다. 그러나 요한복음에서는 단순히 빛으로 오신 말씀에 대한 증인이다. 요한은 그를 보내신 이의 뜻에 부합하기 위해 오직 하나님이 주신 권위를 근거로 메시아로 오신 말씀에 대해 증언했다. 칼뱅(Calvin)은 요한복음이 세례 요한의 유일한 소명을 그리스도에 대해 증언하기 위해 보내심을 받은 것으로 증언하듯이 교회에서 가르치는 모든 선생도 오직 예수님에 대한 증인이 되어야 한다고 한다.

하나님의 보내심을 받은 요한은 증언하러 왔다(7a절). 요한은 옛적에 하나님이 보내신 모세를 상기시키는 인물이다(Carson, cf. 출 3:10-15). '증언하다'(μαρτυρέω)는 요한복음에서만 47차례 사용되는 매우 중요한 용어다(TDNT). 요한은 증언하기 위해 보내심을 받았다(Moffatt). 증언의 가장 기본적인 의미는 법정에서 목격자가 자신이 보고 경험한 것을 말하는 것이다(Lincoln, Michaels). 본문에서는 요한의 신분보다 그가 증인이라는 사실이 더 중요하게 부각된다(McHugh). 빛(말씀)에 대한 목격자인 요한의 증언이 신뢰할 만하다는 뜻이다. 요한의 삶을 보면 메시아 혹은 하나님이 하시는 일에 대한 증인이 되는 것은 참으로 위험한 일이다. 한순간에 사람들과 권세가들에게 거부당하고 처형될 수 있기 때문이다.

저자는 요한이 증언하러 온 이유를 두 개의 '…하기 위해'(ἵνα)라는 문구로 설명한다(7b-c절). 첫째, 요한은 빛에 대해 증언하기 위해 왔다(7b절). 빛은 태초부터 하나님과 함께하시며 교통하신 말씀이다(1:1-2). 이 말씀은 곧 하나님이시다. 요한은 하나님이 특별히 들어 쓰시는 종이지만, 말씀은 아니다. 그는 말씀이신 빛에 대해 증언하기 위해 보내심을 받은 사람이다. 본문은 요한의 사역 성향을 간단히 요약하고 있으며, 그가 유대인들에게 증언한 구체적인 내용이 1:35-42에 기록되어 있다. 이러한 차원에서 요한은 그동안 하나님이 구속사 흐름에서 보내신 모든 증인을 대표한다고 할 수 있다(Borchert, Westcott).

둘째, 요한은 모든 사람이 자기로 말미암아 믿게 하려고 왔다(7c절). '말미암아'(δι' αὐτοῦ)는 요한이 사람들로 하여금 자기를 믿게 하지 않고, 그가 증언하는 분의 도구가 되어 빛을 믿게 한 에이전트(agent)에 불과함을 강조한다. 또한 빛이신 예수님에 대한 믿음은 항상 [예수님] '안, 안으로'(εἰς)으로 표현된다. 신약은 법정 용어를 많이 사용하는데, 요한복음은 더더욱 그렇다(Carson). 특히 요한은 예수님이 메시아라는 사실에 대한 가장 확실한 증인이다.

요한은 모든 사람이 빛으로 오신 예수님을 믿게 하려고 왔다. '믿게 하려고'(πιστεύσωσιν)는 부정 과거형 가정(aorist subjunctive)이다. 요한은 빛으로 나아가는 길을 제시함으로써 사람들이 믿도록 설득하기 위해서 왔지 강요하기 위해서 온 것이 아니다. 우리 역시 하나님이 보내신 증인으로서 예수님에 대해 설득해야지 강요해서는 안 된다. 강요하면

할수록 반항하고 반발하는 것이 인간의 본능이다.

요한은 빛이 아니며 이 빛(예수님)에 대해 증언하러 왔다는 8절 말씀은 6-7절 내용을 다른 말로 표현하며 요약한다. 요한은 빛으로 오신 말씀을 믿게 하는 자로서 말씀과 직접적인 연관이 있고 이 말씀에 대해 증언하지만, 그는 빛이 아니다. 빛과 요한은 분명 다르다. 세례 요한이 '켜서 비추이는 등불'(5:35)로 묘사되기는 하지만, 프롤로그가 묘사하는 빛은 아니다. 이 빛은 예수님이시다(8:12; 9:5).

저자는 왜 이처럼 예수님과 요한의 차이점을 강조하는 것일까? 아마도 예수님을 하나님이 보내신 특별한 사자로 여기며 예수님이 인간보다는 월등하지만 하나님보다는 못하다는 생각에 젖어 있는 사람들을 일깨우기 위해서일 것이다. 이러한 논리에 따르면 예수님과 요한은 별반 다를 바가 없다. 저자는 이러한 논리가 잘못되었다고 한다. 예수님은 하나님이시고, 요한은 주님이 보내신 증인에 불과하다. 예수님과 요한은 질적으로 다르기 때문에 절대 동일시해서는 안 된다는 것이다.

예나 지금이나 예수님의 신성에 문제를 제기하는 이단들이 있다. 2-3세기에는 영지주의자들이 예수님의 신성을 부인했고, 4세기에는 아리우스(Arius)가 부인했다. 지금은 여호와의 증인이 부인한다. 또한 자신이 하나님이 들어 쓰신 도구인 예수님과 비교해 손색이 없다며 스스로 메시아라고 주장하는 이단 교주들도 있다. 이에 대해 요한복음은 그들의 오류를 명백하게 지적한다. 예수님은 태초부터 하나님과 함께하신 하나님이시다. 예수님은 하나님과 본질이 같으시다. 예수님은 세상을 창조하시고, 생명을 불어 넣어 주셨다. 하나님이신 예수님은 빛이 되셔서 어둠(세상)에 오셨다.

이 말씀의 핵심은 요한이 빛에 대해 증언하지만 빛은 아니라는 것이다. 우리는 요한처럼 예수님을 증거하는 증인이다. 종이 주인의 영광을 탐하면 안 되는 것처럼, 보내심을 입은 자들이 보내신 이를 욕되게 하면 안 되는 것처럼, 증인에 불과한 우리는 하나님의 영광을 가로채서는 안 된다.

전도와 선교의 목적은 영혼을 구원하는 것이 아니다. 전도와 선교의 목적은 하나님이신 예수님에 대해 증언하는 것이다. 그러므로 전도와 선교의 열매에 집착하지 말자. 열매는 하나님이 맺으실 것이다. 우리는 예수님에 대해 증언하는 것으로 만족하고 감사해야 한다.

C. 말씀이 빛이 되어(1:9-14)

⁹ 참 빛 곧 세상에 와서 각 사람에게 비추는 빛이 있었나니 ¹⁰ 그가 세상에 계셨으며 세상은 그로 말미암아 지은 바 되었으되 세상이 그를 알지 못하였고 ¹¹ 자기 땅에 오매 자기 백성이 영접하지 아니하였으나 ¹² 영접하는 자 곧 그 이름을 믿는 자들에게는 하나님의 자녀가 되는 권세를 주셨으니 ¹³ 이는 혈통으로나 육정으로나 사람의 뜻으로 나지 아니하고 오직 하나님께로부터 난 자들이니라 ¹⁴ 말씀이 육신이 되어 우리 가운데 거하시매 우리가 그의 영광을 보니 아버지의 독생자의 영광이요 은혜와 진리가 충만하더라

저자는 프롤로그를 통해 이때까지 말씀(ὁ λόγος)이 태초부터 하나님과 함께 계셨고 만물이 그분을 통해 창조되었다고 했다(1:1-5). 또한 하나님은 이 말씀에 대한 증인도 세우셨다(1:6-8). 이제 요한은 본문을 통해 말씀의 성육신(incarnation)에 대해 회고한다. 성육신하신 말씀은 예수님이므로 예수님이 하시는 일은 곧 하나님이 하시는 일이다.

이 섹션을 시작하는 '참 빛'(τὸ φῶς τὸ ἀληθινόν)(9a절)은 두 개의 정관사를 사용해 세상에 온 빛이 어떤 것인지를 설명한다. 이 빛은 그 어떤 빛(그 누구)과 비교할 수 없을 만큼 최고로(par excellence) 빛나는 진실된 빛이다(McHugh). 또한 이 빛은 매우 특별한 방법인 성육신을 통해 왔다

(Carson). 이로써 세상은 창조된 이후 단 한 번도 경험하지 못했던 참 빛을 경험하게 된 것이다.

요한복음에서 '세상'(κόσμος)은 78차례나 사용되는 중요한 단어다. 용례를 살펴보면 긍정적인 의미를 지닐 때도 있고(cf. 3:16), 중립적인 의미로 사용될 때도 있다(cf. 8:26). 그러나 대부분은 하나님을 영접하지 않고 죄 안에서 헤매는 것을 의미하는 부정적 의미로 사용된다(1:10; 7:7; 14:17; 15:18-19; 16:8; 17:6 등). 세상이 놀라운 것은 선해서가 아니라 악해서다(Carson). 이러한 세상에서 믿는 이들이 나오는 것은 불가능한 일이다. 그러므로 요한은 그들이 이 세상에서 난 사람들이 아니고 하나님에게서 난 사람들이라 한다. 가장 아름답고 순결한 참 빛이 참으로 어둡고 절망적인 세상에 오셨다!

'세상에 왔다'(ἐρχόμενον εἰς τὸν κόσμον)는 문법적으로 세상에 있는 '각 사람'(πάντα ἄνθρωπον, '모든 사람')을 수식할 수 있다. 이렇게 해석하면 "참 빛은 세상에 오는[태어나는] 모든 사람을 비추었다"라는 의미가 된다. 혹은 '빛'(τὸ φῶς)을 수식할 수도 있다. 이렇게 해석하면 "모든 사람을 비추는 참 빛이 세상에 왔다"라는 의미가 된다. 저자 요한이 본문에서 강조하고자 하는 것은 말씀이 세상에 빛으로 오신 일인 만큼 후자가 더 정확한 해석이다(Burge, Mounce, cf. 1:10; 3:17, 19).

참 빛이 세상에 오셨다. '오다'(ἐρχόμενον)는 '계속해서 오고 있다'는 의미로 지속성(duration)을 강조하는 분사(participle)다(Klink, cf. NRS, NIV, ESV). 그동안 선지자들과 구약의 성도들을 통해 하나님의 빛이 일시적으로 그리고 조금 세상을 비추었다가, 드디어 성육신하신 말씀을 통해 온 세상을 밝게 비추는 참 빛이 오셨다는 뜻이다. 이 빛은 세상 끝 날까지 영원히 세상을 비추실 것이다.

세상에 오신 참 빛은 각 사람을 비추는데, '비추다'(φωτίζω)는 물리적인 빛이 주변을 밝히는 것(shine, illuminate)을 의미한다(BAGD). 사람을 비출 때는 두 가지 해석이 가능하다. 첫째, '깨우치다, 이해시키다'(enlighten)로 해석할 수 있다(NAS, NRS, ESV). 그러므로 이 말씀을 하나님이 모든 인간에게 지성과 이성과 옳고 그름에 대한 판단력 등 일반[보편] 은총(general grace/revelation)을 주신 것으로 해석하는 이들이 있다(Burge, Calvin, Morris, cf. 롬 1장). 그러나 참 빛은 그 누구도 차별하지 않고(유대인과 이방인 등) '각[모든] 사람'(πάντα ἄνθρωπον)에게 하나님과 자신에 대해 깨달음을 주신다(cf. 행 1:8; 골 3:11). 모든 사람에게 일반 은총뿐 아니라 특별 은총(special grace/revelation)도 주신다는 뜻이다(Mounce). 참 빛이 주시는 이 깨달음을 받아들이거나 받아들이지 않는 것은 각자의 몫이다.

둘째, 빛은 어두움에 감춰진 것들을 드러낸다(Marsh). 사람 중에는 빛으로 인해 숨겨진 죄가 드러나면 도망가는 자들이 있다(3:19-20). 반면에 하나님을 사랑해 진실되게 살아온 사람들에게는 이 빛이 그들이 하나님 안에서 이 모든 선한 일을 했다는 사실을 밝혀 준다(3:21). 즉, 참 빛은 세상을 비추어 사람들을 심판하기도 하고 격려하기도 한다. 그러므로 빛은 모든 사람을 두 부류로 나눈다. 저자는 이 두 가지 의미를 모두 염두에 두고 이 동사를 사용하고 있다.

또한 요한은 10절에서 '세상'(κόσμος)을 세 차례 사용하며 세상이 무엇(어떤 곳)인지를 정의한다. 그는 이미 1:1에서 말씀(ὁ λόγος)의 신성(divinity)을 선언했다. 이제 10절을 통해 말씀(ὁ λόγος)이 세상을 향하고 있음을 선언한다. 즉, 1:1은 말씀의 초월성(transcendence)에 대한, 10절은 말씀의 내재성(immanence)에 대한 것이다(Klink). 창조주 하나님은 이신론(deism)이 주장하는 것처럼 창조하신 세상을 그냥 내버려 두지 않으신다. 자신이 창조하신 세상에 많은 관심을 쏟으시고 구원하실 길도 마련하셨다.

세상은 하나님으로 말미암아 창조되었지만(창 1장), 안타깝게도 세상을 창조하신 하나님이 참 빛으로 내재하시자 그분을 부인했다. 죄로 인한 하나님에 대한 무지와 불순종이 불러온 비극이다. 그렇다고 해서 세상에 소망이 전혀 없는 것은 아니다. 하나님이 이 세상을 구원하실 것은 요한복음이 강조하는 기정사실이기 때문이다(3:16).

참 빛은 세상에 계셨다(10a절; cf. 1:3). '계셨다'(ἦν)는 지속성을 강조한다. 세상은 영원하신 이 참 빛으로 말미암아 지은 바 되었다(10b절). '지었다, 창조했다'(ἐγένετο)는 이미 1:3-5에서 사용되었으며 하나님이 창조하셔서 어느 순간부터 존재하게 되었다는 뜻이다.

그러나 세상은 참 빛으로 오신 창조주 말씀(ὁ λόγος)을 알아보지 못했다(10c절). 세상은 하나님이 영적 어둠 속에 거하는 사람들을 구원하기 위해 사역하시는 곳이며(Rensberger), 참 빛이신 예수님이 사람들을 구원하기 위해 어둠과 다투는 경기장이다(Keener). 세상에 구세주가 오셨지만 어둠 속에 거하는 자들이 알아보지 못하는 참으로 실망스럽고 슬픈 일이 벌어졌다(O'Day).

'알다'(γινώσκω)는 단순히 지적인 인지가 아니라, 관계적인 단어다(Mounce, cf. TDNT). 그러므로 알지 못했다는 것은 세상이 참 빛이신 하나님을 영접해 그분과 관계를 맺지(회복하지) 못했다는 뜻이다. 세상은 하나님에 대해 어느 정도 지식을 지녔지만, 구원에 이르도록 말씀이 요구하는 겸손한 순종은 하지 못했다(Barrett). 저자는 앞으로 세상이 무엇을 알지 못했는지에 대해 지속적으로 설명할 것이다.

11절을 직역하면 "그가 자기 것들(τὰ ἴδια, 중성 복수)에게 오니 자기 사람들(οἱ ἴδιοι, 남성 복수)이 그를 영접하지 않았다"이다. '자기 것들'(τὰ ἴδια)은 말씀이 창조하신 세상이며, 참 빛으로 오신 예수님과 세상의 긴밀한 관계를 강조한다. '자기 사람들'(οἱ ἴδιοι)은 성육신한 말씀이신 예수님이 속한 유대인들이다(Burge, Carson, Pryor, cf. 출 19:5; 23:22; 신 7:6; 14:2; 26:18; 사 43:21; 겔 13:18-23; 말 3:17). 요한복음에서 세상은 하나님을 영접하기를 거부하는 곳이며, 이스라엘은 하나님을 영접하지 않는 세상을 대표한다(Klink, cf. 7:1, 7; 8:23; 9:39; 15:20, 25; 16:1-3 등).

'영접하다'(παραλαμβάνω)는 주어진 것을 받거나, 혹은 오신 이의 권위를 인정한다는 뜻이다(TDNT, cf. 5:43; 13:20). 그러므로 '믿다'와 같은 의미를 지닌 말이다(cf. 5:44; 13:19). 영접하지 않는 것은 관계를 부인하는 것이다. 창조된 세상이 그를 창조하신 분과 상관없이 존재하려고 한다. 유대인들은 무지해서가 아니라 의도적으로 메시아를 부인했다(Mounce). 피조물이 창조주를 거부하고, 사랑받는 자들이 그들을 사랑하시는 분을 거부했다(Klink).

믿는 자들에게 하나님의 자녀가 되는 권세를 주셨다는 12절은 프롤로그(1:1-18)의 기능적 중심(functional center)이다(Neyrey). 세상을 대표하는 온 나라(이스라엘)가 참 빛으로 오신 하나님을 거부했지만, 다행히 그중에 영접한 이들이 있었다. 바로 예수님을 따르는 제자들이다. 예수님은 이들을 중심으로 새로운 창조를 시작하신다. 하나님을 영접한 사람들은 하나님의 자녀가 되는 권세를 받았다.

하나님을 영접하는 것은 무엇인가? 요한은 그(예수님)의 이름을 믿는 것이라고 한다. '이름'(ὄνομα)은 이를 지닌 사람의 존재와 속성을 상징한다(Carson, Morris, cf. 시 20:1). 그러므로 예수님의 이름을 믿는 것은 곧 예수님에 대한 모든 것을 영접한다는 뜻이다(Mounce). '믿다'(πιστεύω)는 요한 문헌에서 98차례 사용되는 중요한 단어다. 바울 서신에서 54차례 사용되는 것과 비교해도 월등히 많다. '그의 이름을 믿는 자들'(τοῖς πιστεύουσιν εἰς τὸ ὄνομα αὐτοῦ)은 '동사(πιστεύω)+전치사(εἰς)+직접 목적어(τὸ ὄνομα)'로 구성되어 있으며, 이렇게 형성된 문구는 요한복음에서 36차례 사용된다(Mounce). 이러한 문법적 표현은 믿는 이(목적어) 안에 자신의 신뢰를 둔다는 뜻이며, 자기 자신을 의지하기를 버리고 오직 말씀(예수님)을 의지하는 것을 의미한다(Morris).

하나님은 자기 자신을 의지하지 않고 오직 예수님을 의지하는 믿음을 지닌 사람들에게 하나님의 자녀가 되는 권세를 주셨다(12c절). 구약은 종종 이스라엘 백성을 '하나님의 자녀'라고 하는데(cf. 신 14:1), 요한복음에서는 항상 그리스도인들을 '하나님의 자녀'(τέκνα θεοῦ)라고 한다.

하나님의 자녀가 된 사람들은 세상에 속한 자들이 아니며(17:6, 16), 영적으로 다시 태어난(reborn) 사람들이다(Hoskyns, cf. 3:1-11). 반면에 '하나님의 아들'(υἱὸς τοῦ θεοῦ)은 항상 예수님에게만 적용된다(Barrett). 이같은 차별화로 요한은 우리가 하나님의 아들이신 예수님을 통해서 하나님께 입양된 자녀라는 사실을 강조한다(Carson). 예수님을 통하지 않고는 하나님의 자녀로 입양될 수 없다는 것이다. 요한복음을 벗어나서는 '하나님의 아들'이 그리스도인들에게 적용되기도 한다(cf. 출 4:22; 롬 8장; 갈 3-4장; 요일 3:1-2).

'권세'(ἐξουσία)는 능력(power)이나 권리(right)나 허락(authorization)을 뜻한다(TDNT). 본문은 참 빛을 영접한 사람들이 하나님의 자녀라는 새로운 신분을 시작하는 것에 관한 말씀이다. 그러므로 '허락'이 가장 적합하다(Morris). 하나님은 모든 사람의 아버지가 되기를 원하신다. 그러나 아무나 하나님의 자녀가 될 수 있는 것은 아니다. 하나님은 세상을 비추기 위해 참 빛으로 오신 예수님을 영접하는 사람들만 자녀가 되도록 허락하셨다. 그러므로 하나님의 자녀가 되는 것은 소수만이 누릴 수 있는 특권이다. 영접하지 않는 자들은 이 특권을 누릴 수 없다.

모든 번역본이 13절을 시작하는 대명사를 복수(οἳ)로 간주해 이 구절을 '하나님께로부터 난 자들'에 대한 말씀으로 해석한다. 그러나 일부 헬라어 사본은 복수가 아니라 단수(ὅς) 대명사로 시작한다(cf. Beasley-Murray, Borchert, Haenchen, McHugh). 단수로 간주하면 이 구절은 예수님의 탄생에 관한 말씀이 된다. 그러므로 초대교회 교부 중 일부는 본문을 예수님의 동정녀 탄생에 관한 것으로 해석하기도 했다(Irenaeus, Tertullian). 그러나 13절은 12절에서 시작된 '영접하는 자들'에 관한 이야기를 이어 가고 있다. 그러므로 복수로 취급해 그들에 대한 설명으로 해석해야 한다.

'태어남'(birth)은 요한 문헌에서 매우 중요한 비유(metaphor)인데, 자연적인(natural) 태어남과 초자연적인(supernatural) 태어남이 있다. 하나님으로부터 태어나는 초자연적인 것과 부모를 통해 자연적으로 태어나는 것은 참으로 중요한 차이를 지닌다. 저자는 13절에서 사람의 태어남을 네 가지로 묘사하는데, 이 중 세 가지 자연적인 태어남에 대해서는 '아니하고'(οὐκ ἐξ, 'not out of')라며 부정적으로 말하고, 마지막 네 번째인 초자연적 태어남에 대해서만 '오직'(ἀλλ᾽ ἐκ, 'but out of')이라며 긍정적으로 언급한다. 자연적인 태어남과 초자연적인(영적인) 태어남은 질적으로 다르기 때문에 비교할 수 없다는 것을 강조하기 위해서다(Mounce).

첫째, 영적인 태어남은 '혈통으로'(ἐξ αἱμάτων) 가능한 것이 아니다. 고대 사람들은 부모의 피가 섞일 때 자녀가 태어난다고 생각했다. 피에서 생명이 생성되는 것으로 이해했기 때문이다. 그러나 하나님의 자녀는 이 같은 혈통(부모의 피 섞임)으로 생기지 않는다.

둘째, 영적인 태어남은 육정으로 이뤄지는 일이 아니다. 여기서 말하는 '육정'(θελήματος σαρκὸς)을 직역하면 '육신의 욕망'(desire of the flesh)이며, 인간의 성적인 욕망에서 부정적인 뉘앙스가 모두 제거된 인간의 순수한 성적 의지를 뜻한다(Morris). 하나님의 자녀로 태어나는 것은 인간의 성적인 의지가 이뤄낸 결과가 아니다.

셋째, 영적인 태어남은 사람의 뜻으로 되는 것이 아니다. '사람의 뜻'(θελήματος ἀνδρὸς)은 '남편의 의지'로도 번역할 수 있다(Klink). 인간은 자손을 두려는 본능적인 의지를 지녔다. 또한 고대 사회에서 아이가 태어나는 것은 아내보다는 남편에 의해 결정되었다. 그러나 영적인 거듭남은 집안의 가장이 결정하는 일이 아니다.

넷째, 하나님의 자녀가 되는 것은 오직 하나님에게서 난 자들만 누리는 특권이다. 하나님의 자녀가 되는 것은 처음 세 가지가 말하는 자연적인 태어남(누군가의 육체적인 후손이 되는 것)과 대조되는 초자연적인 태어남이다. 인간적으로는 불가능한 일이며, 오직 하나님이 하시는 일이기 때문이다. 12-13절이 말하는 참 빛으로 오신 예수님을 통해 새로 창조하시는(시작하시는) 하나님의 가족이 될 사람들은 하나님이 직접 택하신 사람들이다. '하나님께로부터 난 자들'(ἐκ θεοῦ ἐγεννήθησαν)은 하나님이 지으신 사람들이라는 뜻이다(Hoskyns). 물론 이 사람들도 처음세 가지 자연적인 과정을 통해 누군가의 후손으로 이 땅에 태어났다. 그러므로 하나님에게서 난 자들은 하나님이 구원하기 위해 특별히 구별하신, 곧 영적으로 거듭나게 하신 사람들이다. 요한은 니고데모 이야기(3:1-21)를 통해 영적으로 거듭나는 것에 관해 더 자세하게 설명할 것이다.

참 빛으로 오신 말씀이 육신이 되셨다(14a절). 말씀(λόγος)이 1절 이후처음으로 이곳에서 다시 언급되고 있다. 그동안 말씀은 베일에 가려진 것처럼 신비로웠지만, 이제는 모든 사람이 볼 수 있게 모습을 드러내셨다. 말씀은 하나님이시다(1:1). 말씀(하나님)이 육신이 되신 것은 성육신에 대한 가장 간단한 표현이다(Mounce). 그러므로 14절은 성육신에 대한 열쇠라 할 수 있다(Thompson).

'육신'(σάρξ)은 '사람, 인간'(ἀνήρ)의 육체(신체)이며, 사람을 구성하는요소 중에서 가장 연약하고 부패하기 쉽고 가장 부서지기 쉬운 것이다(McHugh). 그러므로 말씀이 육신이 되셨다는 것은 예수님이 온전히 사람이 되셨다는 뜻이다(Bultmann). 영원하신 하나님과 한순간에 사라지는 육신은 가장 극단적인 대조를 이루는 두 극(pole)이다. 그러므로 이 양극이 성육신을 통해 하나가 된 것은 매우 모순적이라 할 수 있다(Klink). 요한은 말씀이 육신 되신 이 모순적인 연합을 '되었다'(ἐγένετο, became)라고 하는데, 프롤로그에서 이 단어가 7번째 사용되고 있다. 모순은 하나님이 세상에 오신 것을 가리키는 것이 아니다. 모순은 하나님이 육신으로 오셨기 때문에 예수님의 육신을 통해서만 하나님의 영광을 볼 수 있다는 것이다(Bultmann).

초대교회에는 예수님의 신성과 인성에 대해 극단적으로 가르치는 이단들이 있었다. 아리우스파(Arians)처럼 예수님의 신성을 부인하는 자들이 있는가 하면, 예수님의 인성을 부인하는 가현설(Docetics, 假現說)

을 추종하는 자들도 있었다. 요한은 이 두 부류 모두 치명적인 오류를 안고 있다고 한다. 예수님은 신성과 인성을 모두 지니셨다. 성육신하신 하나님이시기 때문이다. 말씀과 육신은 예수님 안에서 하나님의 속성과 인간의 속성 중 어느 하나도 줄이거나 더하지 않고 연합했다(Luther).

육신이 되신 말씀은 우리 가운데 거하셨다(14a절). '우리 가운데 거하시다'(ἐσκήνωσεν ἐν ἡμῖν)는 하나님이 출애굽 시대에 모세가 하나님 말씀에 따라 만든 장막에 거하신 일과 훗날 솔로몬이 건축한 성전에 거하신 일을 배경으로 한다(Coloe). 이때 이스라엘 가운데 임하여 머문 하나님의 영광을 '셰키나 영광'(Shekinah Glory)이라고 하는데, 히브리어 동사 '머물다'(שׁכן)에서 파생한 단어(שׁכינה)를 사용한다. 이 히브리어 단어를 소리 나는 대로 헬라어화한 것이 본문의 '거하다'(σκηνόω)이며 하나님의 특별한 머무심을 뜻한다(cf. Burge). 그러므로 육신이 되신 말씀이 우리 가운데 거하시는 것은 옛적에 하나님의 영광이 성막과 성전을 통해 이스라엘 가운데 거하신 일을 연상케 한다. 하나님의 영광이 과거에는 성막과 성전에 머물렀지만, 이제는 예수님을 통해 사람 가운데 머무신다(cf. Carson). 이는 예수님이 이 땅에서 보내신 삶의 성격을 가장 간략하게 표현한다(Mounce). 선지자 에스겔은 이런 날이 올 것이라며 하나님이 사람 가운데 머무시는 이유에 대해 이렇게 예언했다. "내 처소가 그들 가운데에 있을 것이며 나는 그들의 하나님이 되고 그들은 내 백성이 되리라"(겔 37:27). 말씀이 육신이 되어 우리 중에 거하시는 것은 우리를 하나님 백성으로 삼기 위해서다.

우리가 그의 영광을 보았다(14b절). 어떤 이들은 보는 것을 영적인 깨달음으로 해석한다(Borchert). 그러나 이 단어(θεάομαι)는 항상 육신의 눈으로 사물을 보는 것을 뜻한다(TDNT, cf. 요일 1:1). 예수님의 육신을 보았다는 뜻이다(McHugh). 예수님의 육신을 본 '우리'는 누구인가? 이에 대해 (1)온 세상 사람, (2)그리스도인들, (3)사도들, (4)예수님을 직접 본 사람들, (5)요한 공동체 사람들 등 다양한 해석이 있다(cf. Bauckham, Klink, McHugh). 이 중 예수님을 직접 본 사람들로 해석하는 네 번째 해석이 가장 설득력 있다. 본문이 예수님의 육신에 관해 말하고 있으며, 예수님을 직접 목격한 사람들의 '증언'은 프롤로그에서 중요한 주제이기 때문이다(Bauckham).

요한복음에서 중요한 '영광'(δόξα)이 처음으로 사용되고 있다. 구약에서 하나님의 영광은 사람이 눈으로 볼 수 있는 하나님의 현현과 연결된다. 출애굽과 광야 생활 중에 모세와 이스라엘 백성에게 임한 영광이며(cf. 출 24:16-17; 33:9, 18, 22; 40:34; 민 14:22; 신 5:24; 시 26:8; 102:15; 렘 17:12; 겔 10:4, 18-19), 성막과 솔로몬 성전에 임한 영광이다. 바빌론에서 돌아온 귀향민들이 새로 성전을 세우며 시작된 '제2성전 시대'에 이스라엘의 죄로 인해 거의 임하지 않았던 하나님의 영광이 예수님을 통해 다시 임하게 된 것이다(Köstenberger).

옛적에 이스라엘 가운데 거하셨던 하나님의 영광이 이제는 예수님 안에 거하며 '그[예수님]의 영광'이 되었다. 하나님의 영광과 동일한 영광이 예수님의 삶과 사역을 통해 세상에 드러났다(Calvin). 예수님은 하나님의 영광을 드러내고자 이 땅에 오셨다(9:3; 11:4, 40; cf. 3:14; 8:28; 12:32, 34). 예수님은 이 영광을 기적(징조)을 통해 제자들에게 보여 주셨다(Carson).

예수님의 영광은 아버지의 독생자의 영광이었다(14c절). '독생자'(μονογενοῦς)는 요한이 여러 차례 사용하는 개념이다(cf. 1:18; 3:16, 18; 요일 4:9). 이에 관한 두 가지 해석이 있다. 첫째, '하나뿐인 아들, 곧 독자'라는 의미다. 여호와의 증인 등 이단들이 주장하는 해석이며, 니케아 공의회에서 이단으로 규정한 아리우스(Arius)가 주장한 것이기도 하다. 이들은 예수님이 사람들보다 월등하기는 하지만, 하나님보다는 못한 속성을 지녔다고 한다. 일종의 슈퍼휴먼(초인, superhuman)으로 본다. 하나님은 창조되신 적이 없음에도 요한이 예수님을 '독생자'로 부르는 것을

근거로 예수님이 태어난(창조된) 때가 있다고 생각한 것이다. 그러나 잘
못된 주장이다.

'독생자'(μονογενής)는 태어남과 상관없는 개념이다. 이 단어는 '유일
무이한, 비할 데 없는'(unique, unparalleled)이라는 의미로(BAGD, TDNT),
매우 독특하고 특별함(one-of-a-kind)을 뜻한다(Beale & Carson). 이단들
이 이 단어를 창조됨(태어남)과 연관해 해석한 것은 접미사(-γενης)가
'자식을 보다'(γεννασθαι)에서 파생한 것으로 생각했기 때문이다. 그러
나 이 단어는 '존재하다'(γιγνεσθαι)에서 유래했다(Harris, cf. TDNT). 예수
님은 세상에 있는 그 어떤 사람과 비교할 수 없는, 매우 특별하고 유일
무이한 사람이라는 뜻이다(Moody, Pendrick, Winter). 이를 통해 예수님이
하나님과 매우 독특한 관계를 지니신다는 점이 강조되고 있다(O'Day).
이 관계는 하나님이 '하나님의 자녀들'(그리스도인들)과 지닌 관계와 질
적으로 다르다.

그러므로 예수님이 창조되었다는(태어났다는) 이단들의 해석은 이 단
어가 지닌 독특성을 이해하지 못한 데서 비롯된 일이다. 모든 언어는
표현의 한계를 지닌다. 하나님이 하신 놀라운 일(삼위일체의 이인자이신
성자를 보내심)을 표현의 한계를 지닌 인간의 언어인 헬라어로 설명해
놓은 것을 오해한 것이다.

아브라함이 모리아산에서 이삭을 바칠 때 그에게는 이스마엘이라는
아들도 있었다. 그러나 하나님은 이삭을 두고 '너의 독자'(יְחִידְךָ)라고 하
신다(창 22:2, 12, 16). 이삭이 아브라함에게 매우 특별하고 독특한 아들
임을 강조하기 위해서다. 그러므로 히브리서 11:17은 이삭이 예수님의
모형(type)이라고 한다(Moody, Pendrick). 이삭이 아브라함에게 매우 특별
했던 것처럼 예수님은 하나님께 매우 특별하셨다.

예수님은 하나님과의 특별하고 독특한 관계를 근거로 "내가 곧 길이
요 진리요 생명이니 나로 말미암지 않고는 아버지께로 올 자가 없느
니라"(14:6)라고 하셨다. 예수님은 인간적으로는 요셉의 아들이며, 신

적으로는 하나님의 아들이며, 또한 하나님과 동일한 분이다(Pendrick, Walker). 그러므로 '독생자'(μονογενής)의 가장 비슷한 말은 예수님이 요한에게 세례를 받으실 때 하나님이 하늘에서 예수님을 가리켜 '나의 사랑하는 아들'(ὁ υἱός μου ὁ ἀγαπητός)이라고 하신 것이다(Beale & Carson).

하나님 독생자의 영광을 지니신 예수님은 은혜와 진리가 충만하셨다 (14d절; cf. 1:17). '은혜와 진리'(χάριτος καὶ ἀληθείας)는 출애굽기 34:6의 "여호와께서 그[모세]의 앞으로 지나시며 선포하시되 여호와라 여호와라 자비롭고 은혜롭고 노하기를 더디하고 인자와 진실이 많은 하나님이라"에서 하나님의 속성을 묘사하는 데 사용된 히브리어 쌍 단어 (חֶסֶד וֶאֱמֶת)다(Borchert, Klink, Mounce, O'Day, cf. 출 33:18-19; 시 25:10; 26:3; 40:10; 잠 16:6).

영광과 은혜와 진리는 구약에서 하나님의 언약적 신실하심을 상징한다(Köstenberger). 이 세 가지가 예수님 안에 머물렀다는 것은 곧 예수님이 이스라엘과 시내산에서 언약을 맺으신 하나님의 현현(성육신)이라는 뜻이다(Bruce, cf. Carson). 예수님은 죽음과 부활과 승천을 통해 하나님의 영광을 가장 확실하고 절정적으로 드러내신다(Köstenberger, O'Day, cf. 7:39; 12:16, 23-33; 13:31-32; 14:13; 17:1, 4-5).

예수님의 성육신은 성취(fulfillment)이자 대체(replacement)다. 예수님은 구약의 패턴과 예언과 성막과 성전과 연관된 전통의 성취이시다(Hoskyns). 또한 성육신은 예전의 성막과 성전을 대체하셨다(Klink). 하나님께 나아가는 새로운 길이 예수님 안에 생긴 것이다. 예수님은 하나님께 나아가는 새로운 길이 생긴 것과 하나님의 영광을 드러내기 위해 온갖 표적을 행하셨다(cf. 2:11). 그러나 그의 제자들만 긍정적으로 반응할 뿐 대부분은 믿지 않았다.

이 말씀은 우리가 무엇을 근거로 어떤 신앙을 지향하고 있는지 되돌아보게 한다. 참 빛이신 말씀이 세상에 오셨지만, 하나님의 백성이라고 자부하던 사람들은 그를 부인했다. 예수님을 통해 창조된 사람들은 자신들을 지으신 이를 알아보지 못했다. 만일 예수님이 다시 오신다면 우리는 주님을 곧바로 영접할 수 있을까? 주저하지 않고 예수님을 환영하려면 세상의 모든 잡소리를 제거한 하나님의 음성을 계속 들어야 한다. 성경을 더 깊이 묵상하고 계속 깨어서 기도해야 하나님의 음성을 들을 수 있다.

하나님은 누구든지 예수님을 믿는 자들에게 하나님의 자녀가 되는 권세를 주셨다. 그러나 예수님을 영접하는 일은 인간적으로 가능한 일이 아니며, 오직 하나님이 우리에게 은혜와 진리를 베푸실 때 가능한 일이다. 우리의 구원은 하나님이 이루신 일이지 우리가 노력한 결과가 아니다. 그러므로 우리의 구원을 이루신 하나님께 더욱더 감사하며 살아야 한다.

D. 말씀이 은혜와 진리가 되어(1:15-18)

¹⁵ 요한이 그에 대하여 증언하여 외쳐 이르되 내가 전에 말하기를 내 뒤에 오시는 이가 나보다 앞선 것은 나보다 먼저 계심이라 한 것이 이 사람을 가리킴이라 하니라 ¹⁶ 우리가 다 그의 충만한 데서 받으니 은혜 위에 은혜러라 ¹⁷ 율법은 모세로 말미암아 주어진 것이요 은혜와 진리는 예수 그리스도로 말미암아 온 것이라 ¹⁸ 본래 하나님을 본 사람이 없으되 아버지 품 속에 있는 독생하신 하나님이 나타내셨느니라

프롤로그를 마무리하는 본문은 참 빛으로 오신 유일무이한 아들(unique Son)의 우월성에 관한 것이다. 예수님은 유대교에서 가장 중요한 인물인 모세와도 비교할 수 없으며, 예수님을 보는 것은 곧 하나님을 뵙는 것이다. 예수님은 독생하신 하나님이시기 때문이다.

요한은 세상에 참 빛으로 오신 예수님에 대해 증언하며 외쳤다(15a절).
'외치다'(κράζω)는 감정에 휩쓸려 비이성적으로 소리지르는 것이 아니
라, 영감을 받아 스피치로 표현하는 것이다(TDNT, cf. 7:28; 12:44). 본
문에서 '증언하다'(μαρτυρεῖ)는 현재형 동사이며, '외쳤다'(κέκραγεν)는 과
거형 동사다. 이 같은 동사의 시제(과거+현재)는 과거에 시작된 증언이
아직도 생생하게 계속 효력을 발휘하고 있음을 의미한다(Carson, Klink,
O'Day). 세례 요한의 증언은 영구적인 효력을 지닌 것이다.

요한은 "내 뒤에 오시는 이는 나보다 먼저 계시기 때문에 나보다 앞
선 분이다"라고 외쳤는데, 바로 예수님을 두고 한 말이다(15b–d절). 고
대 사회에서는 먼저 태어난 사람이 나중에 태어난 사람보다 더 우월하
다(superior)고 생각했다(Morris). 하지만 세례 요한은 자기 뒤에 오신 예
수님이 자기를 앞섰다며 예수님이 자기보다 더 위대하시다고 한다. 세
상이 이해하는 시간의 흐름에 따르면 요한이 예수님보다 먼저 태어났
기 때문에 자칫 사람들이 먼저 태어난 요한을 예수님보다 더 우월하게
여길 수도 있는데, 그렇지 않다고 한다. 나중에 오신 예수님이 먼저 온
요한을 앞섰다. 더 우월하시다는 뜻이다.

뒤에 오신 예수님이 먼저 온 요한보다 더 우월하신 것은 요한보다 먼
저 계셨기 때문이다. '계셨다'(ἦν)는 존재성에 관한 단어이며 태초부터
영원히 계셨음을 뜻한다(cf. 1:1 주해). 이 세상의 시간으로는 요한이 먼
저 왔지만 예수님은 세상이 시작되기 전부터 계셨기 때문에 그가 오기
전부터 예수님은 영원하신 하나님과 함께 계셨다. 그러므로 요한은 자
기 뒤에 오신 예수님이 자기를 앞선 분이라고 하는 것이다. 예수님은
신분적으로 요한과 비교할 수 없는 절대적인 우위(absolute superiority)를
지니신 분이라는 것이 요한의 고백이다(Mounce).

요한이 사역하는 동안 곧 오실 것이라고 했던 분이 바로 이 사람을
가리킨다는 것은 하나님을 사랑하는 사람들이 학수고대하던 분이 드
디어 오셨음을 암시한다. 요한뿐 아니라 옛적에 선지자들이 곧 오실

것이라고 예언한 메시아가 드디어 오셨다!

오랫동안 기다리던 메시아가 오신 것은 그를 기다리던 사람들에게 무엇을 의미하는가? 세례 요한의 증언(15절)에 이어 저자 요한이 예수 그리스도께서 우리에게 오신 두 가지 의미를 말한다(16-18절).

요한복음에서 예수라는 이름이 언급되는 것은 17절이 처음이다. '예수'(Ἰησοῦς)는 구약에서 유래한 이름이다. '예수'의 히브리어 이름인 '예수아'(יֵשׁוּעַ)는 '여호수아'(יְהוֹשֻׁעַ)를 줄인 것이며, '여호와가 구원하신다, 구원하시는 여호와'라는 의미다(cf. 출 24:13; 느 7:7). 이 이름은 구원을 뜻하는 '호세아'(הוֹשֵׁעַ)에 여호와를 의미하는 접두사 '여-'(-יְה)를 더한 것으로, 모세가 가나안 정탐을 떠나는 눈의 아들 호세아의 이름을 이렇게 바꿔 부른 것이 유래가 되었다(민 13:8, 16). 칠십인역(LXX)은 이 이름을 헬라어로 '예수'(Ἰησοῦς)라고 표기했다. 구약의 이름 중 온 인류의 구세주에게 가장 잘 어울리는 이름이다(cf. 마 1:21).

첫째, 예수님의 오심은 우리에게 은혜 위에 은혜를 더하신 일이다(16-17절). 세상에 오신 예수님은 '충만'(πλήρωμα)하시고, 우리는 모두 주님의 충만함에서 은혜를 받았다(16절). 예수님은 무엇으로 충만하신가? 1:14은 예수님이 '은혜와 진리'로 충만하시다고 말한다. 다음 구절(17절)도 예수님을 통한 '은혜와 진리'의 풍요로움을 언급한다. 예수님은 하나님의 은혜와 진리로 충만하신 것이다. 요한은 요한복음에서 이 단어(πλήρωμα)를 이곳에서만 사용한다. 앞으로 전개해 나갈 예수님 이야기에서 예수님 자신이 항상 은혜와 진리로 충만하시기 때문이다. 그러므로 우리는 예수님에 관한 이야기를 접할 때마다 이 충만을 보고 누릴 수 있다.

'은혜 위에 은혜'(χάριν ἀντὶ χάριτος)는 정확히 무슨 뜻인지 해석하기 어렵다(cf. Beasley-Murray, Borchert, McHugh). '위에'(ἀντί)는 '…을 대신해서'(in place of)라는 의미를 지녔으며, 요한 문헌에서는 이곳에만 단 한 차례 사용되기 때문에 어떤 용도로 이 단어를 사용하는지 파악하기가 쉽지 않다. 또한 '은혜'(χάρις)도 요한복음에서 단 네 차례 사용되는데, 모두 프롤로그에서만 사용된다는 점이 의미를 해석하는 데 어려움을 더한다.

　대부분 학자는 여러 가지 가능성 중 다음 두 가지 중 하나를 선호한다(cf. Barrett, Brown, Carson, McHugh). 첫째, 이 단어(ἀντι)를 '누적, 축적'(accumulation)의 의미로 이해하는 것이다(Bultmann, Schnackenburg, cf. NIDNTT). 헤아릴 수 없이 많은 은혜를 이미 받은 은혜 위에(one blessing after another) 내려 주셨다는 뜻이다(Mounce, O'Day). 개역개정을 포함한 대부분 번역본이 이 해석을 선호한다(새번역, 공동, 아가페, NAS, NRS, ESV). 출애굽한 이스라엘이 광야 생활을 할 때 그들 위에 매일(day after day) 만나가 내린 일을 연상케 한다. 이렇게 해석하면 예수님을 구주로 영접해 새로운 삶을 시작하는 사람은 그들의 삶에서 은혜의 연속(grace upon grace)을 경험한다는 뜻이다.

　둘째, 이 단어(ἀντι)를 '교체, 대체'(replacement)의 의미로 해석하는 것이다(Carson, Lindars, Tasker, cf. TDNT). 새로운 은혜가 이미 받은 은혜를 대체한다는 뜻이다. 단어의 정상적인 의미를 반영한 해석이다. 그렇다면 어떤 새로운 은혜가 이미 주신 어떤 은혜를 대체했다는 말인가? 이 말씀을 이어지는 17절과 연결해 해석하면 모세가 시내산에서 중계한 옛 율법도 분명 은혜지만, 예수님이 주신 은혜와 진리는 율법을 대신하는 더 큰 은혜라는 뜻이 된다(Klink). 모세를 통해 온 율법과 예수님을 통해 온 은혜는 그림자와 실제에 비교할 수 있다(Mounce). 또한 예수님은 야곱(4:12)과 아브라함(8:53)보다 위대하신 것처럼 모세보다도 위대하시다(5:46-47; cf. 9:28). 따라서 '교체, 대체'로 해석하는 것이 이 단어의 보편적인 의미와 문맥을 더 정확하게 반영하며, NIV는 이를 따라 '이미 주신 은혜를 대체한 은혜'(grace in place of grace already given)로 번역했다. 이 해석이 더 설득력이 있다. 프롤로그가 시작된 후 요한은 말씀과 생명과 빛과 독생자로 예수님을 암시했는데, 이름을 직접 언급하는 것은 17절이 처음이다.

요한은 '이미 주신 은혜'로 모세를 통해 주어진 율법과 '대체한 은혜'로 예수 그리스도를 통해 온 은혜와 진리에 대해 말씀을 이어 간다 (17절; cf. 1:14 주해). 구약에 따르면 모세를 통해 주신 율법은 하나님이 그분의 백성에게 내려 주신 가장 큰 은혜다. 율법이 얼마나 황홀하고 은혜로운지 시편 119편은 176절로 구성된 율법 예찬론을 펼쳤다. 그럼에도 불구하고 율법의 황홀함과 아름다움은 예수님을 통해 우리에게 임한 은혜와 진리에 비하면 아무것도 아니다. 모세와 예수님을 통해 임한 은혜의 차이는 두 사람의 차이와 비례하며, 이러한 사실은 히브리서 3:1–6에 잘 표현되어 있다.

> 그러므로 함께 하늘의 부르심을 받은 거룩한 형제들아 우리가 믿는 도리의 사도이시며 대제사장이신 예수를 깊이 생각하라 그는 자기를 세우신 이에게 신실하시기를 모세가 하나님의 온 집에서 한 것과 같이 하셨으니 그는 모세보다 더욱 영광을 받을 만한 것이 마치 집 지은 자가 그 집보다 더욱 존귀함 같으니라 집마다 지은 이가 있으니 만물을 지으신 이는 하나님이시라 또한 모세는 장래에 말할 것을 증언하기 위하여 하나님의 온 집에서 종으로서 신실하였고 그리스도는 하나님의 집을 맡은 아들로서 그와 같이 하셨으니 우리가 소망의 확신과 자랑을 끝까지 굳게 잡고 있으면 우리는 그의 집이라(히 3:1–6).

'은혜'(χάρις)는 하나님이 세상의 죄와 저항을 생각하면 오실 필요가 전혀 없는데도 오셔서 구원을 이루신 일이다(Burge). 그러므로 은혜는 신학자들이 아니라 하나님의 은혜를 경험한 사람들이 안다. 요한은 앞으로 이 단어를 더는 사용하지 않을 것이다. 예수님 자체가 하나님의 은혜이므로 예수님의 삶과 가르침을 벗어나 은혜를 논하는 일은 의미가 없기 때문이다. 예수님을 통해 하나님의 최종적이고 종말적인 은혜가 임했다(Beale & Carson).

'진리'(ἀλήθεια)는 옳고 그름의 이슈가 아니라, 하나님의 '자기 계시'(self-revelation)다(Morris, Ridderbos). 하나님이 자신에 관해 말씀하시는 모든 것이 진리이기 때문이다. 그러므로 예수님은 자신을 가리켜 진리라 하시고(14:6), 성령을 진리의 영이라 하신다(15:26; 16:13).

하나님이 모세를 통해 내려 주신 은혜인 율법과 예수님을 통해 내려 주신 은혜와 진리의 차이는 모세가 본 하나님의 영광과 예수님이 지니신 하나님의 영광 차이에서도 역력히 드러난다(18절). 모세는 하나님을 직접 뵙기를 참으로 원했지만, 하나님은 그에게 뒷모습만 잠깐 보여 주셨다(cf. 출 33:18-23). 이처럼 구약에는 하나님의 현현을 부분적으로 경험한 사람들만 있을 뿐 직접 하나님을 뵌 사람은 없다. 하나님은 우리 눈이 볼 수 없는 영이시며, 하나님을 본 사람은 그 누구도 살 수 없기 때문이다(cf. 출 33:20; 신 4:12; 골 1:15). 사람이 하나님을 보고 살아남을 수 없다는 것은 하나님과 인간의 관계를 요약하는 보편적인 선언이다(Hoskyns).

하나님을 본 사람은 죽음을 피할 수 없다는 성경적인 원칙의 유일한 예외는 예수님이다. 예수님은 하나님의 품속에 있는 유일무이한(unique) 아들이시기 때문이다(18b절). '품속에'(εἰς τὸν κόλπον)는 부모와 자녀 사이처럼 가장 친밀한 관계를 상징한다(Tasker). 요한은 예수님과 하나님의 매우 친밀한 관계를 이렇게 표현한다. 예수님은 다름 아닌 '독생하신 하나님'(μονογενὴς θεὸς)이시기 때문이다(18b절).

일부 사본은 '하나님'(θεὸς) 대신 '아들'(υἱός)로 표기해 '독생하신 아들'(ὁ μονογενὴς υἱός)이라고 하지만, 권위 있는 거의 모든 사본은 '하나님'으로 표기한다. 그러므로 학자들은 '하나님'이 원본이라고 한다(cf. Beasley-Murray, Borchert, McHugh). 또한 신학적으로도 '하나님'이 문맥과 더 잘 어울린다(Burge, O'Day). 본문이 예수님의 신성에 관해 말하고 있기 때문이다.

예수님은 하나님의 품속에 계실 정도로 하나님과 친밀하셨으며, 그분 자신을 통해 하나님을 드러내셨다. 예수님은 곧 하나님의 현현이시다(cf. 1:14). 모세가 보지 못한 바로 그 하나님이 예수님이시다(Ridderbos). 프롤로그(1:1-18)가 가장 강조하는 점은 말씀이 육신 되신 예수님은 하나님이 자신을 드러내신 최고의 계시라는 것이다(Beasley-Murray, Carson).

이 말씀은 구약 시대 성도들이 그토록 보기를 원했던 하나님이 예수님이라고 한다. 모세도 그렇게 하나님 뵙기를 원했지만, 결국 뒷모습을 보는 것으로 만족해야 했다. 이와는 대조적으로 우리는 예수님을 통해 하나님을 직접 뵐 수 있다. 예수님이 바로 독생하신 하나님이시기 때문이다. 예수님을 뵙기 위해 우리는 더 많이, 더 자주 성경을 읽고 묵상하고 배워야 한다. 성경은 우리가 가지고 있는 예수님에 대한 유일한 계시이기 때문이다.

세례 요한은 그의 뒤를 이어 오시는 메시아의 길을 예비하고 준비하는 사역을 했으며, 이러한 사실을 사람들에게 계속 알렸다. 모든 영광과 존귀와 명예를 자기보다 먼저 계신 예수님께 돌리기 위해서다. 우리의 사역과 섬김도 이러해야 한다. 우리 자신을 주님의 십자가 뒤에 감추고 모든 사람이 오직 예수님께만 존귀와 영광을 돌리게 해야 한다.

II. 세례 요한과 첫 제자들
(1:19-51)

프롤로그에서는 세례 요한이 예수님에 대해 증언했다는 내용이 두 차례 간략하게 언급되었다(1:6-8, 15). 본 텍스트는 요한의 증언과 사역이 그의 뒤에 오시는 예수님을 위해 어떻게 길을 예비했는지 상당히 자세하게 언급한다(1:19-34). 나머지 부분은 예수님이 어떻게 첫 제자들을 세우시게 되었는지를 회고한다(1:35-51).

한 가지 특이한 점은 요한이 이 섹션과 다음 섹션(2:1-11)에서 지속적으로 날짜를 언급한다는 것이다. 프롤로그 이후 처음 언급하는 일(1:19-28)이 있었던 날을 첫째 날로 간주해 날짜들을 세어 보면 다음과 같다(Klink). 하나님이 천지를 창조하는 데 사용하신 한 주와 평행을 이룬다.

첫째 날: 1:19-28
둘째 날: 1:29-34('이튿날')
셋째 날: 1:35-42('이튿날')
넷째 날: 1:43-51('이튿날')
여섯째 날: 2:1-11('사흘째 되던 날')

프롤로그는 세상에 있는 모든 것이 말씀(예수님)을 통해 창조되었다고 했다(1:3). 예수님은 창세기 1장에 기록된 첫 창조 이야기에서 하나님의 에이전트가 되어 세상을 창조하신 것이다. 성육신하신 예수님은 자신이 창조한 세상에 빛으로 오셨지만, 세상은 그를 알아보지 못했다(1:9-11). 예수님은 그분을 알아보고 영접한 사람들에게는 하나님의 자녀가 되는 특권을 주셨다(1:12). 요한복음은 예수님의 사역이 새(재) 창조라는 사실을 강조하기 위해 이처럼 한 주(7일째 되는 날은 하나님이 어떠한 일도 하지 않으신 안식일) 사이클에 따라 이야기를 전개해 나가는 듯하다. 본문은 다음과 같이 두 파트로 구분된다.

A. 요한의 증언(1:19-34)
B. 첫 제자들(1:35-51)

II. 세례 요한과 첫 제자들(1:19-51)

A. 요한의 증언(1:19-34)

요한복음은 세례 요한에 대해 상당히 자세하게 회고한다. 그러면서도 요한의 사역이나 신분에 대해서는 공관복음보다 공간을 덜 할애한다(cf. 마 3:1-6; 막 1:2-6; 눅 1:1-24). 요한복음은 그를 메시아에 대한 증인으로만 간주하기 때문이다. 그러므로 이 섹션은 요한이 '증인'(μαρτυρία)이라는 말로 시작해(19절), 그가 '증언했다'(μεμαρτύρηκα)는 말로 끝난다(34절). 세례 요한은 예수님에 대한 가장 중요하고 위대한 증인임이 확실하다. 본 텍스트는 다음과 같이 두 파트로 나뉜다.

A. 광야의 음성 요한(1:19-28)
B. 하나님의 어린양 예수(1:29-34)

> II. 세례 요한과 첫 제자들(1:19–51)
> A. 요한의 증언(1:19–34)

1. 광야의 음성 요한(1:19–28)

요한의 파격적인 사역은 일반인과 유대교 지도자들의 지대한 관심을 끌었다. 사람들은 그가 바로 그토록 기다리던 메시아일 수 있다고 생각했다. 그러나 요한은 자신은 곧 오실 메시아를 위해 길을 예비하도록 보내심을 받은 사람일 뿐 그분은 아니라고 했다. 유대교 지도자들이 질문하고 요한이 대답하는 형식을 취하는 본 텍스트는 재판이 진행되는 법정에서 피고를 심문하는 듯한 분위기를 조성한다(Lincoln). 본 텍스트는 다음과 같이 두 파트로 나뉜다.

A. 나는 아니라(1:19–22)
B. 내 뒤에 오시는 그이라(1:23–28)

> II. 세례 요한과 첫 제자들(1:19–51)
> A. 요한의 증언(1:19–34)
>   1. 광야의 음성 요한(1:19–28)

(1) 나는 아니라(1:19–22)

[19] 유대인들이 예루살렘에서 제사장들과 레위인들을 요한에게 보내어 네가 누구냐 물을 때에 요한의 증언이 이러하니라 [20] 요한이 드러내어 말하고 숨기지 아니하니 드러내어 하는 말이 나는 그리스도가 아니라 한대 [21] 또 묻되 그러면 누구냐 네가 엘리야냐 이르되 나는 아니라 또 묻되 네가 그 선지자냐 대답하되 아니라 [22] 또 말하되 누구냐 우리를 보낸 이들에게 대답하게 하라 너는 네게 대하여 무엇이라 하느냐

세례 요한에 관한 이야기는 그가 어떤 삶을 살았고 어떻게 사역했는

지보다 구속사의 절정으로 오신 예수님과 연관해 어떤 역할을 했는지에 초점이 맞춰져 있다. 유대인들이 예루살렘에서 제사장들과 레위인들을 요한에게 보냈다(19a절).

요한복음에서 '유대인들'(Ἰουδαῖοι)은 71차례 사용된다. 그중 몇 번은 예수님을 영접한 사람들 혹은 예수님과 솔직한 대화를 나누는 사람들을 칭하지만, 절반 이상은 예수님을 반대하는 자들을 뜻한다(Klink). 특히 예수님을 거부하는 예루살렘 성전에서 사역하는 유대교 지도자들을 의미할 때가 가장 많다(Burge, Carson, O'Day). 물론 일반 유대인도 포함하지만, 예수님이 고쳐 주신 맹인의 부모가 그들 자신이 유대인이면서도 아들이 눈을 뜬 상황에 대해 솔직하게 말하지 못한 이유에 대해 "이미 유대인들이 누구든지 예수를 그리스도로 시인하는 자는 출교하기로 결의하였으므로 그들을 무서워함이러라"(9:22)라고 하는 것으로 보아 모든 유대인이 예수님에게 부정적인 자세를 취한 것은 아니었다.

예루살렘 유대인들이 요한에게 제사장들과 레위인들을 보냈는데(19a절), 아마도 이들은 71명으로 구성된 예루살렘 산헤드린에서 요한에 대해 알아보도록 공식적으로 보낸 사람들일 것이다(Carson). 당시 산헤드린을 구성한 유대교 지도자들은 대제사장 중심으로 구성된 상류층 부자들이었다. 반면에 그들이 보낸 제사장들과 레위인들은 대부분 가난하고 유대 사회에서 사회적 지위가 낮은 사람들이었다(Brown, McHugh).

제사장들과 레위인들은 성전을 유지하고, 하나님께 드리는 예배를 주관하며, 율법을 가르치고, 사람들의 소송을 판결하는 일을 하는 유대교 사역자들이었다. 그들은 보낸 사람들을 대신해 요한에게 "네가 누구냐?"(σὺ τίς εἶ;)라고 물었다(19b절). 그가 어디서 왔고, 어떤 목적으로 사역하고 있으며, 어떤 메시지를 전하고 있는지에 대한 유대교 지도자들의 공식적인 질문이다(Carson). 그러므로 요한은 그들을 보낸 자들의 종교적-정치적 상황을 고려해 지혜롭게 대답해야 한다(Brown).

유대교 지도자들이 공식적으로 사람을 보내 요한에게 이 같은 질문을 하는 것을 보면 당시 요한이 유대교에서 상당한 센세이션을 일으켰던 것이 확실하다. 당시 회개의 메시지를 외치고 세례를 주는 일이 유독 요한에게만 제한된 일은 아니었을 것이다. 그러나 유대교 지도자들이 이처럼 신경을 곤두세우고서 예루살렘에서 멀리 떨어진 요단강 근처 유대 광야에서 사역하는 요한에게 사람을 보낸 것은 그가 대중에게 지대한 영향을 미쳤기 때문이다.

제사장들과 레위인들이 질문하자 요한의 증언은 이러했다(19b절). '증언'(μαρτυρία)은 신약에서 37차례 사용되며, 그중 요한 문헌에서만 30차례 사용된다. 요한이 이 단어를 독점하다시피 한 것이다. 요한은 대부분 '증인'을 예수님과 그분의 사역에 대해 긍정적으로 증언하는 사람들을 가리키는 의미로 사용한다(Mounce).

요한은 그들에게 드러내어 말하고 숨기지 않았다(20a절). '드러내어 말하다'(ὡμολόγησεν)는 법적인 용어로 '고백하다, 시인하다'(confess)라는 의미를 지닌다(TDNT, cf. 새번역, NAS, NIV, NRS). '숨기다'(ἠρνήσατο)도 '증언'과 '숨기다'처럼 법적인 용어이며 '부인하다, 거절하다'(deny)라는 의미를 지닌다(TDNT, cf. 새번역, NAS, NIV, NRS). 이 두 단어가 함께 사용될 때는 절차에 따라 신중하고 엄숙하게 대답하는 것을 의미한다.

요한이 공식적으로 고백한 말은 자신은 그리스도가 아니라는 것이다(20b절). '나는 그리스도가 아니다'(ἐγὼ οὐκ εἰμὶ ὁ χριστός)는 '나'를 강조형으로 사용한 문장으로 "그리스도는 내가 아니고 다른 사람이다"라는 의미를 지닌 직설적인 선언이다(Brown). '그리스도'(χριστός)는 '기름 부음을 입은 자'라는 뜻을 지닌 히브리어 단어 '메시아'(מָשִׁיחַ)를 헬라어로 번역한 것이다. 구약에서 메시아는 총 39차례 사용되며 경우에 따라 왕(삼상 2:10; 16:13; 24:10; 삼하 1:14, 16; 19:21), 제사장(출 28:41; 레 4:3; 6:22), 선지자(시 105:15)를 의미한다. 이스라엘 역사에서 다윗은 기름 부음을 입은 이의 상징이 되었다. 온 인류를 구원하실 이는 하나님의 선택을 받아 기름 부음을 받을 자가 될 것을 기대하는 표현이다.

당시 유대인들은 그리스도를 학수고대했다. 그리스도가 오셔서 로마 사람들을 물리치고 유대를 독립된 국가로 세우실 것을 기대했다. 그러다 보니 여러 사람이 스스로 그리스도라 하며 사람들을 현혹했다. 요한이 사람들의 입에 오르내리자 혹시 그도 [사이비] 그리스도가 아닌지를 확인하기 위해 예루살렘 지도자들이 사람들을 보낸 것이다.

그들의 질문에 요한은 자신은 절대 그리스도가 아니라고 한다. "나는 그리스도가 아니라"라는 요한의 말은 그가 오실 것이라고 한 메시아에 대한 매우 긍정적인 증언이다(Carson). 요한의 대답은 프롤로그가 그를 선지자-사도(prophet-apostle)로 묘사했던 것을 효과적으로 실현하고 있다(Wink, cf. 1:6-7).

자신은 메시아가 아니라는 요한의 말에 제사장들과 레위인들은 만일 그가 메시아가 아니라면 엘리야인지, 혹은 선지자인지 물었다(21절). 그들이 엘리야냐고 묻는 것은 선지자 말라기의 예언을 배경으로 한 질문이다. 말라기 3:1-5과 4:5-6은 하나님이 오시기 전에 먼저 주의 길을 예비하는 자를 보내실 것이라고 한다. 그러므로 당시 거짓 메시아들은 엘리야의 옷차림으로 사람들을 속이기도 했다. 요한에게 엘리야냐고 묻는 것은 그가 메시아의 길을 예비하러 온 사람인지 묻는 것이다(cf. 마 3:4; 막 1:6; 눅 1:17). 요한은 아니라고 대답한다.

공관복음에서는 예수님이 세례 요한을 가리켜 주의 길을 예비하는 엘리야라고 하신다(마 11:14; 17:12; 막 9:13). 그러나 요한은 아니라고 한다. 무슨 일이 벌어지고 있는가? 엘리야는 죽지 않고 하늘로 들려 올라간 선지자다(왕하 2:11). 그래서 유대인들은 언젠가 그가 다시 올 것으로 생각했다(cf. 막 8:28). 요한은 자신이 '엘리야의 심령과 능력으로 주 앞에 먼저 와서 아버지의 마음을 자식에게, 거스르는 자를 의인의 슬기에 돌아오게 하려고 왔지만'(눅 1:17), 과거에 불 마차를 타고 하늘로 올라간 엘리야는 아니라고 한다. 예수님도 그가 실제로 들림받은 엘리야는 아니지만 엘리야의 심령과 능력으로 주의 길을 예비하러 온 사람이므로 엘리야라고 하신다. 혹은 요한은 겸손하게 자신이 엘리야에 비교할 만한 사람이 못 된다고 하지만, 예수님이 이 영광스러운 엘리야 타이틀을 그에게 주셨다(Moule).

제사장들과 레위인들이 요한에게 선지자인지 묻는 것은 신명기 18:15-19을 배경으로 한다. 하나님은 언젠가 모세와 같은 선지자들을 그들 중에 보내겠다고 하셨다. 이에 유대인들은 메시아가 오시기 전에 여러 유형의 선지자가 올 것으로 생각했다(cf. 마 16:14; 막 6:15; 눅 9:19). 그러나 제사장들과 레위인들은 요한에게 그가 모세에 버금가는 바로 '그 예언자'(the prophet)인지 묻는다. 요한은 이번에도 아니라고 한다. 자기는 모세에 견줄 만한 선지자가 못된다는 것이다.

제사장들과 레위인들은 그들을 보낸 예루살렘 지도자들에게 요한의 답을 가져가야 한다. 그러므로 요한에게 자신을 누구 혹은 무엇이라 생각하는지 물었다(22절). 요한이 메시아가 아니고 모세에 버금가는 선지자도 아니라면, 그가 하고 있는 사역을 어떻게 설명할 것이냐는 뜻이다.

이 말씀은 우리에게 세례 요한처럼 겸손하라고 한다. 예수님이 그를 엘리야로 인정하셨음에도 요한은 자신이 엘리야에 비교할 만한 사람이 못 된다고 했다. 우리도 요한처럼 세상에 지대한 영향을 미치는 사역을 하고 사람들을 섬기되, 하나님과 사람들 앞에서 우리 자신을 보잘것없는 '노바디'(nobody)로 낮추어야 한다.

```
II. 세례 요한과 첫 제자들(1:19-51)
  A. 요한의 증언(1:19-34)
    1. 광야의 음성 요한(1:19-28)
```

(2) 내 뒤에 오시는 그이라(1:23-28)

²³ 이르되 나는 선지자 이사야의 말과 같이

주의 길을 곧게 하라고

광야에서 외치는 자의 소리로라

하니라 [24] 그들은 바리새인들이 보낸 자라 [25] 또 물어 이르되 네가 만일 그리스도도 아니요 엘리야도 아니요 그 선지자도 아닐진대 어찌하여 세례를 베푸느냐 [26] 요한이 대답하되 나는 물로 세례를 베풀거니와 너희 가운데 너희가 알지 못하는 한 사람이 섰으니 [27] 곧 내 뒤에 오시는 그이라 나는 그의 신발끈을 풀기도 감당하지 못하겠노라 하더라 [28] 이 일은 요한이 세례 베풀던 곳 요단 강 건너편 베다니에서 일어난 일이니라

요한은 자신이 메시아도, 모세와 같은 선지자도, 하늘로 들림을 받은 엘리야도 아니라고 했다. 그는 제사장들과 레위인들의 계속되는 질문에 자신은 '광야에서 외치는 자의 소리'라고 한다(23절). 이 대답은 이사야 40:3을 인용한 것이다(cf. 마 3:3; 막 1:3; 눅 3:4). 요한은 외치는 자에게 어떠한 중요성도 부여하지 않은 채 자신은 그가 외치는 미약한 소리일 뿐이라고 한다(Barrett, Mounce, cf. Beale & Carson). 그는 사람들에게 주의 길을 곧게 하라고 외쳤다.

당시에는 고위 관리가 행차할 때면 부하들이 그가 가는 길을 사전에 답사해 최대한 길이 평탄하고 별 탈 없도록 걸림돌 등을 제거했다. 요한은 선포하러 온 것이 아니라, 예비하기 위해 왔다. 그의 사역은 예비하는 것에 불과하다. 요한이 주님이 오실 길을 곧게 한다는 것은 사람들에게 하나님을 맞이하고 싶거든 회개하고 세례를 받으라고 외치는 것이다. 요한의 외침으로 오랜 기다림이 끝이 났다! 메시아이신 주님이 곧 오신다! 심지어 요한은 메시아가 그의 청중 가운데 서 있다고 한다(26절)!

요한이 메시지를 선포한 유대 광야(마 3:1)는 예루살렘의 남쪽과 사해와 요단강이 만나는 지역을 뜻한다(ABD). 쿰란(Qumran) 공동체가 이곳에 있었으며, 에세네(Essene)파 사람들이 이곳에서 수도원 생활을 했다.

그래서 일부 학자는 요한이 이 쿰란 공동체에서 성장했다고 단정한다(Albright & Mann). 그러나 그렇게 단정하기에는 쿰란 공동체의 성향과 요한 사이에 너무나 많은 차이점이 있다(Meier, Osborne). 요한은 광야에 살면서 하나님의 말씀을 외치는 '광야 선지자'(wilderness prophet)였다.

구약에서 광야는 매우 중요한 주제다(cf. 『엑스포지멘터리 민수기』). 이스라엘은 시내 광야에서 율법을 받았다(출 19장). 선지자들은 하나님과 소통하기 위해 광야를 자주 찾았다(cf. 왕상 17:2-3; 19:3-18). 본문과 연관해서는 새로운 창조/탄생을 예고하는 곳이다. 또한 하나님이 태초 때 모든 것을 창조하시고 안식일을 지정하신 이후(창 2:1-3) 처음으로 안식일이 언급되는 곳이 광야다(출 16:23). 이러한 현상은 하나님이 창조 사역을 광야에서 다시 시작하실 것을 암시한다. 세례 요한이 사역을 시작하기 전에 광야로 나간 일, 예수님이 40일 동안 금식하신 후 광야에서 사탄의 시험을 받으신 일, 이스라엘의 거짓 메시아들이 자주 광야에서 활동을 시작한 일(cf. 행 21:38) 등도 하나님의 창조적이고 새로운 사역이 광야에서 시작된다는 이해에서 비롯되었다.

광야는 새로운 시작을 상징하지만, 한편으로는 사람의 생명을 위협하는 곳이기도 하다. 광야에는 먹을 것과 마실 것이 없어서 사람이 오래 생존할 수 없다. 또한 자신이 누리던 모든 것을 포기하는 사람만이 광야로 나갈 수 있다(Keener). 그러므로 광야에서 시작되는 하나님의 구원 사역을 경험하고자 하는 사람은 사회적 지위와 편안함 등을 포기하고 온전히 하나님만 바라보아야 한다.

예루살렘 지도자들이 요한에게 보낸 제사장들과 레위인 중에는 바리새인들이 보낸 자들도 있었다(24절; cf. 1:19). 요한복음에서 바리새인들은 예수님을 지속적으로 감시하는 자들이다. 바리새인(Φαρισαῖος)은 마카비 혁명 시절(주전 160년대)에 날이 갈수록 헬라화되어 가는 유대교의 순수성을 보존하고 지키기 위해 시작된 순수주의적 운동에 뿌리를 둔 유대교의 평민층(grassroot)이었다. 그들은 율법 전문가였으며(cf. 3:1-2,

10; 7:47-49; 8:13; 9:16, 28-29, 40-41), '장로들의 전통'(the traditions of the elders)을 매우 중요하게 여겨 헌신적으로 지키려 했다(cf. 막 7:1-13).

바리새인들이 보낸 자들이 요한에게 무엇을 근거로 세례를 베푸느냐고 물었다(25절). 앞서 요한은 자신이 그리스도도 아니요 엘리야도 아니요 선지자도 아니라고 했다. 그러므로 그들은 요한에게는 사람들에게 세례를 베풀 어떠한 권위도 없다고 생각했다. 이러한 문제 제기에는 세례는 종말에 나타날 큰 종교 리더가 하는 것이라는 유대인들의 생각이 배경이 되었다(Mounce, cf. Beale & Carson).

요한은 자신은 고작 물로 세례를 베푼다며 그가 주는 세례의 중요성을 최소화했다(26a절). 또한 그의 물 세례는 곧 그의 뒤에 오시는 분의 길을 예비하는 것이라고 했다(27a절). 사실 이분(메시아)은 이미 오셔서 이 말을 듣고 있는 사람 중에 계신다(26b절). 이미 세상에 오셨기 때문에 곧 사역을 시작하실 것이라는 뜻이다(cf. 1:9, 14). 그러나 무리는 그들 가운데 서 계신 그분을 알아보지 못한다(26b절). 요한은 그들을 향해 그들 앞에 계신 메시아를 보지 못하는 영적 맹인이라고 한다.

그들은 예수님과 전혀 다른 메시아를 기대하다가 정작 참 메시아이신 예수님이 오시자 알아보지 못했다(Hendricksen, cf. 1:10). 예수님이 그들이 기대했던 메시아로 오시지 않았기 때문이다. 그들은 유대 땅에서 로마 사람들을 내몰고 하나님 나라를 세울 군사적인 정복자 메시아를 기대했지만, 예수님은 고난받는 종으로 오셨다.

공관복음에서 요한은 한결같이 성령 세례와 자신의 물세례를 대조한다(마 2:11; 막 1:7-8; 눅 3:16). 요한복음에서도 잠시 후 1:33에서 예수님의 성령 세례를 언급할 것이다. 이곳에서 요한은 자신의 역할과 메시아의 역할 차이를 극대화하기 위해 메시아가 주실 성령 세례는 언급하지 않고 자신의 물세례만 언급한다(Köstenberger).

요한의 세례가 어디서 유래했는지를 두고 추측이 난무하다(cf. Beasley-Murray). 어떤 이들은 쿰란 공동체에서 비롯된 것이라 하고, 어떤 이들은 구약의 정결 예식에서 비롯된 것이라 한다. 유대교에서 이 방인들이 개종할 때 그들에게 행한 것이라고 하기도 한다. 그러나 그 어떤 추측도 요한이 베푸는 세례를 설명하지 못한다. 쿰란 공동체와 정결 예식에서 몸을 씻는 것은 수없이 반복되는 일이지만, 요한은 모든 사람에게 각각 단 한 번만 세례를 주었다. 한편, 이방인들이 유대교로 개종할 때 행한 것에서 유래했다는 주장도 요한의 세례를 받는 사람들이 거의 모두 유대인이었다는 사실을 설명하지 못한다. 그러므로 요한의 세례는 여러 가지 전통과 예식을 고려해 시작한 그의 고유 사역으로 생각해야 한다(Boring, Wilkins). 그는 세례의 전제 조건으로 죄에 대한 회개를 요구했다. 그러므로 그의 세례는 영적인 정결함을 상징한다(cf. 겔 36:25-27). 세례는 아브라함의 후손으로 태어난 것만으로는 하나님의 백성이 될 수 없음을 암시한다.

요한이 자신이 베푸는 물세례와 그들 가운데 서 계신 한 분을 대조하는 것(26절)은 자신은 새로운 종교를 시작하는 것이 아니라 새로운 분이 오실 길을 예비하고 있다는 것을 강조하기 위해서다(Burge). 그들 가운데 서 계신 분(메시아), 곧 요한이 준비한 길을 오시는 분은 얼마나 위대하고 존귀한 분인지 자기는 그의 신발 끈을 풀기도 감당하지 못하겠다고 한다(27절). 당시 주인과 손님들의 신발을 벗기고 발을 씻기는 일은 종 중에서도 가장 지위가 낮은 자가 하는 천박한 일로 여겨졌다. 스승은 제자들을 종처럼 부렸지만, 신발을 풀고 발을 씻기는 일은 시키지 않았다(Mounce, O'Day). 요한은 그의 뒤에 오실 분이 얼마나 위대한지 자기는 그의 신발 끈을 풀 자격도 없다고 한다. 그는 자신이 상상할 수 있는 가장 큰 영광과 존귀를 예수님께 드리기 위해 자신을 상상할 수 있는 가장 낮은 자로 표현하고 있다(Calvin).

요한이 세례를 베푼 곳은 요단강 건너편 베다니였다(28절). 예수님이 나사로를 살리신 베다니는 예루살렘 근처에 있으며(cf. 11장), 본문 속 베다니와 구별되어야 한다. 요한복음은 이 지리적 디테일을 기록함으

로써 이곳에 기록된 요한의 말과 이야기가 실제 있었던 일이라는 점을
강조한다(Ridderbos). 요한이 세례를 베푼 베다니의 위치는 정확히 알 수
없지만, 오늘날 요르단에 속한 곳이다(cf. Carson). 여리고에서 강을 건
너면 요르단 쪽에 '요르단강 건너편 베다니'(Bethany Beyond the Jordan)라
는 관광 명소가 있다. 이곳은 오랜 역사와 전통을 지닌 곳으로 예수님
이 이곳에서 요한에게 세례를 받으셨다고 하지만, 요한이 사역하던 곳
이 맞는지는 확실히 알 수 없다.

　이 말씀은 우리의 삶과 사역에서 오직 예수님만 높이고 우리 자신
은 보이지 않을 때까지 낮아지고 또 낮아져야 한다고 한다. 요한은 당
시 엄청난 센세이션을 일으킨 사역자다. 오죽하면 예루살렘에 있는 종
교 지도자들이 여러 제사장과 레위인을 보내 그에 대해 알아보라고 먼
길을 보냈겠는가! 그러나 요한 자신은 장차 오실 메시아(예수님)의 신발
끈을 풀기도 감당하지 못하겠다고 한다. 우리가 요한처럼 자신을 끝까
지 낮추고 오직 예수님의 자비와 긍휼만을 높이는 사역을 한다면 섬길
수 없는 사람이 없고 너무 추해서 구원에 합당하지 않은 사람도 없다.
겸손은 모든 그리스도인 사역자가 지녀야 할 가장 중요한 덕목이다.

> II. 세례 요한과 첫 제자들(1:19-51)
> 　A. 요한의 증언(1:19-34)

2. 하나님의 어린양 예수(1:29-34)

요한은 자기 뒤에 오시는 이가 분명 자기 세대 사람이라고 했다(1:26).
그러나 요한도 메시아가 누구인지는 알지 못했다. 그러다가 예수님이
그에게 세례를 받으러 오실 때 즉시 주님을 알아보았다. 하나님이 알
려 주셨기 때문이다.

　어떤 사람들은 공관복음에서 예수님의 사역이 시작된 후 어느 정도
시간이 흐른 다음에 베드로가 빌립보 가이사랴에서 예수님을 메시아

라고 고백한 것(cf. 마 16:13-20)과 달리, 요한복음에서 예수님이 세례를 받으실 때부터 곧바로 메시아로 인정되는 것은 역사적 사실이 아니라 저자가 만들어낸 이야기라고 한다. 그러나 세례 요한의 사역이 한창일 때 그의 제자 중 몇 명이 요한을 떠나 예수님의 제자들이 되는 것을 보면(cf. 1:35-37) 예수님이 사역을 시작하실 때부터 그를 메시아로 아는 사람이 제법 많았던 것이 확실하다(Carson). 본문은 다음과 같이 두 파트로 구분된다.

A. 요한의 어린양에 대한 증언(1:29-31)
B. 성령의 하나님의 아들 확인(1:32-34)

II. 세례 요한과 첫 제자들(1:19-51)
  A. 요한의 증언(1:19-34)
    2. 하나님의 어린양 예수(1:29-34)

---

(1) 요한의 어린양에 대한 증언(1:29-31)

²⁹ 이튿날 요한이 예수께서 자기에게 나아오심을 보고 이르되 보라 세상 죄를 지고 가는 하나님의 어린 양이로다 ³⁰ 내가 전에 말하기를 내 뒤에 오는 사람이 있는데 나보다 앞선 것은 그가 나보다 먼저 계심이라 한 것이 이 사람을 가리킴이라 ³¹ 나도 그를 알지 못하였으나 내가 와서 물로 세례를 베푸는 것은 그를 이스라엘에 나타내려 함이라 하니라

예루살렘 지도자들이 보낸 이들(제사장들과 레위인들과 바리새인들)의 '너는 누구냐?'라는 질문에 요한이 '광야에서 외치는 자의 소리'라고 답한 다음 날에 있었던 일이다(29절). 그는 질문하는 자들에게 자신은 신발 끈을 풀 수도 없을 만큼 위대하신 분이 곧 오실 것이라고 답했다(1:27). 요한복음은 예수님이 세례 요한에게 세례를 받으셨다는 말을

127

언급하지 않는다. 그러나 이야기의 흐름을 고려할 때 예수님은 아마도 세례를 받으시려고(cf. 1:33-34) 요한이 사역하는 요단강을 찾아오신 것으로 보인다(cf. 1:28).

요한은 계시를 통해 곧바로 예수님이 자기가 말하던 그분이라는 것을 알았다(cf. 1:33). 그는 감격한 나머지 "보라!"(ἴδε)라고 외쳤다. '보라!'는 매우 강한 강조형으로 참으로 놀라운 상황이 전개되고 있음을 시사한다(cf. BDAG). 요한은 예수님을 가리켜 세상 죄를 지고 가는 하나님의 어린양이라고 한다.

학자들 사이에 '하나님의 어린양'(ὁ ἀμνὸς τοῦ θεοῦ)의 구약적 배경에 관한 다양한 견해가 있다(cf. Beasley-Murray, Haenchen, McHugh, Morris). 대부분은 유월절 전야에 이스라엘 백성이 가족 단위로 잡아먹던 유월절 양을 생각한다(Barrett). 그러나 유월절 양은 '파스카'(πάσχα)라고 하지 본문에서처럼 '암노스'(ἀμνὸς)라고 하지 않는다(cf. 막 14:12; 눅 22:7). 또한 유월절에 잡아먹는 짐승이 항상 어린양은 아니었다. 때로는 염소를 잡기도 했다(출 12:5). 게다가 유월절 양은 죄를 사하는 효과가 거의 없었다.

한편, 이사야의 종의 노래에 등장하는 '대속적인 양'으로 보는 학자도 많다. "그가 곤욕을 당하여 괴로울 때에도 그의 입을 열지 아니하였음이여 마치 도수장으로 끌려 가는 어린 양과 털 깎는 자 앞에서 잠잠한 양 같이 그의 입을 열지 아니하였도다"(사 53:7)(Lindars, O'Day).

이 외에도 매일 제사로 드리는 양(cf. 출 29:38-46), 하나님이 이삭 대신 바치라고 아브라함을 위해 예비하신 양(창 22:8), 속건제로 드리는 양(cf. 출 14:25), 종말에 임하는 묵시적인 양 등이 거론된다. 종말에 임하는 묵시적인 양은 유대인들의 묵시 문헌 중에 세상이 끝나는 날 인간을 지배하는 악의 세력을 물리치고 온 세상을 정복하는 메시아적 전사인 양에 관한 이야기를 바탕으로 한 해석이다(Dodd, Mounce, cf. 계 17:14).

팔레스타인 유대인들에게 양 제물은 구원과 죄 사함과 메시아적 구원을 복합적으로 상징했다(Vermes). 그러므로 유월절 양도 가능하다(Burge). 그러나 유월절 양으로만 간주하기는 어렵다. 예수님은 유월절 양이 아니라, 유월절에 희생되신 분이기 때문이다(19:31-36).

본문의 '어린양'(ἀμνὸς)은 신약에서 단 4차례 사용되는데, 모두 본문에서처럼 예수님이 이 단어의 언급 대상이다(cf. 1:36; 행 8:32; 벧전 1:19). 이 단어는 죄가 없는 이가 저항하지 않고 묵묵히 고난을 받고 대속적인 죽음을 당하는 일을 묘사한다(TDNT). 그러므로 많은 학자가 유월절 양과 이사야의 대속적인 양을 함께 고려해 '하나님의 어린양'을 해석해야 한다고 주장한다(Brown, Schnackenburg).

하나님의 어린양이신 예수님은 세상 죄를 지고 가신다. 학자들은 '세상 죄'(τὴν ἁμαρτίαν τοῦ κόσμου)를 자신들의 신학적 선호도에 따라 온 세상 사람들의 죄, 혹은 하나님이 구원하신 이들의 죄로 해석한다(cf. O'Day). 둘 다 가능하다. '지고 가는'(αἴρων)은 '가져가다'(take up and carry away)이다(BDAG). 현재형 분사이지만, 본문에서는 미래적 의미를 지닌다. 그러므로 '세상 죄를 지고 갈 어린양'이 더 정확한 해석이다(Klink). 앞으로 예수님이 십자가에서 우리 죄를 대속하실 일을 예고한다.

이어지는 30절에서 요한은 앞서 1:15에서 한 말을 거의 그대로 반복한다. 요한 뒤에 오신 예수님이 요한을 앞서셨다(30a절). '뒤에 오는 사람'은 예수님의 인성을, '나보다 앞선 것'은 예수님의 신성을 강조한다. 고대 사회에서는 먼저 태어난 사람이 나중에 태어난 사람보다 더 우월하다(superior)고 생각했다(Morris). 그런데 세례 요한은 자기 뒤에 오신 예수님이 자기를 앞섰다며 예수님이 자기보다 더 위대하시다고 한다. 세상이 이해하는 시간의 흐름에 따르면 예수님보다 먼저 태어난 요한을 예수님보다 더 우월하게 여길 수도 있는데, 그렇지 않다. 나중에 오신 예수님이 먼저 온 요한을 앞서셨다. 더 우월하시다는 뜻이다.

요한 뒤에 오신 예수님이 먼저 온 요한보다 더 우월하신 것은 요한보다 먼저 계셨기 때문이다(30b절). 세상의 시간으로는 요한이 먼저 왔지만 예수님은 세상이 시작되기 전부터 계신 분이기에 요한이 오기 전부터 영원하신 하나님과 함께 계셨다. 그러므로 요한은 자기 뒤에 오신 예수님을 가리켜 자기를 앞선 분이라고 한다. 예수님은 신분적으로 요한과 비교할 수 없는 절대적인 우위(absolute superiority)에 계신 분이라는 것이 요한의 고백이다(Mounce).

요한은 자신도 예수님을 알지 못했다고 한다(31a절). '알았다'(ἤδειν)는 '알다'(οἶδα)의 과거 완료형(pluperfect)이며, 그가 예수님에 대해 전혀 몰랐다는 뜻은 아니다. 예수님과 요한은 친척 관계이며, 요한은 어머니 배 속에서부터 예수님을 알았다(cf. 눅 1:36-41). 그러므로 예수님에 대한 선천적인 지식이 있었다(Borchert). 그러나 요한은 예수님이 바로 그의 뒤에 '오시는 분'(the Coming One), 혹은 하나님의 독생자라는 사실은 몰랐다(Barrett, McHugh). 그렇다면 요한은 어떻게 예수님이 메시아라는 사실을 알게 되었는가? 바로 성령의 계시를 통해서다(cf. 1:33). 참 지식은 인간이 노력해서 얻을 수 있는 것이 아니라, 하나님이 계시로 주시는 선물이다.

요한은 예수님이 메시아라는 사실은 몰랐지만, 오실 메시아를 이스라엘에 나타내기 위해 사람들에게 물로 세례를 베풀었다(31b절). 회개를 외치는 세례를 통해 예수님이 오실 길을 예비한 요한은 곧 오실 메시아의 징조가 된 것이다. '이스라엘'(Ἰσραήλ)은 요한복음에서 4차례 사용되며(1:49; 3:10; 12:13), '유대인'과 달리 어떠한 부정적인 뉘앙스도 지니지 않는다. 메시아가 오시면 요한이 베푸는 물세례보다 훨씬 더 놀라운 세례를 베푸실 것이다.

이 말씀은 하나님의 구원 역사는 철두철미한 계획에 따라 이뤄진다고 한다. 하나님은 세상 죄를 지고 갈 어린양으로 예수님을 보내시기 전에 요한을 보내 주의 길을 예비하게 하셨다. 요한과 예수님은 서로 아는 사이였지만 하나님의 때가 되어서야 예수님이 바로 오실 그분이라는 사실을 요한이 알도록 계획하셨다. 또한 요한이 물세례를 통해 예수님을 이스라엘에 나타내게 하셨다. 우리의 구원 여정에서도 우연히 된 일은 없다. 모든 것이 하나님의 철저한 계획에 따라 이뤄진 은혜이자 선물이다.

```
II. 세례 요한과 첫 제자들(1:19-51)
  A. 요한의 증언(1:19-34)
    2. 하나님의 어린양 예수(1:29-34)
```

(2) 성령의 하나님의 아들 확인(1:32-34)

³² 요한이 또 증언하여 이르되 내가 보매 성령이 비둘기 같이 하늘로부터 내려와서 그의 위에 머물렀더라 ³³ 나도 그를 알지 못하였으나 나를 보내어 물로 세례를 베풀라 하신 그이가 나에게 말씀하시되 성령이 내려서 누구 위에든지 머무는 것을 보거든 그가 곧 성령으로 세례를 베푸는 이인 줄 알라 하셨기에 ³⁴ 내가 보고 그가 하나님의 아들이심을 증언하였노라 하니라

공관복음은 예수님이 요단강에서 요한에게 세례를 받으실 때 있었던 일을 묘사하지만, 요한복음은 세례 요한으로 하여금 그날 있었던 일을 증언하게 한다. 요한은 그의 말대로 메시아도, 엘리야도, 선지자도 아니다. 단지 눈에 보이는 일과 보이지 않는 진리에 대한 증인일 뿐이다(Hoskyns). 요한복음은 공관복음처럼 예수님이 세례를 받으실 때 하늘에서 들려온 음성에 관해 언급하지는 않고, 다만 성령이 예수님에게 임한 사실을 강조한다.

구약은 메시아 시대가 되면 성령이 이스라엘을 변형(transform)시킬 뿐 아니라(사 32:15; 겔 36:26-27; 37:14), 메시아에게도 능력으로 함께할 것이라고 했다(사 11:2; 42:1). 이사야는 메시아와 성령은 결코 떼어 놓을 수 없는 관계라는 사실을 여러 차례 예언했다(11:1-9; 42:1; 61:1). 또한 성령은 예수님이 열어 가실 새로운 시대의 증표다(겔 36:25-26). 그러므로 성령이 내려온 것은 예수님이 메시아이시며, 그분을 통해서 하나님이 약속하신 시대가 시작되었음을 의미한다(Carson).

증언은 프롤로그에서 매우 중요한 주제였는데(cf. 1:7, 15), 예수님에 대한 요한의 증언이 이어지고 있다. 요한은 성령이 비둘기같이 하늘로부터 내려와 예수님 위에 머무는 것을 보았다고 하는데(32절), '보다'(θεάομαι)는 실제 눈으로 목격한다는 뜻이다. 또한 실제 본 것만으로 다 설명할 수 없음을 인식한다는 의미도 지닌다(BDAG). 이곳에서는 이두 가지 의미로 사용되고 있다(Mounce). 요한은 하늘에서 비둘기같이 내려온 성령을 보았다(Calvin).

하늘로부터 내려온 성령은 예수님 위에 머물렀는데, '머물렀더라'(ἔμεινεν)는 부정 과거형(aorist)이다. 성령은 예수님과 영원히 함께하기 위해 하늘로부터 내려오신 것이다(Mounce, cf. 사 11:2). 구약에서는 하나님의 영이 왕과 사사와 선지자 등 소수에게 임했고, 그들이 하나님이 주신 사명을 수행하는 동안 일시적으로 그들과 함께했다. 이와는 대조적으로 성령은 예수님과 영원히 함께하기 위해 임하셨다. 성령이 누구와 영원히 함께하기 위해 임하는 일은 이전에 찾아볼 수 없는 일이다(Burge). 예수님은 하나님이 기름을 부어 세우신 구원자이시다.

요한도 처음에는 예수님이 장차 오실 그분이라는 사실을 몰랐다(33a절). 그를 보내 물로 세례를 베풀라고 하신 하나님이 그에게 말씀하실 때 비로소 알게 되었다(33b절). 하나님은 성령이 누구 위에든지 머무는 것을 보면 그가 곧 성령으로 세례를 베푸실 분이라고 말씀하셨다(33c절). 요한은 예수님이 그가 기다리던 메시아라는 사실을 비둘기처럼 임한 성령과 하나님의 말씀을 듣고 비로소 알게 된 것이다.

요한은 자신이 경험한 일(성령이 비둘기처럼 내려오고 하나님이 말씀하신 것)을 토대로 예수님이 하나님의 아들이심을 증언한다(34절). 일부 고대 사본은 '하나님의 아들'(ὁ υἱὸς τοῦ θεοῦ) 대신 '하나님이 택하신

이'(ὁ ἐκλεκτός τοῦ θεου, God's Chosen One)로 표기했다(cf. Borchert, Carson, McHugh). 학자 중에는 이사야서에 기록된 "내가 붙드는 나의 종, 내 마음에 기뻐하는 자 곧 내가 택한 사람을 보라 내가 나의 영을 그에게 주었은즉 그가 이방에 정의를 베풀리라"(사 42:1)라는 메시아에 관한 예언을 근거로 '하나님이 택하신 이'가 오리지널이라고 주장한다(Burge, McHugh). 그러나 요한복음은 이미 프롤로그에서 예수님을 '유일무이한 아들'(unique Son, 1:14)이라고 했기 때문에 '하나님의 아들'도 문맥에 잘 어울린다(Klink).

1:19에서 시작된 요한의 증언이 34절에서 '내가 보았다'(ἑώρακα)와 '내가 증언했다'(μεμαρτύρηκα)라는 두 완료형 동사로 마무리되었다. 그는 먼저 와 주의 길을 예비하는 자로서 메시아를 실제로 보았고, 선지자로서 법적으로 유효한 증언을 했다는 뜻이다(Klink). 또한 두 완료형 동사는 과거에 시작된 요한의 증언이 현재에도 유효하다는 의미를 지닌다(O'Day).

이 말씀은 우리는 예수님의 증인으로서 하나님과 성령께서 보여 주시고 들려주시는 것만 말하면 된다고 한다. 요한은 어떠한 꾸밈도 없이 자신이 하나님께 듣고 눈으로 본 것을 증언했다. 전도는 경험하지 않은 일을 꾸며내는 것이 아니다. 복음을 나누는 일은 우리가 경험한 하나님에 대해 말하는 것이다. 우리는 신실한 증인이 되어야 한다. 결과는 하나님이 알아서 거두실 것이다.

II. 세례 요한과 첫 제자들(1:19-51)

B. 첫 제자들(1:35-51)

이 섹션에서 예수님은 '하나님의 어린양'(36절), '랍비'(38절), '모세가 율법에 기록하였고 여러 선지자가 기록한 그이'(45절), '랍비, 하나님의 아

들, 이스라엘의 임금'(49절), '인자'(51절) 등 다양한 호칭으로 불리신다
(Barrett). 예수님은 하나님의 백성을 구원하기 위해 오셔서 고난을 받을
것이라고 구약이 예언한 바로 그 메시아 왕이시다.

요한에게 세례를 받으신 예수님은 곧바로 사역을 시작하시며, 그 첫
단계로 제자들을 부르신다. 유다 지역에서 부르시고(35-42절), 갈릴리
지역에서 부르셨다(43-51절). 본 텍스트에서 예수님은 열두 제자 중 처
음 다섯 명을 부르시는데, 이 다섯 명 중 하나의 이름은 밝히지 않는
다. 본 텍스트는 다음과 같이 두 파트로 구분된다.

A. 안드레와 베드로와 한 사람(1:35-42)
B. 빌립과 나다나엘(1:43-51)

II. 세례 요한과 첫 제자들(1:19-51)
　B. 첫 제자들(1:35-51)

1. 안드레와 베드로와 한 사람(1:35-42)

[35] 또 이튿날 요한이 자기 제자 중 두 사람과 함께 섰다가 [36] 예수께서 거니
심을 보고 말하되 보라 하나님의 어린 양이로다 [37] 두 제자가 그의 말을 듣
고 예수를 따르거늘 [38] 예수께서 돌이켜 그 따르는 것을 보시고 물어 이르시
되 무엇을 구하느냐 이르되 랍비여 어디 계시오니이까 하니 (랍비는 번역하면
선생이라) [39] 예수께서 이르시되 와서 보라 그러므로 그들이 가서 계신 데를
보고 그 날 함께 거하니 때가 열 시쯤 되었더라 [40] 요한의 말을 듣고 예수를
따르는 두 사람 중의 하나는 시몬 베드로의 형제 안드레라 [41] 그가 먼저 자기
의 형제 시몬을 찾아 말하되 우리가 메시야를 만났다 하고 (메시야는 번역하면
그리스도라) [42] 데리고 예수께로 오니 예수께서 보시고 이르시되 네가 요한의
아들 시몬이니 장차 게바라 하리라 하시니라 (게바는 번역하면 베드로라)

세례 요한이 예루살렘 지도자들이 보낸 사람들에게 자신이 베푸는 물세례에 대해 증언한 날로부터 두 번째 '이튿날'이다(cf. 1:29). 그가 예수님에게 세례를 베푼 다음 날이기도 하다. 요한에게는 여러 제자가 있었는데(cf. 마 9:14; 11:2; 14:12), 그중 두 사람과 함께 섰다가 그들 앞을 지나가는 예수님을 보았다(35–36절). '보다'(ἐμβλέπω)는 관심을 가지고 응시한다는 뜻이다(Klink). 요한은 두 제자에게 "보라 하나님의 어린양이로다"(36절)라며 흥분된 어조로 외쳤다. 전날 예수님을 처음 뵌 감동이 아직도 그를 사로잡고 있다. 그가 지난 수년 동안 길을 예비해 놓고 오시기를 학수고대하던 분이 지나가고 있으니 참으로 감동적이다. 전날에는 그에게 세례를 받으러 온 모든 사람 앞에서 공개적으로 예수님이 하나님의 어린양이라고 선언했지만, 이번에는 사적인 자리에서 선언한다.

요한은 자기의 역할을 잘 안다. 예수님이 오실 길을 예비하는 것이며, 메시아를 세상에 소개하는 일이다. 그러므로 사심 없이 제자들에게 예수님이 하나님의 어린양이라고 한다. 그는 자신이 물로 세례를 주던 시대는 저물고 하나님의 어린양인 예수님이 성령으로 세례를 베풀며 사역하실 때가 된 것을 안다.

요한의 말을 듣고 있던 두 제자가 곧바로 예수님을 따랐다(37절). 요한으로서는 서운한 일일 수 있지만, 이는 그가 예수님에 대해 증언한 사역의 열매다. 요한은 예수님의 길을 예비하고, 사람들로 하여금 예수님을 따르게 하기 위해 하나님으로부터 보내심을 받은 사람이다. 아마도 예수님을 따른 두 제자는 스승인 요한과 상의하거나, 혹은 요한의 지시에 따라 이렇게 했을 것이다. 요한은 이제 하나님 어린양의 제자가 될 때가 되었다며 제자들을 예수님께 보낼 만한 인물이기 때문이다. 훗날 예수님이 세례를 베푸신다는 소식을 접한 요한은 "그는 흥하여야 하겠고 나는 쇠하여야 하리라"라며 당연한 일이라고 말한다(3:30). 요한은 하나님이 계획하신 바에 자신을 철저하게 복종시켰다.

예수님은 요한의 두 제자가 오는 것을 보시고 "무엇을 구하느냐?"(τί ζητεῖτε;)라고 물으셨다(38절). 그들이 찾아온 이유를 물으신 것이다. 그들은 예수님을 랍비라고 부른다. 선생이라는 뜻을 지닌 '랍비'(ῥαββί)는 마태복음에서 4차례, 마가복음에서 3차례 사용되고 요한복음에서는 8차례 사용되지만 누가복음에서는 한 번도 사용되지 않는 존칭이다. 요한이 이 호칭을 헬라어로 설명하는 것은 그의 독자 중 유대인의 언어와 문화에 익숙하지 않은 사람들이 있음을 암시한다.

요한의 제자들은 대답 대신 '어디 계십니까?'(ποῦ μένεις;)라고 예수님께 물었다. 예수님이 머무시는 곳에 대한 이 질문은 자신들은 스승(랍비)을 찾고 있으며, 예수님과 동고동락하는 제자가 되겠다는 의지의 표현이다(Klink). '따르다'(ἀκολουθέω)(37절; cf. 8:12; 10:4, 27; 12:26; 13:36)와 '와서 보라'(ἔρχεσθε καὶ ὄψεσθε)(39절; cf. 1:46; 6:36; 9:35-41; 14:9)도 제자도와 연관된 표현들이다(Burge). 요한의 두 제자는 예수님의 제자가 되기 위해 왔고 예수님도 그들을 제자로 삼으셨다.

예수님은 제자가 되겠다고 찾아와 머무는 곳을 묻는 두 사람에게 '와서 보라'며 머무는 곳으로 데려가 함께 거하셨다(39a절). 예수님이 그들을 제자로 받아 주신 것이다. 요한복음에서 '와서 보라'는 믿음의 눈으로 예수님을 보라는 의미로 사용된다(Morris, 1:46; 6:36; 9:35-41; 14:9). 요한은 예수님이 그들을 숙소로 데려가신 때가 열 시쯤 되었다고 한다(39b절). 로마 사람들은 하루 중 해가 뜨는 때(오전 6시)부터 질 때(오후 6시)까지 시간을 12등분했다. 그러므로 열 시는 오후 4시쯤이다. 한 주석가는 요한이 이처럼 구체적인 시간을 밝히는 것은 이날이 금요일 오후이고 해가 지면 안식일이 시작되기 때문에 먼 길을 갈 수 없는 상황을 설명하는 것이라고 한다(Brown). 그러나 본문이 안식일에 대해 어떠한 언급도 하지 않는 것으로 보아 요한이 열 시라는 구체적인 시간을 알려 주는 것은 이 일이 실제로 있었던 일이며(cf. 4:6, 52; 18:28; 19:14), 이때 이 두 사람이 예수님의 제자가 되었다는 사실을 강조하는 것으로 보는 것이 좋다(Schnackenburg). 예수님은 이날 밤 이들과 함께 묵으시며 자신이 메시아임을 그들에게 가르치셨을 것이다(Burge).

예수님의 제자가 된 요한의 두 제자 중 하나는 시몬 베드로의 형제 안드레였다(40절). 그러나 다른 한 사람은 누구였는지 밝히지 않는다. 저자가 일부러 이름을 밝히지 않는 것도 하나의 문학적인 기법이므로 굳이 밝히려 할 필요는 없다. 그럼에도 불구하고 초대교회는 그가 요한복음의 저자인 요한이라고 했다(cf. Carson). 공관복음도 예수님이 처음 제자로 세우신 사람들이 안드레와 베드로 형제, 그리고 세베대의 아들들인 야고보와 요한 형제라 한다(cf. 막 1:16-20). 요한은 이 복음서에서 자신을 '예수님이 사랑하시는 제자'라고 한다(cf. 13:23; 19:26; 20:2; 21:7, 20).

밤새 예수님께 가르침을 받은 안드레가 다음 날 자기 형제인 시몬 베드로를 찾아가 흥분된 어조로 "우리가 메시아를 만났다!"라고 말했다 (41a절). 요한은 이번에도 메시아(Μεσσίας)를 헬라어로 번역하면 그리스도(Χριστός)라는 말을 더한다. 히브리어 '메시아'(מָשִׁיחַ)는 하나님의 '기름 부음을 받은 이'라는 의미이며, 구약에서 총 39차례 사용된다. 왕(삼상 2:10; 16:13; 24:10; 삼하 1:14, 16; 19:21)과 제사장(출 28:41; 레 4:3; 6:22)과 선지자(시 105:15)를 칭한다. 이스라엘 역사에서 다윗은 기름 부음을 입은 이의 상징이 되었다. 온 인류를 구원하실 이는 하나님의 선택을 받아 기름 부음을 받을 자가 될 것을 기대하는 표현이다. 요한복음에서는 이곳과 4:25에서만 사용된다.

안드레는 모습을 보일 때마다 누군가를 예수님께 데려온다(Morris, 6:8-9; 12:22). 이번에도 자기 형제 시몬을 예수님께 데려왔다(42a절). '시몬'(Σίμων)은 그 당시 가장 흔한 유대인 이름이었다(Bauckham). 예수님은 그를 보시고 앞으로는 게바라 부르겠다고 하셨다(42b절). '게바'(Κηφᾶς)는 아람어로 '바위'라는 뜻이며(cf. 막 3:16), 헬라어로는 '베드로'(Πέτρος)다. 베드로와 게바는 사람의 이름이 아니라 별명이다(Burge,

Mounce).

구약에서는 신분이 높은 사람이 낮은 자의 이름을 바꿔 주거나 새 이름을 준다. 하나님이 아브람과 사래의 이름을 아브라함과 사라로 바꿔 주시고, 야곱에게 이스라엘이라는 이름을 주신 것처럼 말이다. 사람이 새 이름을 받는 것은 새로운 정체성을 받아 새로운 삶을 시작한다는 의미를 지닌다. 예수님께 새로운 이름(별명)을 받은 베드로는 제자의 삶을 시작하게 되었다.

생각해 보면 예수님이 바위처럼 흔들리지 말라며 시몬에게 주신 '베드로'라는 이름은 그와 잘 어울리지 않는 호칭이다. 베드로는 성질이 급하고, 즉흥적이며, 예수님을 부인하기까지 한다. 예수님은 이러한 시몬에게 요동 없는 바위라는 별명을 주시며 그에 대한 비전을 표현하신다(Burge). 베드로는 순간적으로 흔들리기도 했지만, 예수님의 바람대로 예수님이 죽으신 후 30년 동안 바위처럼 흔들리지 않고 신실하게 사역하다가 순교했다(Mounce).

이 말씀은 기회가 생겼을 때 주저하지 말고 신앙의 결단을 내리라고 한다. 요한의 두 제자와 베드로는 예수님에 대해 듣고 곧바로 제자가 되기로 결단했다. 기회는 항상 있는 것이 아니다. 그러므로 하나님이 기회를 주시면 곧바로 결단하고 주님을 따라야 한다.

세례 요한은 사심이 없는 사람이다. 그는 자신의 사명(몫)을 다하는 것으로 만족했다. 때가 되어 예수님이 오시니 자기가 아끼던 제자들까지 주님께 보냈다! 우리도 요한처럼 욕심부리지 않고 하나님이 맡겨 주신 사명을 성실히 이행하는 것으로 만족할 수 있으면 좋으련만!

안드레는 사람들을 예수님께 데려오는 은사를 지녔다. 그 은사의 첫 열매는 형제 베드로다. 안드레의 소개로 훗날 예수님의 수제자가 될 베드로가 예수님을 만나게 되었고, 새로운 이름으로 새로운 삶을 시작하게 되었다. 우리 주변에도 분명 수많은 베드로가 있다. 기회만 주어지면 하나님을 참으로 사랑하고 잘 섬길 사람들이다. 이런 사람들을 보게 해 달라고, 우리의 삶에 보내 달라고 기도해야 한다. 그리고 이런 사람을 접하게 되면 주저하지 말고 예수님께 데리고 나와야 한다.

> II. 세례 요한과 첫 제자들(1:19-51)
>   B. 첫 제자들(1:35-51)

2. 빌립과 나다나엘(1:43-51)

⁴³ 이튿날 예수께서 갈릴리로 나가려 하시다가 빌립을 만나 이르시되 나를 따르라 하시니 ⁴⁴ 빌립은 안드레와 베드로와 한 동네 벳새다 사람이라 ⁴⁵ 빌립이 나다나엘을 찾아 이르되 모세가 율법에 기록하였고 여러 선지자가 기록한 그이를 우리가 만났으니 요셉의 아들 나사렛 예수니라 ⁴⁶ 나다나엘이 이르되 나사렛에서 무슨 선한 것이 날 수 있느냐 빌립이 이르되 와서 보라 하니라 ⁴⁷ 예수께서 나다나엘이 자기에게 오는 것을 보시고 그를 가리켜 이르시되 보라 이는 참으로 이스라엘 사람이라 그 속에 간사한 것이 없도다 ⁴⁸ 나다나엘이 이르되 어떻게 나를 아시나이까 예수께서 대답하여 이르시되 빌립이 너를 부르기 전에 네가 무화과나무 아래에 있을 때에 보았노라 ⁴⁹ 나다나엘이 대답하되 랍비여 당신은 하나님의 아들이시요 당신은 이스라엘의 임금이로소이다 ⁵⁰ 예수께서 대답하여 이르시되 내가 너를 무화과나무 아래에서 보았다 하므로 믿느냐 이보다 더 큰 일을 보리라 ⁵¹ 또 이르시되 진실로 진실로 너희에게 이르노니 하늘이 열리고 하나님의 사자들이 인자 위에 오르락 내리락 하는 것을 보리라 하시니라

예수님이 사역을 시작하신 지 4일째 되는 이튿날이 되었다(Klink). 예수님은 갈릴리로 나가려 하시다가 빌립을 만나셨다(43a절). '나가려 하시다'($\dot{\eta}\theta\acute{\epsilon}\lambda\eta\sigma\epsilon\nu$ $\dot{\epsilon}\xi\epsilon\lambda\theta\epsilon\hat{\iota}\nu$)는 '가기를 원하다'라는 뜻으로 바람을 반영한다. 그러나 요한은 예수님이 왜 갈릴리로 가시고자 했는지는 언급하지 않는다. 갈릴리 지역은 세례 요한이 세례를 베풀던 요단강 주변에서 160㎞

가량 떨어진 곳이다. 먼 길을 가고자 하신 것이다.

예수님은 길을 가시다가 빌립을 만나 "나를 따르라"라고 하셨다 (43b절). 그에게 '따르라'(ἀκολούθει)라고 하신 것은 제자가 되라는 뜻이다(1:39). 당시 사람들은 자신이 스승으로 모시고 싶은 사람을 찾아갔다. 이미 제자가 된 세 사람이 예수님을 찾아온 것처럼 말이다(1:35-42). 제자가 스승을 택하는 것이 당시 관례였지만, 예수님은 이러한 정서와 어울리지 않는 파격적인 제안을 빌립에게 하셨다. 요한복음에서 예수님이 부르신 제자는 빌립이 유일하다.

개역개정은 43절의 주어를 '예수님'으로 표기하지만, 헬라어 본문에서는 '그'(3인칭 남성 단수)가 주어다. 그러므로 어떤 이들은 42절과 43절을 연계해 예수님이 아니라 안드레가 빌립을 전도했다고 주장하지만(Carson), 예수님이 빌립을 직접 부르셨다(cf. 새번역, 공동, NAS, NIV, NRS, ESV).

'빌립'(Φίλιππος)은 '말을 사랑하는 자'(horse lover)라는 의미이며, 열두 제자 목록에서 항상 5번째로 등장한다(마 10:3; 막 3:18; 눅 6:14; 행 1:13). 공관복음은 빌립에 대해 거의 언급하지 않지만, 요한복음에서는 예수님에 대해 오해하거나 혼란스러워하는 모습으로 등장한다(6:7; 12:21-22; 14:8-9). 그러므로 한 주석가는 빌립이 전형적이고 평범한 보통 사람의 모습을 지녔다고 하기도 한다(Morris).

안드레와 베드로 형제, 그리고 빌립은 한 동네 벳새다 사람이다. '벳새다'(Βηθσαϊδά)는 '어부들의 집'이라는 뜻이며(Klink), 가버나움의 북동쪽 갈릴리 호숫가에 있는 어부들의 마을이다. 갈릴리 호수는 예루살렘에서 북쪽으로 100㎞ 떨어져 있다. 사해에서는 110㎞ 북쪽에 있으며, 갈릴리 호수 물이 요단강을 거쳐 사해로 흘러 든다. 호수의 길이는 남북으로 22㎞에 달하고 너비는 동서로 15㎞에 달하는 큰 호수다(ABD). 물고기가 많고 호수 주변으로 모래사장도 많다. 큰 풍랑이 일 정도이기 때문에 갈릴리 바다로 불리기도 했다. 또한 갈릴리 호수는 여러 이름으로 불렸다. 구약 시대에는 긴네렛 바다로 불렸고(민 34:11; 신 3:17; 수 12:3; 13:27), 신약에서는 게네사렛 호수[바다](눅 5:1)와 디베랴 호수 [바다](요 6:1, 21:1) 등으로도 불렸다. 게네사렛과 디베랴는 호수 주변에 있는 도시들이었다. 디베랴는 분봉 왕 헤롯(Antipas)이 통치 수도로 삼은 곳이다. 안드레와 베드로와 빌립은 이 호수를 삶의 터전으로 삼는 어부들이었다.

예수님의 제자가 된 빌립은 안드레가 베드로에게 예수님을 소개했던 것처럼 나다나엘을 찾아가 예수님을 소개했다(45a절). '나다나엘'(Ναθαναήλ)은 '하나님의 선물'이라는 의미를 지녔다. 나다나엘은 예수님의 열두 제자 목록에 포함된 이름이 아니다. 그러므로 나다나엘에 대해 알레고리적으로 해석하는 이들이 있다. 한편, 나다나엘이 마태, 혹은 바돌로매라고 하는 이들도 있다(Carson). 공관복음이 빌립과 바돌로매를 함께 언급하기 때문이다(마 10:3). 그러나 나다나엘은 1세기 팔레스타인에서 사용되던 이름이다(Bauckham). 예수님은 최소한 70명의 제자를 두셨으며(눅 10장) 나다나엘은 이들 중 한 사람이었을 것이다(Burge).

안드레는 베드로에게 단순히 메시아를 찾았다고 했는데(1:41), 빌립은 나다나엘에게 '모세가 율법에 기록했고 여러 선지자가 기록한 그이'를 만났다고 한다(45b절). 빌립은 예수님이 메시아라며 안드레와 같은 말을 하고 있지만, 특별히 예수님이 구약(율법과 선지자)이 오실 것이라고 한 바로 그분이라는 사실을 강조한다. 구약이 메시아에 대해 예언한 것이 모두 예수님 안에서 성취되었다는 것이다. 빌립은 구약이 예언한 대로 오신 예수님을 요셉의 아들 나사렛 예수라고도 소개한다(45c절).

빌립의 말을 들은 나다나엘의 반응이 냉소적이다. 나사렛은 그 어떤 선한 것이 나올 만한 곳이 아니므로 메시아가 그곳에서 나왔다는 말을 믿을 수 없다는 것이다(46a절). 나사렛에 대한 나다나엘의 평가는 어느 정도 설득력이 있다. 작은 마을이었던 나사렛은 주목할 만한 곳이 아니기 때문이다. 구약은 나사렛을 한 번도 언급하지 않는다. 게다가 메시아는 베들레헴에서 태어나야 한다(7:42; cf. 삼하 7:12; 미 5:2; 마 2장). 당시 사람들은 갈릴리에서는 선지자가 나올 수 없다고 생각했다(7:52). 이런 상황에서 갈릴리의 작은 마을인 나사렛에서 메시아가 나왔다고 하니 어이없는 웃음만 나왔을 것이다.

그러나 예수님은 분명 '나사렛 예수'(마 26:71; 막 1:24; 눅 4:34; 행 10:38)이시며, 기독교인들은 나사렛 출신인 예수님을 따른다 하여 '나사렛 이단'으로 불렸다(행 24:5). 어떻게 된 일인가? 예수님의 부모 요셉과 마리아는 인구 조사에 응하기 위해 요셉의 고향인 베들레헴으로 갔다가 그곳에서 예수님을 출산했다. 그런 후 헤롯왕의 위협을 피해 이집트로 내려갔다가 돌아와서는 나사렛에 정착했다(마 2장).

요셉은 아마도 이집트로 도피하기 전에 살았던 베들레헴에서 살고자 했을 것이다. 그러나 문제가 생겼다. 그 지역을 다스리는 아켈라오왕은 그의 아버지 헤롯에 버금가는 잔악한 사람이었다. 그러므로 요셉은 헤롯을 두려워했던 것처럼 그의 아들 아켈라오를 두려워했다. 만일 아켈라오가 아버지에게서 유대의 왕으로 태어난 아이에 관해 들었다면, 그가 아이를 해치기 위해 무슨 짓을 할지 모른다는 두려움이었다.

기록에 따르면 예수님을 해하려 했던 헤롯왕이 죽은 후 그가 다스리던 나라는 셋으로 나뉘어 그의 아들들에게 분배되었다(ABD). 빌립(Philip II)은 셋으로 나뉜 나라의 가장 북쪽 지역, 곧 갈릴리 북쪽에 있는 이두매(Iturea)와 다마스쿠스의 남동쪽이자 갈릴리 호수의 북동쪽에 있는 드라고닛(Tracontis) 지역의 분봉 왕이 되었다. 그의 이복형제 안티파스(Antipas)는 17세에 갈릴리와 요단강 동편 베뢰아(Perea) 지역을 다스리는 분봉 왕(τετραάρχης, tetrarch)이 되었다. 그는 헤롯의 아들 중 신약과 가장 많은 연관이 있는 자다. 가장 남쪽 지역을 차지한 아켈라오(Archelaus)는 19세에 왕위에 올랐으며, 형제들보다 더 높은 지위인 에트나크(ἐθνάρχης, ethnarch, cf. 개역개정은 고린도후서 11:32에서 이 단어를 '고관'

으로 번역함)가 되어 유다와 사마리아와 이두매를 다스렸다(ABD).

예수님이 태어나신 베들레헴은 유대에 속했으므로 아켈라오의 통치 아래 있었다. 유대인들은 아켈라오를 매우 싫어했다. 그의 잔인함 때문이었다. 그는 예루살렘 성전 근처에서 유월절 순례자 3,000명을 학살한 적이 있는데(Pesch), 이 일로 인해 유대인들은 로마에 대표단을 보내 항의하기도 했다. 유대인들의 동요를 염려한 로마 황제 아우구스투스(Augustus)는 주후 6년에 그의 지위를 박탈하고 가울(오늘날의 프랑스-북이탈리아)로 귀양을 보냈다. 이후 유대는 로마 총독들의 지배를 받았고, 대표적인 사람이 빌라도다(cf. 눅 3:1; 23:1).

요셉이 아켈라오가 다스리는 유대에 정착하기를 두려워하자 하나님은 꿈을 통해 안티파스가 다스리는 갈릴리 지방으로 가라고 하셨다(마 2:22). 이에 요셉은 가족을 데리고 갈릴리 지역에 있는 나사렛이라는 동네에 가서 살았다(마 2:23). 나사렛(Ναζαρά)은 갈릴리 호수 남쪽 끝과 지중해 사이 중간 지점에 있다(ABD). 요셉과 마리아가 인구 조사 때문에 베들레헴으로 떠나기 전에 살던 곳이기도 하다(눅 1:26-27; 2:39). 당시 나사렛은 매우 작은 마을이었으며, 인구는 500명 정도였다(ABD). 그러므로 사람의 눈을 피해 살기에 최적의 장소였다.

예수님이 나다나엘이 무시할 정도로 작고 초라한 마을 나사렛 출신인 것은 마태복음 1장에 기록된 예수님의 계보를 생각나게 한다. 일상적으로 이스라엘 사람들의 계보는 남자들만 언급하며 여자들을 포함하지 않는다. 굳이 포함한다면 이스라엘이 자랑스러워할 만한 선조들의 아내인 사라와 리브가와 라헬 등을 포함해야 했다. 하지만 이런 기대와 달리 마태복음 1장에 기록된 예수님의 계보에는 다말(3절), 라합(5절), 룻(5절), 밧세바(6절), 마리아(16절) 등 사회적으로 환영받지 못할 상황에 처한 다섯 여인의 이름이 올라가 있다.

다말은 시아버지와의 관계를 통해 쌍둥이 아들을 얻었다(창 38장). 라합은 여리고성에서 몸을 팔던 창녀였다. 룻은 인간 번제를 즐기는 신몰렉(그모스)을 숭배한다고 해서 이스라엘 사람들이 혐오하던 모압 사람이었다(룻 1장). 율법은 이스라엘에 정착해 사는 모압 사람들은 열 세대가 지나야 회중에 들어올 수 있다고 한다(신 23:3).

마태는 네 번째인 솔로몬의 어머니 이름을 직접적으로 언급하지는 않지만, 솔로몬을 낳은 여인은 헷 사람 우리아의 아내였던 밧세바다. 밧세바는 전쟁터에 있는 남편 몰래 다윗왕과 간음한 여인이다(삼하 11장). 밧세바는 이스라엘 여인이었지만(대상 3:5), 이방인인 헷 사람 우리아와 결혼했기 때문에 훗날 랍비 문헌들은 그녀를 이방인으로 취급했다(Boring, Maier, Schweizer). 랍비들도 그녀를 별로 좋아하지 않았던 것이다. 마태도 이러한 정서를 반영해 말한다. "다윗은 우리야의 아내에게서 솔로몬을 낳고"(마 1:6).

예수님의 어머니 마리아는 혼전 임신을 했다. 물론 우리는 성령이 하신 일이라는 사실을 잘 알지만, 이러한 사실을 모르는 사람들에게 마리아는 손가락질의 대상이 되었을 것이다. 하나님이 인류의 구원을 이루어 나가시는 방법은 사람들의 모든 기대를 깬 매우 독특한 방식이다(Carson).

메시아가 나다나엘이 전혀 상상할 수 없었던 나사렛 출신이라는 점도 마태의 계보와 맥을 같이한다. 사람들은 메시아가 나사렛이라는 들어 보지도 못한 미천한 마을에서 오실 것이라고는 전혀 생각하지 못했다. 이 같은 사실은 예수님의 사역과 복음의 포괄성을 예고하는 듯하다. 예수님이 구원하실 수 없는 죄인은 세상에 없다. 그리스도의 복음에서 배제되어야 할 사람도 없다. 주님은 신분의 귀천에 상관없이 모든 사람을 구원하기 위해 이 땅에 오셨다. 이 같은 사실이 오늘날 한국 교회의 한 모퉁이에서 형성되고 있는 '기독교 귀족들'에 관해 무엇을 말하고 있는지 생각해 보아야 한다.

나다나엘이 냉소적인 반응을 보이자 빌립은 그에게 '와서 보라'고 한다(46b절). '와서 보라'(ἔρχου καὶ ἴδε)는 예수님이 첫 제자들에게 '와서 보라'(ἔρχεσθε καὶ ὄψεσθε)고 하신 것(1:39)과 비교할 때 단수와 복수의 차이가 있을 뿐 같은 권면이다. 사람들의 편견을 설득으로 교정하는 것은 쉽지 않다. 편견을 교정하는 가장 좋은 방법은 스스로 알아보고 진실을 경험하게 하는 것이다. 빌립은 나다나엘이 예수님을 직접 뵈면 나사렛처럼 보잘것없는 곳에서 메시아가 나셨다는 사실을 인정할 것이라고 확신한다.

나다나엘은 하나님을 경외하며 메시아가 오시기를 학수고대하는 신실한 이스라엘 사람이었다. 그러므로 나사렛 출신 메시아에 대해 생각을 굳히기 전에 빌립을 따라 나섰다. 사람이 지닌 편견을 치료하고 극복하기에 가장 좋은 방법은 솔직하게 찾아 나서고 질문하는 것이다(Bruce). 우리는 사람들로 하여금 예수님을 직접 만나 보게 하는 것이 가장 지혜로운 전도와 선교라는 것을 기억해야 한다(Mounce).

예수님은 나다나엘이 빌립과 함께 오는 것을 보시고 그를 가리켜 속에 간사함이 없는 참 이스라엘 사람이라고 하셨다(47절). '이스라엘 사람'(Ἰσραηλίτης)은 신약에서 9차례 사용된다. '참'(ἀληθῶς)이 이스라엘 사람을 수식할 때는 이스라엘의 하나님 여호와를 경외하는 사람이라는 의미를 지닌다(BAGD). 예수님은 나다나엘 속에 간사한 것이 없다고 하시는데, '간사함'(δόλος)은 칠십인역(LXX)이 야곱이 에서에게서 장자권을 빼앗기 위해 아버지를 속인 일을 묘사하는 단어다(창 27:35). 그러므로 '참'과 '간사함이 없다'는 평행을 이루며, 예수님이 나다나엘의 신실한 신앙과 경건한 삶을 인정하셨다는 뜻이다. 나다나엘은 마음속에 '야곱이 없는 진실한 이스라엘 사람'(all Israel and no Jacob)이다(Bruce).

나다나엘이 깜짝 놀라며 예수님께 어떻게 아셨냐고 물었다(48a절). 예수님은 빌립이 그를 부르기 전 그가 무화과나무 아래에 있을 때부터 보았다고 하셨다(48b절). 예수님은 나다나엘에 대해 모든 것을 아신다. 하나님으로서 특별하고 신비로운 능력을 지니셨기 때문이다. 학자들은 나다나엘이 무화과나무 아래에 있었다는 것에 중요성을 부여하기도 한다(cf. Brown). 당시 랍비들이 무화과나무 그늘 아래서 말씀을 연구하고 제자들을 가르쳤기 때문이다. 또한 미가 4:4과 스가랴 3:10은 사람이 무화과나무 아래에서 쉬는 것을 메시아 시대에 임할 평화와 연관시킨다. 우리는 나다나엘이 무화과나무 아래에서 무엇을 하고 있었는지 알 수 없지만, 그와 예수님만 아는 어떤 심오한 종교적인 체험이 있었을 것이다(Mounce). 그러므로 나다나엘은 예수님의 말씀에 큰 놀라움을 표한다.

예수님이 자기에 대해 모든 것을 아신다는 것을 깨달은 나다나엘은 매우 흥분한 반응을 보인다. 그는 예수님의 초자연적인 지식을 보고 메시아로 고백했다(Temple). 이는 빌립에게 예수님에 관해 들었을 때 보였던 냉소적인 태도와 강력한 대조를 이룬다(Schnackenburg). 세상에서 가장 큰 비관론자라 해도 예수님을 만나면 이렇게 변한다.

나다나엘은 예수님을 '랍비', '하나님의 아들', '이스라엘의 임금' 등 세 가지 호칭으로 부른다(49절). '랍비'(ῥαββί)는 문자적으로 '나의 주'라는 의미를 지닌 히브리어─아람어 호칭이며 제자들이 스승을 부를 때 주로 쓰는 말이다. 학생들이 자신을 낮추고 스승을 높일 때 사용한다(cf. 1:38). 나다나엘은 예수님을 선생님이라고 부르며 자신을 낮추고 있다.

'하나님의 아들'(ὁ υἱὸς τοῦ θεου)은 메시아를 부르는 말이다(cf. 삼하 7:14; 시 2:7). '이스라엘의 임금이시다'(βασιλεὺς εἶ τοῦ Ἰσραήλ)도 메시아의 호칭이며 이곳과 12:13에서 사용된다. '유대인의 왕'과 비슷한 말이며(cf. 18─19장), 구약에서는 이스라엘의 왕들을 제외하고는 오직 여호와만 이 호칭으로 불리신다(습 3:15; 시 2:6; 사 44:6). 나다나엘은 예수님이 메시아라는 사실을 확실히 알게 되었다(Carson). 그는 이때까지 열린 마음으로 주님이 오시기를 기다렸기 때문이다.

예수님은 나다나엘의 고백을 들으시고 그가 기적(그가 무화과나무 아래에 있는 것을 보신 일)을 경험하고 믿는 것이 좋기는 하지만(50절), 어떠한 징조도 보지 않고 믿는 것이 더 좋다고 하신다(Barrett, cf. 4:48; 14:11). 앞으로 나다나엘은 자기에게 일어난 작은 기적보다 훨씬 더 큰 일을 보게 될 것이기 때문이다. 어찌되었든 나다나엘은 요한복음에서 믿음을 인정받은 첫 제자가 되었다.

제자들이 보게 될 더 큰 일은 무엇인가? 예수님은 하늘이 열리고 하나님의 사자들이 인자 위에 오르락 내리락 하는 것을 볼 것이라고 하신다(51절). 주님은 이 말씀을 '진실로 진실로'(ἀμὴν ἀμὴν)로 시작하시는데, '진실로'(ἀμὴν)는 같은 소리를 지닌 히브리어 단어(אמן)에서 비롯된 것으로 어떤 가르침이나 진실을 확인할 때 사용한다. 예수님이 중요한 진리를 강조할 때 사용하시는 용어이며, 공관복음에서는 이 단어를 한 번씩만 사용하신다(마 5:18; 막 9:41; 눅 4:24). 반면에 요한복음은 이 단어를 본문처럼 두 차례 반복해 기록하며 25차례나 사용한다. 항상 예수님만 이 용어를 사용하신다.

이때까지 예수님은 나다나엘과 대화하셨는데, 본문에서는 '너희'(ὑμῖν)라고 하시며 복수형을 사용하는 것으로 보아 이 말씀은 모든 제자(우리)에게 주시는 것이다. 말씀의 배경이 되는 것은 야곱의 비전이다(창 28:10-17). 야곱은 형의 진노를 피해 하란으로 도주하는 길에 벧엘('하나님의 집')에서 하룻밤을 보냈다. 그는 하늘과 땅이 사다리로 연결되고 천사들이 오르락내리락 하는 꿈을 꾸었다. 예수님은 이 꿈을 상기시키면서 자신이 바로 하늘과 땅을 연결하는 이임을 선언하신다(cf. 딤전 2:5). 하늘의 축복이 이 땅에 임하도록 예수님이 야곱의 사다리를 대체하신 것이다. 이로써 예수님은 인류에게 임하는 하나님의 모든 축복의 통로가 되셨다(Beasley-Murray).

요한복음은 '하늘'(οὐρανός)을 자주 사용하지 않는다. 그러나 물과 영으로 거듭나야 들어갈 수 있는 곳을 의미할 때나(3장) 예수님을 하늘에서 내려오신 생명의 떡이라 할 때 이 단어를 사용한다(6장). 하늘에서 오신 예수님은 사람이 하늘로 갈 수 있는 유일한 길이다(14:6). 본문은 예수님이 하늘과 끊임없이 소통하는 구세주이시기 때문에 이런 일이 가능하다고 한다. 야곱이 하늘과 땅을 연결하는 사다리를 본 것처럼 제자들은 하나님이 육신이 되신 것을 보게 될 것이다(Ridderbos).

예수님은 자신을 '인자'(τὸν υἱὸν τοῦ ἀνθρώπου)라고 부르신다. 공관복음에서는 69차례 요한복음에서는 13차례 사용되는 표현이다. 예수님이 자신의 신성과 인성을 동시에 드러내는 표현으로 자주 쓰신다. 이 호칭의 구약적 배경은 이러하다. '인자'(בֶּן־אָדָם)는 에스겔서에 90차례 이상 사용되며 선지자 에스겔의 연약함을 강조한다(겔 2:1, 3, 6, 8; 3:1, 3, 4, 10, 17, 25 등; cf. 단 8:17). 영원하시고 전능하신 하나님 앞에 서 있는 한없이 나약한 인간이다. 인자로 오신 예수님은 신분이 낮은 겸손한 사람으로 오셨으며(막 10:45), 고난을 받아 죽으실 것이다(마 16:23; 20:18; 막 8:31; 눅 9:22). 예수님이 자신을 칭할 때 이 호칭을 가장 선호하시는 것은 아마도 고난을 받고 죽기 위해 오신 메시아이기 때문일 것이다.

이와는 대조적으로 다니엘서에서 이 타이틀은 영광스러운 통치자인 메시아를 뜻한다. 인자는 '옛적부터 항상 계신 이'(하나님)에게 온 세상을 다스리는 권세를 받으셨다(단 7:13-14). 인자는 영광스러운 모습으로 재림하실 것이다(마 10:23; 24:30; 막 8:38; 눅 9:26). 본문에서 예수님은 자기 안에서 하늘과 땅이 만난다며 자신을 가리켜 인자라고 하신다. 그러므로 인자는 예수님의 신성과 인성을 부각시키는 가장 적절한 표현이다. 잠시 있다가 없어질 것과 영원한 것이 만나는 곳이 '인자'다(O'Day).

이 말씀은 전도와 선교가 무엇인지를 생각하게 한다. 전도와 선교는 하나님을 위해 사람들을 회심시키는 것이 아니다. 전도와 선교는 와서 보라며 사람들을 예수님께 데려오는 것이다. 그들이 예수님을 만날 수 있도록 다리가 되어 주고, 통로가 되어 주는 일이다. 실제로 전도와 선교는 그들이 만나는 하나님이 하신다. 우리는 그저 기도하는 마음으로 그들에게 직접 와서 예수님을 만나 보라며 주님께 나아가는 길의 길잡이가 되면 된다.

하나님은 전도에 무르익은 사람들을 준비하신다. 나다나엘은 빌립의 말을 믿지 않았다. 그러나 하나님이 나다나엘 안에 선한 마음, 곧 진리를 찾으려는 열망을 주셨기 때문에 그는 주저하지 않고 예수님을 만나러 가자는 빌립의 초청에 응했다. 우리도 전도하고 선교하면서 종종 이런 사람을 만나게 된다. 그러므로 우리는 추수의 주인이신 하나님께 이런 사람들을 보내 달라고 기도하며 열린 마음으로 주변을 살펴보아야 한다.

예수님 안에서 하늘과 땅이 하나가 되었다. 그러므로 더는 다른 것 (종교나 메시아)을 찾아 나설 필요가 없다. 예수님은 우리를 구원하시는 하나님의 성육신이기 때문이다. 감사하며 주님만 사랑하고 섬겨야 한다.

Ⅲ. 공개 사역 시작
(2:1-4:54)

요한에게 세례를 받으시고 제자들을 세우신 예수님이 드디어 사역을 시작하신다. 예수님은 앞으로 3년간 사역하실 텐데, 이 섹션은 그 첫 단계를 회고한다. 예수님의 첫 단계 사역의 주제는 "이전 것은 지나갔으니 보라 새 것이 되었도다"라 할 수 있다(Carson, cf. 고후 5:17). 본 텍스트는 예수님이 행하신 첫 번째 기적으로 시작해 두 번째 기적으로 마무리된다. 예수님은 가나에서 사역을 시작하시고 여러 곳을 거쳐 가나로 다시 돌아오신다. 본문은 다음과 같이 구분된다.

A. 첫 번째 표적: 가나의 혼인 잔치(2:1-12)
B. 성전을 정결하게 하심(2:13-25)
C. 니고데모와 거듭남(3:1-21)
D. 세례 요한(3:22-36)
E. 사마리아 여인(4:1-42)
F. 두 번째 표적: 고관의 아들(4:43-54)

Ⅲ. 공개 사역 시작(2:1-4:54)

A. 첫 번째 표적: 가나의 혼인 잔치(2:1-12)

예수님이 맨 처음 행하신 기적은 술이 떨어져 위기를 맞은 혼인 잔치에서 물을 술로 바꿔 모두에게 기쁨을 주신 일이다. 대중 앞에서 하신 일인 만큼 공개적인 사역이라 할 수 있지만, 기적을 지켜본 사람은 종들과 제자들뿐이기 때문에 준공개적인(semi-public) 사역이라 할 수 있다(Carson). 이 일로 인해 예수님의 제자들은 주님이 메시아이심을 더욱 더 확신하게 된다. 이 이야기는 다음과 같이 구분된다.

  A. 문제: 포도주가 떨어짐(2:1-3)
  B. 해결: 정결 예식 물이 포도주로 변함(2:4-8)
  C. 결과: 기쁨과 믿음(2:9-12)

Ⅲ. 공개 사역 시작(2:1-4:54)
  A. 첫 번째 표적: 가나의 혼인 잔치(2:1-12)

1. 문제: 포도주가 떨어짐(2:1-3)

¹ 사흘째 되던 날 갈릴리 가나에 혼례가 있어 예수의 어머니도 거기 계시고 ² 예수와 그 제자들도 혼례에 청함을 받았더니 ³ 포도주가 떨어진지라 예수의 어머니가 예수에게 이르되 저들에게 포도주가 없다 하니

사흘째 되던 날에 갈릴리 가나에서 열리는 혼례에 예수님과 어머니와 제자들이 함께 초청받았다(1-2절). '사흘째'는 1:19에서 시작된 일주일 패턴의 6일째 되는 날이다(Klink, cf. Michaels). 그러나 7일째라고 하는 이도 있고(Burge, Carson), 한 주가 지나고 새로운 주를 시작하는 8일째라고 하는 이도 있다(Mounce). 의미상으로는 본문의 기적이 예수님의

사역 시작을 알리는 것이기 때문에 새로운 주(사역)의 시작을 알리는 8일째가 가장 큰 설득력을 지닌다.

어떤 이는 본문의 '사흘째'를 훗날 예수님이 죽으시고 사흘째 되는 날 부활하신 일과 연결한다(Borchert). 그러나 요한복음은 예수님의 부활과 연관해 '사흘째'를 강조하지 않는다(Carson). 그러므로 부활과 이 이야기가 새로운 시대의 시작을 알리는 공통점을 지닌 것은 사실이지만, 숫자와는 별 상관이 없는 듯하다.

가나의 혼인 잔치를 무언가와 연관 지어야 한다면 종말에 있을 메시아의 잔치를 상징하는 것으로 보는 것이 더 나을 것이다. 한때 일부 유대인은 일주일 중 사흘째 되는 날(화요일)을 결혼하는 날로 선호했다. 창세기에 기록된 하나님의 천지창조 기사 중 사흘째 되는 날에 '하나님이 보시기에 좋았더라'는 말이 두 번 나오기 때문에(창 1:9-12) 이날 결혼하면 하나님의 복을 두 배로 받는다고 생각한 것이다.

유대인들에게 혼례는 매우 중요한 일로 혼례 시 신부의 집에서 일주일 동안 잔치를 열었다(cf. 삿 14:12). 혼인 잔치는 기쁨과 즐거움의 상징이었으며, 사전에 충분한 시간을 두고 공고함으로써 문제가 없게 했다. 그러나 종종 혼인 스케줄이 종교적 절기와 겹칠 때가 있었는데, 이럴 때는 랍비들이 결혼하는 당사자들과 가족들이 절기에서 빠지는 것을 허락했다(Keener).

가나안 지역에는 가나(Κανὰ)로 불리는 곳이 여럿 있었다(TDNT). 본문의 가나는 나사렛에서 북쪽으로 약 15km 떨어진 키르베트 카나(Khirbet Kana)(Carson), 혹은 나사렛에서 6km 떨어진 크파르 칸나(Kfar Kanna)였을 것이다(Mounce, cf. ABD). 1장에서 예수님의 제자가 된 나다나엘이 이곳 출신이었다(21:2).

예수님은 이때 제자를 다섯 두셨다(cf. 1:35-51). 요한은 나머지 일곱 명이 어떻게 예수님의 제자가 되었는지에 관해서는 어떠한 정보도 제공하지 않다가 6:67에서 돌연 예수님이 열두 명의 제자를 두셨다고 한다. 우리는 공관복음을 통해 예수님의 어머니 이름이 마리아라는 것을 알지만, 요한은 한 번도 그녀의 이름을 언급하지 않는다(cf. 2:5, 12; 19:25-27).

예수님과 어머니와 제자들이 함께 초청받은 것으로 보아 신랑이 가까운 친척이었을 것이다. 당시 결혼식 비용은 신랑 측이 부담했기 때문이다(Mounce, cf. 2:9-10). 예수님의 어머니가 잔치 술이 동난 것에 큰 부담을 느끼는 것도 신랑이 친척이었을 가능성을 높여 준다. 혼인 잔치에서 술이 동나면 경우에 따라서 신부 측 사람들이 신랑을 고소할 수도 있었기 때문이다(Carson).

혼인 잔치 중 포도주가 동났다(3절). 종종 '포도주'(οἶνος)를 포도주스라고 하는 이들이 있지만, 근거 없는 주장이다. 포도주는 포도즙을 발효해 만든 술에 3-10배의 물을 섞어 만들었다(cf. ABD). 그러므로 연회장은 일부 사람이 이 음료를 많이 마시고 취하는 상황에 대해 언급한다(2:10). 반면에 포도주스는 아무리 마셔도 취하지 않는다.

포도주는 고대 근동 사람들의 일상 중 일부였으며(cf. 창 14:18; 신 14:26; 마 11:19), 잔치에서도 매우 중요한 자리를 차지했다. 결혼은 두 사람이 아니라 두 집안의 연합이었다. 그러므로 잔치에서 포도주가 동나는 것은 잔치를 주관한 두 집안에 큰 수치를 안겨 주는 일이었다. 술이 동난 혼인 잔치는 상황이 참으로 심각하다.

어머니가 예수님을 찾아와 잔치에 포도주가 없다고 알려 주었다(3절). 강요하는 것은 아니지만, 혹시 예수님이 개입해 문제를 해결하지 않으실까 해서 사실을 알린 것이다(McHugh). 그녀는 예수님이 어떤 일을 하실지는 모르지만, 옳은 일을 하실 것을 안다(Bruce). 마리아가 예수님이 기적을 행하거나 혹은 다른 방식으로라도 이 문제를 해결할 것임을 알고 말하는 것을 보면 아마도 예수님의 매우 특별한 탄생과 어린 시절에 보이셨던 총명함(cf. 마 1장; 눅 1-2장)이 어머니의 기대치를 한껏 올렸을 것이다.

이 말씀은 필요와 문제는 예수님을 찾게 하는 기회가 될 수 있다고 한다. 마리아는 혼인 잔치에 문제가 생기자 기대하는 마음으로 예수님께 상황을 알렸다. 우리도 위기를 맞거나 어려움을 당할 때 홀로 해결하려 하지 말고 예수님께 알려야 한다. 주님은 반드시 우리를 도우실 것이다. 그러므로 위기는 하나님께 더 가까이 나아갈 기회가 될 수 있다.

> III. 공개 사역 시작(2:1-4:54)
>   A. 첫 번째 표적: 가나의 혼인 잔치(2:1-12)

2. 해결: 정결 예식 물이 포도주로 변함(2:4-8)

⁴ 예수께서 이르시되 여자여 나와 무슨 상관이 있나이까 내 때가 아직 이르지 아니하였나이다 ⁵ 그의 어머니가 하인들에게 이르되 너희에게 무슨 말씀을 하시든지 그대로 하라 하니라 ⁶ 거기에 유대인의 정결 예식을 따라 두세 통 드는 돌항아리 여섯이 놓였는지라 ⁷ 예수께서 그들에게 이르시되 항아리에 물을 채우라 하신즉 아귀까지 채우니 ⁸ 이제는 떠서 연회장에게 갖다 주라 하시매 갖다 주었더니

잔치에 포도주가 떨어졌다는 말을 들은 예수님이 어머니에게 대답하신다. 그러나 '여자여'(γύναι)라는 말로 시작하는 예수님의 대답은 참으로 혼란스럽고 우리를 당혹스럽게 한다. 누구라도 자기 어머니를 이렇게 부르는 것은 무례하게 들릴 수 있기 때문이다(BDAG, cf. 눅 13:2; 22:57). 그러나 이 단어는 가끔 존칭으로 사용되기도 하다. 오늘날 영어로 말하면 '마담'(madam, ma'am) 정도이며, 우리말로는 '부인'에 가깝다(BDAG, cf. 4:21; 8:10; 19:26). 예수님이 어머니를 이렇게 부르시는 의도를 파악하기가 참으로 어려운 이유는 당시의 헬라 문헌 그 어디에도 아들이 어머니를 이렇게 부르는 경우가 없어 대조하기 불가능하기 때

문이다. 그러나 예수님이 십자가에서 죽으시면서도 어머니를 '여자여'라고 부르시는 것을 보면(19:26) 결코 무례한 표현이 아니며 공손하면서도 어느 정도의 거리감을 유지하는 호칭으로 보인다(cf. 4:21). 그러므로 '어머니'로 번역하는 것도 좋은 대안이다(cf. 아가페).

예수님은 어머니에게 잔치에 술이 떨어진 것이 자기와 무슨 상관이 있냐고 반문하신다(4a절). 잔치에서 일어난 일과 그분 사이에 거리를 두시는 듯한 느낌을 주는 표현이다(Tasker, cf. 수 22:24; 삼하 16:10; 왕상 17:18; 왕하 3:13). 신약에서는 항상 귀신들이 예수님께 이렇게 항변한다(마 8:29; 막 1:24; 5:7; 눅 4:34; 8:28). 될 수 있으면 기적을 행하지 않고자 거리를 두시려는 표현이다(Brown). 그러나 곧바로 기적을 행하시는 것을 보면 완전히 거부하시는 것은 아니다.

그렇다면 예수님은 왜 기적 행하기를 주저하시는가? 아직 주님의 때가 이르지 않았기 때문이다(4b절). '때'(ὥρα)는 적절한 시간을 뜻한다(cf. 7:6, 10). 이때는 언제를 말하는가? 자신이 메시아라는 사실을 기적을 통해 온 세상에 드러내실 때를 의미하는 것으로 해석할 수도 있지만, 십자가 죽음을 통해 온 세상을 구원하시는 때를 두고 하시는 말씀이다.

어머니는 예수님이 말씀은 이렇게 해도 문제를 곧 해결하실 것을 믿었다. 그러므로 하인들에게 예수님이 어떤 명령을 내리시든 그대로 하라고 당부했다(5절). 마리아는 기대하며 견디고 기다리는 믿음의 좋은 사례라 할 수 있다(Carson). 마침 예수님 곁에 두세 통 드는 돌 항아리 여섯 개가 있었다(6절). 율법은 물을 담은 질그릇이 부정하게 되면 깨버리라고 한다(레 11:33). 그러나 이와는 대조적으로 랍비들은 돌 항아리는 부정하게 될 수 없다고 가르쳤기 때문에(Brown) 돌 항아리도 널리 사용되었다.

이 항아리는 정결 예식에 사용하는 물을 저장하는 데 사용되었다. 바리새인들의 구전이라 할 수 있는 '장로들의 전통'은 음식을 먹기 전에 반드시 깨끗한 물로 손을 씻어 정결 예식을 치러야 한다고 했다

(Bauckham, cf. 막 7:3-4). 이에 종들은 손님들의 손에 물을 부어 씻게 했다. 혼인 잔치에는 하객이 많으므로 많은 물이 필요했을 것이다. 한 '통'(μετρητής)은 40ℓ가량이다(BDAG). 한 항아리당 두세 통이 들어가므로 물 80-120ℓ를 담을 수 있다. 총 여섯 항아리가 있었으니 500-750ℓ에 달하는 많은 물이다(Carson).

예수님은 종들에게 돌 항아리 여섯 개를 모두 물로 채우라고 하셨다(7절). 어떤 이들은 숫자 7이 완전함을 의미한다는 점을 근거로 6이 불완전성(incompleteness)을 상징한다고 하지만, 그다지 설득력 있는 주장은 아니다. 만일 본문에서 여섯 개의 항아리가 불완전성을 의미했다면, 예수님이 일곱 개의 항아리로 바꾸셨을 것이기 때문이다. 본문의 초점은 항아리 개수가 아니라, 물이 술로 변했다는 것에 있다.

종들은 항아리 아귀까지 물을 채웠다. 예수님은 종들에게 채운 물을 떠서 연회장에게 갖다주라고 하셨다(8절). '연회장'(ἀρχιτρίκλινος)은 오늘날로 하면 잔치를 주관하는 '책임자'(master of ceremony)라 할 수 있다. 주인과 친한 사람 중 하나가 잔치의 모든 것이 순조롭게 진행되도록 감독했다. 포도주를 원활하게 공급하는 일도 연회장의 책임이니 그에게 가져가라고 하신 것이다.

'뜨다'(ἀντλέω)는 우물에서 물을 긷는 것을 의미한다(BDAG). 그러므로 어떤 이들은 항아리에 들어 있는 물이 모두 포도주로 변한 것이 아니라, 물을 우물에서 떠내듯이 항아리에서 뜰 때마다 술로 변했다고 한다(Haenchen, Westcott). 본문이 더 이상의 정보를 제공하고 있지 않기 때문에 항아리 안에 있는 물이 모두 포도주가 되었는지, 혹은 종들이 물을 뜰 때마다 술로 변한 것인지는 확실히 알 수 없다. 하지만 아마도 항아리 안에 있는 물이 같은 순간에 모두 포도주로 변했을 것이다. 이 이야기의 강조점은 원래 정결 예식에 사용하던 항아리에 물이 아귀까지 찼다는 것이다. 물이 상징하는 옛 시대는 차고, 술이 상징하는 새로운 시대, 곧 메시아의 시대가 시작되었다(Carson).

어떤 이들은 정결 예식에 사용하던 물을 포도주로 변화시키신 것을 두고 예수님이 정결 예식을 참으로 중요시했던 유대교를 버렸다고 한다(cf. Beasley-Murray). 그러나 설득력이 없는 해석이다. 예수님은 한 번도 유대교나 율법을 버리신 적이 없다. 오히려 옛적에 모세를 통해 주신 율법 위에 하나님 나라의 새로운 율법을 세우셨다. 물을 포도주로 변화시키신 것처럼 유대교도 놀라운 변화를 경험하게 될 것이다. 한 가지 확실한 것은 율법에 따라 사람을 정결하게 하는 물이 기쁨을 주는 축하주로 변화되었다는 사실이다.

이 말씀은 기적을 바란다면 기적을 행하시는 예수님께 간구하라고 한다. 우리가 항아리를 물로 채운다고 해서 포도주가 되지는 않는다. 우리 주변의 어떤 이들은 특정 기도원이나 약수터 물에 사람을 치료하는 능력이 있다고 착각한다. 그렇지 않다. 치유와 기적은 예수님이 행하실 때 일어난다. 그러므로 기적을 바란다면 예수님께 간구하고 주님의 말씀에 순종해야 한다. 종들이 예수님의 말씀에 순종해 기적을 경험한 것처럼 순종은 우리가 기적을 체험할 수 있는 유일한 길이다.

예수님이 오심으로 시작된 메시아 시대는 옛 시대와 비교할 수 없는 완전히 새로운 시대다. 마치 물과 술이 다른 것처럼 두 시대는 다르다!

> III. 공개 사역 시작(2:1-4:54)
>   A. 첫 번째 표적: 가나의 혼인 잔치(2:1-12)

3. 결과: 기쁨과 믿음(2:9-12)

⁹ 연회장은 물로 된 포도주를 맛보고도 어디서 났는지 알지 못하되 물 떠온 하인들은 알더라 연회장이 신랑을 불러 ¹⁰ 말하되 사람마다 먼저 좋은 포도주를 내고 취한 후에 낮은 것을 내거늘 그대는 지금까지 좋은 포도주를 두었도다 하니라 ¹¹ 예수께서 이 첫 표적을 갈릴리 가나에서 행하여 그의 영광을 나타내시매 제자들이 그를 믿으니라 ¹² 그 후에 예수께서 그 어머니와 형

제들과 제자들과 함께 가버나움으로 내려가셨으나 거기에 여러 날 계시지는 아니하시니라

잔치를 진행하던 연회장이 포도주를 맛보니 참으로 좋은 포도주여서 감동했다. 어떤 이들은 연회장이 감동한 것을 두고 종들이 포도주 대신 물을 가져다주자 그가 유머로 반응하는 것이라고 하지만, 설득력 없는 주장이다(cf. Carson). 연회장에게 건넸을 때 물은 이미 포도주로 변해 있었다(9절). 종들은 알지만 연회장은 이 좋은 포도주가 어디서 났는지 알지 못한다(9절). 높은 위치에 있어 알아야 할 사람은 모르고, 낮은 지위에 있어 몰라도 될 사람들은 아는 것이 다소 아이러니하다. 하나님의 나라는 종종 이렇다. 반드시 알아야 하고 알 만한 사람들은 모르고, 오히려 기대하지 않은 사람들이 알아본다.

좋은 포도주가 나왔으니 하객들도 매우 기뻐했을 것이다. 연회장은 신랑을 불렀다. 잔치에서 좋은 포도주를 먼저 내놓고 하객들이 취해서 맛을 잘 모르게 되면 질이 떨어지는 포도주를 내놓는 것이 일반적인데, 이 잔치는 처음 내놓은 포도주보다 나중에 내놓은 포도주가 더 좋다며 신랑을 칭찬했다(10절, cf. 새번역, NAS, NIV, NRS). 순서가 뒤집혔다는 것이다. 그러므로 이 혼인 잔치는 종말에 있을 메시아 잔치를 기대하게 한다(cf. 암 9:13; 욜 3:18). 요한은 이 일을 통해 구약이 예언한 하나님의 구원 사역이 예수님을 통해 이미 시작되었음을 알리고자 한다(O'Day).

이 일은 앞으로 예수님을 통해 임할 하나님의 나라가 어떤 것인지 조금 맛보게 한다(Ridderbos). 하나님 나라는 세상의 가치나 관례와 다르다. 심지어 처음 된 것이 나중 되고, 나중 된 것이 처음이 되기도 한다(cf. 막 10:31). 또한 물을 술로 바꾸는 기적은 예수님이 행하셨는데, 칭찬은 신랑이 받는다. 우리도 우리 안에서 착한 일을 행하신 하나님 덕분에 오히려 우리가 칭찬받는 일을 경험하고는 한다(cf. 빌 1:6). 잔치가

진행됨에 따라 더 좋은 술이 나오는 것은 우리와 하나님의 관계도 시간이 지날수록 더 좋아지고 깊어지는 것을 뜻한다(Temple).

갈릴리 가나에서 시작된 이 이야기는 갈릴리 가나에서 마무리되면서 일종의 괄호를 형성한다(2:1, 11). 요한은 예수님이 물로 술을 만드신 일이 첫 번째 표적(σημεῖον, 기적)이라고 한다(11절). 요한은 예수님이 행하신 일곱 가지 기적을 이 복음서에 기록했다. (1)가나의 혼인 잔치(2:1-11), (2)왕의 신하의 병든 아들(4:46-54), (3)중풍병자(5:1-18), (4)오병이어로 5,000명을 먹이심(6:1-14), (5)물 위를 걸으심(6:16-21), (6)나면서부터 눈 먼 사람(9:1-41), (7)나사로를 살리심(11:1-44). 이 내용은 모두 다 책의 전반부(1-12장)에 있다. 그러므로 학자들은 요한복음 전반부를 '징조[기적]의 책'이라고 한다.

그러나 '첫 번째'(ἀρχὴν)의 더 정확한 번역은 '시작'이다(McHugh, O'Day, cf. NAS). 예수님이 세우고자 하시는 하나님 나라가 이 표적을 통해 시작되었다. 하나님 나라는 영원으로 이어질 것이다. 공관복음에서는 예수님이 행하신 기적을 주로 '권능'(δύναμις)이라 표현하며 기적을 경험하거나 목격한 사람들의 놀람을 강조한다(cf. 막 6:2). 이와는 대조적으로 요한은 기적을 계속 '표적'(σημεῖον)이라고 표현한다. 표적은 기적의 계시적 성향을 부각시키는 용어다(O'Day). 그동안 숨겨져 있었던 일이 드러났다는 것이다. 프롤로그는 하나님이 예수님의 성육신을 통해 세상에 오셨다고 하는데(1:14), 이 일을 통해 하나님의 임재가 온 세상에 드러났다. 그러므로 요한은 이 기적을 통해 하나님이 '영광을 나타내셨다'고 한다(11a절; cf. 1:14, 51).

하나님이 자기 영광을 나타내시는 목적은 분명하다. 믿게 하기 위해서다. 그러므로 제자들은 이 기적을 통해 드러난 하나님의 영광을 보고 예수님을 믿었다(11b절). 제자들은 표적을 믿은 것이 아니라, 그 표적을 행하신 하나님을 믿은 것이다. 요한은 자기 독자들이 예수님을 믿을 것을 바라며 이 복음서를 저작했다. "예수께서 제자들 앞에서 이 책에 기록되지 아니한 다른 표적도 많이 행하셨으나 오직 이것을 기록함은 너희로 예수께서 하나님의 아들 그리스도이심을 믿게 하려 함이요 또 너희로 믿고 그 이름을 힘입어 생명을 얻게 하려 함이니라"(20:30-31).

잔치가 끝나자 예수님은 어머니와 형제들 그리고 제자들과 함께 가버나움으로 내려가 잠시 그곳에 머무르셨다(12절). 예수님의 '형제들'(ἀδελφοί)은 분명 누이들도 포함했을 것이다. 온 가족이 잔치에 초청받았을 것이기 때문이다. 일부 가톨릭 신학자는 예수님의 형제와 자매들이 실제로는 예수님의 사촌이거나 혹은 아버지 요셉이 어머니 마리아와 결혼하기 전에 다른 아내(들)를 통해 얻은 자식들이라고 한다(cf. Brown). 성모 마리아가 예수님을 출산한 후에도 계속 동정녀로 살았다는 주장을 지지하기 위해서다. 그러나 그렇게 단정할 근거는 전혀 없다. 따라서 본문 속 형제들을 가리키는 가장 자연스러운 의미는 예수님이 탄생하신 후에 태어난 동생들이다.

'가버나움'(Καφαρναούμ)은 히브리어에서 유래한 이름이며 문자적으로 풀이하면 '나훔의 마을'이다. 가나에서 북동쪽으로 32km가량 떨어져 있었다. 가나는 산악 지대에, 가버나움은 갈릴리 호수 주변에 있었으므로 높은 곳에서 낮은 곳으로 '내려가신'(κατέβη) 것이다. 가버나움은 갈릴리 호수 북서쪽에 있으며 이스라엘의 최북단이었다. 가버나움은 동서가 교류하는 요충지였을 뿐 아니라 이방인이 많이 살았기 때문에 지역의 전도와 선교의 요충지였다고 할 수 있다(cf. ABD). 주전 8세기부터 '요단강 저편 해변 길'(ὁδὸν θαλάσσης, πέραν τοῦ Ἰορδάνου)은 시리아의 다마스쿠스에서 시작해 요단강 줄기를 따라 남서쪽으로 나 있는 대로였다. 이 길은 가버나움을 거쳐 갈릴리 지방을 가로질러 지중해 연안에 있는 가이사랴(Caesarea on the Mediterranean)까지 이어졌다(Beare, France, Hagner).

가버나움은 옛적 스불론 지파와 납달리 지파와 연관이 있는 곳이기도 하다. 여호수아 시대에 스불론 지파는 갈릴리 호수 서쪽 내륙의 상당히 협소한 지역에 정착했고, 납달리 지파는 스불론 지파 땅과 맞닿은 지역에서 시작해 갈릴리 호수 서쪽을 감싸는 훨씬 더 넓은 지역을 기업으로 받았다(수 19:10-16; 32-39). 이스라엘의 최북단 지역에 정착한 두 지파는 주전 8세기에 아시리아가 북 왕국 이스라엘을 정복하고 사람들을 아시리아로 잡아갈 때 제일 먼저 끌려갔다(왕하 15:29). 또한 바빌론으로 끌려간 유다 사람들이 이 길을 따라 예루살렘으로 돌아왔다(Davies & Allison).

두 지파 사람들이 포로로 끌려간 주전 8세기 이후 많은 이방인이 이 지역에 정착했다. 그러므로 예수님이 가버나움을 사역의 거점(베이스캠프)으로 삼으신 것은 주님이 유대인뿐 아니라 이방인도 구원하는 메시아이심을 암시한다(cf. 마 19:1). 예수님이 가버나움에서 오래 머물지 않으셨다는 것은 혼인 잔치와 다음 섹션이 언급하는 유월절이 가까웠기 때문일 것이다.

이 말씀은 하나님 나라는 우리에게 기쁨과 행복을 준다고 한다. 예수님의 사역을 알리는 기적은 잔치에 참석한 모든 사람을 기쁘고 행복하게 만들었다. 심지어 연회장도 감동했다. 우리는 이미 우리 안에 임한 하나님 나라를 마음껏 누리고 즐겨야 한다. 이 땅에 사는 동안에도 우리는 기뻐하며 살 수 있다. 또한 종말에 임할 메시아의 잔치가 더 성대하고 더 감동적일 것을 기대해도 좋다. 우리 삶은 예수님이 마련해 주신 기쁨과 즐거움을 이 순간과 미래에 계속 누리며 사는 것이기 때문이다.

B. 성전을 정결하게 하심(2:13-25)

예수님은 가나의 혼인 잔치에서 첫 번째 기적을 베푸신 후 가버나움으로 내려가셨다가 유월절을 기념하기 위해 예루살렘으로 올라가셨다. 요한복음 1-5장에는 공관복음과 평행을 이루는 이야기가 없는데, 예수님이 성전을 정결하게 하신 이 이야기가 유일한 예외다(마 21:12-13; 막 11:15-17; 눅 19:45-46). 그러나 이 사건이 등장하는 시점에 큰 차이가 있다. 공관복음에서는 예수님이 사역을 마무리하고 십자가에서 죽으시기 바로 전에 이 일이 있었다. 그러므로 성전 정결 사건은 유대교 지도자들이 예수님을 죽이고자 더 확고히 결정하는 계기가 되었다. 반면에 요한복음에서는 예수님이 죽은 나사로를 살리신 일이 유대교 지도자들이 예수님을 죽이려는 계획을 확고히 하는 계기가 된다(cf. 11:1-57; 12:9-11).

예수님이 성전을 정결하게 하신 일이 요한복음에서는 예수님의 사역이 시작되자마자 있었던 일로 기록되었다. 또한 공관복음에 기록된 사건과 비교하면 세부적인 차이점도 있다(소, 양, 채찍, 가져가라는 명령 등). 또한 이야기의 포커스도 다르다. 공관복음에서 예수님은 성전에서 장사하는 자들의 부도덕함을 문제 삼으신다(마 21:13; 막 11:17; 눅 19:46). 한편, 요한복음에서는 성전에서 장사하는 것 자체를 문제 삼으신다 (Mounce, O'Day, cf. 2:16).

일부 학자는 한 번 있었던 일을 복음서들이 서로 다른 시점에 도입하고 있다고 주장한다. 이런 입장을 취하는 사람들은 대부분 공관복음이 십자가 사건 전에 있었던 일로 기록하는 것이 역사적으로 더 정확하다고 한다(Bruce, O'Day). 그렇다면 요한은 왜 이곳에 성전 정결 사건을 기록한 것일까? 그들은 가나의 혼인 잔치가 상징하는 것처럼 예수님의 사역이 보통 사람들에게는 생명과 기쁨을 주지만, 종교 지도자들에게는 그들이 누리는 권력에 위협이 된다는 것을 성전 정결 사건을 통해 보여 주기 위해서라고 한다(O'Day).

다른 학자들은 예수님이 성전을 정결하게 하신 일이 두 번 있었다고 한다(Carson, Hendricksen, Morris). 요한복음은 예수님이 사역을 시작하면서 행하신 첫 번째 성전 정결을 기록하고 있으며, 이때 어떠한 준비도 없이 당한 유대교 지도자들이 공관복음이 기록하는 두 번째 사건에서는 준비하고 있다가 예수님을 죽이기로 결정한 것이라 한다. 두 이야기의 디테일과 강조점이 다른 것을 고려할 때 이 해석이 더 설득력을 지니는 듯하다. 본 텍스트는 다음과 같이 구분된다.

A. 하나님의 집과 장사하는 집(2:13-17)
B. 예수님의 권세와 성전(2:18-22)
C. 예수님은 사람을 아심(2:23-25)

Ⅲ. 공개 사역 시작(2:1-4:54)
 B. 성전을 정결하게 하심(2:13-25)

1. 하나님의 집과 장사하는 집(2:13-17)

[13] 유대인의 유월절이 가까운지라 예수께서 예루살렘으로 올라가셨더니 [14] 성전 안에서 소와 양과 비둘기 파는 사람들과 돈 바꾸는 사람들이 앉아 있는 것을 보시고 [15] 노끈으로 채찍을 만드사 양이나 소를 다 성전에서 내쫓으시고 돈 바꾸는 사람들의 돈을 쏟으시며 상을 엎으시고 [16] 비둘기 파는 사람들에게 이르시되 이것을 여기서 가져가라 내 아버지의 집으로 장사하는 집을 만들지 말라 하시니 [17] 제자들이 성경 말씀에

주의 전을 사모하는 열심이 나를 삼키리라

한 것을 기억하더라

　요한은 유월절을 '유대인들의 유월절'(τὸ πάσχα τῶν Ἰουδαίων)이라며 (13a절), 요한복음을 읽는 이방인 성도들에게 지금부터 전개되는 이야 기는 이 유대 종교 절기에 있었던 일이라고 한다. 유월절은 요한복음 에서 세 차례 언급되며(2:13-23; 6:4; 11:55), 예수님이 3년 동안(유월절이 세 차례 지나는 동안) 사역하셨다는 추측의 근거가 된다. 이와는 대조적 으로 공관복음은 오직 한 차례의 유월절, 곧 십자가에서 죽으신 유월 절만 언급한다. 어떤 이들은 5:1이 언급하는 종교 절기를 요한복음의 네 번째 유월절로 간주하기도 한다.

　율법은 이스라엘의 성인 남자들에게 매년 성전으로 올라가 세 종교 절기, 곧 무교절(유월절)과 칠칠절(오순절)과 초막절을 기념할 것을 요구 했다(신 16:16; cf. 출 23:14-17; 34:22-23). 그러나 예루살렘에서 멀리 떨 어져 사는 사람들이 매년 세 차례 성전으로 순례를 떠나는 것은 어려 운 일이었다. 예수님이 사시던 나사렛에서 예루살렘까지 올라가는 것 만 해도 사나흘 길로 한 번 다녀오려면 최소 일주일을 길에서 보내야 했다.

　멀리 사는 사람들은 대부분 매년 한 차례 예루살렘 성전을 찾았고, 가능하면 유월절에 순례를 가려고 노력했다. 율법은 이 세 절기 때 성 인 남자들의 출석만 요구했으며, 아내나 딸들은 함께 가지 않아도 되 었다. 아들이 있는 사람은 아들이 성인이 되기 전에 한두 차례 데리고 다녔다.

　유월절은 유대인 달력으로 니산월 14일이다(출 12:6). 우리 달력으로 는 매년 3월 말에서 4월 초쯤이다. 우리의 부활절과 항상 같은 시기다. 예수님이 유월절에 십자가에 못 박히시고 사흘 만에 부활하셨기 때문 이다. 유월절은 출애굽 때 하나님이 이스라엘을 구원하기 위해 내리신 열 가지 재앙 중 마지막 재앙에서 이집트 사람들과 짐승들의 장자를 다 죽이셨지만 이스라엘의 장자들은 살리신 은총을 기념하는 절기다 (cf. 출 12장).

예수님은 제자들과 함께 유월절을 기념하기 위해 예루살렘으로 올라가셨다(13b절). 유대 어디서든 예루살렘은 올라가는 곳이며, 예루살렘에서 각 지역으로 내려간다. 예루살렘이 높은 곳에 위치했기 때문이기도 하지만, 하나님의 성전이 이곳에 있었기 때문이다. 헬라어로 '성전'(ἱερόν)은 성전 건물과 주변 뜰을 일컫는 단어다. 반면에 비슷한 말인 '성전'(ναός)은 성전 건물을 뜻한다(BDAG). 또한 이 단어는 물리적 건물보다는 하나님의 임재(거처)를 의미한다(Klink, cf. 2:19, 20, 21). 예수님 일행이 성전(ἱερόν)을 방문했다.

성전을 찾는 순례자들은 대부분 로마 제국이 화폐로 유통시킨 동전들을 가지고 왔다. 이 동전들에는 황제의 모습이 새겨져 있었는데, 유대인들은 동전에 새겨진 형상을 우상으로 간주했다. 유대인들이 선호한 화폐는 북쪽 페니키아 지역의 항구 도시 두로에서 제작된 두로 동전(Tyrian silver coin)이었다. 이 동전은 로마 것보다 조금 더 정제된 은으로 제조되었고, 두로의 수호신 헤라클레스가 새겨져 있었다. 유대인들이 이 동전을 선호한 이유는 동전의 무게가 성전세인 은 2분의 1 세겔(cf. 출 30:11-16)이었기 때문이다. 그들은 이 동전을 '거룩한 돈'(sacred money)라고 불렀으며, 성전세를 내는 공식 동전으로 삼았다. 그러나 이 동전마저도 성전 뜰에서 아무 이미지도 새기지 않은 성전용 동전으로 바꿔야 했다(Witherington).

유대인들의 기록에 따르면 원래 제물 매매와 환전은 예루살렘성과 감람산 사이에 있는 기드론 계곡에서 이루어졌던 일인데 대제사장 가야바(Caiphas)가 예수님이 성전에 방문하시기 얼마 전에 '이방인 뜰'로 옮겼다고 한다(Beale & Carson, cf. 마 26:3, 57). 그러므로 이방인 성도들은 제물로 바칠 짐승과 환전상들 사이에서 하나님께 기도해야 했다(Morris).

제물과 성전세 동전 거래에 제사장들의 이권이 개입하는 것은 뻔한 일이다. 사람들이 성전세를 납부하기 위해 교환하는 동전과 제물로 드리기 위해 성전 뜰에서 구매하는 짐승은 정결해야 한다. 이 과정에서 제사장들은 그것들의 정결함을 인증해 주고 뒷돈을 챙긴 것이다. 결국 순례자들이 제물로 드리려고 구매하는 소와 양뿐 아니라 비둘기까지 때에 따라 터무니없는 값에 거래되었다. 장사꾼들과 환전상들이 성전 뜰에서 버젓이 이런 일을 할 수 있었던 것은 지도자들과의 거래가 있었기 때문에 가능했다.

예수님은 성전 안에서 소와 양과 비둘기를 파는 사람들과 돈 바꾸는 사람들을 보셨다(14절). 노끈으로 채찍을 만들어 양이나 소를 다 성전에서 내쫓으셨고, 돈 바꾸는 사람들의 돈을 쏟으시며 상을 엎으셨다(15절). 복음서 저자 중 오직 요한만이 예수님이 노끈으로 채찍을 만드셨다는 디테일을 더한다. '채찍'(φραγέλλιον)은 라틴어 단어(flagellum)에서 온 외래어이며, 소를 모는 도구를 말한다(TDNT). 채찍 없이 짐승을 모는 것은 매우 어려운 일이다. 그러므로 예수님이 채찍을 만드신 일을 폭력적인 행동으로 해석할 필요는 없다(Carson). 예수님은 성전에서 '다[모두]'(πάντας) 내치셨다고 하는데, 장사꾼들로 해석하기도 하고(Mounce) 혹은 장사꾼들과 그들의 짐승을 의미하는 것으로 해석하기도 한다(Barrett). 내치신 사람들에게 자기 물건들을 가져가라고 하시는 것으로 보아(16a절) 장사꾼들과 짐승들을 함께 내치셨다.

예수님은 그들을 내치시면서 "내 아버지의 집으로 장사하는 집을 만들지 말라"라고 경고하셨다(16절). '아버지의 집'(τὸν οἶκον τοῦ πατρός)과 '장사하는 집'(οἶκον ἐμπορίου)은 '집'(οἶκον)을 중심으로 한 언어유희다. 또한 예수님이 성전을 '내 아버지의 집'(τὸν οἶκον τοῦ πατρός μου)이라 하시는 것은 예수님이 지니신 권세의 출처가 하나님임을 드러내는 메시아적 선언이다(McHugh, Mounce). 본문에서는 물건을 사고파는 일이 문제가 아니다. 또한 대제사장들의 부도덕한 이권 개입도 이슈가 아니다. 이런 일을 하는 장소가 문제다. 합리적이고 상식적으로 생각한다면 제물로 사용할 짐승과 동전 거래는 먼 곳에서 온 순례자들을 위한

편의 제공이라 할 수 있다. 문제는 장소다. 성전 터 밖에서 이런 일을 하면 문제가 되지 않는다. 그러나 성전 안에서는 하면 안 된다(Dodd, cf. 슥 14:21). 성전은 기도하는 곳이지 장사하는 곳이 아니기 때문이다. 성전은 사람이 온 마음을 다해 순결하게 하나님을 예배하는 곳이다(cf. 말 3:1, 3; 겔 10:15-19; 11:22-23).

예수님이 이들을 내쫓으신 것은 순간적으로 화가 치밀어 올랐기 때문이 아니라, 미리 계획하고 대비하신 일이다(Osborne). 예수님은 자신이 성전 뜰을 떠나면 장사꾼들이 다시 몰려들 것을 아신다. 그러나 성전보다 더 크신 선지자 메시아로서 그곳에서 행해지는 부조리를 가만히 지켜보기만 하실 수는 없다. 예수님이 장사꾼들을 내쫓으신 것은 성전 운영 이권에 개입한 종교 지도자들에 대한 경고다.

요한은 많은 세월이 지난 후에 제자들이 예수님이 성전에서 이렇게 하신 이유를 성경에서 찾았다고 한다(17절; cf. 2:22). 제자들이 떠올린 말씀은 "주의 집을 위하는 열성이 나를 삼키고"라는 시편 69:9이다. 시편 기자는 사람들이 예배로 하나님을 매도하는 것에 대해 분노했다가 사람들이 그마저 매도하는 일을 경험한다. 제자들은 이 말씀을 인용해 예수님이 성전을 정결하게 하신 것은 사람들과의 관계가 악화되더라도 기도 처소인 하나님 아버지의 집이 상가로 변질된 것을 바로잡아야 하셨기 때문이었다고 한다. 때로는 바른 일을 하다가 악인들의 저항을 받을 수도 있다. 세상이 악하기 때문이다.

이 말씀은 하나님을 예배하는 곳은 인간의 이권 개입에서 자유로운 곳이 되어야 한다고 경고한다. 제사장들과 상인들은 한통속이 되어 성전을 장사하는 집으로 만들었고, 결국 예수님의 진노를 피하지 못했다. 교회는 목회자와 성도들의 이권 개입에서 자유로운 곳이 되어야 한다. 교회는 하나님을 예배하는 곳이며 성도들을 섬기고 보살피는 곳이다. 그러므로 이러한 목적을 달성하는 데 방해가 되는 경건하지 못한 개인적인 생각과 이권은 배제되어야 한다.

2. 예수님의 권세와 성전(2:18-22)

¹⁸ 이에 유대인들이 대답하여 예수께 말하기를 네가 이런 일을 행하니 무슨 표적을 우리에게 보이겠느냐 ¹⁹ 예수께서 대답하여 이르시되 너희가 이 성전을 헐라 내가 사흘 동안에 일으키리라 ²⁰ 유대인들이 이르되 이 성전은 사십육 년 동안에 지었거늘 네가 삼 일 동안에 일으키겠느냐 하더라 ²¹ 그러나 예수는 성전된 자기 육체를 가리켜 말씀하신 것이라 ²² 죽은 자 가운데서 살아나신 후에야 제자들이 이 말씀하신 것을 기억하고 성경과 예수께서 하신 말씀을 믿었더라

제자들은 예수님이 성전을 정결하게 하신 이유를 시편 69:9 말씀을 통해 이해했다(2:17). 이러한 상황에서 곧바로 유대인들이 나서서 반발하는 것은 이 유대인들이 다름 아닌 시편 기자가 언급하는 악인, 곧 하나님을 매도하는 것으로 모자라 이러한 상황을 개혁하려는 사람까지 매도하는 자들이라는 뜻이다. 아마도 장사꾼들이 모여 있는 '이방인의 뜰'에서 소동이 벌어지자 성전을 운영하는 유대교 지도자들이 나선 것으로 보인다. 이들은 현재 예수님에 대해 모르며 앞으로도 알려고 하지 않는다. 예수님 영접하기를 거부하는 유대교 지도자들은 앞으로도 계속 예수님이 하시는 일을 반대할 것이다.

이 지도자들은 무슨 표적으로 성전을 소란스럽게 하느냐며 예수님을 다그쳤다(18절). '표적'(σημεῖον)은 일상적으로 기적을 뜻하는데, 이곳에서는 권세를 뜻한다. 예수님이 무슨 자격으로 성전의 최고 권위자인 자신들이 세운 정책에 반발해 소동을 일으키느냐는 것이다. 그들은 자신이 하고 있는 일에 문제를 제기하신 예수님으로부터 상황에 대한 설명도, 그 일이 왜 잘못되었는지 이유도 들으려 하지 않는다. 지도자들도 그들이 하는 일이 옳지 않다는 것을 안다. 그래서 성전에 대한 자신들의 권세를 앞세워 예수님을 제재하려 한다. 하나님을 두려워하지 않는 지도자들이며, 양심의 소리에 귀를 기울이지 않는 자들이다(Temple).

예수님은 그들의 표적 요구에 주저하지 않고 자신의 권세를 증명하는 방법을 제시하시며, 그들이 성전을 헐면 사흘 동안에 일으킬 것이라고 하신다(19절; cf. 막 14:58). '일으키다'(ἐγείρω)는 예수님의 부활과 연관해 사용되는 동사다(2:22; 5:21; 12:1, 9, 17; 21:14). 예수님은 처음부터 자신의 죽음과 부활을 염두에 두고 이렇게 말씀하셨지만, 제자들은 훗날 예수님이 부활하신 후에야 '이 성전'(τὸν ναὸν τοῦτον)이 예수님의 육체를 의미했다는 것을 깨달았다(22절).

하나님은 예수님이 십자가에서 죽으시고 사흘 만에 부활하시는 일을 주님이 이 땅에 오시기 전부터 계획하셨다. 이 계획에 따라 예수님은 성전의 잘못됨을 지적하기보다는 자신이 새로운 성전이 되실 것을 이렇게 말씀하신다. 훗날 이 말씀의 표면적 의미만 희미하게 기억하고는 예수님이 재판받으실 때 주님이 실제 성전을 허물겠다고 말했다며 증언하는 자들이 있다(cf. 막 14:58). 그러나 예수님이 사마리아 우물가에서 만난 여인에게 예루살렘 성전 시대는 끝나고 영과 진리로 예배할 때가 오고 있다고 말씀하신 것을 보면(4:24) 이 말씀은 우리의 새로운 성전이 되신 주님의 몸을 염두에 둔 것이다.

유대교 지도자들은 46년에 걸쳐 많은 사람을 동원해 지은 성전을 어떻게 사흘 만에 일으키겠느냐며 예수님을 비웃었다(20절). 허물어진 성전을 사흘 만에 다시 쌓는다는 것은 참으로 어이없는 말이며, 실성한 사람이나 할 수 있는 말이라는 뜻이다(Mounce). 그러므로 그들은 예수님의 발언을 더는 문제 삼지 않고 지나친다. 예수님을 정신이 온전하지 못한 사람으로 간주한 것이다.

요세푸스에 따르면 성전 재건은 헤롯왕 즉위 18년째인 주전 20년쯤에 시작되었고, 본문에 기록된 일은 주후 27년경에 있었던 일이다(cf.

Burge, McHugh). 예수님이 주전 4년쯤에 태어나셨다면, 이 일이 있었을 때 30세쯤 되셨다(Mounce, cf. 눅 3:23). 그러므로 이 같은 사실을 근거로 우리는 예수님이 30세에 시작해 죽기 전까지 3년간 사역하셨다고 하는 것이다.

뜰을 포함하면 성전은 예루살렘 면적의 6분의 1을 차지했다(DJG). 성전은 로마 제국에서 가장 큰 신전이었으며, 둘레는 동쪽이 315m, 남쪽이 278m, 서쪽이 485m, 북쪽이 469m였다. 면적이 축구장 30여 개에 달했다(DJG). 사용된 돌 중에는 70t이 넘는 것들도 있었다(Burge).

헤롯왕은 이 성전이 솔로몬의 성전에 버금가기를 바랐지만, 유대인들은 헤롯이 외부인(outsider)이라며 빈정대기에 바빴다. 헤롯이 성전을 건설하는 중에도 일부 유대인은 언젠가 새로운 성전이 세워질 것을 기대했다. 쿰란 공동체도 이러한 비전을 지향했다(Haenchen). 이러한 염원은 헤롯이 세운 성전이 파괴된 주후 70년 이후에도 계속되었다.

유대교 지도자들은 니고데모처럼 예수님 말씀의 표면적인 의미만 생각하고(cf. 3:3-5) 실성한 사람의 말로 일축했지만, 제자들은 예수님이 자기 몸을 두고 하신 말씀이라는 사실을 깨달았다(21절). 그러나 제자들도 예수님이 말씀하셨을 때 곧바로 깨달은 것이 아니고, 부활하신 후에야 비로소 이 말씀을 기억하고 믿었다(22절).

요한은 당장 깨닫기 어렵거나 중요한 부분에 추가 설명을 더한다 (6:64; 7:5; 11:13, 51-52; 12:6, 33). 본문은 예수님의 육체가 장차 세워질 기독교인들의 성전이라 한다. 예수님이 곧 하나님이 거하시는 '장소'이기 때문이다.

이 말씀은 종교 지도자들이 양심에 화인을 맞으면 회개하기보다 권력을 앞세운다고 한다. 유대교 지도자들은 예수님이 소동을 일으키시자 무슨 권세로 그들의 권력에 도전하는지 물을 뿐 잘못을 회개하지 않는다. 그들도 자신이 잘못하고 있다는 것을 알지만 바로잡으려고는 생각하지 않기 때문이다. 세상 사람보다 종교인들이 자기 죄를 더 합리화할 수 있다. 우리는 이런 지경에 이르지 않도록 항상 자신을 성찰해야 한다.

어떤 깨달음은 시간이 걸린다. 제자들은 예수님이 부활하신 후에야 성전에서 하신 말씀을 기억하고 이해했다. 모든 것을 한 번에 배워 알려고 하는 것은 욕심이다. 시간을 두고 하나님의 진리를 꾸준히 깨달아 가야 한다. 열심히 배우되, 깨달음에 대해서는 느긋해져야 한다.

III. 공개 사역 시작(2:1-4:54)
　　B. 성전을 정결하게 하심(2:13-25)

3. 예수님은 사람을 아심(2:23-25)

> ²³ 유월절에 예수께서 예루살렘에 계시니 많은 사람이 그의 행하시는 표적을 보고 그의 이름을 믿었으나 ²⁴ 예수는 그의 몸을 그들에게 의탁하지 아니하셨으니 이는 친히 모든 사람을 아심이요 ²⁵ 또 사람에 대하여 누구의 증언도 받으실 필요가 없었으니 이는 그가 친히 사람의 속에 있는 것을 아셨음이니라

본 텍스트는 예수님의 첫 번째 예루살렘 방문과 사역에 대한 결론이다. 유월절을 기념하기 위해 예루살렘 성전으로 모여든 순례자 중 상당수가 예수님이 행하시는 표적을 보고 그의 이름을 믿었다(23절). '표적'(τὰ σημεῖα)은 복수형이며 가나의 혼인 잔치에서 베푸신 기적 같은 것을 뜻한다(cf. 2:11). 예수님이 여러 가지 기적을 행하셨지만 요한이 그중 하나만 이곳에서 언급하고 있음을 암시한다(cf. 20:30-31; 21:25).

본문은 사람들이 예수님이 행하신 기적들을 보고 '믿었다'(ἐπίστευσαν)고 한다(23절). 그러나 예수님이 누구이신지, 어떤 일을 하러 오셨는지를 이해했다는 말은 아니다. 그들은 유대교 지도자들처럼 자기 관심과 잇속에 갇혀 예수님을 온전히 알지 못했다(Klink, cf. 1:11). 표적을 근거

로 한 믿음이 불신보다는 낫지만(6:26; 14:11), 이는 진짜 믿음이 아니다 (Bruce, Burge, Morris, O'Day, cf. 4:48). 진짜 믿음은 하나님이 선물로 주실 때 가능하다(cf. 1:12).

예수님은 나다나엘을 만나기 전부터 그를 아셨던 것처럼 모든 인간의 본성을 아신다(cf. 1:48). 예수님은 인간의 변덕과 죄악 됨을 아시기 때문에 자기 몸을 그들에게 의탁하지 않으셨다(24절). 만일 그들의 믿음이 진실된 것이었다면 그들에게 자기 몸을 의탁하셨을 것이다. 그러므로 요한은 사람들이 표적을 근거로 예수님의 이름을 '믿었지만'(ἐπίστευσαν, 23절), 예수님은 자기 몸을 그들에게 '의탁하지 않으셨다'(οὐκ ἐπίστευεν, 24절)며 같은 단어인 '믿다'(πιστεύω)로 언어유희를 구상한다. 우리말 번역본이 '그들은 예수님을 믿었지만…예수님은 그들을 믿지 않았다'라고 번역했다면 이러한 언어유희가 더 정확하게 드러났을 것이다.

예수님은 누구로부터도 죄악과 변덕 등 인간의 본성에 대해 증언을 받으실 필요가 없다. 예수님은 사람의 속에 무엇이 있는지 그 누구보다도 잘 아시는 하나님이기 때문이다(25절). 사람은 예수님을 모르지만, 예수님은 그들을 아신다. 빛으로 오신 예수님과 어둠 속에 있는 인간의 차이이다(1:5, 10). 니고데모처럼 신실한 사람도 거듭남에 대해 이해하지 못한다(3:1-21). 오직 하나님의 자녀가 되는 특권을 얻은 사람들만 예수님을 안다(1:12). 예수님이 사마리아의 한 우물가에서 만나 주신 여인(4:1-26)과 베데스다에서 만나 주신 중풍병자처럼 말이다(5:1-15).

이 말씀은 하나님 앞에서 진솔해질 것을 권면한다. 하나님은 우리보다 우리에 대해 더 잘 아신다. 그러므로 하나님께 감출 수 있는 것은 하나도 없다. 솔직하게 죄를 고백하며 더 경건해지게 해 달라고 도움을 청하는 것이 지혜롭다. 하나님은 우리의 기도를 들으시고 예수님을 통해 죄를 이길 의지와 힘을 주실 것이다.

하나님이 믿음을 주실 때 우리는 비로소 예수님을 믿을 수 있다. 그러므로 우리의 믿음에 대해 하나님께 감사해야 한다. 믿음은 우리 자신에게서 나는 것이 아니라, 하나님이 택하신 소수에게 주시는 특권이기 때문이다. 이러한 사실을 깨달으면 삶이 행복해지고 죄도 덜 짓게된다.

Ⅲ. 공개 사역 시작(2:1-4:54)

C. 니고데모와 거듭남(3:1-21)

유대인의 지도자인 니고데모가 예수님을 찾아와 영적 상담을 받는 이야기다. 저자는 그의 질문과 예수님의 답을 통해 거듭나는 것이 무엇을 의미하는지 알려 준다. 또한 하나님이 예수님을 이 땅에 보내신 이유도 확실하게 밝힌다. 본 텍스트는 다음과 같이 구분된다.

    A. 니고데모가 찾아옴(3:1-3)
    B. 니고데모의 첫 번째 질문(3:4-8)
    C. 니고데모의 두 번째 질문(3:9-15)
    D. 예수님을 세상에 보내신 이유(3:16-21)

Ⅲ. 공개 사역 시작(2:1-4:54)
  C. 니고데모와 거듭남(3:1-21)

1. 니고데모가 찾아옴(3:1-3)

[1] 그런데 바리새인 중에 니고데모라 하는 사람이 있으니 유대인의 지도자라 [2] 그가 밤에 예수께 와서 이르되 랍비여 우리가 당신은 하나님께로부터 오신 선생인 줄 아나이다 하나님이 함께 하시지 아니하시면 당신이 행하시는 이 표적을 아무도 할 수 없음이니이다 [3] 예수께서 대답하여 이르시되 진실로 진

실로 네게 이르노니 사람이 거듭나지 아니하면 하나님의 나라를 볼 수 없느니라

예수님은 유대인들의 옛 종교를 대체하시는 분이 아니라, 온 인류에게 생명과 소망을 주기 위해 오신 참 빛이시다(1:9). 예수님이 종교 지도자들이 저지른 죄악의 어둠으로 가득 찬 예루살렘 성전을 비추셨을 때, 제자들과 함께 많은 사람이 예수님을 지켜보았다(2:13-22). 그러나 예수님은 자신을 그들에게 맡기지 않으셨다. 사람의 마음속에 있는 것을 아시기 때문이다(2:23-25). 이 이야기에 등장하는 니고데모는 예수님이 신뢰하지 않는 '사람'(ἄνθρωπος)을 대표한다. 니고데모 이야기는 바로 앞에 나온 말씀(2:23-25)과 직접적인 연관이 있다(Beasley-Murray, Schnackenburg). 니고데모 이야기가 말하고자 하는 바는 사람이 스스로 노력해서는 예수님에 대한 제한적인 지식만 갖게 될 뿐이며, 하나님의 도움이 있어야만 구원에 이르는 지식을 얻을 수 있다는 점이다.

니고데모는 바리새인이며 유대인의 지도자다(1절). '니고데모'(Νικόδημος)는 '백성을 정복한 자'라는 의미를 지닌 헬라어 이름이다(BDAG). 바리새인은 유대교의 평신도 지도자라 할 수 있으며, 율법을 보존하고 지키는 데 심혈을 기울인 사람들이다. 반면에 성전에서 근무하는 지도자 중에는 사두개인이 많았다. 그러므로 예수님이 성전 정결 사건을 통해 사두개인 제도의 죄를 드러내셨다면, 이번에는 니고데모 이야기를 통해 바리새인들의 부족한 통찰력을 드러내신다고 할 수 있다(cf. Burge). '지도자'(ἄρχων)는 왕과 귀족과 관료 등 다양한 의미를 지닌 단어다(TDNT). 한 학자는 니고데모라는 이름이 흔하지 않다는 점과 그가 지도자로 불린 것을 근거로 그가 매우 부유한 귀족 출신이라고 한다(Bauckham). 바리새인들은 대부분 평민이었으며 부자들과는 거리가 먼 사람들이었기 때문에 니고데모는 예외라 할 수 있다. 그가 '유대인의 지도자'(ἄρχων τῶν Ἰουδαίων)였다는 것은 유대교의 최고 결정 기관인 공

회(산헤드린)의 멤버였음을 의미한다(TDNT. cf. 눅 19:47).

니고데모를 매우 진솔한 구도자(seeker)로 보는 이들이 있는가 하면(cf. Mounce), 마음 문을 닫은 채 예수님에게 문제를 제기하러 온 불손한 지도자로 보는 이들도 있다(Klink). 후자의 경우 니고데모가 예수님을 영접하지 않은 사람의 전형적인 사례라는 것이다(cf. 1:11). 그들은 이렇게 해석하며 니고데모가 밤에 찾아온 것과 예수님이 그를 책망하신 것을 증거로 제시한다. 요한복음에서 '밤'(νύξ)은 부정적인 의미를 지니며(cf. 9:4; 11:10; 13:30; 21:3), 니고데모를 제외하고 밤에 다니는 사람은 배신자 가룟 유다가 유일하기 때문이다(13:30). 니고데모는 어둠에 거하는 사람이며 예수님은 빛이시다(1:4, 8). 또한 그들은 2절에서 니고데모가 '우리'를 사용하는 것을 두고, 다른 사람들은 이렇게 말하지만 자기와 뜻을 같이하는 자들은 믿지 않는다며 비아냥거리는 것으로 해석한다(Klink).

니고데모가 밤에 찾아온 것은 그의 지위와 남의 눈을 고려할 때 실제 있었던 일이기도 하지만, 부정적인 의미도 지녔다고 할 수 있다(Lightfoot. cf. 9:4; 11:10; 13:30). 옛적에 시드기야가 사람들의 눈을 피해 예레미야를 찾아온 일과 비슷하다(렘 27:16-21). 그러나 랍비이자 산헤드린 멤버인 그가 예수님을 찾아온 것은 긍정적인 일이다. 어떤 이들은 니고데모가 요한복음이 저작될 당시 예수님을 영접할지를 고민하는 유대인 지도자들을 대표하는 인물이라고 주장한다(Martyn). 이렇게 해석할 경우 니고데모 이야기는 예수님 시대에 실제 있었던 일이 아니라, 많은 세월이 지난 후에 교회와 회당의 갈등 속에 있었던 일을 상징적으로 표현한 이야기가 된다. 그러므로 그를 한 개인으로 보지 않고 단순히 상징적인 인물로만 간주하는 것은 별 설득력이 없다(Carson). 그는 개인이지만, 또한 '우리'를 사용하는 것으로 보아 예수님이 사역하시던 때에 살았던 유대인 지도자들뿐 아니라, 예수님이 선포하는 진리에 대해 잘 모르는 모든 사람을 상징한다. 그러므로 그의 방문은 영접과 부인의 갈림길에서 고민하는 사람들의 긍정적인 면과 부정적인 면을 동시에 지녔다고 할 수 있다.

니고데모는 예수님이 선포하시는 진리에 대해 잘 모르지만, 알고 싶어서 찾아온 진실한 사람이다. 그러므로 그는 예수님을 존경하는 의미에서 '랍비'(ραββί)와 '선생'(διδάσκαλος)으로 부른다(McHugh). 그는 예수님을 모세에 버금가는 분이며(cf. 신 18장), 율법과 선지자에 대해 새로운 해석을 제시하는 이로 이해한다. 또한 그는 하나님께로부터 오신 분이라고 한다(2절).

그가 진솔한 구도자(seeker)라는 사실은 훗날 바리새인들과 종교 지도자들 앞에서 예수님을 변호한 일에서 드러난다(7:50-52). 또한 예수님이 숨을 거두신 후 그는 아리마대 사람 요셉과 함께 예수님의 시신을 수습해 정성을 다해 장례를 치른다(19:39). 만약 그가 이 이야기에서 냉소적인 자세를 취하는 것이라면, 이러한 미덕은 설명하기 어렵다.

예수님에 대한 니고데모의 지식은 아직 완벽하지 않다. 그는 예수님이 행하신 표적을 근거로 예수님이 하나님으로부터 오신 선생이라고 하기 때문이다. 그는 점차 예수님을 알아 갈 것이다. 그는 진실한 마음으로 예수님을 찾아왔기 때문이다.

니고데모의 말에 대한 예수님의 말씀(3절)은 적절한 반응이 아니다(Klink, cf. Carson). 대화의 주제를 다르게 이어 가시기 때문이다(Burge). 예수님은 그분의 사역에 대한 신적인 인준에는 관심이 없으시다. 자신이 곧 하나님이기 때문이다. 예수님의 관심은 오직 그분이 만나는 사람과 하나님의 관계가 어떠한가 하는 점이다.

예수님은 중요한 진실을 선포할 때 자주 사용하는 표현인 '진실로 진실로'(ἀμὴν ἀμὴν)로 니고데모에게 말씀하신다. 지금부터 하는 말을 놓치지 말라는 뜻이다. 예수님은 사람이 거듭나지 아니하면 하나님 나라를 볼 수 없다고 하신다. '거듭남'(γεννηθῇ ἄνωθεν)에서 '거듭'(ἄνωθεν)은 부사(adverb)이며, (1)시간적인 의미로 '다시' (2)공간적인 의미로 '위[하늘]로부터'(Schnackenburg)라는 두 가지 의미를 지닌다. NRS는 공간적인 의미로 해석해 '위로부터 태어나지 않으면'(without being born from above)이라고 번역했다(cf. 마 27:51). 나머지 번역본은 대부분 시간적인 의미로 해석해 '다시 태어나지 않으면'(without being born again)으로 표현하지만(cf. 갈 4:9), 공간적으로 해석할 수도 있다는 설명을 각주에 더한다(새번역, 공동, NIV, NAS, ESV).

예수님의 말씀을 시간적으로만 이해한 니고데모는 이미 태어난 사람이 어떻게 시간을 거슬러 올라가 다시 태어날 수 있느냐고 한다(cf. 4절). 반면에 예수님은 하나님 나라를 보려면 새로 태어나야 한다면서 시간적으로 한 번 더 태어나는 것(제2의 탄생)이 필요하며, 공간적으로 새로 태어나는 것은 사람이 스스로 할 수 있는 일이 아니라 하늘에서 비롯되는 것이라고 하신다. 두 가지 의미를 모두 염두에 두고 이렇게 말씀하시는 것이다(Mounce, O'Day, cf. 19:47). 예수님은 니고데모에게 그가 하나님의 나라를 보고자 한다면, 완전하고 전인적으로 변화되어야 한다고 하신다(Barrett).

'하나님의 나라'(τὴν βασιλείαν τοῦ θεοῦ)는 하나님의 다스림과 주권을 상징한다(시 103:19). 선지자들은 종말에 다윗의 후손이 하나님 나라를 다스릴 것이라고 했다(사 9:1-7; 슥 9:9-10). 유대인인 니고데모는 이러한 사실을 알고 있었을 것이다. 그러나 하나님 나라를 보기 위해서는 거듭나야 한다는 사실은 모르고 있다(Mounce). 그는 구약의 율법만 잘 지키면 하나님 나라를 볼 수 있으리라고 생각했다. 예수님은 하나님의 나라는 율법으로 갈 수 없으며, 반드시 거듭나야 갈 수 있다고 하신다. 하나님이 하늘에서 정하신 사람들만 하나님 나라를 볼 수 있다는 것이다(cf. 1:13).

이 말씀은 믿음은 계속 성장하는 것이라고 한다. 니고데모의 신앙은 싹이 났지만 아직은 완전하지 못하다. 그러나 나중에는 예수님을 향해 이단이라고 비난하는 주변의 따가운 시선에 아랑곳하지 않고 주님의 장례를 극진히 치르는 신앙인이 된다. 우리도 니고데모처럼 하나님의 나라를 보려면 계속 듣고, 읽고, 배워서 깨달아야 한다. 신앙은 믿는 순간에 온전해지는 것이 아니라 많은 노력과 노동을 요구하는 것이기 때문이다. 성급한 마음을 접고 매일 한 걸음씩 주님께 더 가까이 가는 경건을 추구해야 한다.

사람이 하나님의 나라를 보고자 하는 것은 하나님이 주신 선물이다. 우리가 예수님을 영접해 하나님의 자녀가 된 것도 하나님이 베푸신 은혜다. 그러므로 우리는 이 사실 한 가지만으로도 하나님을 영원히 경배하고 예배할 수 있다.

> Ⅲ. 공개 사역 시작(2:1-4:54)
>   C. 니고데모와 거듭남(3:1-21)

2. 니고데모의 첫 번째 질문(3:4-8)

[4] 니고데모가 이르되 사람이 늙으면 어떻게 날 수 있사옵나이까 두 번째 모태에 들어갔다가 날 수 있사옵나이까 [5] 예수께서 대답하시되 진실로 진실로 네게 이르노니 사람이 물과 성령으로 나지 아니하면 하나님의 나라에 들어갈 수 없느니라 [6] 육으로 난 것은 육이요 영으로 난 것은 영이니 [7] 내가 네게 거듭나야 하겠다 하는 말을 놀랍게 여기지 말라 [8] 바람이 임의로 불매 네가 그 소리는 들어도 어디서 와서 어디로 가는지 알지 못하나니 성령으로 난 사람도 다 그러하니라

니고데모는 '거듭남'(τις γεννηθῇ ἄνωθεν)(3절)을 시간적으로 이해했다. 그러므로 오래전에 태어나 이미 늙은 사람이 어떻게 다시 태어날 수 있느냐고 한다(4절). 니고데모가 찾아온 목적을 선하게 보지 않는 사람들은 그가 혼란스러워하는 것이 아니라 예수님의 말씀에 어이없어하며 반발하는 것으로 해석한다(Klink). 그러나 이미 언급한 것처럼 그는

179

진실한 마음으로 진리를 찾아 나선 사람이다. 그는 예수님의 말씀이 잘 이해되지 않는 것을 이렇게 표현하고 있다(Carson, Mounce).

이번에도 예수님은 '진실로 진실로'(ἀμὴν ἀμὴν)로 말씀을 시작하신다 (5a절). 매우 중요한 가르침을 주겠다는 뜻이다. 예수님은 사람이 물과 성령으로 나지 않으면 하나님 나라에 들어갈 수 없다고 하신다(5b절). 어떤 이들은 물로 나는 것을 사람이 태어날 때 물주머니를 터뜨리고 나오는 자연적인 탄생을 의미하고, 성령으로 나는 것은 영적으로 새롭게 태어나는 것을 의미한다고 한다(O'Day). 그러나 '나다'(γεννηθῇ)는 3인칭 단수다. 만일 물로 나는 것과 성령으로 나는 것이 별개라면 복수형을 사용해야 한다. 그러므로 예수님이 단수를 사용하시는 것은 물과 성령이 서로 떼어 놓을 수 없는 관계임을 의미한다.

구약은 종말에 하나님이 영을 부어 주실 것이라고 한다(사 32:15-20; 욜 2:28). 또한 물과 영을 함께 주신다고 한다(사 44:3). 에스겔은 종말에 하나님이 물과 영을 통해 사람들을 새롭게 하실 것이라고 한다.

> 맑은 물을 너희에게 뿌려서 너희로 정결하게 하되 곧 너희 모든 더러운 것에서와 모든 우상 숭배에서 너희를 정결하게 할 것이며 또 새 영을 너희 속에 두고 새 마음을 너희에게 주되 너희 육신에서 굳은 마음을 제거하고 부드러운 마음을 줄 것이며 또 내 영을 너희 속에 두어 너희로 내 율례를 행하게 하리니 너희가 내 규례를 지켜 행할지라(겔 36:25-27).

그러므로 예수님이 물과 성령으로 나야 한다고 하시는 것은 이 같은 구약 예언의 성취라 할 수 있다(Carson). 세례 요한은 자신은 물로 세례를 주지만, 장차 오실 이는 성령으로 세례를 베푸실 것이라고 했다(1:33). 예수님은 드디어 사람이 물과 성령으로 거듭나는 시대가 도래했다고 하신다. 물과 성령의 세례에 대해 매우 다양한 해석이 있다(cf. Carson). 그러나 간단히 말하면 기독교는 전통적으로 물세례와 성령 세례를 하나로 간주해 간단히 세례라고 불렀다. 그러므로 물과 영으로 나는 것은 회심하고 예수님을 영접해 세례받는 것을 의미한다(Burge, Mounce, Schnackenburg). 구약이 예언한 종말이 예수님을 통해 시작되었다. 예수님의 이름으로 세례를 주는 것은 곧 구약이 종말에 있을 것이라고 한 세례다.

앞에서는 사람이 거듭나지 않으면 하나님 나라를 볼 수 없다고 하셨는데(3:3), 이번에는 들어갈 수 없다고 하신다. 예수님은 니고데모에게 물과 성령으로 나서 하나님 나라에 들어갈 것을 권면하신다(5b절). 물과 성령으로 나는 것은 곧 거듭나는 것이다(5, 7절). 그렇다면 왜 물과 성령으로 거듭나야 하는가? 육으로 난 것은 육이요 영으로 난 것은 영이기 때문이다(6절). 영과 육은 전적으로 다르며 우리 삶에서도 전혀 다른 영역에 속한다(Michaels). 서로 전혀 다른 영역에 속했기 때문에 영은 육에서, 육은 영에서 그 무엇도 취할 수 없다(Hoskyns, cf. 1:13). 그러므로 이미 육으로 태어난 사람은 반드시 영으로 거듭나야 하나님 나라에 들어갈 수 있다.

이렇게 말씀하시는 예수님은 말씀이 육신이 되신 분이다. 그러므로 영과 육이 서로 어떤 차이를 지니는지 가장 잘 아신다. 육은 연약한 육체와 온갖 한계를 지녔다. 한편, 영은 하나님의 도움으로 초자연적으로 태어나는 것이며, 우리가 지닌 육과 전혀 다르다.

사람이 거듭나는 것은 삼위일체 하나님이 하시는 일이며, 성령의 사역이다. 그러나 아들(예수님)이 없이는 불가능한 일이다. 하나님이 누구든지 예수님을 영접하는 사람에게만 자녀가 되는 권세를 주셨기 때문이다(1:12).

예수님은 니고데모도 육에 속한 만큼 그가 물과 성령으로 거듭나야 한다는 것에 대해 이상히 여기지 말라고 하신다(7절). 이 말씀은 니고데모뿐 아니라 모든 사람에게 주신 보편적인 말씀이다. 그러므로 복수형인 '네게'(ὑμᾶς)를 사용해 말씀하신다(Carson). 하나님 나라에 들어가고

자 한다면 세상에 있는 사람은 모두 물과 성령으로 거듭나야 한다. 니고데모는 '우리가 안다'(3:2)라고 했는데, 예수님은 그들이 모른다고 하신다(cf. 1:10). 그러므로 그들은 하나님을 알아야 한다.

예수님은 바람을 예로 드시며 니고데모에게 거듭나야 한다는 말에 놀라지 말라고 하신다(8절). 헬라어로 바람과 성령은 같은 단어(πνεῦμα)다. 그러므로 성령에 대해 말씀하시며 바람을 예로 드시는 것은 참으로 적절하며, 일종의 언어유희를 이룬다. 바람은 사람이 경험할 수는 있지만 조종하거나 볼 수는 없는 신비로운 것이다(Beasley-Murray).

성령으로 난 사람도 다 그러하다(8b절). 성령(바람)은 부는 곳에 생명을 더한다. "이에 내가 그 명령대로 대언하였더니 생기가 그들에게 들어가매 그들이 곧 살아나서 일어나 서는데 극히 큰 군대더라"(겔 37:10). 그러므로 사람은 물과 영으로 거듭나야 영적으로 살아난다.

이 말씀은 물과 성령으로 거듭나야만 하나님 나라에 들어갈 수 있다고 한다. 구원은 사람의 노력으로 가능한 일이 아니다. 말씀이 육신이 되신 예수님을 영접하고 영적으로 거듭나야 한다. 구체적인 날짜는 아니더라도 언제, 어떤 상황에서 거듭났는지 기억하는 것이 좋다. 그때 우리가 하나님 나라에 입성했기 때문이다. 또한 더 지체하지 않으시고 그때 우리를 구원하신 하나님께 감사하자.

III. 공개 사역 시작(2:1-4:54)
　C. 니고데모와 거듭남(3:1-21)

3. 니고데모의 두 번째 질문(3:9-15)

⁹ 니고데모가 대답하여 이르되 어찌 그러한 일이 있을 수 있나이까 ¹⁰ 예수께서 그에게 대답하여 이르시되 너는 이스라엘의 선생으로서 이러한 것들을 알지 못하느냐 ¹¹ 진실로 진실로 네게 이르노니 우리는 아는 것을 말하고 본 것을 증언하노라 그러나 너희가 우리의 증언을 받지 아니하는도다 ¹² 내가

땅의 일을 말하여도 너희가 믿지 아니하거든 하물며 하늘의 일을 말하면 어떻게 믿겠느냐 [13] 하늘에서 내려온 자 곧 인자 외에는 하늘에 올라간 자가 없느니라 [14] 모세가 광야에서 뱀을 든 것 같이 인자도 들려야 하리니 [15] 이는 그를 믿는 자마다 영생을 얻게 하려 하심이니라

니고데모는 예수님이 하시는 말씀을 도저히 이해할 수 없다는 반응을 보인다(9절). 니고데모가 예수님께 배우기 위해서가 아니라 시비를 걸기 위해 왔다고 생각하는 이들은 그의 질문이 지식의 한계와 예수님에 대한 적대심을 드러내는 만큼 차라리 더 말하지 않고 침묵하는 것이 좋았을 것이라고 한다(Klink). 그러나 사람이 이해되지 않아 믿지 못하겠다며 물어보는 것은 좋은 일이다. 더욱이 그의 질문은 영생을 좌우할 수도 있다. 그러므로 마음에 담아 두기보다는 물어보아야 한다.

니고데모는 사람이 하나님 나라에 입성하는 것에 대해 아는 것보다 모르는 것이 더 많다. 당연한 일이다. 그가 익숙한 구약은 메시아가 시작하실 하나님 나라에 대해 희미하게, 마치 베일에 가려진 듯 말하기 때문이다. 그러므로 그는 예수님이 물과 성령으로 거듭나야 한다고 하시는 것과 사람이 하나님 나라에 들어가는 것은 우리 스스로 결정하는 일이 아니라(육으로 나는 것이 아니라) 하나님이 하시는 일(성령에서 나는 것)이라는 것(3:6)에 대해 그 일이 어떻게 가능하냐고 묻는다. 그가 예수님께 드리는 마지막 질문이다.

예수님은 유대교의 선생(랍비)이자 최고 권위를 지닌 산헤드린에 속한 니고데모가 정작 하나님 나라에 대해 아는 것이 거의 없다는 사실에 답답하시다. 그러므로 책망하는 어투로 말씀하신다. "너는 이스라엘의 선생으로서 이러한 것들을 알지 못하느냐?"(10절). 예수님은 니고데모를 칭할 때 '이스라엘의 선생'(διδάσκαλος τοῦ Ἰσραὴλ)에 정관사(ὁ)를 붙임으로써 그가 지위가 높고 유능한 선생이라는 것을 인정하신다. 만일 이스라엘 가운데 하나님 나라에 대해 알 만한 사람이 있다면 니고

데모라는 것이다. 그러나 그는 하나님 나라에 대해 아는 것이 없다!

우리는 니고데모를 통해 하나님 나라에 대한 당시 유대교 지도자들의 관심과 이해가 어느 정도였는지 추측할 수 있다. 그들은 종말에 하나님이 메시아를 통해 세우실 나라에 대해 아는 것이 거의 없다. 일종의 영적 편식을 했기 때문이다. 유대인들은 구약에서도 율법, 곧 모세오경에 집착했다. 모세 오경이 정경 중 정경이라며 신앙생활에서 율법을 해석하고 실천하는 것을 가장 중요하게 여겼다. 그들에게 선지서와 성문서는 2등급 정경이었다. 그러나 메시아와 그의 나라에 관해서는 모세 오경보다 이 문헌들이 훨씬 더 많은 가르침과 예언을 담고 있다. 그러므로 니고데모가 사람이 하나님 나라에 어떻게 입성하는지 잘 모르는 것이 당연할 수도 있다.

예수님은 하나님 나라에 대해 아는 것이 별로 없는 니고데모에게 '진실로 진실로'(ἀμὴν ἀμὴν)로 말씀을 시작하시며 마음 문을 열라고 하신다(11절). 이 이야기에서만 '진실로 진실로'를 벌써 세 번째 사용하신다(cf. 3:3, 5). 예수님은 이스라엘의 선생이라고 자부하는 니고데모가 진리에 대해 잘 모르고 있는 것에 대해 답답함을 느끼신다.

메시아이신 예수님은 그분이 알고 본 것에 대해 증언하신다(11a절). 성육신하신 하나님이 니고데모에게 직접 계시하신다. 니고데모가 수긍하기 어려울 정도로 놀라운 은혜에 대해 말씀하신다. 그러나 율법에만 익숙해져 있는 유대교 지도자가 쉽게 동의하고 받아들일 수 있는 내용이 아니다. 예수님이 말씀하시는 것은 니고데모 같은 사람은 전혀 들어 보지도, 생각해 보지도 못한 것들이다.

생소하다고 해서 거부하는 것은 옳지 않다. 그러므로 예수님은 생소하다며 예수님의 증언을 받아들이지 않는 '너희'(ὑμῖν), 곧 유대교 지도자와 유대인을 포함한 모든 사람을 책망하신다(12절; cf. 1:11). 제자들도 아직 하나님 나라에 대해 잘 모른다. 그러므로 초대교회는 11절의 '우리'를 훗날 하나님 나라에 대해서 알게 된 그리스도인들로 이해했다

(O'Day). 그러나 '우리'는 예수님이 하시는 말씀의 권위를 더 확고히 하기 위해 사용하시는 문학적 기법이다(Bauckham). 또한 니고데모가 대화를 시작할 때 '우리'로 말한 것(3:2)에 격을 맞추시는 것이라 할 수 있다(Carson).

예수님은 다시 1인칭 단수로 말씀하신다(12절). 이 세상에 일어나는 일에 대해 말해도 믿지 않는 자들이 더 놀랍고 믿기지 않는 하늘의 일에 대해 말하면 어떻게 믿겠느냐는 것이다. '땅의 일'(τὰ ἐπίγεια)은 이미 말씀이 육신으로 오시고, 빛이 어두운 세상을 비추고 있는 일, 곧 예수님을 통해 시작된 하나님 나라다(cf. 1:9-11). '하늘의 일'(τὰ ἐπουράνια)은 종말에 온전히 임할 하나님의 나라와 통치를 뜻한다(Carson, cf. Wallace). 물과 성령으로 거듭나야 예수님을 통해 시작된 하나님 나라에 들어갈 수 있다는 사실도 믿지 않는데, 종말에 있을 일에 관해 얘기해 봤자 어떻게 믿겠냐는 논리다.

예수님은 하늘의 일과 땅의 일에 대해 말할 권세를 가지신 유일한 분이다. 세상에서 하늘에 올라간 사람은 하늘에서 내려오신 예수님뿐이기 때문이다(13절). 구약의 선지자들도 환상을 통해 하늘을 잠시 보았을 뿐이다. 반면에 예수님은 태초부터 하늘에서 하나님 아버지와 계시다가 이 땅에 잠시 내려오신 하나님이시다(1:1). 그러므로 예수님은 하늘의 일에 대해 낱낱이 아신다. 사람이 하나님 나라에 대해 알고 입성하려면 예수님을 믿는 것이 얼마나 중요한지에 대한 증언이다. 그러므로 예수님은 "내가 곧 길이요 진리요 생명이니 나로 말미암지 않고는 아버지께로 올 자가 없느니라"라고 하신다(14:6).

예수님은 하늘에서 내려온 자신을 '인자'(ὑιὸς τοῦ ἀνθρώπου)라고 하신다. 1:51 이후 두 번째다. 1장에서는 천사들이 하늘과 인자 사이를 왕래할 것이라고 했는데, 이번에는 인자가 직접 하늘에 올라갔다고 하신다. '인자'는 고난받기 위해 오신 메시아를 상징하는 타이틀이다.

그렇다면 예수님은 어떻게 사람이 하나님께 나아가는 길이자 진리이자 생명이 되실 것인가? 모세가 광야에서 뱀을 든 것처럼 예수님도 들려서 하나님께 나아가는 길이 되어 주실 것이다(14절). 광야에서 이스라엘 백성이 하나님께 죄를 범해 뱀에 물려 죽어 갈 때 모세가 놋뱀을 만들어 높이 들어서 그 뱀을 본 사람들을 살린 사건(민 21:4-9)이 모형(typology)이 된다(Hendriksen).

이 이야기의 모형이 되는 광야 사건과 예수님 시대를 비교해 보자. 먼저 비슷한 점들이 있다. 모세 시대에 이스라엘 사람들이 하나님을 비방한 것처럼 유대인들이 예수님을 비방하고 있다. 그때 하나님이 이스라엘을 야단치신 것처럼 예수님이 깨닫지 못한 니고데모를 책망하신다. 모세가 하나님과 이스라엘의 유일한 중재자였던 것처럼 예수님도 하나님과 인류 사이의 유일한 중재자이시다.

차이점도 많다. 모세는 사람들에게 육체적인 치료를 주었다. 반면에 예수님은 영적인 치료도 주신다. 모세는 스스로 이런 기적을 베푼 것이 아니라 하나님이 그를 통해서 이 모든 일을 하셨다. 예수님은 스스로 직접 하신다. 모세가 들어 올린 장대는 임시방편이었지만, 예수님이 달리신 십자가는 영구적이다. 모세는 장대로 이런 일을 했지만, 예수님은 자기 몸을 통해 구원을 이루신다. 모세는 별 희생 없이 한 일이지만, 예수님은 자기 죽음을 통해서 하신다.

요한복음에서 '[높이] 들리다'(ὑψόω)는 중요한 단어이며, 예수님이 십자가에 달리신 일을 '오르다'라는 의미로 표현한 것이다(8:28; 12:32, 34). 사람의 눈에 예수님이 지신 십자가는 수치스러운 곳이지만, 하나님께는 그분의 영광이 드러나는 영광스러운 곳이다(cf. 13:31).

예수님은 자신이 십자가에 들리시는 목적을 분명히 말씀하신다. 예수님을 믿는 자마다 영생을 얻게 하기 위해서다(15절). '영생'(ζωὴν αἰώνιον)은 영원히 사는 것을 뜻한다. '생명'(ζωή)은 이미 프롤로그에서 한 차례 사용되었지만(1:4), '영원한'(αἰώνιος)은 처음으로 사용되고 있다. 첫 창조 때 온 세상에 생명을 주신 '말씀'(ὁ λόγος)이 이번에는 믿는 자들에게 영생을 주기 위해 오셨다(cf. 1:12). 예수님이 십자가에 들리셔야(죽으셔야) 그를 믿은 사람들이 영생을 얻는다. 만일 들리지 않으시면(죽지 않으시면) 사람들은 영생을 얻지 못한다. 사람이 영생을 얻는 것과 예수님이 생명을 잃으시는 것은 떼어 놓을 수 없는 한 쌍이다.

이 말씀은 사역자들이 하나님과 하나님의 말씀에 대해 참으로 잘 알아야 한다고 한다. 이스라엘의 선생인 니고데모는 하나님이 하시는 일에 대해 잘 알지 못해 예수님께 책망을 받았다. 우리는 이런 일이 없도록 부지런히 성경을 읽고 깨달아야 한다. 성도들이 하나님에 대해 알고 싶을 때 누구에게 묻겠는가? 하나님이 영적 지도자로 세우신 사역자들에게 묻는다. 그러므로 우리는 하나님에 대해 항상 증언할 수 있도록 늘 준비해야 한다.

또한 우리는 하나님과 하나님이 하시는 일에 대해 다 알지 못한다는 사실을 겸손히 고백하고 인정해야 한다. 다 아는 분은 하늘에서 땅으로 내려오신 예수님뿐이다. 우리는 예수님을 통해 하늘의 비밀을 조금 알 뿐 모두 알지는 못한다. 그러므로 하늘의 일이나 종말에 관해 가르칠 때는 겸손히 성경이 알려 주는 만큼만 전하고 나머지는 세상이 끝나는 날 하늘나라에 가서야 알 수 있다는 사실을 인정해야 한다.

Ⅲ. 공개 사역 시작(2:1-4:54)
  C. 니고데모와 거듭남(3:1-21)

4. 예수님을 세상에 보내신 이유(3:16-21)

[16] 하나님이 세상을 이처럼 사랑하사 독생자를 주셨으니 이는 그를 믿는 자마다 멸망하지 않고 영생을 얻게 하려 하심이라 [17] 하나님이 그 아들을 세상에 보내신 것은 세상을 심판하려 하심이 아니요 그로 말미암아 세상이 구원을 받게 하려 하심이라 [18] 그를 믿는 자는 심판을 받지 아니하는 것이요 믿지 아니하는 자는 하나님의 독생자의 이름을 믿지 아니하므로 벌써 심판을

받은 것이니라 [19] 그 정죄는 이것이니 곧 빛이 세상에 왔으되 사람들이 자기 행위가 악하므로 빛보다 어둠을 더 사랑한 것이니라 [20] 악을 행하는 자마다 빛을 미워하여 빛으로 오지 아니하나니 이는 그 행위가 드러날까 함이요 [21] 진리를 따르는 자는 빛으로 오나니 이는 그 행위가 하나님 안에서 행한 것임을 나타내려 함이라 하시니라

학자에 따라 이 섹션을 구성하는 16-21절이 10절에서 시작된 예수님의 말씀 일부인지, 혹은 예수님의 말씀은 15절에서 끝나고 저자가 예수님과 니고데모의 대화가 의미하는 바를 설명한 부분인지에 대해 견해가 다르다(Brown, Klink, O'Day, Schnackenburg). 번역본들도 마찬가지다. 새번역과 NAS 등은 예수님의 말씀이 계속 이어지는 것으로 간주한다. 반면에 NIV는 예수님의 말씀이 15절에서 끝나고 요한의 설명이 16절부터 시작되는 것으로 간주한다. 이러한 혼란이 빚어지는 이유는 헬라어 사본에서는 누군가의 스피치를 직접 인용할 때 우리처럼 인용기호(큰따옴표 등)를 표기하지 않기 때문이다.

본문은 예수님이 직접 말씀하신 것이 아니라 요한이 추가 설명한 부분으로 보인다. 요한은 '독생자'(μονογενῇ)(16절)를 종종 사용하지만(cf. 1:14, 18), 예수님은 단 한 번도 자신에 대해 이 단어를 사용하지 않으신다는 것이 증거다. 또한 '이름을 믿지 않는 것'(18절)과 '진리를 따르는 것'(21절)은 예수님의 스피치에서 한 번도 나오지 않는 표현이다.

16절은 요한복음에서 가장 중요하다고 할 수 있는 일곱 가지 단어(하나님, 세상, 사랑, 독생자, 믿음, 멸망, 영생)를 모두 포함하고 있다. 먼저 요한은 하나님이 세상을 이처럼 사랑하신다고 한다(16a절). 프롤로그 이후 '하나님'(θεὸς)이 언급되는 것은 이곳이 처음이다. '사랑하다'(ἀγαπάω)는 하나님이 하시는 일을 표현하는 매우 중요한 동사이며, 하나님의 사랑이 매우 강력하다는 사실을 강조한다(Carson). 요한복음에서는 이 본문에서 처음으로 사용되며, 앞으로 13-17장에서 집중적으로 사용될

것이다.

헬라어에는 사랑을 표현하는 단어가 셋 있다. 바로 아가페(ἀγάπη), 에로스(ἔρος), 필리아(φιλία)다. 이 세 가지 사랑을 간단하게 구분하면 먼저 '에로스'(ἔρος)는 모든 것을 취하는(all taking) 사랑이다. '필리아'(φιλία) 는 주고받는 사랑(give and take)이며, '아가페'(ἀγάπη)는 모든 것을 주는 사랑(all giving)이다(Mounce). 일방적으로 주는 사랑은 조건이 필요 없다. 하나님은 무조건적인 사랑으로 세상을 사랑하셨다.

하나님의 일방적인 사랑의 대상이 '세상'(τὸν κόσμον)이라는 사실이 다소 충격적이다. 세상은 어둠에 휩싸인 곳이며 하나님을 알아보지 못하는 곳이다(cf. 1:10-11). 더욱이 유대교에서는 하나님이 세상을 사랑하신다는 말을 하지 않았다. 오직 이스라엘만 사랑하신다고 했다. 그러므로 하나님이 세상을 사랑하신다는 것은 예수님이 세상에 오셔서 새로 드러내신 진리다. 하나님이신 예수님이 이 땅에 오셔서 수치와 고난을 당하고 심지어 죽으신 것은 그분을 보내신 하나님이 이 세상을 얼마나 많이 사랑하시는지를 보여 준다.

하나님은 세상을 사랑하시는데 그리스도인들은 세상을 사랑하지 말아야 하는 것이 서로 상충하는 듯 보이지 않는가? 그렇지 않다. 성경이 우리에게 세상을 사랑하지 말라고 하는 것은 마치 이 세상에 영원히 거할 것처럼 마음을 세상에 두고서 세상의 일부가 되지 말라는 뜻이다. 반면에 세상을 향한 하나님의 사랑은 세상의 구원을 위해 하나님이 자신을 버리신 희생적인 사랑이다(Carson). 하나님의 사랑은 추상적인 것이 아니다. 하나님은 장차 죄인들을 위해 죽을 인간의 몸을 지니셨다(Brown).

'이처럼'(οὕτως)은 정도(degree)를 표현하는 부사(adverb)다(TDNT). 하나님은 참으로(최고로) 세상을 사랑하셨다. 하나님이 세상을 얼마나 사랑하셨는가 하면 '독생자, 유일무이한 아들'(τὸν υἱὸν τὸν μονογενῆ, unique Son)을 죄로 얼룩진 세상에 주셨다. 보통 하나님이 예수님을 세상에 '보내셨다'(ἀπέστειλεν)고 하는데(17절), 이곳에서는 '주셨다'(ἔδωκεν)고 한다. 하나님이 아들을 넘겨주셨으니 세상이 그 아들을 어떻게 대할지는 세상의 몫이다. 안타깝게도 세상은 하나님의 아들이신 예수님을 십자가에 못 박았다. 그러므로 요한은 십자가 사건을 회고하면서 '주셨다'라고 과거형으로 말한다(Burge).

하나님이 세상에 아들을 주신 것은 누구든지 그를 믿는 자마다 멸망하지 않고 영생을 얻게 하기 위해서다(16b절). 복음의 핵심은 하나님의 사랑에 대한 철학적 정의가 아니다. 복음의 핵심은 하나님의 구속하시는 사랑의 실천에 대한 선언이다(Mounce). 말씀이 육신이 되신 예수님이 하시는 모든 말씀과 행동은 세상에 대한 하나님의 사랑을 표현하고 실천하는 것이다. 하나님은 아무리 흉악한 죄인이라도 멸망하는 것을 기뻐하지 않으신다. 누구든지 자신이 보낸 아들을 믿고 영생을 얻기를 원하신다. 하나님은 생명을 기뻐하시는 분이다. 그러나 끝까지 예수님을 영접하지 않아서 멸망할 자들도 있다. 복음은 사람들을 영생을 얻는 자와 멸망할 자로 구분하는 하나님의 능력이다.

요한복음 3:16은 복음을 가장 핵심적으로 잘 요약한다. 그러므로 그리스도인들은 이 말씀을 외워 전도할 때 사용한다. 항상 가슴에 새기며 하나님의 사랑과 은혜를 묵상한다. 참으로 우리의 마음을 벅차게 하는 말씀이다. 그러므로 이 말씀으로 전도용 배너를 만들기도 한다. 이처럼 놀라운 복음(16절)을 선포한 저자는 나머지 부분(17-21절)에서 이 복음에 대해 추가적인 설명을 이어 간다.

첫째, 복음은 세상이 구원받게 하려는 하나님의 뜻이다(17절). 하나님이 아들이신 예수님을 세상에 보내신 것은 세상을 심판하기 위해서가 아니라 세상이 아들을 통해 구원을 얻게 하기 위해서다. 예수님이 단순히 '아들'(τὸν υἱὸν)로 불리는 것은 이번이 처음이다(cf. 3:36; 5:19; 6:40; 8:36; 14:13; 17:1).

종종 예수님이 심판하러 이 세상에 왔다고 하시는 것은 사실이다(cf.

9:39). 어둠(세상)이 심판을 피할 수 없는 것은 예수님이 일부러 심판하시고자 해서가 아니라 예수님의 거룩하심과 죄가 공존할 수 없기 때문이다. 그러므로 예수님은 구원뿐 아니라 심판을 위해서도 오셨다. 그러나 예수님이 이 땅에 오신 가장 기본적인 목적은 죄에서 헤매는 인류를 구원하기 위해서다. 예수님은 심판보다 훨씬 더 크고 위대한 목적인 구원을 이루기 위해 성육신하셨다. 예수님은 자신을 보내신 하나님이 하시고자 하는 일(구원)을 이루기 위해 이 땅에 오셨다.

둘째, 복음은 믿는 자들과 믿지 않는 자들을 심판으로 구별한다(18절). 예수님을 믿는 자는 심판을 받지 않는다(18a절). 주제가 세상에서 예수님으로 바뀌고 있다. '믿는 자'(ὁ πιστεύων)는 현재형 능동 분사(present active participle)이며 예수님을 전적으로, 또한 지속적으로 의지하는 사람이다. 구원에 이르는 사람이 예수님에 대해 취하는 자세가 이러해야 한다는 것이다. 이런 사람은 불신자들이 이미 심판을 받은 것처럼, 이미 구원을 얻었다. 그러므로 더욱더 주님을 믿고 따라야 한다.

반면에 믿지 아니하는 자는 이미 심판을 받았다(18c절). '이미 심판을 받았다'(ἤδη κέκριται)는 완료형(perfect) 동사에 '이미'(ἤδη)라는 부사를 더해 그들이 과거에 심판받은 것이 의심할 여지 없이 확실하다고 한다. 그들은 예수님을 통해서 온 복음을 지속적으로 거부했기 때문에 지속적으로 정죄당하는 상태에 처했다(Morris). 프롤로그에서 세상이 예수님을 알아보지 못하고 영접하지 않았다고 한 말씀과 맥을 같이한다(1:10-11).

그들이 이미 심판을 받은 이유는 딱 한 가지다. 하나님 독생자의 이름을 믿지 않았기 때문이다(18b절). '이름'(ὄνομα)은 그 이름을 지닌 이의 인격을 포함한 모든 것을 상징한다(cf. 1:12). 그러므로 예수님을 믿지 않았다는 것은 하나님이 보내신 유일무이한 아들을 완전히 거부했다는 뜻이다. 하나님은 사람을 심판하실 때 예수님을 믿는지 혹은 믿지 않는지 단 한 가지를 보신다. 그러므로 "나는 부족하여도 영접하실 터이니 예수 공로 의지하여 항상 빛을 보도다"라며 믿음과 확신으로 찬송을 드리는 것이다(cf. 새찬송가 493장).

셋째, 복음은 드러내는 일을 한다(19-21절). 하나님이 사람들을 심판하실 때 그들을 정죄하시는 기준은 빛으로 오신 예수님을 기피했는가 혹은 예수님께 나아왔는가이다. '정죄'(κρίσις)는 재판관의 판결(judgment)을 의미한다(BDAG). 하나님이 믿지 않는 자들을 정죄하신 것은 그들이 빛으로 오신 하나님의 유일무이한 아들보다 어둠을 더 사랑했기 때문이다(19절). 프롤로그에서는 세상을 어둠이라고 했다(1:5). 이 사람들은 빛으로 인해 자신들의 악한 행위가 드러나는 것을 싫어한다(20b절). 그러므로 빛으로 오신 예수님을 미워하며, 그에게 나아오지 않는다(20a절). 그러나 어둠은 빛을 이기지 못한다(1:5, cf. 새번역). 복음은 세상의 모든 악인과 악행을 드러내는(비추는) 일을 한다.

복음으로 인해 마음에 찔림을 받는 것은 좋은 일이다. 그러나 더 중요한 것은 찔림을 받은 후 취하는 행동이다. 영생을 결정하기 때문이다. 스데반의 설교를 듣고 마음에 찔림을 받은 유대인들은 더는 복음을 선포하지 말라며 그를 죽였다(행 7장). 반면에 베드로와 열한 사도의 설교를 들은 사람들은 마음에 찔림을 받아 죄를 회개하고 세례를 받았다(행 2장). 이 두 부류의 차이는 무엇일까? 첫 번째 부류는 하나님으로부터 단절된 곳에서 자기 자신을 중심으로 살아가는 사람들이다(Barrett). 이들은 하나님을 생각할 겨를이 없이 자기중심적으로 살아간다. 자신들의 악한 행동을 정당화하고 합리화한다. 그러므로 그들의 악한 행실에 대한 진실을 드러내는 빛을 기피하고 미워한다(20절). 어둠에 거하는 자들이 어떠한 이유로든 빛으로 나오지 않는 것은 불신이다(Schnackenburg). 그들은 진리를 두려워한다.

두 번째 부류는 항상 자신의 한계를 실감하며 부족함을 느낀다. 이들은 언젠가는 창조주의 심판을 피할 수 없다는 사실을 안다. 그러므로 최대한 선하게 살고자 한다. 그러다가 진리이신 예수님을 알게 되면 곧바로 나아온다. 그리고 고백한다. 부족하지만 그래도 최선을 다해 선을 행하며 살아온 것이 하나님 안에서 한 일(선하신 창조주 하나님을 의식해서 한 일)이라는 것을 나타내려고(고백하려고) 한다.

빛을 대하는 악인들과 의인들의 태도가 극명한 차이를 보인다. 악인들은 빛을 피하고, 빛에 드러나지 않으려고 어둠 속에 숨는다(20절). 반면에 의인들은 기쁜 마음으로 빛을 향해 나온다(20절). 하나님은 참 빛으로 오신 예수님을 피하는 자들을 악인으로 판결하시지만(19절), 빛으로 나아오는 자들에게는 그분의 자녀가 되는 권세를 주신다(1:12). 악인들은 참 빛을 수치로 생각하지만, 진리를 행하는 자들은 참 빛을 수치를 피할 유일한 방법으로 생각한다(Klink). 또한 악인들은 자신이 누구인가를 생각하지만, 진리를 행하는 사람들은 하나님과 예수님이 누구인가를 생각한다(Barrett). 바울은 이러한 상황에 대해 이 세상의 신이 믿지 않는 자들의 마음을 혼미하게 해서 예수님의 영광의 복음의 광채가 비치지 못하게 하기 때문이라고 한다(고후 4:4).

이 말씀은 하나님의 은혜를 입어 구원에 이르는 것은 우리 노력의 결과가 아니며 오직 참 빛이신 예수님을 영접해야만 가능하다고 한다. 이것이 복음이다. 복음은 하나님이 보내신 유일무이한 아들을 믿어 영생을 얻는 것이다. 이것이 하나님이 의도하시는 바이며, 예수님이 이 땅에 오셔서 십자가에서 자기 생명을 내어주신 이유다. 그러므로 구원을 얻고 영생에 이르는 것은 참 쉽다.

그러나 악인들은 예수님께 나오는 것을 거부하고 오히려 어둠 속에 숨는다. 심지어 주님을 미워하기도 한다. 자기중심적으로 살고 자기가 세운 기준에 따라 살다 보니 자신이 하는 모든 행동이 정당하고 합리적이라고 생각하기 때문이다. 그들은 절대적인 기준이 있다는 사실을 인정하지 않는다. 하나님이 사람을 심판하시는 유일하고 절대적인 기준은 예수님을 영접했는가 혹은 부인했는가다. 그러므로 자기 스스로 아무리 선한 사람이라 생각해도 소용없다. 이런 사람에게는 소망이 없다. 그러므로 구원을 얻고 영생에 이르는 것은 참 어렵다.

III. 공개 사역 시작(2:1–4:54)

D. 세례 요한(3:22–36)

이 섹션은 예수님에 대한 요한의 증언(22–30절)과 예수님의 절대적인 권세에 대한 저자의 설명(31–36절)으로 구성되어 있다. 요한이 왜 예수님이 자기보다 더 흥하게 되어도 시기하지 않는지에 대한 부연 설명이다. 요한은 하나님이 주신 역할(사명)을 확고히 깨달은 선구자(forerunner)다. 그는 자신이 예수님의 길을 예비하러 왔을 뿐 그 길을 갈 수 없다는 사실을 잘 안다.

   A. 예수님은 흥하고 요한은 쇠함(3:22–30)
   B. 세상에 대한 모든 권세를 받으심(3:31–36)

III. 공개 사역 시작(2:1–4:54)
  D. 세례 요한(3:22–36)

1. 예수님은 흥하고 요한은 쇠함(3:22–30)

[22] 그 후에 예수께서 제자들과 유대 땅으로 가서 거기 함께 유하시며 세례를 베푸시더라 [23] 요한도 살렘 가까운 애논에서 세례를 베푸니 거기 물이 많음이라 그러므로 사람들이 와서 세례를 받더라 [24] 요한이 아직 옥에 갇히지 아니하였더라 [25] 이에 요한의 제자 중에서 한 유대인과 더불어 정결예식에 대하여 변론이 되었더니 [26] 그들이 요한에게 가서 이르되 랍비여 선생님과 함께 요단 강 저편에 있던 이 곧 선생님이 증언하시던 이가 세례를 베풀매 사람이 다 그에게로 가더이다 [27] 요한이 대답하여 이르되 만일 하늘에서 주신

바 아니면 사람이 아무 것도 받을 수 없느니라 [28] 내가 말한 바 나는 그리스
도가 아니요 그의 앞에 보내심을 받은 자라고 한 것을 증언할 자는 너희니
라 [29] 신부를 취하는 자는 신랑이나 서서 신랑의 음성을 듣는 친구가 크게
기뻐하나니 나는 이러한 기쁨으로 충만하였노라 [30] 그는 흥하여야 하겠고 나
는 쇠하여야 하리라 하니라

예루살렘 근처에서 바리새인 지도자인 니고데모와의 만남을 뒤로하
고 예수님은 제자들과 함께 유대 땅으로 가서 유하시며 세례를 베푸셨
다(22절). 어떤 이들은 이 말씀을 예수님이 갈릴리 지역에서 유대와 예
루살렘으로 오신 것으로 해석하지만, '유대 땅'(τὴν Ἰουδαίαν γῆν)은 유
대의 시골(지방)을 뜻한다(BDAG, cf. NIV, NRS, ESV). 도심에서 변방으로
자리를 옮기신 것이다.

'유하다'(διατρίβω) 함께 시간을 보낸다는 뜻이다(BDAG). "말씀이 육신
이 되어 우리 가운데 거하시매"(1:14)라는 말씀의 의미를 생각하게 한
다. 예수님은 이처럼 우리와 함께 거하시며 우리의 사사로운 말동무와
위로가 되실 수 있다. 이렇게 하시려고 인간의 몸으로 태어나셨다. '임
마누엘'(우리와 함께하신다)이 무엇인지를 생각하게 한다.

예수님은 제자들과 머물며 세례를 베푸셨다. 예수님이 세례를 베푸
셨다는 사실은 학자들 사이에 방법과 대상에 대한 많은 추측을 낳았
다. 예수님은 요한처럼 침례(사람의 몸 전체를 물에 담그는 방법)로 세례를
주셨을 것이다. 당시 세례가 대부분 이랬기 때문이다. 또한 찾아온 모
든 사람에게 직접 세례를 베푸신 것이 아니라, 제자들에게 세례를 주
어 그들이 사람들에게 세례를 베풀게 하셨을 것이다. "예수께서 친히
세례를 베푸신 것이 아니요 제자들이 베푼 것이라"(4:2). 이 말씀의 핵
심은 사람들이 보기에는 요한의 세례와 예수님의 세례가 서로 대립하
거나 경쟁하는 것으로 보일 수도 있는 상황이었다는 점이다.

그러나 그렇지 않다. 요한복음에서 요한의 세례와 예수님의 세례는

하나이며, 둘 다 성령과 연관되었으며, 하늘에서 왔다(Klink). 하나님이 요한의 세례에 함께하신 것처럼 예수님의 세례에도 함께하셨다. 또한 요한이 자기 제자들에게 세례를 행하게 한 것처럼, 예수님도 제자들에게 세례를 행하게 하셨다(4:2).

같은 시기에 세례 요한과 그의 제자들도 살렘에 가까운 애논에서 세례를 베풀었다(23a절). '살렘에 가까운 애논'(Αἰνὼν ἐγγὺς τοῦ Σαλείμ)을 문자적으로 직역하면 '평화의 샘'(fountain of peace)이다(Morris). 매우 좋은 의미를 지닌 곳이다. 애논은 히브리어 단어 '샘'(עַיִן)을 헬라어로 음역한 것이며, 물이 많아서 이렇게 불린 것으로 보인다. '살렘에 가까운 애논'이 어디에 있었는지는 확실하지 않다(cf. Burge, Schnackenburg). 가장 유력한 곳으로는 갈릴리의 중심지였던 세겜과 그리심산 동쪽 지역이다(Keener). 그렇다면 요한은 유대 지역을 예수님과 제자들에게 넘기고 북쪽으로 사역지를 옮겼다(Mounce). 요한은 예수님이 사역을 시작하신 후에도 계속해서 준비하는 사역을 하고 있다. 언젠가는 그가 준비하는 '길'을 예수님이 걸으실 것을 기대하면서 말이다. 요한은 메시아의 길을 예비하는 자의 역할을 성실하게 하고 있다.

유대교 공회(산헤드린) 멤버인 니고데모는 유대교 리더 중 하나였다. 세례 요한은 유대교의 마지막 선지자였다. 유대교 리더인 니고데모는 예수님의 복음을 쉽게 이해하지 못했다. 반면에 유대교 선지자인 요한은 예수님이 가실 길을 철저히 준비하다가 때가 이르니 그 길을 예수님께 내어 주었다. 예수님이 바로 그가 그동안 길을 예비한 메시아이시기 때문이다(cf. 1:27).

예수님이 사역을 시작하신 후에도 세례 요한이 이처럼 활발하게 사역할 수 있었던 것은 아직 옥에 갇히지 않았기 때문이다(24절). 요한이 잡힌 이야기는 공관복음에 기록되어 있다(마 14:1-12; 막 6:14-29; 눅 3:19-20). 요한은 분봉 왕 헤롯에 의해 투옥되어 목숨을 잃었다. 우리가 복음서에서 접하는 헤롯왕은 셋이나 된다.

첫 번째 헤롯은 동방 박사들과 연관된 왕이며, 그는 '헤롯 대왕'(Herod the Great)으로 불리기도 한다(cf. 마 2:1). 이 사람이 제2성전을 재건했다. 그는 10명의 아내를 두었다. 헤롯 대왕이 죽은 후 그가 다스리던 나라는 셋으로 나뉘어 그의 아들들에게 분배되었다(ABD). 빌립(Philip II)은 가장 북쪽 지역, 곧 갈릴리 북쪽에 있는 이두매(Iturea)와 다마스쿠스의 남동쪽이자 갈릴리 호수 북동쪽에 있는 드라고닛(Tracontis) 지역의 분봉 왕이 되었다.

빌립의 이복형제인 안티파스(Antipas)는 17세에 갈릴리와 요단강 동편 베뢰아(Perea) 지역을 다스리는 분봉 왕(τετραάρχης, tetrarch)이 되었다. 그는 헤롯의 아들 중 신약과 가장 많은 연관이 있다. 예수님이 십자가에 매달리시기 전에 예수님을 인터뷰한 헤롯이 바로 이 사람이다(눅 23:6-12).

가장 남쪽 지역을 차지한 아켈라오(Archelaus)는 19세에 왕위에 올랐다. 그는 형제들보다 더 높은 지위인 에트나크(ἐθνάρχης, ethnarch, cf. 개역개정은 고린도후서 11:32에서 이 단어를 '고관'으로 번역함)가 되어 유다와 사마리아와 이두매를 다스렸다(ABD).

두 번째 헤롯은 아켈라오왕이다(cf. 마 2:22). 그도 아버지처럼 잔악한 사람이었다. 그러므로 이집트에서 돌아온 예수님의 아버지 요셉은 아켈라오가 다스리는 베들레헴에 정착하지 않고 세 번째 헤롯인 안티파스(Herod Antipas)가 다스리는 북쪽 지역의 나사렛에 정착했다.

헤롯 안티파스의 통치 수도는 디베랴(Tiberias)로 가버나움에서 약 14km 남쪽, 갈릴리 호수의 남서쪽 해변에 있었다(ABD). 그는 지난 30년 동안 이 지역을 다스렸다(Carson). 예수님의 갈릴리 사역 중심지가 디베랴에서 별로 멀지 않았기 때문에 헤롯은 예수님에 대한 소문을 접했을 것이다.

요한은 분봉 왕 헤롯 안티파스와 그의 동생 빌립의 아내 헤로디아(=헤롯의 제수[弟嫂])의 결혼을 반대했다가 옥에 갇혔다. 이 빌립은 아버지 헤롯의 영토 중 가장 북쪽을 차지한 분봉 왕 빌립(Philip II)과 다른 사람이다. 헤롯 안티파스는 나바티아(Nabatea) 왕 아레타스(Aretas IV)의 딸과 결혼했는데, 동생의 아내였던 헤로디아와 결혼하기 위해 이혼했다. 헤로디아도 안티파스와 결혼하기 위해 빌립과 이혼했다. 이 두 사람의 결혼은 유대인들에게 큰 스캔들이 되었다. 율법을 위반하는 결혼이었기 때문이다(레 18:16; 20:21).

게다가 헤로디아는 헤롯 안티파스의 반(半)형제인 아리스토불루스(Aristobulus)의 딸이었다. 결론적으로 헤롯은 반(半)조카(half-niece)인 헤로디아와 결혼한 것이다(Carson, Wilkins, cf. Osborne). 요한은 폭동을 선동했다는 혐의로 사해 동쪽에 있는 마케루스(Machaerus) 산성에 투옥되었다(DGJ, cf. 3절).

세례 요한을 잡아들인 헤롯은 그를 곧바로 죽이려 했지만, 백성이 요한을 선지자로 여겼기 때문에 주저했다. 요한이 아니라 그를 선지자로 따르는 무리가 두려웠기 때문이다. 헤롯이 요한을 해하지 못하는 모습은 유대교 지도자들이 예수님을 죽이려 하지만 예수님을 선지자로 생각하는 사람들이 두려워 실천하지 못하는 상황을 예시(foreshadowing)하기도 한다(cf. 마 21:46; 26:5).

요한의 제자들과 이름을 밝히지 않는 한 유대인 사이에 정결 예식에 관한 논쟁이 있었다(25절, cf. 새번역, 공동, NAS, NIV, NRS). 아마도 요한의 세례가 율법이 요구하는 정결 예식을 대체할 수 있는지 등 요한이 베푸는 세례와 율법의 연관성에 관한 논쟁이었을 것이다. 요한의 세례에 관해 기록한 요세푸스(Josephus)도 자신의 왜곡된 관점을 섞어 요한의 세례를 설명한 것으로 알려져 있다(Carson).

논쟁을 끝낸 요한의 제자들이 스승인 요한을 찾아가 예수님이 사람들에게 세례를 베푸시는 것을 알렸다(26절). 그들은 요한을 '랍비'(ῥαββί)라고 부르는데, 요한복음에서 예수님 외에 다른 사람이 이 호칭으로 불리는 것은 이곳이 유일하다. 그들은 스승인 요한이 요단강 저편(동쪽)에서 증언하시던 이가 세례를 베풀고 있으며, 사람들이 모두 예수님에게 가고 있다고 말했다. 그들도 요한이 예수님에 대해 어떻게 생각하고 있는지 잘 알지만(cf. 1:15), 사람들이 예수님께 몰려가니 위기감을 느끼고 이렇게 말했다. 예수님과 요한을 경쟁 관계로 본 것이다.

요한은 제자들에게 '하늘이 주신 바 아니면 사람이 아무것도 받을 수 없다'는 일종의 격언(aphorism, maxim)을 사용해 대답한다(27절. cf. Carson). 요한의 제자들이 세상을 비추고 있는 참 빛이신 예수님이 하늘에서 오신 분이라는 사실을 깨닫지 못하고 있다는 것이다(cf. 1:5). 그러면서 요한은 제자들에게 요한 자신은 그리스도가 아니라 그분이 오시기 전에 보내심을 받은 자라고 증언한 것을 기억하라고 한다(28절; cf. 1:6). 요한은 예수님이 사역을 시작하심으로써 자신의 증인 역할이 막바지에 도달했음을 의식하고 있다.

물론 요한의 제자 중 일부는 스승이 증언한 것도 믿지 않을 것이다. 이들은 훗날 에베소까지 진출해 사람들에게 요한의 세례를 주었다(행 19:1-7). 스승의 말을 믿지 않는 제자들이 참으로 황당하고 어이없어 보이지만, 우리 주변에도 항상 이런 자들이 있다. 그들은 예수님과 상관없이 예수님의 가르침에 역행하는 말과 방법으로 교회를 운영한다.

요한은 예수님과 연관된 자신의 역할을 결혼식 비유를 통해 마지막으로 증언한다(29절). 우리는 이미 가나의 혼인 잔치(2:1-12)를 접했기 때문에 결혼 비유가 낯설지 않다. 요한은 예수님은 결혼식의 신랑이고, 자신은 신랑의 친구에 불과하다고 한다. 구약은 이스라엘을 하나님의 신부로 묘사하고(호 2:16-23; 사 62:5), 신약은 예수님을 신랑으로(막 2:19; 고후 11:2; 엡 5:23-32) 그리고 교회를 예수님의 신부로 묘사한다(계 19:7; 21:2, 9; 22:17).

결혼식에서 신랑의 친구는 연회장(cf. 2:9)이 되어 모든 예식과 잔치가 잘 진행되도록 관리하는 역할을 한다. 그러나 결혼식의 주인공은 그가 아니며 신랑이다. 유대인들은 이 역할을 맡은 친구를 쇼시벤(shoshben)

이라고 불렀다. 쇼시벤은 신부가 몸단장을 하고 예복을 차려 입으면 그녀를 에스코트해서 신랑에게 데려가는 역할도 했다(McHugh). 이런 면에서 요한은 하나님의 백성이 메시아로 오신 예수님을 신랑으로 맞이하도록 준비시키는 사람이었다.

앞서 요한은 자신이 광야에서 외치는 자의 소리에 불과하며 그리스도의 신발 끈도 풀 수 없는 비천한 사람이라고 증언했다(1:23, 27). 예수님은 '내가 그니라'(ἐγώ εἰμι)라고 하신 분이며(18:5, 8; 막 14:62), 요한은 그분의 길을 예비하도록 증인으로 보냄받은 사람에 불과하다(1:6-7). 요한은 이 사실을 잘 알고 있으며, 제자들에게도 이같이 증언했다.

요한은 사람들이 예수님께 모여들고 있다는 소식을 듣고 기뻐했다(29b절). 그러면서 예수님은 흥해야 하며 자신은 쇠해야 한다고 말했다(30절). 요한은 가능한 한 많은 사람이 예수님께 모여들기를 간절히 바라고 있다. 또한 최대한 빨리 많은 사람이 자신에게서 떠나가기를 소망한다. 그가 이 땅에 온 목적은 예수님의 길을 예비하기 위해서이기 때문이다. 요한은 하나님이 주신 사명을 확실히 알고 사심 없이 그 일에 충성한 사람이다.

이 말씀은 하나님이 각자에게 주신 사명은 저마다 다르며, 남이 받은 사명을 탐해서는 안 된다고 한다. 요한은 자기에게 오던 사람들이 예수님께 간다는 소식을 듣고 실망하거나 시기하지 않고 오히려 기뻐했다. 그는 예수님과 자신의 사명이 다르기 때문에 경쟁하면 안 된다는 사실을 잘 알고 있었다. 우리도 요한처럼 하나님이 각자에게 주신 사명에만 충실해야 한다. 남이 받은 사명을 탐하거나 비방해서는 안 된다. 하나님이 각자에게 몫을 주셨기 때문이다. 또한 하나님은 우리가 받은 사명을 이루어 가도록 도우실 것이다. 하나님은 사명을 주시면 그 사명을 감당할 능력도 주시기 때문이다.

또한 이 말씀은 사역자가 세상 권세자들의 죄를 지적할 때는 순교할 각오로 하라고 한다. 요한은 분봉 왕 헤롯의 죄를 지적했다가 참으로 어이없게 목숨을 잃었다. 하나님을 섬기지 않는 권력자들에게 하나님의 사람들은 양심에 가책을 느끼게 하는 귀찮은 존재에 불과하다. 그러므로 직언할 때는 죽을 각오로 해야 한다. 전도와 선교도 마찬가지다. 진리를 선포할 때는 비장한 각오로 해야 한다.

2. 세상에 대한 모든 권세를 받으심(3:31-36)

³¹ 위로부터 오시는 이는 만물 위에 계시고 땅에서 난 이는 땅에 속하여 땅에 속한 것을 말하느니라 하늘로부터 오시는 이는 만물 위에 계시나니 ³² 그가 친히 보고 들은 것을 증언하되 그의 증언을 받는 자가 없도다 ³³ 그의 증언을 받는 자는 하나님이 참되시다는 것을 인쳤느니라 ³⁴ 하나님이 보내신 이는 하나님의 말씀을 하나니 이는 하나님이 성령을 한량 없이 주심이니라 ³⁵ 아버지께서 아들을 사랑하사 만물을 다 그의 손에 주셨으니 ³⁶ 아들을 믿는 자에게는 영생이 있고 아들에게 순종하지 아니하는 자는 영생을 보지 못하고 도리어 하나님의 진노가 그 위에 머물러 있느니라

학자들 사이에 3:16-21이 앞에서 시작된 예수님의 말씀이 계속 이어지는 것인지 혹은 저자 요한의 묵상인지에 대한 논란이 있는 것처럼, 본 텍스트도 세례 요한의 말이 이어지는 것인지 혹은 저자 요한의 말인지에 대해 다소 논란이 있다. 3장을 마무리하는 36절까지 세례 요한의 증언이 이어지고 있다고 주장하는 이들이 있는가 하면(Barrett, Haenchen, cf. NIV), 이 텍스트는 니고데모 이야기(3:1-21)와 더 잘 어울린다며 텍스트의 순서가 섞이거나 잘못된 것이라고 주장하는 이들도 있다(Bultmann, Brown, Schnackenburg). 그러나 3:16-21이 저자의 설명(묵상)인 것처럼, 본문도 저자 요한의 것으로 간주하는 것이 바람직하다

(Burge, Carson, Klink, Mounce, O'Day, cf. NRS).

예수님과 세례 요한을 대조하고자 하는 저자는 예수님은 위로부터 오신 분이며, 세례 요한은 땅에서 난 자라고 한다(31절). 예수님과 세례 요한의 차이는 하늘과 땅 차이에 비교할 만하다는 것이다. 하늘로부터 오신 예수님은 만물 위에 계신다. 온 인류를 다스리시는 최고 통치자라는 뜻이다(Barrett). 반면에 땅에서 온 요한은 땅에 속했다. 예수님의 다스림을 받는 자라는 뜻이다.

요한복음에서 '땅'(γῆ)은 하늘과 대조되는 공간적인 개념이며, 특정한 부정적 의미를 담고 있지는 않다. 요한이 부정적인 의미로 우리가 사는 공간을 지적할 때는 '세상'(κόσμος)이라고 한다(Mounce, cf. 1:10). 그러므로 요한이 땅에 속했다는 것은 부정적인 의미를 동반하지 않는다.

이 구절은 예수님이 '만물 위에 계신 분'이라는 사실로 시작하고 마무리함으로써 예수님의 절대적인 권세를 두 차례 강조한다. 온 세상을 다스리는 권세를 지니신 예수님은 또한 하늘에서 오신 분이므로 하늘의 일을 말씀하신다. 진리는 하늘에서 내려오는 것이지 사람들이 이 땅에서 노력해 찾아내는 것이 아니다(Burge). 반면에 땅에서 온 요한은 땅에 속한 것을 말할 수밖에 없다. 그는 하늘에서 오지 않았고, 특별한 계시가 없는 한 하늘의 일을 알 수 없기 때문이다. 겉으로 보기에는 성육신하신 예수님과 세례 요한 사이에 별반 차이가 없다. 그러나 둘의 차이는 하늘과 땅 차이다. 저자 요한은 우리 눈에 보이는 것이 실체의 전부가 아니라고 한다.

하늘에서 하나님과 함께 계셨던 예수님(cf. 1:1)은 친히 보고 들은 것을 증언하신다(32a절). 보는 것은 빛으로 오신 것을(cf. 1:5, 9), 들은 것은 말씀으로 오신 것을(1:14) 떠올리게 한다. 예수님은 하늘과 땅에서 일어나는 일을 모두 아신다. 직접 보고 들으셨기 때문이다. 그러므로 예수님의 증언은 땅에 속한 것만 말할 수 있는 세례 요한의 증언과 질적으로 다르다.

그러나 예수님의 참된 증언을 받는 자가 없다(32절). 하늘에서 온 진리는 하늘의 일에 익숙하지 않은 이 땅 사람들에게 이질적이기 때문이다. 또한 죄로 얼룩진 사람들은 모두 자기가 원하는 것만 듣고, 보고, 믿고자 한다. 그러므로 예수님이 참 진리에 대해 증언하셔도 거부하는 자가 많다.

다행인 것은 많지는 않아도 예수님의 증언을 받는 자들이 있다는 사실이다(33a절; cf. 1:12). 그들은 하나님이 참되시다는 것을 인쳤다 (33b절). '받는 자'(ὁ λαβὼν)와 '인쳤다'(ἐσφράγισεν)는 둘 다 부정 과거형 (aorist)이다. 확고하게 최종 결단을 하고 하나님을 따르는 사람들이다 (Strachan). 인을 친다는 것은 문서를 밀랍으로 봉인하고 도장을 찍는 행위다(cf. BDAG). 그들이 인을 치는 것은 하나님이 참되시다는 사실을 보증한다(seal of approval)(Mounce).

땅에서 난 자들은 하늘에서 내려오신 예수님의 증언을 듣고 어떻게 반응하느냐에 따라 하나님을 참되다고 하거나 거짓말하는 자라고 한다. "하나님의 아들을 믿는 자는 자기 안에 증거가 있고 하나님을 믿지 아니하는 자는 하나님을 거짓말하는 자로 만드나니 이는 하나님께서 그 아들에 대하여 증언하신 증거를 믿지 아니하였음이라"(요일 5:10). 불신은 개인적인 선택이지만, 하나님을 거짓말하는 이로 몰아가는 행위이기도 하다. 이와는 대조적으로 믿음은 하나님이 참되시다는 사실을 고백하는 것이다(cf. 14:6; cf. 8:26). 그러므로 우리는 진리로 하나님을 예배하며 하나님이 진리이심을 고백해야 한다(Calvin).

하나님이 보내신 예수님은 하나님의 말씀을 하신다. 하나님이 예수님에게 성령을 한량없이 주셨기 때문이다(34절). 아들 하나님이신 예수님의 삶과 사역에 아버지 하나님과 성령 하나님이 계속 함께하신다는 뜻이다. '한량없이'(οὐ γὰρ ἐκ μέτρου)는 어떠한 제한도 없는 무한정이라는 의미다. '한량없는 성령'은 성부가 성자의 사역을 돕는 방법이며, 한계를 지녔던 선지자들로부터 예수님을 차별화하는 것이기도 하다(cf.

히 1:1-5). 성령은 예수님이 세례를 받으실 때 임하셨으며, 주님과 계속 함께하신다(cf. 1:32-33). 예수님은 십자가에서 영광을 받으신 후 성령을 우리에게 보내주실 것이다(cf. 7:37-39).

하나님 아버지는 아들을 사랑하셔서 만물을 다 그의 손에 주셨다(35절; cf. 마 11:27). '주셨다'(δέδωκεν)는 완료형이며 예수님의 영구적인 소유권을 강조한다(cf. 13:3). 모든 것을 얼마나 많이 주셨는지 아들은 아버지의 완벽한 대언자와 계시자가 되셨다(Bruce). 예수님이 아버지처럼 되신 것이다(Augustine, cf. Klink). 옛적에 다니엘 선지자는 이러한 환상을 보았다. "내가 또 밤 환상 중에 보니 인자 같은 이가 하늘 구름을 타고 와서 옛적부터 항상 계신 이에게 나아가 그 앞으로 인도되매 그에게 권세와 영광과 나라를 주고 모든 백성과 나라들과 다른 언어를 말하는 모든 자들이 그를 섬기게 하였으니 그의 권세는 소멸되지 아니하는 영원한 권세요 그의 나라는 멸망하지 아니할 것이니라"(단 7:13-14).

하늘에서 오신 아들을 믿거나 믿지 않는 것은 영원한 차이를 유발한다(36절). 아들을 믿는 자들에게는 하나님이 영생을 주시지만, 아들에게 순종하지 않는 자는 영생을 얻지 못할 뿐 아니라 오히려 하나님의 진노가 그들 위에 머물기 때문이다. '순종하지 않는 자'(ἀπειθῶν)는 복음서에서 이곳에만 사용된다. 인상적인 것은 믿음과 불신이 대조되는 것이 아니라 믿음과 불순종이 대조된다는 점이다. 불신의 가장 큰 문제는 하나님에 대한 불순종이기 때문이다.

'하나님의 진노'(ἡ ὀργὴ τοῦ θεοῦ)는 심판을 뜻하며, '머물러 있다'(μένει)는 현재형이다. 하나님의 심판이 불순종하는 자들 위에 이미 머물고 있으며, 앞으로도 계속 머물 것이라는 뜻이다. '보지 못한다'(οὐκ ὄψεται)는 미래형이다. 하나님의 영원한 심판과 영생이 극명한 대조를 이룬다(cf. 롬 1:18ff.). 아들의 증언을 거부한 자들은 영생이 영원히 보지 못할 것이다. 이것은 약속이 아니라 경고다(Bultmann).

이 말씀은 하늘에서 오신 예수님의 증언에 어떻게 반응하느냐에 따라 사람의 영원(eternity)이 결정된다고 한다. 하나님 아버지와 성령 하나님이 예수님의 삶과 말씀에 함께하시기 때문에 예수님의 가르침과 증언은 참되다. 또한 예수님의 말씀은 하늘에서 유래한 하늘에 관한 진리이기에 이 땅의 사람들이 잘 이해할 수 없다. 오직 하나님이 은혜를 주셔야만 제대로 이해할 수 있다. 예수님의 말씀을 받아들이면 영생을 누리지만, 거부하면 영원한 심판을 피할 수 없다. 또한 아버지와 아들과 성령은 삼위일체 하나님이기 때문에 구분은 하지만 차별해서는 안 된다.

하나님이 예수님을 이 땅에 보내실 때 모든 것을 주시고 심지어 성령도 한량없이 주신 것처럼, 우리에게 소명을 주시면 이룰 능력도 주실 것이다. 그러므로 우리는 우리의 재능이 아니라 하나님이 주신 능력을 최대한 사용해 사역해야 한다.

III. 공개 사역 시작(2:1-4:54)

E. 사마리아 여인(4:1-42)

예수님이 유대 지방을 떠나 갈릴리로 가시는 중에 사마리아를 지나실 때 있었던 일이다. 예수님은 우물가에서 한 여인을 만나 상당히 긴 대화를 나누신다. 앞에서 만난 니고데모(3:1-21)는 사람들에게 환영받는 유대교 지도자였지만, 이 여인은 도덕적으로 흠이 많아 외면당할 위치에 있는 낮은 자였다(Mounce). 니고데모는 율법과 유대교에 대해 참으로 많은 것을 알지만, 사마리아 여인은 조상 대대로 내려온 종교밖에 모른다(Carson).

그러나 대화를 통해 예수님이 구세주이신 것을 알게 된 여인은 동네 사람들을 데려와 함께 예수님을 믿었다. 니고데모가 예수님과 대화를 나눈 후 어떤 결단을 내렸는지에 대해 복음서가 침묵하는 것과 매우

205

대조적이다(Burge). 그럴 수밖에 없는 것이 니고데모는 밤에 예수님을 찾아온 어둠에 거하는 사람이며, 이 여인은 대낮에 예수님을 만난 빛의 자녀다(Pazadan, cf. 1:5, 9-12). 예수님은 이 일을 통해 제자들에게 전도와 선교에 대해 가르치신다. 본 텍스트는 다음과 같이 구분된다.

A. 갈릴리로 가시고자 함(4:1-6)
B. 첫 번째 말씀: 물을 달라고 하심(4:7-9)
C. 두 번째 말씀: 생수를 구하라(4:10-12)
D. 세 번째 말씀: 영생의 샘물(4:13-15)
E. 네 번째 말씀: 여인과 남편들(4:16-18)
F. 다섯 번째 말씀: 예배와 예배자들(4:19-24)
G. 여섯 번째 말씀: 메시아가 오셨다(4:25-26)
H. 제자들과 여인과 예수님(4:27-38)
I. 세상의 구주(4:39-42)

III. 공개 사역 시작(2:1-4:54)
  E. 사마리아 여인(4:1-42)
---

1. 갈릴리로 가시고자 함(4:1-6)

[1] 예수께서 제자를 삼고 세례를 베푸시는 것이 요한보다 많다 하는 말을 바리새인들이 들은 줄을 주께서 아신지라 [2] (예수께서 친히 세례를 베푸신 것이 아니요 제자들이 베푼 것이라) [3] 유대를 떠나사 다시 갈릴리로 가실새 [4] 사마리아를 통과하여야 하겠는지라 [5] 사마리아에 있는 수가라 하는 동네에 이르시니 야곱이 그 아들 요셉에게 준 땅이 가깝고 [6] 거기 또 야곱의 우물이 있더라 예수께서 길 가시다가 피곤하여 우물 곁에 그대로 앉으시니 때가 여섯 시쯤 되었더라

예수님이 성전을 정결하게 하시고, 수많은 사람이 예수님과 제자들에게 모여들자 바리새인들이 관심을 가지고 예수님을 주시했다(1절). 바리새인들은 예전에 세례 요한을 감시한 적이 있다(1:19, 24). 그런데 예수님의 위상과 인기가 세례 요한을 초월했다(3:26-30). 또한 요한의 제자 몇 명이 예수님의 제자가 되었다(cf. 1:35-37). 그러므로 바리새인들이 예수님을 감시하는 것은 당연하다고 할 수 있다. 예수님도 자신이 바리새인들의 집중 감시를 받고 있다는 사실을 아신다. 유대인들은 처음부터 예수님을 좋아하지도, 영접하지도 않았다(cf. 1:11).

이어지는 2절인 "예수께서 친히 세례를 베푸신 것이 아니요 제자들이 베푼 것이라"는 요한복음에서 가장 어색한 말씀이다(O'Day). 개역개정도 2절을 괄호로 감싸고 있다. 이 말씀이 문맥과 잘 어울리지 않아 보이기도 하고, 저자 또한 이 말씀을 통해 바리새인들이 예수님의 세례를 문제 삼고 있음을 암시하는 듯하다. 그러나 실제로는 예수님이 사람들에게 직접 세례를 베풀지는 않으셨다며 바리새인들이 잘못 알고서 예수님을 감시하고 있다고 지적하는 듯하다.

유대 지방에 남아 바리새인들과 갈등을 빚는 것보다는 갈릴리로 가서 복음 선포하는 것이 좋다고 생각하신 예수님은 갈릴리를 향해 떠나셨다(3절, cf. Michaels). '떠나다'(ἀφίημι)는 '버리고 떠나다'라는 강력한 의미를 지닌다(TDNT). 그러므로 일부 주석가는 예수님이 유대 지역에서 선포하신 복음을 거부한 사람들을 버리고(정죄하고) 떠나신 것으로 해석하기도 한다(Klink, Morris).

어떤 이들은 예수님이 갈릴리에서 사역을 시작하셨다며, 예수님이 유대를 떠나 갈릴리로 가셨다는 요한복음의 정보가 잘못된 것이라고 한다. 그러나 공관복음은 예수님이 세례 요한이 잡힌 다음에 갈릴리로 가셨다고 한다(마 4:12; 막 1:14). 예수님은 요단강에서 세례를 받으신 후 한동안 유대 지역에서 사역하셨다. 그러다가 세례 요한이 잡혔다는 소식을 들으시고 갈릴리로 가셨다. 아마도 세례 요한과의 연관성 때문에 요한이 투옥되자 어느 정도의 위협을 느끼셨을 것이다(Burge).

예수님은 갈릴리로 가는 길에 사마리아를 통과하셨다(4절). 당시 유대에서 갈릴리로 가는 경로는 크게 두 가지였다. 예수님이 택하신 길은 빠른 길이지만 사마리아를 통과해야 했다. 반면에 사마리아를 지나가길 꺼리는 사람들은 여리고로 내려가 강을 건너 북쪽으로 올라가든지, 혹은 요단강 주변을 따라 사마리아를 우회해 길보아산이 보이는 스키토폴리스(Scythopolis, 구약에서는 벧산으로 불림, cf. 삼상 31:10, 12)에서 다시 내륙으로 들어와 이스르엘 계곡을 지나 갈릴리 지역으로 들어갔다(ABD). 중요한 것은 예수님이 유대인이 모여 있는 유대 지역을 떠나 이방인이 주류를 이루는 갈릴리와 사마리아 지역으로 사역 장소를 옮기신다는 사실이다.

유대에서 사마리아를 관통해 갈릴리로 가는 여정은 사흘 길이었다(Carson, Mounce). 사마리아에 도착하셨을 때는 아마도 최소한 하루를 걸어오셨을 것이다. 북쪽 갈릴리 지역과 남쪽 예루살렘을 중심으로 하는 유대 지역 사이에 자리한 사마리아는 독특한 역사와 거주민을 지닌 땅이다. 주전 722년에 아시리아 사람들은 북 왕국 이스라엘의 수도 사마리아를 함락시키고 이스라엘 사람 중 상류층과 제국에 도움이 될 만한 사람들을 모두 잡아갔다. 끌려간 이스라엘 사람들은 아시리아 영토 곳곳에 정착했으며, 아시리아 제국의 정책에 따라 다른 인종과의 결혼을 강요당했다.

또한 아시리아 사람들은 제국 곳곳에서 여러 민족을 사마리아 지역으로 끌고 와 정착시켰다. 이들도 정책에 따라 사마리아에 남아 있던 이스라엘 사람들(대부분 가난하고 기술도 없는 사람들)과 결혼을 강요당했다. 이렇게 해서 사마리아는 이스라엘 사람과 이방인이 모여 사는 곳이 되었고, 이방인과 유대인의 피가 섞인 혼혈 인종이 주류를 이뤘다. 바빌론 포로 생활을 마치고 돌아온 유대인들은 이들을 이스라엘 사람으로 여기지 않았으며, 항상 적대적으로 대했다.

사마리아인 중 유대교를 지향하는 사람들은 구약 중 모세 오경만 경전으로 인정했다. 나머지 사마리아인들은 자체적인 종교를 가졌는데 (cf. 4:20), 주전 128년 유대 하스모니안 (Hasmonean) 왕조의 통치자 히르카누스(John Hyrcanus)가 세겜의 그리심산에 있던 사마리아인들의 신전을 파괴하면서 대립 관계가 한층 더 심각해졌다. 이에 유대인들은 가능한 한 사마리아 지역을 피해서 다녔다.

저자는 예수님이 사마리아를 '통과해야 했다'고 한다. 학자들은 '반드시 해야 했다'(Ἔδει)를 두 가지로 해석한다. 하나는 예수님이 개인적인 편리함을 위해 가장 거리가 짧고 빠른 길을 택할 수밖에 없었다는 것이며(Barrett), 다른 하나는 하나님의 계획에 따라 필연적으로 이 길을 택할 수밖에 없었다는 것이다(Brown, cf. 3:14, 30; 9:4). 둘 중 하나를 선택하는 것보다는 두 가지 의미를 모두 지닌 것으로 해석하는 것이 좋다(Mounce, O'Day). 때로는 우리의 개인적인 필요가 하나님의 계획하심과 조화를 이룰 때가 있기 때문이다.

예수님은 사마리아에 있는 수가라는 동네에 이르셨다(5a절). '수가'(Συχὰρ)가 사마리아 지역의 한 마을이었던 것은 확실하지만, 정확한 위치는 알 수 없다(ABD). 요한은 야곱이 그의 아들 요셉에게 준 땅 가까운 곳에 있는 마을이라고 한다(5b절). 야곱은 세겜 성읍 앞에 있는 밭을 세겜 사람들에게 구입한 적이 있는데(창 33:18-20), 이 땅을 훗날 요셉에게 주었다(창 48:22). 그러므로 수가는 세겜 근처에 있었을 것이다 (Beasley-Murray, McHugh). 수가가 에발산 자락에 있었다고 주장하는 이들도 있다(Carson).

수가에는 야곱의 우물이 있었다(6a절). 구약은 이 우물에 대해 어떠한 언급도 하지 않지만, 예수님 시대에는 이 우물이 야곱의 우물로 알려져 있었다. 예수님은 전날 온종일 걸으시고, 이날도 여섯 시까지 걸으셨으므로 매우 피곤해 우물 곁에 앉으셨다. 유대인들은 해가 뜨는 때부터 지는 때까지의 시간을 12등분했다. 그러므로 여섯 시는 해가 가장 뜨거울 때인 정오(우리 시간으로 낮 12시)다(cf. 새번역, 공동, NIV, NRS).

구약에는 우물에서의 만남이 결혼으로 이어지는 일이 여럿 있다. (1) 아브라함의 종이 이삭의 신부 리브가를 우물에서 만났다(창 24:1–27). (2)야곱이 아내 라헬을 만난 곳도 우물이다(창 29:1–12). (3)모세가 아내 십보라를 만난 곳도 우물이다(출 2:15–21). 그러므로 어떤 이들은 결혼을 중심 주제로 삼아 이 이야기를 해석하려고 한다(cf. Haenchen, Klink). 예수님이 유대 사람뿐 아니라, 이방인의 '신랑'으로 오셨다는 것이다(O'Day). 그러나 본문은 옛적 사르밧성 밖에서 나뭇가지를 줍는 여인에게 물을 달라고 했던 엘리야의 이야기처럼 목마른 나그네에게 호의(hospitality)를 베푸는 이야기다(cf. 왕상 17:10–11).

예수님이 피곤해하셨다는 것이 매우 인상적이다. 요한복음은 그 어느 복음서보다 예수님의 신성을 강조하는 책이다. 이런 상황에서 예수님의 인성에 대한 정보가 주어지는 것은 독자들로 하여금 예수님의 신성과 인성에 대해 균형을 유지하게 하려는 취지다. 앞으로도 요한은 예수님이 나사로를 사랑하셨고(11:3), 나사로의 누이 마리아의 눈물에 마음 아파하며 눈물을 흘리셨고(11:33–35), 다가오는 죽음에 대해 매우 괴로우셨고(12:27), 십자가에서 목이 타는 갈증을 느끼셨다며(19:28) 예수님의 인성에 대해 계속 알려 준다. 히브리서 기자는 예수님의 인성에 대해 이렇게 증언한다. "우리에게 있는 대제사장은 우리의 연약함을 동정하지 못하실 이가 아니요 모든 일에 우리와 똑같이 시험을 받으신 이로되 죄는 없으시니라"(히 4:15).

예수님이 우물에 도착하신 시간은 여섯 시다(6절). 유대인의 시간으로 여섯 시는 우리 시간으로 정오(낮 12시)다. 로마 사람들의 시간으로 하자면 오전 6시다. 예수님이 피곤함을 느끼시는 것으로 보아 유대인들의 시간이다(cf. Carson). 예수님이 밤새 길을 걸으셨을 것으로 보이지는 않기 때문이다.

이 말씀은 예수님도 우리와 같이 피곤을 느끼고 지치기도 하셨다고 한다. 예수님은 하나님이시며 또한 인간이시다. 그러므로 우리가 경험하는 모든 감정과 어려움을 아신다. 이런 분이 우리의 주님이시기에 우리는 어려움에 처할 때마다 예수님께 도움을 청할 수 있다. 그리고 주님은 우리를 도우실 것이다.

예수님이 사역지를 유대인이 모여 있는 땅에서 이방인이 주류를 이루는 곳으로 옮기신다. 유대 지역에 남아 바리새인들과 갈등을 빚는 것보다 당분간 그 자리를 피하는 것이 좋다고 생각하셨기 때문이다. 또한 이방인 선교와 전도를 본격적으로 시작하기 위해서다. 교회는 전도와 선교를 위해 존재한다. 우리가 받은 복음을 세상 모든 사람과 나누어야 한다. 하나님의 축복은 나눌수록 더 풍성해진다. 복음을 선포하면 새로운 생명의 탄생을 경험할 수 있다.

Ⅲ. 공개 사역 시작(2:1-4:54)
　　E. 사마리아 여인(4:1-42)

2. 첫 번째 말씀: 물을 달라고 하심(4:7-9)

> ⁷ 사마리아 여자 한 사람이 물을 길으러 왔으매 예수께서 물을 좀 달라 하시니 ⁸ 이는 제자들이 먹을 것을 사러 그 동네에 들어갔음이러라 ⁹ 사마리아 여자가 이르되 당신은 유대인으로서 어찌하여 사마리아 여자인 나에게 물을 달라 하나이까 하니 이는 유대인이 사마리아인과 상종하지 아니함이러라

피곤해진 예수님이 우물가에 앉아 계실 때 한 사마리아 여인이 물을 길으러 왔다(7a절). 이 사마리아 여인(γυνὴ ἐκ τῆς Σαμαρείας)은 사마리아 성 거주민이 아니다. 사마리아성은 이곳에서 북서쪽으로 10여㎞, 곧 걸어서 몇 시간 떨어진 곳에 있었다(Barrett). 그러므로 여인이 사마리아인이라고 하는 것은 이 지역에 사는 사람이라는 뜻이다(Klink).

사마리아인은 하나님의 백성이라 자부하는 유대인들에게서 가장 반

대되는 위치에 있는 사람들이다. 이미 언급한 것처럼 이 둘 사이에는 오랜 갈등이 있었고, 당시 유대인이 가장 혐오하는 사람에 속했다. 그러므로 경건한 유대인 랍비인 예수님과 사마리아인, 게다가 다섯 남편을 둔 여인의 모습이 더욱더 대조된다. 당시 통념상 예수님 같은 분은 절대 이런 여인과 말을 나누시면 안 된다.

당시 여인들은 여럿이 함께 우물에 와서 물을 길었다. 그러나 이 여인은 홀로, 그것도 날씨가 더워 사람들이 별로 활동하지 않는 대낮에 물을 길으러 왔다. 아마도 사람들의 시선을 피하기 위해서였을 것이다(cf. 4:18). 여인이 물을 길어 집으로 돌아갈 때쯤, 예수님이 그녀에게 물을 좀 달라고 하셨다(7b절, cf. Mounce). '달라'(δός)는 부정 과거형 명령(aorist imperative)이며 정중하게 부탁하는 표현이다(Wallace). 예수님이 물을 가진 여인에게 도움을 청하시는 것이다.

만일 제자들이 옆에 있었다면 예수님은 그들에게 물을 부탁하셨을 것이다. 제자들이 아닌 여인에게 물을 부탁하신 것은 제자들이 먹을 것을 사러 동네에 들어가 예수님 곁에 아무도 없었기 때문이다(8절). 예수님이 여인에게 물을 달라고 하신 일은 당시 유대인이라면 하지 않는 일이었다. 그러므로 요한은 예수님이 사마리아 여인에게 물을 부탁하는 다소 충격적인(파격적인) 행동을 하신 것은 제자들이 없었기 때문이라고 설명한다.

여인은 물을 달라는 청을 거부하지는 않지만, 예수님이 취하시는 행동이 좀처럼 이해되지 않는다며 유대인이신 예수님이 어찌하여 사마리아 여자인 자기에게 물을 달라고 하느냐고 물었다(9a절). 여인은 당시의 관례 두 가지를 염두에 두고 예수님께 질문한다. 첫째, 유대인 남자들은 모르는 여자에게 먼저 말을 걸지 않았다(Daube). 집 밖에서는 아내와도 거의 말을 하지 않았다. 더욱이 예수님은 유대교 랍비(선생)의 모습을 하고 계셨다. 반면에 여인은 유대인이 경멸하는 사마리아인이었다. 그러므로 예수님이 그녀에게 말을 건네신 것은 가히 충격적이다.

둘째, 유대인들은 부정해질까 봐 사마리아인과 상종하지 않았다(9b절). 훗날 랍비들은 사마리아인을 태어날 때부터 월경하는 부정한 여인처럼 대했다(Daube). 그러므로 여인의 입장에서는 이러한 관례를 깨고 물을 달라고 하시는 예수님이 놀라울 따름이다.

이 말씀은 하나님 나라에는 인종적·민족적 차별이 없다고 한다. 예수님은 당시 유대인들이 가장 경멸했던 사마리아인, 그것도 매우 부끄러운 과거를 가진 여인에게 먼저 말을 거셨다. 문화적·종교적·민족적 벽을 허물고 그녀를 구원하시고자 손을 내미신 것이다. 이 여인도 유대교 선생이었던 니고데모와 다름없이 하나님의 은혜와 구원이 필요했기 때문이다. 복음은 사회적 지위와 상관없으며, 그 누구도 차별하지 않는다.

> III. 공개 사역 시작(2:1-4:54)
>   E. 사마리아 여인(4:1-42)

3. 두 번째 말씀: 생수를 구하라(4:10-12)

¹⁰ 예수께서 대답하여 이르시되 네가 만일 하나님의 선물과 또 네게 물 좀 달라 하는 이가 누구인 줄 알았더라면 네가 그에게 구하였을 것이요 그가 생수를 네게 주었으리라 ¹¹ 여자가 이르되 주여 물 길을 그릇도 없고 이 우물은 깊은데 어디서 당신이 그 생수를 얻겠사옵나이까 ¹² 우리 조상 야곱이 이 우물을 우리에게 주셨고 또 여기서 자기와 자기 아들들과 짐승이 다 마셨는데 당신이 야곱보다 더 크니이까

예수님은 유대인 남자가 물을 달라고 요청하는 일에 놀라움을 표시하는 여인에게 만일 그녀가 하나님의 선물과 물을 달라고 한 이가 누구인 줄 알았다면 더 놀랐을 것이라고 하신다(10a절). 목마른 유대인 여행객으로 보이는 예수님이 실제로는 그녀에게 생수를 줄 수 있는 하나

님의 아들 메시아이시기 때문이다. '생수'(ὕδωρ ζῶν)는 계속 흐르는 강이나 샘물처럼 스스로 솟아 넘치는 물을 뜻한다. 세겜 지역에는 이런 물이 없다(Brown). 그러므로 예수님이 줄 수 있다고 말씀하시는 생수는 상징적인 것이다.

'하나님의 선물'(τὴν δωρεὰν τοῦ θεοῦ)은 하나님이 주시는 자비롭고 온전한 갱신이다(the whole grace of renewal)(Calvin). 유대인들은 율법을 가장 위대한 하나님의 선물로 생각했다(Carson). 어떤 이들은 예수님이 자신을 두고 하나님의 선물이라 말씀하시는 것으로 해석한다. 그러나 본문에서 '선물'(δωρεά)은 생수와 연관이 있으며(cf. 4:14), 이 생수는 성령 안에서 시작하는 새로운 삶을 의미한다(McHugh, Mounce, cf. 행 2:38; 10:45; 11:17; 히 6:4). 요한복음 7:38-39은 다음과 같이 기록한다. "나를 믿는 자는 성경에 이름과 같이 그 배에서 생수의 강이 흘러나오리라 하시니 이는 그를 믿는 자들이 받을 성령을 가리켜 말씀하신 것이라."

구약에서도 하나님은 자신을 가리켜 생수의 근원이라 하신다(렘 2:13; cf. 렘 17:13; 시 36:9). 생수의 근원이신 하나님이 때가 되면 주님의 백성과 새 언약을 맺으시는데, 이때 율법을 그들의 마음에 새기실 것이다(30:3; 31:31-34). 또한 하나님은 물로 정결해진 마음에 새로운 영을 주실 것이다(겔 36:25-27; cf. 겔 47:1-12). 스가랴도 하나님이 약속하신 생수가 예루살렘 성전에서 동서로 흘러나오는 것을 보았다(슥 14:8). 예수님은 사마리아 여인에게 구약이 말하는 종말에 임할 하나님의 선물을 주러 왔다고 하신다. "그들이 다시는 주리지도 아니하며 목마르지도 아니하고 해나 아무 뜨거운 기운에 상하지도 아니하리니 이는 보좌 가운데에 계신 어린 양이 그들의 목자가 되사 생명수 샘으로 인도하시고 하나님께서 그들의 눈에서 모든 눈물을 씻어 주실 것임이라"(계 7:16-17; cf. 계 21:6).

여인은 예수님의 말씀이 잘 이해되지 않는다(11절). 조금 전까지 물을 달라고 하신 분이 물을 주겠다고 하신다. 당시 가나안 지역의 우물

깊이는 보통 30m 정도 되었다(ABD). 물을 기를 만한 도구도 없는 분이 어떻게 물을 주겠다는 것인가! 도무지 이해할 수 없지만, 그녀는 공손하게 예수님을 '주여'(κύριε)라고 부른다. '선생님'(sir)이라는 의미다. 여인은 앞으로 예수님을 두 차례 더 '주'라고 부를 것이다(4:15, 19). 여인이 예수님을 이렇게 부를 때마다 존경심이 계속 커진다(Mounce).

이 우물의 이름은 '야곱의 우물'이고(4:6), 야곱과 아들들과 그들의 짐승이 다 이 우물의 물을 마셨다(12절). 그러므로 예수님이 이 우물에서 물을 긷지 않고 물을 줄 수 있다면, 야곱보다 더 크신 분이어야 한다. 또한 옛적에 모세는 우물을 파지 않고 사람들에게 물을 주었다(cf. 출 17:1-7; 민 20:1-13). 따라서 여인이 생각하기에 자기에게 물을 줄 수 있는 분이라면 예수님은 최소한 모세에 버금가는 분이어야 한다. 본문에서 야곱의 우물에서 나는 물은 옛 신앙과 종교를, 예수님이 주시는 생수는 새 삶을 상징한다(O'Day).

여인은 예수님께 이 우물을 준 야곱보다 더 크신 분이냐고 묻는다. 메시아냐고 묻는 것이다(McHugh). 대화 중 여인은 야곱을 '우리 조상'(τοῦ πατρὸς ἡμῶν)이라고 부른다. 당시 사마리아인 중 많은 사람이 그들 역시 유대인처럼 야곱의 후손이라고 여겼기 때문이다. 여인은 처음으로 유대인 랍비인 예수님과 공통분모를 찾았다. 이 공통분모는 이야기의 전환점(turning point)이 된다(Klink). 그러나 여인은 예수님의 말씀을 믿지 못하기에 비꼬아 말하고 있다(Mounce).

이 말씀은 예수님에 대해 알면 알수록 더 많은 것을 구할 수 있다고 한다. 예수님은 능력이 무한하신 하나님이시기 때문이다. 사마리아 여인은 예수님이 누구인지 몰라서 하나님이 예수님을 통해 주시는 선물을 구하지 못했다. 그러므로 우리의 구함은 하나님에 대한 이해에 따라 한정된다고 할 수 있다. 우리는 하나님에 대해 더 많이 더 깊이 알고 기도하며 하나님 나라를 위해 더 크고 위대한 것들을 구해야 한다.

4. 세 번째 말씀: 영생의 샘물(4:13-15)

¹³ 예수께서 대답하여 이르시되 이 물을 마시는 자마다 다시 목마르려니와 ¹⁴ 내가 주는 물을 마시는 자는 영원히 목마르지 아니하리니 내가 주는 물은 그 속에서 영생하도록 솟아나는 샘물이 되리라 ¹⁵ 여자가 이르되 주여 그런 물을 내게 주사 목마르지도 않고 또 여기 물 길으러 오지도 않게 하옵소서

예수님은 여인에게 간단하게 답하신다. 그녀가 매일 우물에서 길어 가는 물은 그 물을 마실 때만 갈증이 잠시 해소될 뿐 다시 목마르게 된 다(13절). 옛적에 이 우물물을 마신 야곱도 다시 목이 말랐다. 반면에 예수님이 주시는 물은 한 번 마시면 영원히 목마르지 않는다(14a절). 예수님이 주시는 물은 사람 속에서 영생하도록 솟아나는 샘물이 되기 때문이다(14b절). 이 물은 세상의 물로 해소할 수 없는 영혼의 갈증을 영원히 해소해 주는 샘물이다.

'솟아나다'(ἅλλομαι)는 앉은뱅이가 자리를 박차고 일어나는 모습을 묘사하는 매우 역동적인 활동을 나타내는 단어다(행 3:8; 14:10). 이 동사가 물과 함께 사용되는 것은 이 본문뿐이다. 예수님이 주시는 물은 생명력으로 가득하다는 뜻이다. 이 물의 생명력은 곧바로 영생으로 이어진다. 오래전에 이사야가 예언했던 시대가 예수님을 통해 성취되고 있다. "그러므로 너희가 기쁨으로 구원의 우물들에서 물을 길으리로다"(사 12:3; cf. 사 55:1). 예수님이 주시는 물은 닿는 곳마다 생명을 창조한다(cf. 겔 47:1-12). 예수님을 영접한 사람들 안에는 이 생수가 흐른다(7:38).

예수님이 비교하시는 두 가지 물은 옛적에 예레미야 선지자가 두 가지 물에 대해 선포한 말씀을 생각나게 한다. "내 백성이 두 가지 악을 행하였나니 곧 그들이 생수의 근원되는 나를 버린 것과 스스로 웅덩

이를 판 것인데 그것은 그 물을 가두지 못할 터진 웅덩이들이니라"(렘
2:13).

여인은 아직 예수님의 말씀을 제대로 이해하지 못한다. 땅에서 사
는 그녀가 하나님의 도움 없이는 하늘의 신성한 진리를 알 수 없기 때
문이다. 여인은 별로 기대하지 않는 태도로 예수님께 그 물을 달라고
한다(Burge, cf. Carson). 육신 뒤에 계신 영원한 말씀을 몰라보는 것이다
(Klink). 그러므로 그녀는 매일 우물로 물을 길으러 와야 하는 불편함을
조금이나마 덜어 보려고 반신반의하며 예수님이 말씀하시는 물을 달
라고 한다(15절).

이 말씀은 사람의 영혼은 오직 하나님이 예수님을 통해 주시는 생수
로만 만족시킬 수 있다고 한다. 세상의 그 어떤 것도 영혼의 목마름을
만족시킬 수 없다. 오직 육신이 되신 말씀(1:1)만이 우리의 영혼을 만족
시키신다. 피조물인 인간의 영혼은 창조주를 만날 때 비로소 방황하지
않는다.

5. 네 번째 말씀: 여인과 남편들(4:16-18)

[16] 이르시되 가서 네 남편을 불러 오라 [17] 여자가 대답하여 이르되 나는 남편
이 없나이다 예수께서 이르시되 네가 남편이 없다 하는 말이 옳도다 [18] 너에
게 남편 다섯이 있었고 지금 있는 자도 네 남편이 아니니 네 말이 참되도다

예수님이 영생을 주실 수 있는 메시아라는 사실을 이해하지 못하는
여인은 자꾸 엉뚱한 소리를 한다. 그러므로 예수님이 이해를 돕기 위
해 대화 주제를 그녀의 복잡한 결혼 생활로 바꾸신다. 남편을 데려오
라고 하신 것이다(16절). 예수님은 그녀에 대해 모든 것을 아신다(cf.

1:48-50; 2:24).

대화의 공격과 수비가 바뀌었다. 예수님이 주도하시고, 여인이 대응한다. 그녀에게 수모를 주기 위해서가 아니라, 지극히 사적인 이야기를 통해 이 대화에서 벗어나려고 하는 여인을 더 깊은 대화로 끌어들이기 위해서다(Calvin). 그러므로 이 이야기는 예수님이 사마리아 여인을 포기하지 않으시고 끝까지 사랑해 구원에 이르게 하시는 좋은 사례라 할 수 있다.

여인은 남편을 데려오라는 예수님의 말씀에 남편이 없다고 말한다(17a절). '없다'(οὐκ ἔχω)는 현재형 부정이다. 과거에도 없었다는 말은 하지 않으면서, 현재 없다는 뜻이다. 여인이 더는 대화를 계속하고 싶지 않다며 예수님을 좌절시키기 위해 하는 말이다(Klink).

예수님은 남편이 없다는 여인의 말이 옳다고 하신다(17b절). 그녀는 과거에 남편 다섯이 있었지만 현재는 모두 이혼한 상태다(18a절). 현재 그녀와 동거하는 남자도 그녀와 정식으로 혼인한 것이 아니다(18b절). 그러므로 그녀가 자기는 남편이 없다고 말하는 것이 옳다고 하신다. 예수님은 이 여인의 죄와 험난했던 결혼 생활에 대해 모두 아신다.

어떤 이들은 여인에게 남편이 다섯 있었다는 말씀을 과거 아시리아 시대에 이 지역에 살던 북 왕국 이스라엘 사람들이 타국으로 끌려가고, 대신 다른 곳에서 끌려와 이곳에 정착한 다섯 이방 민족이 들여온 다섯 신을 의미하는 것으로 해석한다(cf. 왕하 17:24). 그러나 이 다섯 민족은 일곱 개의 우상을 숭배했다(왕하 17:30-31). 한편, 여인의 다섯 남편이 사마리아인들이 정경으로 인정하는 모세 오경이라 하는 이들도 있고, 사람의 오감(5 senses)라고 하는 이들도 있다(cf. Beasley-Murray, Brown, McHugh). 모두 다 별 설득력 없는 추측이며, 문자 그대로 여인이 과거에 다섯 남자와 결혼했던 것으로 해석하는 것이 바람직하다.

이 여인은 창녀가 아니다. 성관계가 문란한 사람으로 볼 필요도 없다. 오히려 그녀는 사회적 제도의 희생양일 가능성이 크다. 당시 여인들은 남편에게 이혼을 요구할 수 없었다. 그러나 남자들은 언제든 아내에게 이혼 증서만 써 주면 어떠한 보상도 없이 아내를 집에서 내쫓을 수 있었다(cf. Morris). 그러므로 랍비들은 남자들에게 필요하면 이혼하되, 두세 번 이상은 하지 말라고 권면했다(Mounce).

이 말씀은 예수님이 우리의 모든 과거를 아신다고 한다. 인간은 자신의 부끄러운 과거에서 벗어나거나 잊고 싶어하지만, 이러한 과거는 예수님을 통해 영생을 얻는 일에 걸림돌이 되지는 않는다. 예수님은 우리의 과거와 현재와 미래에 있을 모든 일을 아시고도 우리를 사랑하시며 구원하기 원하시기 때문이다. 하나님은 어떠한 전제 조건 없이 우리를 사랑하신다. 하나님의 이 같은 사랑을 가장 잘 드러내는 표현을 꼽자면 '사랑은 포기하지 않는 것'이다.

```
III. 공개 사역 시작(2:1-4:54)
  E. 사마리아 여인(4:1-42)
```

6. 다섯 번째 말씀: 예배와 예배자들(4:19-24)

[19] 여자가 이르되 주여 내가 보니 선지자로소이다 [20] 우리 조상들은 이 산에서 예배하였는데 당신들의 말은 예배할 곳이 예루살렘에 있다 하더이다 [21] 예수께서 이르시되 여자여 내 말을 믿으라 이 산에서도 말고 예루살렘에서도 말고 너희가 아버지께 예배할 때가 이르리라 [22] 너희는 알지 못하는 것을 예배하고 우리는 아는 것을 예배하노니 이는 구원이 유대인에게서 남이라 [23] 아버지께 참되게 예배하는 자들은 영과 진리로 예배할 때가 오나니 곧 이 때라 아버지께서는 자기에게 이렇게 예배하는 자들을 찾으시느니라 [24] 하나님은 영이시니 예배하는 자가 영과 진리로 예배할지니라

여인은 예수님이 자기 과거에 대해 알고 있다는 사실이 놀랍다. 여인은 예수님이 이 마을을 잠시 지나가는 외지인인 만큼 동네 사람들에

게 자신에 관해 들은 것은 아니라고 단정 짓는다. 그렇다면 그녀가 내릴 수 있는 유일한 결론(판단)은 예수님은 사람들의 형편을 꿰뚫어 보는 선지자라는 것이다.

선지자도 보통 선지자가 아니다. 사마리아인들은 선지서를 정경으로 간주하지 않았기 때문에 모세 이후로 종말이 될 때까지 이사야 같은 선지자는 없다고 했다. 그들은 오직 모세 오경만이 정경이라고 했으므로 여인이 말하는 선지자는 신명기 18:15-18이 예언한 모세 같은 선지자다(Burge, O'Day). 이 선지자는 종말에 임할 메시아적 선지자다. 그러므로 여인은 자신이 아는 것보다 더 많은 것을 고백한다. 요한복음에는 등장인물이 이 여인처럼 실제로 아는 것보다 더 많은 것을 말하는 경우가 종종 있다(18:37, 39; 19:19-22).

여인은 예수님을 '주'(κύριος)라고 부르며 선지자라고 고백한다(19절). '선생님'이라는 의미에서 예수님을 이렇게 부른다. 아직 예수님에 대한 지식이 충분하지 않지만, 점점 커져 가고 있다(Barrett, Mounce). '선지자'(προφήτης)는 미래에 있을 일을 보는 선견자이며, 사람의 영적인 것에 관해 말할 자격을 갖춘 종교적 선생이다(Klink). 복음서에서는 세례 요한(마 14:5; 막 11:32; 눅 1:76)과 예수님(마 21:11, 46; 눅 7:16)만이 이렇게 불린다.

그동안 예수님께 시큰둥한 반응을 보이던 여인이 드디어 예수님 말씀에 귀를 기울일 준비가 되었다. 예수님이 그녀의 과거를 모두 아신다는 사실이 그녀의 마음을 연 것이다. 여인이 예수님께 예배 장소에 대해 질문한 것(20절)을 두고 대화 주제를 자신의 수치스럽고 아픈 과거에서 다른 것으로 바꾸기 위해 면피용으로 질문한 것이라고 해석하는 이들이 있다(Brown, Kysar). 그렇지 않다. 여인은 평소에 유대인과 사마리아인 사이에 항상 논쟁거리가 되었던 이슈를 선지자로 보이는 예수님께 진솔하게 질문한 것이다(Bruce, Carson, cf. Mounce, O'Day). 그녀는 처음으로 예수님께 영적인 것에 관해 묻고 있다. 대화에 임하는 자세가 달라진 것이다.

모세는 때가 되면 하나님이 한 곳을 예배 처소로 정하실 것이라고 했다(신 12:1-5). 그러나 구체적인 장소는 말하지 않았다. 유대인들은 다윗이 하나님의 뜻에 따라 예루살렘을 성전 터로 정했다고 이해했다(cf. 대하 6:6; 시 78:68). 그러나 사마리아인들은 오경 외에는 정경으로 간주하지 않았기 때문에 이 같은 유대인들의 입장을 받아들이지 않았다. 그들은 느헤미야를 반대한 산발랏이 주전 5세기에 그리심산에 세운 성전을 하나님이 정하신 곳으로 생각했다(Mounce). 사마리아인들이 이곳을 하나님이 정하신 곳으로 생각한 이유는 아브라함이 가나안에 들어와 맨 처음 제단을 쌓은 곳이 세겜이기 때문이다(창 12:6-7). 이스라엘 사람들도 여호수아와 함께 여리고성을 정복한 다음 곧바로 이곳에 와서 예배를 드렸다(수 8:33; cf. 신 11:29; 27:12).

여인은 예수님께 질문하면서 '우리'와 '당신들'로 구분하여 말한다. 유대인들은 오직 예루살렘 성전에서만 하나님을 예배해야 한다고 하고, 사마리아인들은 그리심산에 세워진 성전에서만 예배를 드려야 한다고 했다. 이 두 장소는 하나님을 예배하는 사람들을 둘로 갈라놓았다. 주전 128년에 유대인 지도자 히르카누스(John Hyrcanus)가 그리심산에 있던 사마리아인들의 성전을 파괴했지만, 사마리아인들은 성전이 파괴된 후에도 계속 이곳에서 예배를 드렸다. 그러므로 여인은 예수님이 선지자이시니 '우리'와 '당신들'이 갈등하고 있는 이 이슈에 대해 하나님의 말씀을 들려 달라고 한다.

예수님은 예루살렘과 세겜 중 어디가 옳은 예배 장소냐고 묻는 여인에게 둘 다 아니라고 하신다(21a절). 예수님은 그녀를 '여자여'(γύναι)라고 부르시는데, 무시하거나 빈정대는 말이 아니라 요즘 말로 '마담'(madam) 정도 되는 거리감을 유지하면서도 공손한 표현이다(Burge, Mounce). 예수님은 어머니도 이렇게 부르셨다(2:4).

예수님은 그녀에게 '나를 믿으라'(πίστευέ μοι)라고 하시는데, 요한복음에서 자주 사용하시는 '진실로 진실로 너희에게 이르노니'(ἀμὴν ἀμὴν λέγω ὑμῖν)와 같은 의미다(Klink, Mounce. cf. 1:51; 3:3, 5, 11). 그러면서 아버지 하나님께 예배할 때가 이르고 있다고 하신다(21b절). 예배에서 중요한 것은 장소가 아니라 누구를 어떻게 예배하는가 하는 점이다.

요한복음에서 '때'(ὥρα)는 예수님이 십자가에서 죽으심으로 영광을 받으시는 시간을 의미한다(Morris, Schnackenburg, cf. 2:4). 예수님은 여인에게 말씀하시면서 복수형인 '너희'를 사용하신다. 세상 모든 사람에게 적용되는 말씀이라는 뜻이다. 그날이 되면 모든 사람이 예루살렘이나 그리심산에서 예배하지 않고 하나님을 직접 예배할 때가 이를 것이다. 여인은 참된 예배 장소이자 하나님이 거하시는 곳인 예수님께 가장 가까이 있다(cf. 1:14, 18). 예수님이 자신을 가리켜 새로운 성전이라고 하셨기 때문이다(cf. 2:19-22). 본문의 핵심 주제가 예배라는 것은 '예배하다'(προσκυνέω)가 21-24절 사이에 7차례나 사용되는 것에서도 알 수 있다.

여인이 '우리'와 '당신들'을 구분해 말한 것처럼(20절), 예수님도 '너희'와 '우리'로 구분해 말씀하신다(22절). 예수님은 사마리아인을 '너희'로, 유대인을 '우리'로 말씀하시며 그분 자신도 유대인이라고 하신다. '너희'(사마리아인들)는 알지 못하는 것을 예배하지만, '우리'(유대인들)는 아는 것을 예배한다며 이 두 그룹 사이에 큰 차이가 있는 듯 말씀하신다(22a절). 그러나 두 그룹 모두 비슷하다. 사마리아인들은 자신들이 알지 못하는 것을 예배한다. 한편, 유대인들은 무엇(what), 곧 '아는 것'(ὃ οἴδαμεν에서 ὃ는 중성 대명사임)을 예배하지만, 정작 누구(who)를 예배해야 하는지는 모른다는 점에서 사마리아인들과 별반 다르지 않다(Klink, cf. 1:18).

예수님은 누구를 예배해야 하는지 모르는 유대인에게서 구원이 나온다고 하신다(22b절). '구원'(σωτηρία)은 요한복음에서 이곳에서만 사용된다. '유대인에게서 나온다'(ἐκ τῶν Ἰουδαίων ἐστίν)는 구원이 유대인들을 떠났지만, 아직 누구에게도 가지 않은 상황이다(Klink, O'Day). 아브라함이 온 세상에 축복의 통로가 될 것이라는 말씀(창 12:2-3)이 실현되지 않고 있다. 그러므로 구원이 더는 유대인 안(ἐν, εἰς)에 있지 않고 나왔다(ἐκ)고 하신다.

하나님을 영과 진리로 예배할 때가 오고 있다(23a절). 이미 언급한 것처럼 '때'(ὥρα)는 예수님이 십자가에서 죽으시는 때를 말한다. 그러므로 예수님은 참 예배와 이 '때'를 연결하시며 십자가가 예배의 가장 중요한 요소라고 하신다(Klink, Schnackenburg). 참되게 예배하는 사람들은 신분과 지위에 상관없이 누구든 영과 진리로 하나님을 예배한다. 이 사람들은 하나님이 먼저 사랑하셔서 자기 백성으로 삼으신 이들이다(3:16).

'영과 진리'(πνεύματι καὶ ἀληθείᾳ)는 독립적인 두 가지가 아니라, 한 전치사(ἐν)로 묶여서 나눌 수 없는 한 쌍(하나)이다(cf. 14:17; 15:26)(Wallace). '진리'(ἀλήθεια)는 예수님이 하나님에 대해 주시는 계시(말씀)다(cf. 1:1). 우리는 하나님을 예배할 때 이미 주신 말씀을 근거로 주님을 찬양하고 경배하고 기도해야 한다. 하나님이 어떤 분인지에 대한 묵상과 이해는 성경을 떠나서는 얻을 수 없다. 계시는 하늘에서 오는 것이지 땅에 거하는 사람들이 만들어낸 것이 아니기 때문이다.

어떤 이들은 '영'(πνεῦμα)을 사람의 영으로 해석해 이 말씀이 올바른 예배 장소와 올바른 예배 행위에 관한 것이라고 한다(McHugh, Morris). 그러나 요한복음은 성령이 예배에서 매우 중요한 역할을 하기 때문에 성령이 없이는 하나님을 제대로 예배할 수 없다고 한다. 그러므로 본문의 '영'은 성령이다(Burge, Klink). 하나님이 예수님을 통해 주시는 선물과 성령(생수)을 통해(4:10) 하나님을 예배하는 것이 참 예배라는 것이다. 그러므로 기독교인의 예배는 삼위일체적이다. 참 예배는 하나님 아버지를 경배하는 일이지만, 아들이 이루신 일에서 시작하며, 성령 안에서 진행되기 때문이다(Brown).

하나님 아버지는 그분을 이렇게 예배할 사람들을 찾으신다(23b절). 하나님은 복음을 통해 우리로 하여금 예수님이 하나님의 아들 그리스도이심을 믿게 하고, 또 우리로 그 이름을 힘입어 생명을 얻게 하려 하신다(20:31). 이런 경험을 한 사람은 하나님께 참된 예배를 드린다(Barrett).

예수님은 우리가 하나님을 영과 진리로 예배해야 하는 것은 하나님이 영이시기 때문이라고 하신다(24절). 하나님은 사랑이시다. 또한 하나님은 빛이시다. 같은 의미에서 하나님은 영이시다. 그러므로 영이신 하나님을 예배하는 일은 공간이나 시간의 제한을 받을 필요가 없다. 때가 되면 사마리아의 산이나 예루살렘 성전에서만 하나님께 예배드리는 일이 사라질 것이다. 대신 하나님께 드리는 예배는 오직 예수 그리스도 안에서(통해서) 언제든 이뤄질 것이다.

이 말씀은 참 예배는 언제, 어디서든 드릴 수 있다고 한다. 예수님은 예배 장소에 대한 유대인과 사마리아인의 수백 년 묵은 논쟁을 한 순간에 무력화하셨다. 예배는 하나님 아버지를 영화롭게 하는 일이며, 예수님 안에서 성령을 통해 이뤄진다. 그러므로 어떠한 공간적·시간적 제한을 받을 필요가 없다. 다만 성령과 진리(말씀)로 하나님을 예배해야 한다. 공간과 시간에 제한받지 않고 언제든 마음껏 하나님을 예배할 수 있는 것은 분명 소수만이 누릴 수 있는 특권이다. 하나님이 자녀 삼으신 이들만 하나님을 예배할 수 있기 때문이다.

III. 공개 사역 시작(2:1-4:54)
    E. 사마리아 여인(4:1-42)

7. 여섯 번째 말씀: 메시아가 오셨다(4:25-26)

25 여자가 이르되 메시야 곧 그리스도라 하는 이가 오실 줄을 내가 아노니 그가 오시면 모든 것을 우리에게 알려 주시리이다 26 예수께서 이르시되 네

게 말하는 내가 그라 하시니라

예수님은 그분 자신(4:10–12)과 예배에 관해 말씀하시면서(4:21–24) 종말이 이미 임했다는 것을 암시하셨지만, 여인은 예수님의 말씀을 이해하지 못한다. 그러므로 그녀는 자신이 익숙한 사마리아인의 전통적인 종말론으로 대화를 이어 가며, 메시아라고 하는 이가 오시면 모든 것을 알려 주실 것이라고 한다(25절).

사마리아인들은 종말이 되면 신명기 18:18 말씀에 따라 모세와 같은 선지자가 올 것이라고 생각했다. 그들은 이 메시아적 인물을 '타헵'(Taheb, '회복자'[the Restorer], '돌아오는 자'[one who returns])라고 불렀다(Meeks). 그가 오면 하늘나라에 대한 모든 비밀을 알려 주리라 생각했다(cf. 25절). 그러므로 여인도 지금은 자신이나 예수님이나 종말에 대해 모르는 것은 마찬가지이며, 타헵이 와서 알려 주어야 비로소 모든 것을 알 수 있다고 한다. 요한은 히브리어에 익숙하지 않은 독자들을 위해 '메시아'(Μεσσίας)는 '그리스도'(χριστός)를 뜻한다는 설명을 더한다.

예수님은 여인에게 "내가 그라"(ἐγώ εἰμι)라며 매우 단순하고 단호하게 말씀하신다. 이 헬라어 문구는 '나다'라는 뜻이며, '그'는 이해를 돕기 위해 더한 것이다. 예수님의 말씀은 여인이 기다리는 메시아가 바로 예수님 자신이라고 하시는 것으로 해석할 수 있다(Barrett, Mounce). 그러나 이 문구(ἐγώ εἰμι)는 모세가 호렙산 떨기나무에서 만났던 하나님이 자신을 가리켜 '나는 스스로 있는 자니라'(אֶהְיֶה אֲשֶׁר אֶהְיֶה)라고 하신 말씀을 헬라어로 번역한 것이다(출 3:14; cf. 요 8:58). 그러므로 이 문구는 여호와 하나님의 호칭이다. 영어로는 'I AM'으로 표기하기도 한다. '당신이 야곱보다 큽니까?'라는 여인의 질문(4:12)에 예수님이 '나는 하나님이다'라고 답하시는 것이다(O'Day).

예수님이 처음으로 자신의 신분을 드러내신 곳이 예루살렘이 아니라 사마리아이며, 유대교 지도자들이 아니라 가장 천하다고 할 수 있는 사마리아 여인이라는 사실이 참으로 놀랍고 아이러니하다. 마치 왕들의 왕, 신들의 신이 말 구유에서 태어나신 일과 같다(Klink). 우리는 이 이야기에서 복음이 가장 낮은 자에게 선포되는 일을 경험하고 있다.

이 말씀은 구약이 종말에 임하실 것이라고 말한 하나님이 바로 예수님이라 한다. 이로써 메시아에 대한 인류의 오랜 기다림이 끝났다. 구세주를 기다리는 일은 이제 의미가 없다. 구원하시는 하나님으로 오신 예수님을 영접하면 된다.

III. 공개 사역 시작(2:1-4:54)
  E. 사마리아 여인(4:1-42)

8. 제자들과 여인과 예수님(4:27-38)

²⁷ 이 때에 제자들이 돌아와서 예수께서 여자와 말씀하시는 것을 이상히 여겼으나 무엇을 구하시나이까 어찌하여 그와 말씀하시나이까 묻는 자가 없더라 ²⁸ 여자가 물동이를 버려 두고 동네로 들어가서 사람들에게 이르되 ²⁹ 내가 행한 모든 일을 내게 말한 사람을 와서 보라 이는 그리스도가 아니냐 하니 ³⁰ 그들이 동네에서 나와 예수께로 오더라 ³¹ 그 사이에 제자들이 청하여 이르되 랍비여 잡수소서 ³² 이르시되 내게는 너희가 알지 못하는 먹을 양식이 있느니라 ³³ 제자들이 서로 말하되 누가 잡수실 것을 갖다 드렸는가 하니 ³⁴ 예수께서 이르시되 나의 양식은 나를 보내신 이의 뜻을 행하며 그의 일을 온전히 이루는 이것이니라 ³⁵ 너희는 넉 달이 지나야 추수할 때가 이르겠다 하지 아니하느냐 그러나 나는 너희에게 이르노니 너희 눈을 들어 밭을 보라 희어져 추수하게 되었도다 ³⁶ 거두는 자가 이미 삯도 받고 영생에 이르는 열매를 모으나니 이는 뿌리는 자와 거두는 자가 함께 즐거워하게 하려 함이라 ³⁷ 그런즉 한 사람이 심고 다른 사람이 거둔다 하는 말이 옳도다 ³⁸ 내가 너희로 노력하지 아니한 것을 거두러 보내었노니 다른 사람들은 노력하였고 너희는 그들이 노력한 것에 참여하였느니라

이때 마을로 음식을 구하러 갔던 제자들이 돌아왔다(27a절; cf. 4:8). '이때'(ἐπὶ τούτῳ)는 예수님이 사마리아 여인에게 메시아 신분을 드러내시는 순간이다. 그러므로 이야기의 초점이 순식간에 여인에게서 제자들로 바뀌었다.

제자들은 예수님이 여인과 말씀하시는 모습을 보고 이상히 여겼다(27b절). 예수님이 사회적 통념을 깨고 금기시된 일을 하셨기 때문이다. 랍비들은 남자와 여자가 대화하는 것을 금했으며, 심지어 자기 아내와도 대화를 자제하라고 했다. 본문의 '여자'(γυναικὸς)에는 정관사가 없다. 제자들에게는 예수님의 대화 상대가 사마리아 여자든 유대 여자든 중요하지 않다. 다만 여자와 대화하신 것이 문제라고 생각했다. 남자인 예수님이 여자에게 말씀하시는 일 자체가 충격적이었던 것이다.

'이상히 여겼다'(ἐθαύμαζον)는 미완료형이며, 제자들이 받은 충격이 계속되었다는 뜻이다. 그들이 보기에 예수님이 여자와 대화하신 일이 너무나 충격적이라 쉽게 헤어나지 못하고 있다. 그러나 그 누구도 이 상황에 관해 물어보려고 하지 않는다. 궁금한 것이 떠오를 때마다 곧바로 질문했던 여인과 사뭇 대조적이다.

문법적으로 '무엇을 구하시나이까?'(τί ζητεῖς)와 '어찌하여 그와 말씀하시나이까?'(τί λαλεῖς μετ' αὐτῆς)는 둘 다 제자들이 예수님께 하는 질문일 수 있다. 그러나 첫 번째인 '무엇을 구하시나이까'는 제자들이 여인에게 묻고 싶은 질문이다(Klink, Mounce). 그들은 여인이 이 대화를 먼저 시작했다고 생각한다. 여인은 자신이 무엇을 찾는지 모르지만, 하나님이 이날 그녀를 찾으셨다.

두 번째인 '어찌하여 그와 말씀하시나이까'는 예수님께 하고 싶은 질문이다. 유대인들은 여자를 가르치는 일은 시간 낭비이며, 거룩한 것을 속되게 하는 것이라고 생각했다(Burge). 그런 관점에서 특히나 사마리아 여인과 신학적 대화를 나누신 것은 참으로 이상한 일이다. 제자들은 이 질문을 마음에 품었을 뿐, 누구도 감히 묻지 못했다. 그들은 참으

227

로 소극적인 자세를 취하고 있다. 적극적인 여인과 상당히 대조된다.

제자들이 할말을 잃은 사이에 여인은 물동이를 버려 두고 동네로 들어가 사람들을 모았다(28절). 여인이 물동이를 버려 두고 간 것에 대해 그녀가 과거를 뒤로했다거나 혹은 율법을 뒤로하고 복음을 접했다는 등 알레고리적으로 해석하는 사람들이 있다. 그녀가 예수님이 말씀하신 생수를 받았기 때문에 더는 우물물이 필요 없기 때문이라는 해석도 있다(Hendricksen). 그러나 모두 잘못된 해석이다. 그녀가 물동이를 남겨 둔 것은 상징이 아니라 실제 있었던 일이다. 사람이 영생을 얻었다 할지라도 육신은 계속 물을 필요로 하기 때문이다.

그녀는 동네 사람들을 불러오기 위해 잠시 우물을 떠났다. 여인은 오직 예수님만 주실 수 있는 생수, 모든 사람에게 필요한 이 생수를 동네 사람들과 나누고 싶었다(cf. 4:14). 그러므로 곧 돌아올 생각으로 물동이를 그대로 두고 간 것이다(Morris, Mounce). 불과 몇 분 전에 동네 사람들을 피해 대낮에 물을 길으러 우물을 찾았던 여인이 예수님을 만난 후 오히려 그들을 찾아가는 모습이 참으로 인상적이다. 사람이 복음을 접하면 이렇게 변한다.

여인은 동네 사람들을 찾아가 세 가지를 말한다(29절). 첫째, 예수님이 그녀가 과거에 행한 모든 일을 아시고 그녀에게 말씀해 주셨다. 둘째, 예수님이 아직 우물가에 계시니 와서 보라. '와서 보라'(δεῦτε ἴδετε)는 요한복음에 자주 사용되는 말이며, 이미 1:39과 1:46에서 사용되었다. 누구를 전도하려 할 때 가장 효과적인 방법이다. 셋째, 예수님은 그들이 기다리던 그리스도인 것 같다. 그녀는 예수님을 두고 '이는 그리스도가 아니냐?'(μήτι οὗτός ἐστιν ὁ χριστός;)라고 하는데, 이 소사(μήτι)로 시작하는 질문은 부정적인 대답 '아니다'를 기대한다. 그녀는 예수님이 메시아 같기는 한데(cf. 23-26), 확실하게 알 수는 없다는 취지에서 이렇게 질문한다(Bultmann, Michaels). 만일 그들이 함께 가지 않으면 혹시 메시아일지 모르는 분을 영영 만나지 못할 수도 있다는 뜻이다.

여인은 사람들에게 예수님에 대해 증언하고 그들이 직접 와서 예수님을 보게(만나게) 함으로써 제자도의 가장 기본적인 역할을 해내고 있다(Burge). 이 사마리아 여인은 예수님을 만난 것을 매우 감동적인 일로 생각한다. 그녀는 하나님에 대해 많은 것을 아는 신학자가 아니다. 오히려 모르는 것과 오해하는 것이 더 많다. 그러므로 그녀는 아는 것이 아닌 자기가 경험한 일에 대해 증언한다. 그녀는 어느덧 동네 사람들에게 전도자가 되었으며, 그녀의 증언은 가장 효과적인 간증이자 전도가 되었다.

여인의 증언을 들은 동네 사람들이 놀라워하며 그녀와 함께 예수님이 계시는 우물로 향했다(30절). 예수님과 나눴던 대화를 보면 여인은 말을 잘하는 사람이 아니다. 많이 배운 사람의 지성을 갖춘 것으로도 보이지 않는다. 그럼에도 불구하고 그녀의 말에 동네 사람들이 예수님을 찾아 나섰다는 것은 전도에서 증언의 질이 중요한 것이 아니라, 무엇 혹은 누구에 대해 증언하는지가 중요하다는 사실을 분명하게 보여준다. 게다가 동네 사람들은 평소에 사람들의 눈을 피해 다니던 여인이 일부러 찾아와 말을 하니 무언가 특별한 일이 일어나고 있다는 것을 직감했다. 인상적인 점은 마을로 내려간 제자들은 예수님께 드실 음식을 구해 왔는데, 여인은 온 동네 사람들을 예수님께 데려오고 있다는 것이다.

'그사이'(Εν τῷ μεταξὺ), 곧 여인이 동네 사람들을 데리고 오는 사이에 제자들이 예수님께 자신들이 구해 온 음식을 드시길 청했다(31절). '청했다'(ἠρώτων)는 미완료형으로, 제자들이 예수님께 음식을 드시라고 여러 차례 계속 권했다는 뜻이다. 제자들은 예수님께 사람을 영생에 이르게 하는 다른 물과 음식이 있다는 사실을 모른다. 사마리아 여인은 예수님을 선지자-메시아로 보았지만, 제자들은 예수님을 랍비로 보았기 때문이다.

예수님은 싫다는데도 자꾸 음식을 권하는 제자들에게 자신에게는 그들이 알지 못하는 양식이 있다고 하신다(32절). 사람을 영생에 이르게 하는 생수를 가지신 분에게 양식은 문제가 되지 않는다. 예수님은 가나의 혼인 잔치에서 물을 술로 바꾸신 적이 있다(cf. 2:1-11). 그러므로 마음만 먹으면 언제든지 양식을 만드실 수 있다. 실제로 훗날 예수님은 빵 다섯 개와 물고기 두 마리로 5,000명 이상을 먹이신다(cf. 6:1-15).

제자들은 그들이 모르는 양식이 있다는 예수님의 말씀에 혼란스러워한다. 도대체 자기들 외에 누가 예수님께 잡수실 것을 가져다주었단 말인가(33절)? 그들의 질문도 부정적인 답을 기대하는 소사(μή)로 시작한다. "잡수실 것을 갖다 드린 사람은 아무도 없지. 있나?" 그들은 예수님이 언제든 기적을 행할 능력을 지니셨다는 사실을 기억하지 못한다.

제자들의 혼란스러워하는 표정을 읽으신 예수님이 참된 양식에 대해 말씀하신다(34절). 야곱의 샘물이 영생을 주는 생수로 이어진 것처럼, 이번에는 실제 음식이 더 좋은 영적 음식에 관한 말씀으로 이어진다. 예수님이 생각하시는 영적 음식은 두 가지로 (1)예수님을 보내신 하나님의 뜻을 행하는 것과 (2)하나님의 일을 온전히 이루는 것이다(cf. 5:36; 6:38; 14:31; 17:4). 요한복음에서 하나님의 '뜻'(θέλημα)과 '일'(ἔργον)은 항상 하나님의 구원하시는 사역을 의미한다(Klink, cf. 17:4).

예수님의 삶의 목적은 이 두 가지를 이루어 가시는 일로 정의할 수 있다. 예수님은 십자가에서 '다 이루었다'며 숨을 거두실 때까지(19:30) 아버지가 아들에게 주신 일을 해 나가실 것이다(cf. 5:30, 36; 6:38; 7:18; 8:50; 9:4; 10:37-38; 12:49-50). 예수님은 하나님이 주신 일을 하실 때마다 참 기쁨과 만족을 느끼신다. 사람은 하나님이 주신 소명에 따라 하나님이 그를 이 땅에 보내신 뜻을 이루어 갈 때 가장 행복하다. 그러므로 신명기 8:3 후반부는 이렇게 기록한다. "사람이 떡으로만 사는 것이 아니요 여호와의 입에서 나오는 모든 말씀으로 사는 줄을 네가 알게 하려 하심이니라."

'넉 달이 지나야 추수할 때가 이르겠다'(35a절)는 농사 일에서 비롯된 격언이다(Burge, O'Day). 곡식은 씨를 심고 싹이 난 후에도 수확까지 한참 걸린다는 뜻이다. 예수님은 세상에서는 곡식을 심은 후에 이렇게 많은 시간이 지나야 추수할 수 있지만, 하나님 나라에서 이뤄지는 영적인 추수는 심자마자 밭이 희어져 추수하게 될 수도 있다고 하신다(35b절). 밭이 희어진다는 것을 여인이 데려오는 동네 사람들의 옷이 하얗다는 뜻으로 해석하는 이들도 있다(Mounce). 하지만 이 말씀은 당장 추수해야 한다는 뜻이다. 물론 하나님 나라에서도 심은 후 한참 있다가 수확하는 경우도 있다.

이 같은 하나님 나라의 추수를 보려면 먼저 눈을 들어 밭을 보아야 한다(36b절). '눈을 들어 밭을 보라'(ἐπάρατε τοὺς ὀφθαλμοὺς ὑμῶν καὶ θεάσασθε τὰς χώρας)는 두 개의 명령어로 구성되어 있으며, 먹고 나서 다시 배고파질 세상의 빵이 아니라 영원히 배고프지 않을 하늘나라의 빵을 구하는 새로운 안목을 가지라는 권면이다. 예수님은 우물가에서 여인에게 심으셨고, 그녀로 인해 벌써 사마리아인들이 몰려오고 있다는 것을 알고 이렇게 말씀하신다(Brown, McHugh).

심자마자 곧바로 수확하는 하나님 나라의 농사는 모두를 행복하게 한다(36절). 심은 자가 추수 때 추수하는 자로 대체되지 않고 함께 일하기 때문이다. 선지자 아모스는 심자마자 풍성하게 거두는 날이 올 것이라며 "보라 날이 이를지라 그 때에 파종하는 자가 곡식 추수하는 자의 뒤를 이으며 포도를 밟는 자가 씨 뿌리는 자의 뒤를 이으며 산들은 단 포도주를 흘리며 작은 산들은 녹으리라"(암 9:13)라고 예언했다. 예수님은 하나님 나라의 심음과 수확이 이처럼 풍성하고 빠르게 진행될 수 있다고 하신다.

'한 사람이 심고 다른 사람이 거둔다'(37절)는 말도 농업에서 유래한 격언이다(Mounce, O'Day). 곡식은 심은 자와 거두는 자가 따로 있다. 심는 일과 거두는 일 사이에 상당한 시간이 흐르기 때문이다(cf. 35절). 하나님 나라에서는 심는 일과 거두는 일이 거의 동시에 일어날 수도 있고, 둘 사이에 많은 노동과 시간이 필요할 수도 있다. 그러므로 심은 자와 거두는 자가 항상 같을 필요는 없다.

종종 학자들은 심은 자는 누구이며 추수하는 자는 누구인지 논하지만, 누가 심은 자이고 누가 추수하는 자인가는 중요하지 않다. 둘이 하나 되어 함께 일하는 것이 이 말씀의 핵심이다(McHugh, Schnackenburg). 예수님은 제자들을 수확하는 자들로 보내셨다. 그들은 자신들이 노력하지 않은 것(심고 가꾸지 않은 것)을 거두기 위해 보내심을 받은 것이다(38a절). 그러므로 그들이 거두는 수확은 다른 사람들이 쏟은 노력의 열매이며, 제자들은 그들이 노력한 것에 참여하는 것뿐이다(38b절).

이 말씀은 하늘의 신성한 일들을 하면서 살아야 한다고 한다. 이 땅의 썩어 없어질 것에 연연하지 말고 하늘나라의 복음을 더 자주, 더 많은 사람에게 전파해야 한다. 심다 보면 곧바로 열매를 거둘 수도 있고, 아예 열매를 거두지 못할 수도 있다. 혹은 우리가 심은 것을 다른 사람이 거둘 수도 있고, 남이 심은 것을 우리가 거둘 수도 있다. 하나님 나라는 이렇게 확장되어 간다. 중요한 것은 우리가 심은 하나님 나라의 씨앗은 반드시 자라나 열매를 맺는다는 사실이다.

우리가 심은 것을 반드시 우리가 거두는 것이 아니라면, 열매를 거둘 때 겸손해야 한다. 우리가 거두는 열매가 우리 노력의 결과가 아닐 수도 있기 때문이다. 모든 영광을 하나님께 돌리고, 우리보다 먼저 심고 가꾼 사람들의 노고도 기념해야 한다. 우리는 모두 하나님이 이루어 가시는 구속사에서 각자 한 부분을 감당하고 있다. 이러한 특권을 허락하신 하나님께 감사하며 섬겨야 한다.

9. 세상의 구주(4:39-42)

³⁹ 여자의 말이 내가 행한 모든 것을 그가 내게 말하였다 증언하므로 그 동네 중에 많은 사마리아인이 예수를 믿는지라 ⁴⁰ 사마리아인들이 예수께 와서 자기들과 함께 유하시기를 청하니 거기서 이틀을 유하시매 ⁴¹ 예수의 말씀으로 말미암아 믿는 자가 더욱 많아 ⁴² 그 여자에게 말하되 이제 우리가 믿는 것은 네 말로 인함이 아니니 이는 우리가 친히 듣고 그가 참으로 세상의 구주신 줄 앎이라 하였더라

물동이를 우물가에 남겨 두고 마을로 간 여인이 동네 사람들을 데리고 돌아왔다. 이에 제자들에게 주시는 하나님 나라에 대한 가르침이 끝나고, 여인과 그녀가 데리고 온 사마리아인들의 이야기가 시작된다. 여인이 사람들을 데려온 일은 하나님 나라에서는 심자마자 거두기도 한다는 예수님 말씀의 좋은 사례다(cf. 4:36).

여인이 데려온 마을 주민 중 많은 사람이 그녀의 증언을 듣고 예수님을 믿었다(39절). 예수님이 그녀의 모든 것을 알고 계신다는 간증이 큰 효과를 발휘해 많은 사람을 주님께 데려올 수 있었다. 예수님에 대한 증언은 주님의 제자들이 해야 할 가장 기본적인 일이다. 그러므로 믿는 사람은 이 여인처럼 예수님에 대해 증언할 수 있어야 한다.

동네 사람들은 제자들과 함께 우물가에 계시는 예수님께 그들의 마을로 가서 유하시기를 청했다(40절). '유하다'(μένω)는 밤을 보낸다는 뜻이다. 마을에 며칠 동안 묵으며 가르침을 달라는 요청이다. 예수님의 제자가 되고 싶다는 취지의 초청이다(Burge, Klink). 예수님은 사람들의 청에 따라 마을로 내려가 그들과 함께 이틀을 지내셨다.

이틀 동안 예수님은 그들을 가르치셨고 더 많은 사람이 주님을 믿었다(41절). 예수님이 그들에게 진리를 가르치시니 유대인과 사마리아인 사이의 갈등과 대립이 모두 녹아내렸다. 유대인 제자들과 사마리아인들이 예수님 안에서 하나가 된 것이다. 훗날 스데반이 순교하고 빌립이 이 지역을 방문했을 때 수많은 사마리아인이 복음을 영접한 것은 아마도 이 일을 통해 예수님이 씨앗을 뿌리셨기 때문일 것이다(cf. 행 8:5-8).

예수님을 영접한 사람들이 처음에 그들에게 증언했던 여인에게 말했다. 처음에는 그녀의 증언으로 인해 믿었지만, 예수님의 말씀을 직접 듣고 나니 그녀의 증언이 더는 필요 없게 되었다고 한다(42a절). 사람들이 여인의 증언을 듣고 예수님께 오게 되었지만, 이제는 예수님의 말씀으로 인해 믿게 되었다(Bultmann). 여인의 증언을 토대로 시작된 그들의 믿음이 예수님의 말씀에 근거를 두게 된 것이다. 예수님의 말씀이 여인의 증언을 가렸다.

마을 사람들은 예수님을 세상의 구세주로 알게 되었다고 말한다(42b절). '세상의 구세주'(ὁ σωτὴρ τοῦ κόσμου)는 흔한 타이틀이 아니며 신약에서 요한일서 4:14에 한 번 더 사용된다. 이 타이틀은 예수님의 범우주적인 사역에 대한 첫 번째 언급이라 할 수 있다. 또한 요한복음 3:17이 이 타이틀을 설명한다. "하나님이 그 아들을 세상에 보내신 것은 세상을 심판하려 하심이 아니요 그로 말미암아 세상이 구원을 받게 하려 하심이라." 사마리아인들은 그들이 기다리던 메시아 '타헵'(Taheb)보다 예수님이 훨씬 더 크고 위대하신 분이라는 사실을 알게 되었다(cf. 4:25 주해). 예수님이 이루실 구원은 유대인에게만 제한될 수 없다. 예수님은 온 세상을 구원하시는 온 세상의 구세주이시다.

이 말씀은 전도가 무엇인지 생각하게 한다. 전도는 예수님에 대해 아는 것과 예수님을 만나 경험한 일을 증언하는 것이다. 사람들을 하나님 나라로 직접 인도할 수 있다면 참으로 좋겠지만, 우리는 증언하는 일로 복음의 씨앗을 심은 것에 만족하며 감사해야 한다. 그 씨앗을 자라게 하고 열매를 맺게 하시는 분은 하나님이기 때문이다. 사마리아 여인은 자신이 만난 예수님에 대해 증언했다. 사람들은 그녀의 증언을 듣고 주님께 나왔고, 이후 주님의 말씀을 들은 수많은 사람이 변화되었다. 한 사람의 증언이 이처럼 많은 열매를 맺은 것이다.

또한 복음은 세상에서 가장 낮은 자들도 구원한다. 예수님은 유대인들이 천박하게 여기고 경멸하던 사마리아인들을 하나님의 백성으로 삼으셨다. 부끄러운 과거를 지닌 여인도 구원하셨다. 복음은 부자들과 권세자들도 구원하지만, 이처럼 낮은 자들도 구원한다.

F. 두 번째 표적: 고관의 아들(4:43-54)

예수님은 사역을 시작하신 후 첫 번째 표적으로 가나의 혼인 잔치에서 물을 포도주로 바꾸셨다(2:1-11). 이 표적으로 제자들이 예수님을 믿게 되었다(2:11). 이번에 행하시는 두 번째 표적도 첫 번째 것처럼 가나에서 있었던 일이다. 예수님은 죽어 가는 아이를 살리신다. 이 표적으로 인해 아이의 온 집안이 믿게 된다(4:53). 예수님이 행하시는 기적은 사람들로 하여금 믿게 하는 도구인 것이다.

예수님이 행하신 이 두 가지 기적 사이에 여러 가지 일이 있었다. 예루살렘 성전을 정결하게 하셨고, 밤에 찾아온 니고데모를 만나셨다. 또한 사마리아 여인과 마을 사람들을 구원하셨다. 어떤 이들은 이 이야기가 공관복음에 기록된 백부장의 종 이야기와 매우 유사하다고 한다(Dodd, Schnackenburg, cf. 마 8:5-13; 눅 7:1-10). 그러나 유사하다고 해서 반드시 같은 사건을 서로 다르게 묘사한 것은 아니며, 디테일 측면에서도 매우 다르기 때문에 서로 연관 없는 별개의 이야기로 보는 것이 바람직하다(cf. Burge, Morris). 또한 예수님이 환자를 찾아가지 않고 먼 곳에서 치료하신 일은 가나안 여인의 딸 이야기에도 나온다(마

235

15:22-28; 막 7:24-30). 예수님이 행하신 두 번째 표적 이야기는 다음과
같이 구분된다.

  A. 갈릴리로 가심(4:43-45)
  B. 죽어 가는 아이를 살리심(4:46-50)
  C. 살아난 아이의 온 집안이 믿음(4:51-54)

III. 공개 사역 시작(2:1-4:54)
  F. 두 번째 표적: 고관의 아들(4:43-54)

1. 갈릴리로 가심(4:43-45)

⁴³ 이틀이 지나매 예수께서 거기를 떠나 갈릴리로 가시며 ⁴⁴ 친히 증언하시
기를 선지자가 고향에서는 높임을 받지 못한다 하시고 ⁴⁵ 갈릴리에 이르시매
갈릴리인들이 그를 영접하니 이는 자기들도 명절에 갔다가 예수께서 명절중
예루살렘에서 하신 모든 일을 보았음이더라

　　예수님 일행이 사마리아인들과 이틀을 지내느라 잠시 멈췄던 갈릴
리 여정(4:3)이 다시 시작된다(43절). 예수님은 길을 가시는 중 제자들
에게 선지자가 고향에서는 높임을 받지 못한다고 하신다(44절). 요한
복음에서 '높임'(τιμή)은 단 한 차례 사용되는 단어이며, 흔히 사용되는
'영광'(δόξα)을 대신한다. 존귀하게 여김을 받지 못한다는 뜻이다. 평범
해 보이는 이 말씀에 대해 학자들은 최소한 10가지 해석을 내놓았다
(Carson). 예수님의 고향이 어디인지와 연관되어 있고, 갈릴리로 가시는
여정 중에 이 말씀을 하셨기 때문이다.
　　요한복음에는 누가복음에서처럼 나사렛 사람들이 예수님을 부인하
고 핍박하는 일이 없다(cf. 눅 4:22-30). 게다가 일부 학자는 예수님의
고향이 유대라고 한다(Lindars, Barrett, Mounce, Hoskyns, O'Day). 이들은 앞

으로 예수님이 예루살렘에서 거부당하실 일에 관해 말씀하시는 것으로 해석한다. 그러나 요한복음은 예수님의 고향이 갈릴리에 있는 나사렛이라고 한다(1:45-46; 18:5, 7; 7:41, 52; 19:19). 공관복음도 나사렛과 연관해 이 말씀을 인용하며 예수님의 고향이 나사렛이라고 한다(cf. 마 13:54-57; 막 6:4; 눅 4:24). 그러므로 나사렛을 예수님의 고향으로 보는 학자도 많다(Brown, Beasley-Murray, Bultmann).

선지자가 고향에서는 높임을 받지 못한다는 말씀은 갈릴리 사람들이 예수님을 반갑게 영접했다는 45절과 표면적으로 상반되어 보인다. 예수님을 영접한 갈릴리인들은 명절(유월절, cf. 2:13)에 예루살렘에서 예수님이 하신 모든 일(성전을 정결하게 하신 일과 여러 가지 기적)을 보았기 때문에 예수님을 환영했다. 그러나 예수님은 그들이 표적과 기사를 보지 못하면 도무지 믿지 않는다고 탄식하신다(48절). 그러므로 예수님이 선지자가 고향에서는 높임을 받지 못한다고 하신 것은 고향 사람들이 예수님을 기적을 행하는 이, 혹은 유대교 지도자들의 권력에 도전한 분 정도로 생각할 뿐 메시아로 대하지는 않는다는 취지로 말씀하신 것이다(cf. Morris).

저자는 예수님이 의도하시는 바를 살리기 위해 갈릴리인들이 예수님을 '영접했다'(ἐδέξαντο)고 한다(45절). 이 단어는 요한복음에서 단 한 차례 사용되며, 일반적으로 '영접하다'는 의미로 쓰이는 단어(λαμβάνω)와 다른 의미를 지닌다(1:12 등. cf. TDNT). 그러므로 많은 번역본이 이 단어를 '영접하다'로 번역하지 않고 '환영하다'로 번역한다(새번역, 공동, NIV, NRS, ESV). 예수님은 갈릴리 지역에서 매우 성공적으로 사역하시지만, 그럼에도 불구하고 예수님을 메시아로 영접하지 않고 기적을 행하는 이로만 환영하는 사람이 많았다.

이 말씀은 사람들이 예수님의 말씀을 듣고 행하시는 기적을 보았다고 해서 모두 예수님을 메시아로 영접하는 것은 아니라고 한다. 처음부터 마음을 닫고 부인하는 사람들이 있는가 하면, 예수님을 기적을 행하는 이(miracle worker)로 환영할 뿐 메시아로 영접하지 않는 자들도 있다. 남들보다 예수님을 더 잘 안다는 고향 사람들도 마찬가지다. 각자가 지닌 편견과 선입견을 초월해 예수님을 온전히 보기가 쉽지 않기 때문이다.

우리의 삶도 갖가지 편견으로 가득하다. 혹시 이러한 편견이 보아야할 것을 보지 못하게 하고, 깨달아야 할 것을 깨닫지 못하게 하는 것은 아닌지 생각해 보아야 한다. 편견과 선입견이 우리의 영적 성장을 가로막고 있지 않은지 끊임없이 우리 자신을 돌아보아야 한다. 자칫 예수님이 우리의 신학적 편견에 가려질 수 있기 때문이다.

> III. 공개 사역 시작(2:1-4:54)
> F. 두 번째 표적: 고관의 아들(4:43-54)

2. 죽어 가는 아이를 살리심(4:46-50)

[46] 예수께서 다시 갈릴리 가나에 이르시니 전에 물로 포도주를 만드신 곳이라 왕의 신하가 있어 그의 아들이 가버나움에서 병들었더니 [47] 그가 예수께서 유대로부터 갈릴리로 오셨다는 것을 듣고 가서 청하되 내려오셔서 내 아들의 병을 고쳐 주소서 하니 그가 거의 죽게 되었음이라 [48] 예수께서 이르시되 너희는 표적과 기사를 보지 못하면 도무지 믿지 아니하리라 [49] 신하가 이르되 주여 내 아이가 죽기 전에 내려오소서 [50] 예수께서 이르시되 가라 네 아들이 살아 있다 하시니 그 사람이 예수께서 하신 말씀을 믿고 가더니

예수님이 제자들과 함께 갈릴리 가나, 곧 혼인 잔치(2:1-11)에서 물로 포도주를 만드신 곳으로 가셨다(46a절). 가버나움에 병든 아들을 둔 왕의 신하가 있었다(46b절). '왕의 신하'(βασιλικὸς)는 왕족을 뜻할 수도 있지만, 이 사람은 왕족보다는 왕이 고용한 관료로 보인다(TDNT). 당시 이 지역을 다스리던 분봉 왕 헤롯 안티파스(Herod Antipas, 주전 4년에

서 주후 39년까지 다스림)의 신하였을 것이다(cf. 막 6:14, 22).

이 사람이 유대인이었는지, 혹은 이방인이었는지는 확실하지 않다. 유대인이라고 주장하는 이들은 그가 유월절에 예루살렘 성전으로 순례를 갔다가 그곳에서 예수님이 행하신 일들을 보고 찾아오게 되었다고 한다(Brown, cf. 4:45). 한편, 그가 이방인이라고 주장하는 이들은 가나의 혼인 잔치에서 하신 일을 소문으로 듣고 찾아온 것이라고 한다(Barrett, cf. 2:1-11). 예수님은 이미 유대인에게 복음을 선포하셨고(3장) 사마리아인(이방인)에게도 구원을 주셨기 때문에(4장) 그다지 중요한 이슈는 아니지만, 날이 갈수록 예수님이 사역 대상으로 삼으신 이들의 범위가 넓어지고 있다.

그는 예수님이 유대로부터 갈릴리로 오셨다는 소식을 듣고 곧바로 가나로 달려왔다(47a절). 그가 사는 가버나움에서 가나까지는 40km에 달하는 먼 길이며, 가나는 가버나움보다 400m나 높은 곳에 있다(McHugh). 그는 왕의 신하가 아니라 죽어 가는 아들을 둔 절박한 아버지의 마음으로 단숨에 이 험하고 먼 길을 달려왔다. 가나에 도착한 신하는 예수님께 가버나움으로 내려오셔서 죽게 된 자기 아들의 병을 고쳐 달라고 청했다(47b절). '청했다'(ἐρωτάω)는 미완료형이며 여러 차례 계속해서 간절히 부탁했다는 뜻이다(Burge).

예수님은 그에게(πρὸς αὐτόν, 남성 단수) 말씀하시면서 단수가 아닌 복수를 사용해 대답하신다(48절). 이 사람뿐 아니라 주변에 있는 갈릴리 사람 모두에게 말씀하시는 것이다. 예수님은 그들이 표적과 기사를 보지 못하면 도무지 믿지 않는다고 탄식하신다. 갈릴리 사람들은 예수님을 기적을 행하는 이로만 생각하지, 메시아로 믿지 않는다는 뜻이다. 그들이 예수님을 이용할 가치가 있는 사람 정도로 생각하는 것을 책망하시는 것이다(Barrett, Brown). 그러므로 요한은 잠시 후 아이가 살아났다는 종들의 말을 듣고 왕의 신하와 온 집안이 믿었다는 말을 덧붙인다(4:53). 왕의 신하도 아직은 예수님을 메시아로 믿지 않고 있다.

예수님의 책망을 들은 신하는 절박한 마음으로 다시 한번 호소했다
(49절). 자기 아이가 죽기 전에 가버나움으로 내려오셔서 고쳐 달라는
것이다. 그는 아랫사람이 윗사람에게 간절히 부탁할 때 사용하는 공손
한 말로 예수님께 부탁했다(Klink). '이르다, 말하다'(λέγει)는 현재형으
로, 예수님이 어떤 말씀을 하시든 좌절하지 않고 계속 부탁했음을 의
미한다(cf. Mounce). 또한 그는 예수님을 '주'(κύριε, 선생님)라고 부른다.
평상시에는 예수님 같은 평민에게 명령할 위치에 있는 사람이 낮게 엎
드려 예수님께 간절히 부탁하는 것은 죽어 가는 아들을 살리고 싶어하
는 절박한 아버지의 모습이다. 죽어 가는 아들만 살릴 수 있다면 무슨
짓을 못 하겠는가! 이것이 부모의 마음이다.

예수님은 함께 가버나움으로 내려가자는 왕의 신하에게 "가라 네 아
들이 살아 있다"라고 하셨다(50a절). '살아 있다'(ζῇ)는 미래적 의미를 지
닌 현재형으로 해석되기도 하지만(Klink, cf. 새번역, 공동, NIV), 본문에서
는 단순히 현재형 의미를 지닌다(Mounce). 죽어 가던 아이가 예수님의
말씀에 이 순간 살아났다는 뜻이다(cf. 4:53). 잠시 후 종들이 와서 이 사
람에게 '아이가 살아 있다'라고 보고할 때도 같은 동사, 같은 시제를 사
용한다(4:51).

예수님은 아들을 살리는 '기적'을 원하는 아버지에게 아들이 살아 있
다는 '말씀'을 주셨다. 말씀을 주셨으니 받은 말씀을 믿고 안 믿고는 그
의 몫이다. 아이의 아버지는 예수님이 하신 말씀을 믿고 가나를 떠나
가버나움에 있는 집으로 갔다. 온종일 집으로 돌아가는 길에 아들이
살아났기를 얼마나 간절히 원했을까!

이 말씀은 기적을 경험하기 위해서는 겸손과 간절함이 있어야 한다
고 한다. 평상시에는 평민인 예수님께 명령을 내릴 만한 위치에 있는
사람이 아들을 살려 달라며 주님 앞에 낮게 엎드렸다. 또한 그는 죽어
가는 아들이 다시 살기를 간절히 바라며 이 먼 길을 한숨에 달려왔다.
우리도 하나님의 은혜를 경험하고 싶으면 낮아져야 하고 간절히 원해

야 한다.

예수님은 함께 가자는 신하의 청을 뿌리치고 그의 아들을 이 순간 살렸다는 말씀을 품고 가라고 하셨다. 예수님은 누구를 살리거나 치료하실 때 꼭 그 자리에 가지 않으셔도 된다. 먼 곳에서도 얼마든지 치료하실 수 있다. 그러므로 반드시 특정한 장소(교회나 기도원 등)에 가야만 하나님의 자비와 치료를 경험할 수 있다는 생각은 버려야 한다. 주님이 임재하시는 곳은 어디든 기적이 일어날 수 있다.

Ⅲ. 공개 사역 시작(2:1-4:54)
　　F. 두 번째 표적: 고관의 아들(4:43-54)

3. 살아난 아이의 온 집안이 믿음(4:51-54)

[51] 내려가는 길에서 그 종들이 오다가 만나서 아이가 살아 있다 하거늘 [52] 그 낫기 시작한 때를 물은즉 어제 일곱 시에 열기가 떨어졌나이다 하는지라 [53] 그의 아버지가 예수께서 네 아들이 살아 있다 말씀하신 그 때인 줄 알고 자기와 그 온 집안이 다 믿으니라 [54] 이것은 예수께서 유대에서 갈릴리로 오신 후에 행하신 두 번째 표적이니라

아이의 아버지는 예수님의 말씀을 믿고 집으로 돌아가는 중이다. 그러나 돌아가는 길 내내 마음 한구석에 불안한 생각이 떠올랐을 것이다. 그가 느끼는 불안을 해소하려는 듯 가버나움 집에서 아이를 돌보고 있어야 할 종들이 와서 아들이 살아 있다는 소식을 전해 주었다(51절). '살아 있다'(ζῇ)는 예수님이 사용하신 것(4:50)과 같은 동사(ζάω)와 시제(현재형)다. 하나님이 그를 위로하고 안심시키기 위해 보내셨다.

아이가 나아지기 시작하자 종들은 주인에게 이 좋은 소식을 알리기 위해 돌아오는 주인을 만날 것을 기대하며 가나를 향해 오고 있었다. 감격하고 안심한 아이의 아버지는 종들에게 아이가 낫기 시작한 때가 언제인지 물었다. 예수님이 아이가 살아 있다고 하셨던 때와 비교하기 위해서다. 종들은 전날 일곱 시에 열기가 떨어졌다고 했다(52절). 유대인들의 시간으로 일곱 시면 우리 시간으로 오후 1시다.

아이의 아버지는 전날 예수님이 네 아들이 살아 있다고 하신 때가 바로 그때(오후 1시)였음을 깨닫고 그와 그의 온 집안이 예수님을 믿었다(53절). 예수님이 말하고 약속한 것을 반드시 이루는 메시아이심을 깨달은 것이다. 예수님은 갈릴리 사람들이 표적과 기사를 보지 않고는 도대체 믿지 않는다고 탄식하셨다(4:48). 기적을 경험하고서 마음이 끌리는 것과 믿는 것은 별개이기 때문이다. 이 사람은 예수님의 말씀을 믿었고(4:50), 그와 온 집안이 예수님을 믿었다. 말씀만으로 믿게 된 첫 가정이다.

왕의 신하의 죽어 가는 아들을 살리신 일은 예수님이 유다에서 갈릴리로 오신 후에 행하신 두 번째 표적이다(54절). 앞으로 예수님은 죽어 가는 사람이 아니라 이미 죽은 지 오래된 나사로도 살리실 것이다(11장). 그러므로 아이를 살리신 이 이야기는 나사로 이야기의 서곡이라 할 수 있다.

이 말씀은 한 집안의 가장이 예수님의 말씀을 믿은 것이 온 집안의 구원으로 이어지는 아름다운 이야기다. "그러므로 믿음은 들음에서 나며 들음은 그리스도의 말씀으로 말미암았느니라"(롬 10:17)라는 말씀이 새롭게 들린다. 이적과 징조를 요구하는 사람 중에 이 아이의 아버지는 '네 아들이 살아 있다'라는 예수님의 말씀을 믿었고, 그의 믿음은 온 집안의 믿음으로 이어졌다. 예수님은 "보지 못하고 믿는 자들은 복되도다"라고 하셨다(요 20:29). 우리가 지향해야 할 가장 건강한 믿음은 보지 않고 주님을 믿는 일이다.

Ⅳ. 커져 가는 반발

(5:1-8:11)

예수님이 왕성하게 사역하시자 문제를 제기하는 사람도 점점 많아졌다. 예수님의 신분을 문제 삼는 사람들도 있고, 주님의 권세를 의심하는 사람들도 있었다. 심지어 예수님을 죽이려는 사람들까지 생겨났다. 이는 모두 하나님이 하시는 선한 일을 선하게 받아들이지 못하는 죄인의 모습이다. 안타까운 것은 하나님의 아들이신 예수님께 가장 심하게 저항하는 사람들이 하나님을 가장 잘 안다는 유대교 지도자라는 사실이다. 이 섹션은 예수님이 행하시는 여러 가지 기적과 가르침 사이에 유대인들이 반발하는 이야기가 섞여 있다.

예수님은 가나의 혼인 잔치에서 물을 포도주로 바꾸신 후 예루살렘으로 가셨다가(2:13), 사마리아를 거쳐(4:1-42) 다시 가나로 내려와 왕의 신하의 아들을 고치셨다(4:43-54). 이어지는 5장에서는 다시 예루살렘으로 올라가셨다가, 6장에서는 갈릴리에서 사역하신다. 예루살렘과 갈릴리를 자주 왕래하신 것이다. 이러한 상황이 옳지 않다고 생각하는 학자들도 있다. 당시 갈릴리에서 예루살렘까지는 사흘 길이었기 때문이다. 그래서 한 주석가는 요한복음의 전개 순서가 잘못되었다며 4-7장을 4-6-5-7장 순서로 수정해 읽을 것을 제안한다(Bultmann, cf.

Guilding, Martyn, Schnackenburg).

　그러나 이 부분을 이 같은 순서로 전개하는 사본은 없다. 또한 각 장의 순서를 바꾸면 새로운 문제가 생긴다(Burge, Klink). 성경 저자들에게는 나열하는 사건의 시대적 순서를 필요에 따라 바꿀 수 있는 권한이 있고, 실제로 구약에는 이러한 권한을 사용한 사례가 많다. 심지어 역사서에서도 이런 일들이 자주 일어난다.

　한 가지 사례로 사사기 19-21장에 기록된 레위 사람과 첩 이야기를 들 수 있다. 이 사건이 포함하는 여러 가지 역사적 정황을 고려하면 이 일은 사사 시대가 시작되자마자 있었던 일이다(cf. 『엑스포지멘터리 사사기』). 그러나 사사기 저자는 이 사건이 마치 사사 시대를 마무리하는 시기에 있었던 일처럼 책의 마지막 부분에 기록했다. 자신이 사사기를 통해 전하고자 하는 메시지를 가장 확실하고도 절정적으로 보여 주기 때문이다. 그러므로 성경은 원본이 저작된 이후 이를 필사하던 사람들이 실수로 순서를 바꾼 것이 아니라면, 있는 그대로 순서에 따라 읽어야 한다. 요한복음도 예수님이 행하신 수많은 표적 중 몇 가지만 기록했다고 한다(20:30). 성경 저자들이 예수님이 하신 모든 일을 제시하지 않고 필요에 따라 샘플링만 해서 책을 저작했다면, 사건들을 나열하는 시대적인 순서는 중요한 이슈가 되지 못한다. 본 텍스트는 다음과 같이 구분된다.

　A. 세 번째 표적: 중풍병자(5:1-18)
　B. 아들의 권세(5:19-47)
　C. 네 번째 표적: 오병이어(6:1-15)
　D. 물 위를 걸으심(6:16-21)
　E. 생명의 떡(6:22-59)
　F. 영원한 생명의 말씀(6:60-71)
　G. 친형제들의 불신앙(7:1-10)

　　H. 분열된 여론(7:11-13)

　　I. 공개적인 반발(7:14-52)

　　J. 잡혀 온 여인(7:53-8:11)

IV. 커져 가는 반발(5:1-8:11)

A. 세 번째 표적: 중풍병자(5:1-18)

지금까지 예수님은 각 개인을 사적인 자리에서 만나 가르치고 치료하셨다. 이제부터는 공개적인 장소에서 사람들을 만나고 치료하신다. 예수님의 사역이 공개적인 면모를 지니게 된 것이다. 안타깝게도 유대교 지도자들은 예수님과 그분의 사역에 대해 알면 알수록 예수님을 메시아로 영접하려 하지 않고 그저 반대할 생각만 한다. 그들은 예수님과 제자들을 자신의 권위에 도전하는 불한당으로 생각한다. 그러므로 어떻게 해서든 그들의 이권을 이 불한당들에게서 지켜내야 한다는 생각에 사로잡혀 있다. 하나님을 가장 잘 안다는 자들이 이권의 노예가 되어 하나님의 아들을 몰라본다. 예수님이 안식일에 중풍병자를 낫게 하신 이 이야기는 다음과 같이 구분된다.

　　A. 베데스다 못에 있는 병자(5:1-5)

　　B. 안식일에 낫게 하심(5:6-13)

　　C. 안식일에 일하신다고 박해함(5:14-16)

　　D. 안식일에도 일하시는 이유와 반발(5:17-18)

IV. 커져 가는 반발(5:1–8:11)
  A. 세 번째 표적: 중풍병자(5:1–18)

1. 베데스다 못에 있는 병자(5:1–5)

¹ 그 후에 유대인의 명절이 되어 예수께서 예루살렘에 올라가시니라 ² 예루
살렘에 있는 양문 곁에 히브리 말로 베데스다라 하는 못이 있는데 거기 행
각 다섯이 있고 ³ 그 안에 많은 병자, 맹인, 다리 저는 사람, 혈기 마른 사람
들이 누워 [물의 움직임을 기다리니 ⁴ 이는 천사가 가끔 못에 내려와 물을
움직이게 하는데 움직인 후에 먼저 들어가는 자는 어떤 병에 걸렸든지 낫게
됨이러라] ⁵ 거기 서른여덟 해 된 병자가 있더라

'그 후에'(Μετὰ ταῦτα)(1a절)를 직역하면 '이런 일들이 있은 다음에'이
며, 바로 앞에 기록된 아이를 살리신 일(4:43–54)과 예루살렘으로 올라
가신 일(cf. 2절) 사이에 있었던 여러 가지 일을 포함한다(cf. 20:30). 그러
므로 예수님은 갈릴리로 오시자마자 다시 예루살렘으로 가신 것이 아
니다. 어느 정도의 시간이 흘렀을 수 있다.

예수님은 유대인의 명절이 되어 예루살렘으로 올라가셨다(1b절). 요
한은 유월절(2:13; 6:4; 11:55), 장막절(7:2), 수전절(10:22) 등 유대인의
절기에 예수님이 예루살렘으로 올라가신 일을 자주 언급한다. 이어지
는 예수님의 가르침이 각 절기와 연관이 있기 때문이다(Carson). 그러나
예수님이 유대인의 절기에 예루살렘에 올라가셨다고 하면서 어떤 절
기였는지 알려 주지 않는 것은 이 본문이 유일하다.

이 명절이 부림절이었다고 주장하는 이가 있지만(Bowman), 확실하지
않다. 특별한 절기는 아니고 단순히 안식일이었다고 주장하는 이도 있
다(Burge, cf. 10절). 그러나 평범한 안식일이라고 하기에는 다소 무리가
있다. 갈릴리에서 예루살렘으로 가려면 사흘이 걸리는 만큼 예수님이
매주 돌아오는 안식일을 기념하기 위해 예루살렘에 가시지는 않았을
것이다. 요한이 어떤 절기인지 밝히지 않는 것은 5장에 기록된 예수님

의 가르침이 그 어떤 절기와도 직접적인 연관이 없기 때문이다(Carson).

율법이 유대인 성인 남자들에게 매년 무교절과 칠칠절과 초막절에 반드시 성전에 가서 예배드릴 것을 요구한다는 점에서(신 16:16; cf. 대하 8:13), 학자들은 본문의 절기를 이 세 절기 중 하나로 본다. 대부분은 봄에 있는 유월절에 이미 성전을 다녀오셨기 때문에(cf. 2:13) 아마도 가을에 있는 초막절에 성전을 방문하신 것이라고 한다(cf. Mounce). 유대인의 명절에 대해서는 다음의 도표를 참조하라.

종교 달력	일반 달력	이름	오늘날 달력	농사	날씨	특별한 날
1월	7월	Nisan	3-4월	보리 추수	늦은 비 (Malqosh)	14일 유월절 15일 무교절 (일주일) 21일 첫 수확 절기
2월	8월	Iyyar	4-5월	전반적인 추수		
3월	9월	Sivan	5-6월	밀 추수 포도나무 가꾸기		6일 칠칠절
4월	10월	Tammuz	6-7월	첫 포도	건기	
5월	11월	Ab	7-8월	포도, 무화과, 올리브		9일 성전 파괴
6월	12월	Elul	8-9월	포도주		
7월	1월	Tishri	9-10월	밭갈이		1일 신년 10일 속죄일 15-21일 초막절
8월	2월	Marchesvan	10-11월	씨앗 파종	이른 비 (Yoreh) 우기	
9월	3월	Kislev	11-12월			25일 수전절
10월	4월	Tebet	12-1월	봄철 성장		
11월	5월	Shebat	1-2월	겨울 무화과		
12월	6월	Adar	2-3월	아마 수확		13-14일 부림절
		Adar Sheni	윤달			

예루살렘에는 양문 곁에 베데스다라는 못이 있었다(2a절). '양문 곁에 히브리 말로 베데스다라는 못'(τῇ προβατικῇ κολυμβήθρα ἡ ἐπιλεγομένη Ἑβραϊστὶ Βηθζαθά)은 참으로 해석하기 어려운 말인데, 직역하면 '양들 근처에 베데스다라고 불리는 못'이다(cf. Haenchen, Keener, McHugh). 거의 모든 번역본이 개역개정처럼 예루살렘성의 동북쪽에 있는 '양문'으로 해석한다(새번역, 공동, NIV, NRS, cf. 느 3:1, 32; 12:39). '베데스다'(Βηθζαθά)는 '분출하는 집'(house of outpouring)이라는 의미를 지닌 히브리어와 아람어를 헬라어로 음역한(소리 나는 대로 표기한) 것이다(TDNT).

이 못의 정확한 위치는 알 수 없지만, 오늘날 옛 예루살렘(Old Jerusalem) 안에 있는 성 안나 교회(Church of St. Anne) 밑에 있던 못으로 보인다(Burge, Keener, Mounce). 이 못의 크기는 거의 축구장만 하며, 깊이는 6m에 달했다(ABD). 당시 못 주변에는 행각 다섯 개가 있었는데(2b절), 사면에 하나씩 있었으며 나머지 행각 하나는 남자와 여자를 구분하던 곳으로 보인다. 이 못은 대중에게 공개된 공간이었으며, 구걸하는 사람과 노숙자가 많이 모여 있었다(Burge).

못 안(주변)에는 병자가 많이 있었는데, 맹인과 다리 저는 사람들과 혈기 마른 사람들이 누워 있었다(3a절). 온갖 병자가 이곳으로 몰려와 진을 치고 있었다는 뜻이다. 이 병자들은 이곳에서 물의 움직임을 기다렸다(3b절). 천사가 가끔 이 못에 내려와 물을 움직이게 하는데(많은 기포를 떠오르게 하는데) 이때 첫 번째로 물에 들어간 사람은 어떤 병에 걸렸든지 낫게 된다고 믿었기 때문이다(4절).

개역개정은 이 부분(3b-4절)을 괄호도 아니고 대괄호([ ]) 안에 넣어 다르게 표기한다. 대괄호는 대부분 오래되고 권위 있는 헬라어 사본에는 없는 말이라는 뜻이다. 아마도 물의 움직임이 의미하는 바를 설명하기 위해(cf. 7절) 누군가 삽입한 것으로 보인다. 실제로 이 부분을 건너 띄고 읽으면 문맥이 더 매끄럽다. "혈기 마른 사람들이 누워 있었고 거기 서른여덟 해 된 병자가 있더라"(3a절, 4절 삭제, 5절)(cf. Metzger).

베데스다 못에 모여든 병자 중에는 38년 동안 병을 앓은 사람도 있었다(5절). 어떤 이들은 출애굽한 이스라엘이 불순종해 광야에서 떠돌이 생활을 한 햇수가 38년이라는 점을(신 2:14) 근거로 삼아 이 병자가 38년을 앓았다는 것은 예수님을 믿지 않은 유대인들이 이 병자처럼 심각한 영적 병을 앓고 있는 것을 상징한다며 알레고리적으로 해석하기도 한다. 그러나 38년은 이 병자가 실제로 병을 앓은 햇수이기 때문에 이렇게 해석하는 것은 바람직하지 않다(Carson). 그러므로 그가 38년 동안 병을 앓았다는 것은 회복되거나 치유될 기미가 전혀 보이지 않는다는 의미로 해석해야 한다.

이 사람은 참으로 오랫동안 병을 앓으면서 온갖 사람이 모이는 베데스다 못에서 구걸하며 살았을 것이다(cf. Mounce). 그러므로 그는 치료를 바라거나 상황이 나아질 징조가 전혀 보이지 않는 매우 절망적인 상황에 처해 있다. 저자는 이 사람이 어떤 병을 앓고 있는지 밝히지 않지만, 예수님이 그에게 일어나 자리를 들고 걸어가라고 하시는 것으로 보아(5:8), 중풍병자였던 것이 거의 확실하다.

이 말씀은 때로는 우리가 완전히 낮아지고 깨어질 때 비로소 하나님이 치료하시고 회복시키신다고 한다. 이 병자에게는 아무런 소망이 없다. 몸은 병들었고, 구걸해야 살 수 있는 상황이다. 하루하루를 겨우 연명하는 그에게 미래에 대한 꿈은 사치일 뿐이다. 이런 상황에서 드디어 구세주께서 그를 찾아오셨다. 인생을 송두리째 포기하고 싶은 순간에 하나님의 은혜가 임한 것이다. 그러므로 우리는 아무리 어려워도 살아야 한다. 그래야 하나님의 은총을 경험할 수 있다.

치유와 회복은 예수님께 있지, 특정한 공간이나 장소에 있는 것이 아니다. 사람들은 베데스다 못에 와서 물이 움직일 때 씻으면 낫는다고 믿었지만, 사실은 그렇지 않다. 오늘날에도 베데스다 못 주변에 여관이 많다. 사람들은 곳곳에서 몰려와 며칠씩 머물면서 연못 물에 몸을 담그며 낫기를 바란다. 지푸라기를 잡고 싶은 병자들의 심정은 이해하지만, 차라리 여호와 라파(치유하시는 여호와)께 기도하는 것이 훨씬 더 빠르고 효과적이다. 설령 못에 몸을 담궈 병이 낫게 되더라도 로또 수준이다.

예수님은 낫기를 간절히 소망하는 사람들이 모여 있는 곳을 찾으셨다. 치료는 하나님께 있는 것이지, 이 못에 있는 것이 아니라는 사실을 가르쳐 주기 위해서다. 이런 차원에서 예수님은 사람들의 병을 치료한다고 알려진 성스러운 장소들과 경쟁하신다(Thieissen). 이 경쟁에서 예수님은 절대적으로 승리하셨다.

> IV. 커져 가는 반발(5:1-8:11)
>   A. 세 번째 표적: 중풍병자(5:1-18)

2. 안식일에 낫게 하심(5:6-13)

⁶ 예수께서 그 누운 것을 보시고 병이 벌써 오래된 줄 아시고 이르시되 네가 낫고자 하느냐 ⁷ 병자가 대답하되 주여 물이 움직일 때에 나를 못에 넣어 주는 사람이 없어 내가 가는 동안에 다른 사람이 먼저 내려가나이다 ⁸ 예수께서 이르시되 일어나 네 자리를 들고 걸어가라 하시니 ⁹ 그 사람이 곧 나아서 자리를 들고 걸어가니라 이 날은 안식일이니 ¹⁰ 유대인들이 병 나은 사람에게 이르되 안식일인데 네가 자리를 들고 가는 것이 옳지 아니하니라 ¹¹ 대답하되 나를 낫게 한 그가 자리를 들고 걸어가라 하더라 하니 ¹² 그들이 묻되 너에게 자리를 들고 걸어가라 한 사람이 누구냐 하되 ¹³ 고침을 받은 사람은 그가 누구인지 알지 못하니 이는 거기 사람이 많으므로 예수께서 이미 피하셨음이라

중풍병자의 병이 벌써 오래된 것을 아시는 예수님은 그에게 낫기를 원하느냐고 물으셨다(6절). 예수님이 병자에게 먼저 도움의 손길을 내미신 것이다. 이 병자는 다른 사람들과 마찬가지로 예수님을 눈앞에

두고도 그분이 낫게 하시는 하나님이심을 알아보지 못한다(cf. 1:3-5).

학자들은 이 병자가 낫게 되기를 간절히 원하는 사람인 만큼 예수님의 질문 의도에 대해 의아해한다. 그래서 어떤 이들은 예수님이 그를 책망하기 위해서, 혹은 그의 솔직한 의지를 알아보기 위해서 질문하시는 것이라고 한다(cf. Barclay, Haenchen, McHugh, Mounce). 그러나 이것은 단순하고도 직설적인 질문이다. 예수님이 치료해 주시려 해도 만일 그가 원하지 않으면 하실 필요가 없기 때문이다.

병자는 존경하는 의미에서 예수님을 '주여'(κύριε, 선생님)라고 부르며 대답한다(7a절). 그는 예수님이 그를 고치실 수 있는 분이라는 사실을 모른다. 그저 지나가는 사람 정도로 생각하고 대답한다. 병자는 못의 물이 움직일 때 제일 먼저 들어가면 나을 수 있다고 믿는다. 그에게 치료는 일종의 로또다. 그러나 자신에게는 그 일을 해낼 방법이 없다고 탄식한다. 병자는 그를 도우실 수 있는 예수님을 앞에 두고서 그를 도울 사람이 없다고 한다.

또한 그는 치료하시는 하나님의 능력을 매우 비인격적인 것으로 생각한다. 물이 움직일 때 누구든지, 어떤 병을 앓든 간에 들어가면 낫는다고 믿는다. 그에게 하나님의 치료하시는 능력은 매직처럼 비인격적인 힘이다. 그러나 성경은 그렇지 않다고 한다. 하나님이 치료하실 때는 항상 미리 정하신 사람을 치료하시지 아무나 치료하시지 않는다. 하나님의 치료는 매우 인격적이다. 그러므로 이 사람은 잘못된 세계관의 노예가 되어 있다.

예수님은 병자의 미신적인 생각과 불만을 들으시고 더 이상의 대화는 필요 없다고 생각해 곧바로 세 가지 명령(일어나라, 네 자리를 들어라, 걸어가라)을 내려 그를 치료하신다(8절). 첫 번째 명령인 '일어나라'(ἔγειρε)와 세 번째 명령인 '걸어가라'(περιπάτει)는 현재형(present)이다. 일어나서 계속 걸으라는 뜻이다. 반면에 두 번째 명령인 '네 자리를 들어라'(ἆρον τὸν κράβαττόν σου)는 부정 과거형(aorist)이다. 단 한 번만 하는 행위를 묘사한다. 즉, 예수님은 병자에게 자리를 들고 일어나 주변을 계속 걸으라고 명령하신 것이다(Mounce). 예수님이 병자를 치료하실 때 믿음을 요구할 때도 있지만(cf. 막 2:5), 이처럼 믿음을 요구하지 않고 치료하실 때도 있다. '자리'(κράββατος)는 이 병자가 실려 온 들것을 뜻하며, 그동안 이 못에서 잠자리로 삼던 것이다. 아마도 돌돌 말아서 어깨에 메고 다니는 돗자리였을 것이다(Mounce).

병자는 곧 나아서 자리를 들고 걸어갔다(9a절). '곧'(εὐθέως)은 병자가 걷게 된 것이 한순간도 지체되지 않고 곧바로 일어난 일임을 보여 준다. 그는 지난 38년간의 병자 생활을 한순간에 청산하고 있다. 그러므로 내레이터도 더는 그를 병자라고 부르지 않는다. 그는 '병 나은 사람'(10절)이 되어 한때 그를 실어 나르던 것(자리)을 들고 가고 있다 (Ridderbos). 이때까지 그가 전혀 가지지 못했던 힘을 얻었기 때문이다 (Brown). 자리를 들고 걸어가는 것은 그가 치료를 받아 온전한 몸이 되었음을 의미한다(Barrett).

요한은 예수님이 그를 치료하신 날이 안식일이었다고 한다(9b절). 유대인들은 안식일이 사람을 위해 있는 것이 아니라, 사람이 안식일을 위해 있다고 생각했다(cf. 막 2:27). 그러므로 율법의 정신이나 의도는 무시한 채 문자적으로 안식일을 지키는 일에만 급급했던 유대인들에게는 예수님의 명령이 문제가 될 만한 말이다. 아니나 다를까, 문제가 생겼다.

유대인들은 예수님께 나음을 받아 더는 누워 있을 필요가 없게 된 사람이 자리를 들고 걸어가는 것을 문제 삼았다(10절). 그가 돗자리를 메고 가는 것은 분명 안식일에 해서는 안 되는 일이라는 것이다. 그들은 이 병자가 38년 만에 걷게 된 일에는 관심이 없다. 만일 관심이 있었다면 어떻게 된 일이냐고 물었을 것이다. 그들의 유일한 관심사는 그가 안식일 율법을 어기고 있다는 점이다. 백성의 영성을 지도하는 지도자들이 이 모양이었으니 하나님이 얼마나 답답하셨을까!

당시 유대인들은 안식일 율법을 순교하면서까지 지켜야 하는 것으로 생각했다(Brown). 율법도 안식일을 위반하는 것은 처형될 정도로 심각한 일이라고 한다(cf. 출 31:14-15; 35:2; 민 15:32-36). 마카비 혁명(Maccabean Revolt, 주전 167-160년) 초반에 안식일에 적들과 싸우느니 차라리 죽겠다며 공격해 오는 적에게 어떠한 저항도 하지 않고 전사하는 사람들이 나왔다. 이후 유대인들은 방어를 목적으로 하는 경우에는 안식일에도 전쟁할 수 있다고 구전 율법(oral law)을 수정했다.

문제는 안식일에 사람이 할 수 있는 일과 할 수 없는 일을 어떻게 정의하느냐 하는 것이다(cf. 사 58:13-14; 렘 17:21-22). 당시 랍비들은 안식일에 해서는 안 되는 일 39가지를 규정했다. 예를 들면, 안식일에는 한꺼번에 2,000규빗(전통적으로 900m, 그러나 한 랍비 문헌은 1,100m로 규정하기도 함) 이상 걸으면 안 된다. 사도행전 1:12은 이것을 '안식일에도 걸을 수 있는 거리'라고 한다. 오늘날에도 보수적인 유대인들은 이 규정을 어기지 않으려고 회당 가까운 곳에 산다.

38년 만에 병이 나아 걷게 된 사람은 자기를 치료해 주신 분이 하라는 대로 하는 것뿐이라고 말했다(11절). 이는 자칫 안식일을 범하게 된 책임을 예수님께 전가하는 것으로 보일 수도 있다(Barrett, Culpepper). 그러나 그가 예수님에 대해 어떠한 지식도 없는 것으로 보아 단순히 아무것도 모른다는 말을 이렇게 표현하고 있는 듯하다.

유대인들은 그에게 자리를 들고 걸어가라고 한 사람이 누구냐고 물었다(12절). 이번에도 이 사람이 38년 만에 걷게 된 일에는 관심이 없다. 오로지 그로 하여금 안식일을 범하게 한 치료자에게 관심이 있을 뿐이다. 치료받은 사람은 용서하지만, 치료자는 잡아서 벌하겠다는 뜻이다. 참으로 어이없는 일이 벌어지고 있다. 물론 그들은 예수님이 하나님이라는 사실을 모른다. 그럼에도 불구하고 사람이 하나님을 용서하지 않겠다고 벼르는 모습이 참으로 어이없어 보인다.

고침받은 사람은 자기를 고쳐 준 사람이 누구인지 모른다고 했다(13a

절). 그는 엉겁결에 고침을 받았고, 너무 흥분한 나머지 정작 그를 치료해 주신 은인을 보지 못한 것이다. 예수님도 그가 알아보기 전에 이미 피하셨다. '피하다'(ἐκνεύω)는 얼굴을 돌린다는 뜻이다(TDNT). 예수님이 무리 속으로 사라지셨기 때문에 그는 예수님을 알지 못했다.

이 말씀은 때로는 하나님이 믿음이 없는 사람에게도 은혜를 베푸신다고 한다. 병자는 예수님을 모르지만 하나님은 개의치 않으시고 그를 치료하셨다. 물론 흔한 일은 아니다. 그러나 하나님은 그분의 영광을 드러내기 위해 종종 은혜를 베푸신다. 그러므로 우리 주변에 하나님을 믿지 않지만 하나님의 은혜를 체험한 사람들이 있다면 그 축복이 하나님에게서 왔다는 사실을 알려 주어야 한다.

IV. 커져 가는 반발(5:1–8:11)
　　A. 세 번째 표적: 중풍병자(5:1–18)

3. 안식일에 일하신다고 박해함(5:14-16)

14 그 후에 예수께서 성전에서 그 사람을 만나 이르시되 보라 네가 나았으니 더 심한 것이 생기지 않게 다시는 죄를 범하지 말라 하시니 15 그 사람이 유대인들에게 가서 자기를 고친 이는 예수라 하니라 16 그러므로 안식일에 이러한 일을 행하신다 하여 유대인들이 예수를 박해하게 된지라

예수님은 종교 명절을 기념하기 위해 예루살렘에 오신 만큼 성전으로 가시는 것이 당연하다(14a절). 아마도 성전으로 가는 길에 병자가 많이 모여 있는 베데스다 못을 들리신 것으로 보인다. 또한 하나님께 고침받은 사람이 성전으로 가는 것도 당연한 일이다. 낫게 해 주신 하나님께 감사의 예물도 드리고 제사장들에게 자기가 나았다는 것을 보여 주어야 하기 때문이다(cf. 눅 17:14). 또한 하나님의 집은 하나님과 주님의 백성이 만나는 곳이라는 점에서 예수님이 그를 성전에서 만나신 것

은 상징적인 의미를 지니는 듯하다.

예수님은 그에게 예수님 자신이 그를 치료했다는 사실을 알려 주시며 더 심한 것이 생기지 않도록 다시는 죄를 범하지 말라고 하셨다(14b절). '다시는 죄를 범하지 말라'(μηκέτι ἁμάρτανε)는 현재형 명령으로 아직 회개하지 않은 죄가 있음을 의미하며(Mounce), 또한 이 순간부터는 죄를 짓지 않도록 지속적으로 노력하라는 권면이다(Michaels). 요한복음에서 죄가 처음 언급된 것은 예수님을 가리켜 "세상 죄를 지고 가는 하나님의 어린 양이로다"라고 한 말씀이다(1:29). 이 말씀 이후 죄가 개인과 연관되는 것은 처음이다.

어떤 이들은 예수님의 말씀을 다시는 불신하는 죄를 범하지 말라는 의미로 보고 앞으로 신앙생활을 잘하라는 취지에서 말씀하신 것으로 해석하는데(Klink), 본문에는 그렇게 해석할 만한 근거가 별로 없다. 예수님은 그의 질병이 죄에서 비롯된 것이라는 의미로 이렇게 말씀하신다(Morris, O'Day). 따라서 이 말씀은 앞으로 조심하지 않고 지금처럼 죄를 지으며 살면 더 큰 재앙이 임할 수 있다는 경고이며, 신속하게 삶을 개혁하라는 취지의 권면이다.

그렇다면 죄가 사람의 건강을 해치는가? 당연히 해칠 수 있다. 죄에 대한 벌로 질병을 앓을 수 있고, 죄를 짓는 도중 건강을 해칠 수도 있다(cf. 고전 11:28-30). 그러나 모든 질병이 죄와 연관이 있는 것은 아니다. 성경은 하나님이 하시는 일을 나타내고자 사람들이 질병을 앓고 재앙을 당하기도 한다고 말한다(9:1-3; cf. 눅 13:1-5). 상황마다 다르다는 것이다.

나음을 입은 사람은 성전을 떠나 유대인들에게 가서 자기를 고친 사람은 예수님이라고 알렸다(15절). 학자들은 이 사람의 행동을 다양하게 해석한다(cf. McHugh, Keener). 그의 행동을 배신으로 보는 사람들은 이 행동이 복음에 대한 사람들의 일반적인 반응이라고 한다. 은혜와 치료를 경험하고도 배신하기 일쑤라는 것이다. 어떤 이들은 그가 알리지 않으면 지도자들로부터 심한 벌을 받게 되기 때문이라고 한다. 어느 정도 이해는 가지만, 여전히 치료해 주신 분을 배신했다는 느낌을 떨쳐 버릴 수 없다. 어떤 이들은 별 생각 없이 한 행동으로 그는 배신자보다는 어리석은 자라고 한다(Carson). 하여튼 별로 좋아 보이지는 않는다.

보고를 받은 유대교 지도자들은 예수님이 안식일에 이러한 일을 행하신다는 이유로 주님을 박해하게 되었다(16절). '이러한 일'(ταῦτα)은 복수형이다. 이는 예수님이 이 중풍병자를 고치신 일 외에도 안식일에 환자들을 치료하신 일이 여럿 있는데 그중 이 사건 하나만 언급하고 있음을 암시한다(cf. 20:30).

'박해하다'(διώκω)는 법적인 용어로 '기소하다'(prosecute)라는 의미를 지닌다. 마치 예수님을 법정에 세우는 것 같은 일이 벌어졌다는 것이다. '박해하게 되었다'(ἐδίωκον)는 미완료형이다. 예수님을 괴롭히는 일이 앞으로 계속될 것을 짐작하게 하며, 마치 유대교 지도자들이 하나의 정책으로 도입한 듯한 느낌을 준다(Mounce).

그들이 예수님을 핍박하는 것은 기적을 행해서가 아니라 안식일에 이런 일을 하셨기 때문이다. 그들은 예수님의 능력이 어디서 왔고, 어떤 권세로 이 같은 기적을 행하시는지에는 관심이 없다. 이 부분에 대해 침묵하는 것으로 보아 그들도 예수님이 치료하는 능력을 지니셨다는 사실을 인정한다. 그들이 예수님이 안식일에 이런 일을 하셨다며 안식일을 범한 자로 몰아가는 것은 예수님이 행하신 기적의 빛보다 안식일의 어둠을 더 찾았기 때문이다(Augustine, cf. Mounce).

안식일은 어떤 일을 하지 않는 날이 아니라 선한 일을 하는 날이다. 게다가 예수님이 안식일을 범한 것으로 보는 것도 옳지 않다. 예수님은 손가락 하나 까딱하지 않고 병자를 치료하셨기 때문이다. 예수님은 안식일에 선한 일을 하신 것 때문에 이런 핍박을 받으신다. 하나님을 가장 잘 안다는 자들에게 하나님이 핍박을 받으신다. 참으로 어이없는 일이다.

이 말씀은 생각하지 않고 맹목적으로 믿는 자들의 무지한 믿음이 지 닌 위험성을 보여 준다. 유대교 지도자들은 하나님이 병자를 치료하 신 일을 보고 하나님께 영광을 돌리기는커녕 오히려 안식일에 이런 일 들을 했다며 예수님을 핍박하기 시작했다. 말씀과 신앙에서 무엇이 더 중요하고 무엇이 더 우선인지 어떠한 감도 없는 사람들이다. 이런 지 도자들 밑에서 신앙생활을 하는 사람들은 얼마나 고달팠을까! 지도자 인 우리도 조심해야 한다. 하나님의 법도와 기준에는 분명 더 중요한 것이 있는가 하면 덜 중요한 것도 있다. 그러므로 우리는 우리의 세계 관과 가치관을 성경적으로 정리할 필요가 있다. 생각하는 그리스도인 지도자가 되어야 한다. 우리가 실족하면 우리를 따르는 사람들도 실족 한다.

> IV. 커져 가는 반발(5:1-8:11)
>   A. 세 번째 표적: 중풍병자(5:1-18)

4. 안식일에도 일하시는 이유와 반발(5:17-18)

> [17] 예수께서 그들에게 이르시되 내 아버지께서 이제까지 일하시니 나도 일한 다 하시매 [18] 유대인들이 이로 말미암아 더욱 예수를 죽이고자 하니 이는 안 식일을 범할 뿐만 아니라 하나님을 자기의 친 아버지라 하여 자기를 하나님 과 동등으로 삼으심이러라

유대인들이 안식일에 일한다며 박해하자 예수님은 아버지께서 일 하시니 자기도 일하신다고 말씀하셨다(17절). '이제까지 일하시니'(ἕως ἄρτι ἐργάζεται)는 여태까지 일하셨고, 앞으로도 계속 일하실 것이라는 뜻이다(Borchert). 하나님은 천지를 창조하실 때 6일 동안 일하시고 안식 일에 쉬셨다(창 2:2-3; 출 20:11). 그러나 하나님의 쉼은 사람들과 그 외 피조물에게 주기적으로 안식하며 살아야 한다는 것을 가르쳐 주기 위

해 사용하신 의인화(anthropomorphism) 표현이다(Klink).

하나님은 천지를 창조하신 후에도 계속 일하셨다. 창조하신 세상을 계속 유지하셔야 하기 때문이다. 그러므로 안식일에도 일하신다. 안식일에도 아이들이 태어나고, 사람이 죽는 등 온갖 일이 일어나기 때문이다. 이러한 상황을 인식한 당시 랍비들도 하나님이 안식일에도 일하신다는 것을 모두 인정했다(Barrett, Burge, Dodd, Mounce).

하나님의 능력은 항상 하나님과 함께하는 것이므로 하나님에게서 독립적으로 존재할 수 없다. 그러므로 하나님이 천지를 창조하시기는 했지만, 이후에는 전혀 관여하지 않으시고 자체의 법칙에 따라 움직이게 했다는 이신론(deism)은 잘못된 생각이다. 창조주 하나님과 세상을 다스리시고 운영하시는 하나님의 능력은 나뉠 수 없기 때문이다. 하나님의 능력이 드러나는 곳은 하나님이 일하시는 곳이다.

안식일에 하나님이 일하시는 것처럼 예수님도 일하셨다. '나도 일한다'(κἀγὼ ἐργάζομαι)에서 '나'(κἀγὼ, 접속사+1인칭 대명사)는 강조형이다. 예수님은 이 강조형 대명사를 통해 자신의 일을 하나님의 일과 동일시하실 뿐 아니라, 그분 자신을 하나님과 동일시하신다(Klink). 별로 놀라운 일이 아니다. 예수님은 하나님과 하나이기 때문이다(1:3). 그러므로 하나님이 일하시면 예수님도 일하신다(cf. 1:1, 14, 18).

예수님은 전에도 성전에서 장사꾼들을 내치시며 하나님을 '내 아버지'라고 하셨다(2:16). 그러나 그때는 유대교 지도자들이 얼떨결에 당하느라 그냥 넘어간 것으로 보인다. 이번에는 안식일을 어기고 사람을 치료하신 일과 함께 문제 삼았다. 그들은 하나님과 자신이 동등하다는 예수님을 망언자로 간주해 죽이고자 한다(18절). 하나님이 자기 땅에 와서 일하시지만, 그분의 백성이 하나님을 영접하지 않는다(1:11).

이 말씀은 하나님이 세상을 위해, 또한 우리를 위해 끊임없이 일하신다고 한다. 하나님의 성실하심은 우리가 반드시 닮아야 할 거룩한 속성이다. 우리도 성실하게 보살피고 섬기는 일을 계속해야 한다. 세상의 빛과 소금으로 사는 그리스도인의 삶에 은퇴는 없다. 죽는 순간까지 빛과 소금의 역할을 다해야 한다.

요한은 예수님에 대한 유대인들의 핍박과 장차 감당하실 십자가 죽음이 예수님이 자신을 가리켜 하나님이라고 주장하신 데서 비롯되었다고 한다. 그들에게 자신이 아버지와 동일하다는 예수님의 선언은 믿음으로 받아들여야 하는 가장 영광스러운 진리이거나, 혹은 죽음으로 처벌해야 하는 가장 악한 망언이었다(Hendricksen). 선택은 각자의 몫이며 성경은 중립을 허락하지 않는다.

B. 아들의 권세(5:19-47)

요한은 예수님이 그분을 보내신 하나님 아버지와 동등한 권세를 가지셨으며, 하나님과 성경이 이러한 사실에 대해 증언한다고 한다. 아들은 하나님과 성경의 증언을 믿고 그분을 영접하는 사람들에게 영생을 주실 것이다. 그러나 세상은 자기가 믿고 싶은 것을 믿을 뿐 하나님의 아들이신 예수님을 영접하지 않는다. 그러므로 세상은 장차 임할 심판을 피할 수 없다. 본 텍스트는 다음과 같이 구분된다.

  A. 아버지와 아들의 동등한 권세(5:19-24)
  B. 아들의 살리는 권세(5:25-29)
  C. 아들에 대한 증언(5:30-40)
  D. 아들의 권세를 거부한 세상(5:41-47)

IV. 커져 가는 반발(5:1-8:11)
 B. 아들의 권세(5:19-47)

1. 아버지와 아들의 동등한 권세(5:19-24)

¹⁹ 그러므로 예수께서 그들에게 이르시되 내가 진실로 진실로 너희에게 이르 노니 아들이 아버지께서 하시는 일을 보지 않고는 아무 것도 스스로 할 수 없나니 아버지께서 행하시는 그것을 아들도 그와 같이 행하느니라 ²⁰ 아버지 께서 아들을 사랑하사 자기가 행하시는 것을 다 아들에게 보이시고 또 그보 다 더 큰 일을 보이사 너희로 놀랍게 여기게 하시리라 ²¹ 아버지께서 죽은 자 들을 일으켜 살리심 같이 아들도 자기가 원하는 자들을 살리느니라 ²² 아버 지께서 아무도 심판하지 아니하시고 심판을 다 아들에게 맡기셨으니 ²³ 이는 모든 사람으로 아버지를 공경하는 것 같이 아들을 공경하게 하려 하심이라 아들을 공경하지 아니하는 자는 그를 보내신 아버지도 공경하지 아니하느니 라 ²⁴ 내가 진실로 진실로 너희에게 이르노니 내 말을 듣고 또 나 보내신 이 를 믿는 자는 영생을 얻었고 심판에 이르지 아니하나니 사망에서 생명으로 옮겼느니라

본문을 포함한 5:19-47은 예수님이 홀로 말씀하신 것(monologue)이 며, 요한복음에서 이렇게 길게 말씀하시기는 이번이 처음이다. 본문은 '진실로 진실로'(ἀμὴν ἀμὴν)로 시작하고 마무리된다(19, 24절). 이 섹션에 서 말씀하시는 것들이 매우 중요함을 암시한다.

예수님은 아버지가 하시는 일을 보지 않고는 아무것도 할 수 없다며 예수님 자신은 아버지가 행하시는 것을 보고 그대로 하는 것이라고 하 신다(19b절). 아버지와 상관없이 홀로 행하는 일은 아무것도 없다는 뜻 이다. 그러므로 예수님이 하시는 일은 모두 하나님이 하시는 일 혹은 하시고자 하는 일이다. "아버지가 모든 것을 시작하고, 보내고, 명령 하고, 위임하시고, 허락하시면 아들은 반응하고, 순종하고, 아버지의 뜻을 행하고, 권세를 받으신다"(Carson). 아들은 아버지에게 감동과 영감을 받는 것이 아니라, 아버지를 계속 따라 하고 모방한다는 뜻이다 (Burge). 이런 일이 가능한 이유는 예수님은 아버지 품속에 있는 하나님 이시기 때문이다(1:18). 두 분의 하나 되심은 아들이신 예수님이 아버지와 지속적인 관계를 유지하는 것을 전제하며, 아버지와 아들의 차이를 부인하는 것이 아니라 하나 되심과 통일성을 강조한다.

20-22절은 19절에서 선포하신 아버지와 아들의 하나 되심에 대한 세 가지 근거를 설명하는 접속사(γὰρ)로 구성되어 있다. 첫째, 예수님이 하시는 모든 일은 아들에 대한 아버지의 사랑에 근거하고 있으며, 아버지가 아들에게 보이신 일이다(20a절). 요한복음에서 아들에 대한 아버지의 사랑이 '사랑하다'(φιλεῖ)로 표현되는 것은 이곳이 유일하며, 현재형으로 사용된다. 예수님에 대한 하나님의 사랑은 항상 유지되며, 마치 습관처럼 시작과 끝이 없이 계속 진행된다(Burge, Klink, Mounce). '보이시다'(δείκνυσιν)도 현재형이며, 계속되는 일이다.

또한 하나님은 아들을 사랑하시기에 더 큰 일도 아들에게 보이신다 (20b절). 하나님이 아들에게 보이시는 일이 얼마나 큰지 보는 사람이 모두 놀랍게 여긴다(20c절). 사람들이 전혀 예측하지 못하는 것으로 보아 예수님이 그들을 대신해서 십자가에서 죽으시는 일을 염두에 두고 이렇게 말씀하시는 것으로 보인다(cf. 사 52:13-53:11).

둘째, 아버지께서 죽은 자들을 살리시는 것같이 아들도 자기가 원하는 자들을 살리신다(21절). 구약은 오직 하나님만 사람을 살리실 수 있다고 한다(cf. 신 32:39; 삼상 2:6; 왕하 5:7; 겔 39:3-12). 사람을 살리고 죽이는 것은 하나님만이 가지신 권세다. 예수님도 아버지의 권세와 동일한 권세를 가지셨다. 그러므로 예수님은 자신이 원하는 자들을 살리신다. 예수님은 베데스다 못에 모여 있는 수많은 병자 중에 오직 중풍병자만 고치셨다(5:6). 누구를 고치거나 살리는 것은 예수님의 선택이라는 뜻이다.

하나님이 많은 사람을 살리길 원하시는 것처럼 예수님도 많은 사람을 살리길 원하신다. 그러나 누가 살고 죽는지는 예수님이 결정하실 일이다. 또한 예수님은 이러한 결정을 자기 뜻대로 하지 않으시고 하나님의 뜻에 따라 하신다. 하나님과 예수님은 하나이기 때문이다.

셋째, 예수님은 아버지처럼 살리는 권세를 가지셨을 뿐 아니라, 아버지처럼 심판하는 권세도 가지셨다(22절). 구약은 오직 하나님만이 인간을 심판하실 수 있다고 한다(cf. 시 82:8). 그러나 아들이신 예수님도 심판하는 권세를 가지셨다. 아버지께서 아들에게 이 권세도 맡기셨기 때문이다. 그러므로 예수님은 중풍병자를 치료하신 후 그에게 더는 죄를 짓지 말라고 말씀하셨다(5:14). 계속 죄를 지으면 반드시 심판하실 것을 암시하신 것이다.

하나님이 예수님에게 이처럼 살리고 죽이는 권세를 주신 것은 모든 사람이 아버지를 공경하는 것처럼 아들도 공경하게 하기 위해서다(23a절). 그러므로 아들을 공경하지 않는 자들은 그를 보내신 아버지도 공경하지 않는 것과 같다(23b절). 우리가 예수님을 어떻게 대하는가는 하나님을 어떻게 대하는가와 같은 일이다. 결과적으로 아들을 공경하는 것은 하나님을 공경하는 것이기에 하나님이 생명을 주신다. 반면에 아들을 공경하지 않는 자들은 하나님을 공경하지 않는 것이기에 하나님이 심판하신다. 아버지와 아들은 하나이기 때문이다.

예수님의 말씀을 듣는 것은 곧 그분을 보내신 하나님을 믿는 것과 같다. '듣다'(ἀκούω)는 '듣고 순종하다'라는 의미를 지닌 히브리어 동사(שָׁמַע)를 반영한다(Barrett). 따라서 이 사람들은 예수님 말씀에 순종하는 것을 하나님 말씀에 순종하듯이 한다. 그러므로 이 사람들은 영생을 얻었다(24a절). 예수님이 자기 안에 있는 생명을 이들에게 나눠 주셨기 때문이다(cf. 1:4). 그들은 심판을 받지 않을 것이며, 사망에서 생명으로 옮겨졌다(24b절). '사망'(θάνατος)이 요한복음에서 처음으로 사용되고 있으며, 어둠 안에 있어 참 빛으로 오신 예수님을 모르는(거부한) 자들의 모습을 나타낸다(cf. 1:5; 3:19).

'얻었다'(ἔχει)는 현재형이며, '옮겼다'(μεταβέβηκεν)는 완료형이다. 우리는 이미 영생을 얻었고 죽음에서 생명으로 옮겨졌다. 이미 영생을 누리기 시작한 것이다. 세상 끝 날에 누릴 영생을 이 땅에서 이미 누리기 시작한 것을 가리켜 실현된 종말론(realized eschatology)이라고 한다. 천국은 우리가 죽으면 갈 곳이지만, 또한 우리는 이미 천국에 입성해 있다. 우리는 예수님을 통해 '이미-아직'(already-not yet) 천국에 있다.

이 말씀은 하나님과 예수님의 하나 되심에 관한 말씀이다. 하나님과 예수님은 분명하게 구분되는 두 인격체이지만, 질과 속성과 의지에서 하나인 분이다. 그러므로 예수님을 영접하는 것은 곧 하나님을 영접하는 일이며 큰 복을 누리는 일이다. 반면에 예수님을 영접하지 않거나 말씀에 불순종하는 것은 곧 하나님을 영접하지 않고 하나님 말씀에 불순종하는 일이다.

예수님은 모든 사람을 살리고 죽이는 권세를 지니셨다. 하나님이 예수님에게 이러한 권세를 주셨다. 그러므로 누구든지 주님을 따르면 영생을 얻을 것이며, 거역하면 심판과 죽음을 피할 수 없다. 영생과 심판으로 인한 사망은 이미 우리의 삶에서 시작되었다. 따라서 주님이 이미 우리 삶에서 구원을 이루신 일을 감사하며 살아야 한다. 또한 우리가 사랑하고 염려하는 사람들이 예수님을 영접하지 않아 영원한 죽음에 이르는 일이 없도록 최선을 다해 예수님을 그들에게 소개해야 한다.

IV. 커져 가는 반발(5:1-8:11)
  B. 아들의 권세(5:19-47)

2. 아들의 살리는 권세(5:25-29)

25 진실로 진실로 너희에게 이르노니 죽은 자들이 하나님의 아들의 음성을 들을 때가 오나니 곧 이 때라 듣는 자는 살아나리라 26 아버지께서 자기 속에 생명이 있음 같이 아들에게도 생명을 주어 그 속에 있게 하셨고 27 또 인

자 됨으로 말미암아 심판하는 권한을 주셨느니라 [28] 이를 놀랍게 여기지 말라 무덤 속에 있는 자가 다 그의 음성을 들을 때가 오나니 [29] 선한 일을 행한 자는 생명의 부활로, 악한 일을 행한 자는 심판의 부활로 나오리라

예수님은 5:19-24에서 자신의 정체성을 하나님 아버지와의 관계를 통해 설명하셨다. 본문에서는 자신의 권세와 능력이 어느 정도인지 말씀하신다. 예수님은 한마디로 사람의 삶과 죽음을 주관하시는 분이다. 구약은 이러한 능력과 권세는 오직 하나님만 가지셨다고 한다. 예수님은 하나님의 권세를 모두 지니셨다.

죽은 자들이 하나님의 아들이신 예수님의 음성을 들을 때가 오고 있는데, 그때는 먼 미래가 아니라 지금 이때다(25b절). 예수님은 현재형인 '때가 온다'(ἔρχεται ὥρα)와 '바로 지금이다'(νῦν ἐστιν)를 통해 현재 일어나는 일에 대해 말씀하시면서 동시에 '죽은 자들이 들을 것이다'(οἱ νεκροὶ ἀκούσουσιν)와 '듣는 자는 살아나리라'(οἱ ἀκούσαντες ζήσουσιν)라며 미래에 있을 일이 현재 진행되고 있다고 하신다. '이미-아직'(already-not yet) 모델에 따라 말씀하시는 것이다(cf. 5:24).

예수님이 인간의 영적 죽음에 대해서만 말씀하실 수도 있지만(Mounce, cf. 엡 2:1), 영적-육체적 죽음을 함께 의미하시는 것으로 보인다. 부활은 영적인 죽음에서의 부활뿐 아니라 육체적 죽음에서 부활하는 것이기도 하기 때문이다. 이 생명은 사람이 자기 삶을 도덕적으로 개혁한다고 해서 얻는 것이 아니다. 말씀이신 하나님의 아들인 예수님의 음성을 들어야만 얻을 수 있다. 예수님이 '하나님의 아들'(τοῦ υἱοῦ τοῦ θεοῦ)이라는 타이틀을 사용하시는 경우는 요한복음 전체에서 3차례뿐이다(cf. 10:36, 11:4). 가장 흔히 사용하시는 타이틀은 '인자'다.

죽은 자들을 살리시는 예수님의 권세(25절)는 아버지에게서 비롯되었다. 하나님 아버지는 그분 속에 생명이 있는 것같이 아들에게도 생명을 주어 그 속에 있게 하셨다(26절). 아버지가 지니신 생명과 똑같은 생명을 예수님도 가지신 것이다. 아들은 이 생명을 성육신할 때 아버지에게서 받은 것이 아니라, 아버지처럼 항상 지니고 계셨다. 아버지 안에 생명이 있는 것처럼 아들 안에도 생명이 있다. 그러므로 아들은 아버지로부터 독립해 사역하실 수 있다. 그러나 그렇게 하지 않으시고 항상 아버지를 의존해 사역하신다.

아버지는 인자이신 아들에게 살리는 권세뿐 아니라, 죽음으로 이어지는 심판하는 권세도 주셨다(27절). 25-26절이 5:21을 설명하는 것처럼, 이 구절은 5:22을 추가 설명하는 역할을 한다. 예수님의 '인자'(υἱὸς ἀνθρώπου) 되심은 다니엘 7:13-14에 근거한 것이다. 본문과 연결해서 다니엘서는 하나님이 '인자'에게 삶과 죽음을 포함한 모든 권세를 주셨다고 한다.

> 내가 또 밤 환상 중에 보니 인자 같은 이가 하늘 구름을 타고 와서 옛적부터 항상 계신 이에게 나아가 그 앞으로 인도되매 그에게 권세와 영광과 나라를 주고 모든 백성과 나라들과 다른 언어를 말하는 모든 자들이 그를 섬기게 하였으니 그의 권세는 소멸되지 아니하는 영원한 권세요 그의 나라는 멸망하지 아니할 것이니라(단 7:13-14).

아들이 아버지에게서 모든 권세를 받으신 일에 놀랄 필요는 없다(28a절). 때가 되면 죽은 자들이 모두 그의 음성을 듣게 될 것이기 때문이다(28b절). 그날이 되면 선한 일을 행한 자는 생명의 부활로, 악한 일을 행한 자는 심판의 부활로 나온다(29절). 어떤 이들은 선행이 심판의 기준이 되는 것은 믿음과 상반되는 것이라며, 믿는 자들은 이미 부활을 했으며 본문이 언급하는 부활은 믿지 않는 자들에게 한정된 것이라고 주장하기도 한다(cf. Barrett, Carson). 그러나 그렇지 않다. 선행은 믿음이 맺는 열매이기 때문에 믿는 자들도 함께 포함한다. 예수님은 '양'과 '염소'가 모두 믿음을 말하지만, 그들의 차이는 선행에 있다고 하신다(마 25:31-46). 다니엘은 오래전에 세상 끝 날에 있을 영생을 위한 부활과 영원한 심판을 위한 부활 등 상반되는 두 가지 부활을 예언했다.

> 그 때에 네 민족을 호위하는 큰 군주 미가엘이 일어날 것이요 또 환난이 있으리니 이는 개국 이래로 그 때까지 없던 환난일 것이며 그 때에 네 백성 중 책에 기록된 모든 자가 구원을 받을 것이라 땅의 티끌 가운데에서 자는 자 중에서 많은 사람이 깨어나 영생을 받는 자도 있겠고 수치를 당하여서 영원히 부끄러움을 당할 자도 있을 것이며(단 12:1-2).

이 말씀은 오직 예수 그리스도 안에만 영생이 있다고 한다. 세상에는 많은 종교가 있고 모두 선하게 살 것을 가르치지만, 하나님과 영생을 누릴 수 있는 유일한 길은 예수님이다. 또한 예수님은 온 세상을 심판하시는 분이다. 하나님 아버지께서 모든 권세를 예수님에게 주셨기 때문에 예수님은 홀로 사역하실 수 있다. 그러나 항상 하나님을 의지해 사역하신다. 그러므로 우리도 예수님을 닮아 항상 하나님을 의지하며 사역해야 한다.

IV. 커져 가는 반발(5:1-8:11)
  B. 아들의 권세(5:19-47)

3. 아들에 대한 증언(5:30-40)

율법은 한 사람의 증언으로는 중요한 일을 결정할 수 없고, 최소 두 사람의 증언이 필요하다고 한다(신 17:6). 예수님은 자신에 대해 스스로 증언하지 않으신다. 아들에 대해 증언하는 이가 여럿 있기 때문에 스스로 증언하실 필요가 없다. 또한 예수님이 자신에 대해 스스로 증언하시면 사람들은 참된(만족할 만한) 증언이 아니라고 할 것이다.

아버지와 세례 요한과 성경이 예수님에 대해 증언한다. 그러나 심지어 하나님 아버지의 증언도 믿지 않는 사람들이 있다. 말씀이 그들 안에 거하지 않기 때문이다. 본 텍스트는 다음과 같이 구분된다.

A. 참되신 증인(5:30-32)
B. 요한의 증언보다 더 중요한 증언(5:33-36)
C. 하나님과 성경의 증언(5:37-40)

IV. 커져 가는 반발(5:1-8:11)
  B. 아들의 권세(5:19-47)
    3. 아들에 대한 증언(5:30-40)

(1) 참되신 증인(5:30-32)

³⁰ 내가 아무 것도 스스로 할 수 없노라 듣는 대로 심판하노니 나는 나의 뜻대로 하려 하지 않고 나를 보내신 이의 뜻대로 하려 하므로 내 심판은 의로우니라 ³¹ 내가 만일 나를 위하여 증언하면 내 증언은 참되지 아니하되 ³² 나를 위하여 증언하시는 이가 따로 있으니 나를 위하여 증언하시는 그 증언이 참인 줄 아노라

예수님은 어떠한 심판이든 홀로 하실 수 있지만, 그렇게 하지 않으신다(30a절). 자기 뜻대로 하지 않고 예수님을 보내신 하나님의 뜻대로 심판하기 위해서다. 그러므로 예수님이 하시는 모든 심판은 의롭다(30b절). 의로우신 하나님 아버지가 예수님을 통해 내리시는 심판이기 때문이다. 아버지와 아들은 하나이며, 아버지가 하시는 일을 보지 않고는 아들이 아무것도 스스로 할 수 없다는 5:19 말씀을 재차 확인하시는 것이다.

만일 예수님이 자신에 대해 증언하면 예수님의 증언은 참되지 않다(31절). '참되다'(ἀληθής)는 일상적으로 진실되다는 뜻이지만, 본문에서

는 '충분하다, 만족스럽다'라는 뜻을 지닌다(cf. Klink, Mounce). 만일 예수님이 자신에 대해 증언하면, 사람들이 예수님의 증언을 만족스럽게 여기지 않을 것이라는 뜻이다. 일상적으로 우리는 본인의 증언보다 다른 사람이 그에 대해 증언하는 것을 듣고자 할 때 증인을 요구한다.

예수님에 대해 증언하시는 이가 따로 있다(32a절). 바로 하나님 아버지이시다. 하나님은 아들에 대해 참 증인이 되셨다. 예수님의 신분과 하시는 모든 일을 하나님이 직접 증언하며 보장하신다. 하나님의 아들에 대한 증언은 참되다. 모든 사람을 만족시키기에 충분하다. 그러나 하나님의 증언도 믿지 않겠다고 하는 사람들에게는 이 또한 효력이 없다.

이 말씀은 예수님이 메시아이시며 우리의 영생과 심판에 대한 권세를 가지셨다는 사실을 하나님이 증언한다고 한다. 하나님이 예수님의 사역과 삶이 모두 참되다는 것을 증언하신다. 하나님은 예수님의 가장 신실한 증인이시다. 그러므로 하나님을 믿는 사람이라면 예수님이 하나님의 아들이라는 사실을 의심하거나 진위를 파악하기 위해 다른 사람의 증언을 알아볼 필요가 없다. 하나님이 바로 예수님의 '보증 수표'이시기 때문이다.

IV. 커져 가는 반발(5:1-8:11)
  B. 아들의 권세(5:19-47)
    3. 아들에 대한 증언(5:30-40)

---

(2) 요한의 증언보다 더 중요한 증언(5:33-36)

³³ 너희가 요한에게 사람을 보내매 요한이 진리에 대하여 증언하였느니라 ³⁴ 그러나 나는 사람에게서 증언을 취하지 아니하노라 다만 이 말을 하는 것은 너희로 구원을 받게 하려 함이니라 ³⁵ 요한은 켜서 비추이는 등불이라 너희가 한때 그 빛에 즐거이 있기를 원하였거니와 ³⁶ 내게는 요한의 증거보다

더 큰 증거가 있으니 아버지께서 내게 주사 이루게 하시는 역사 곧 내가 하는 그 역사가 아버지께서 나를 보내신 것을 나를 위하여 증언하는 것이요

예수님의 메시지를 듣는 자 중 일부는 세례 요한에게 사람을 보내 예수님에 대한 증언을 구하기도 했다(33절). 요한도 하나님에게서 온 사람이기 때문이다(cf. 1:6). 세례 요한은 사람들에게 자신은 예수님의 사역을 준비하도록 보내심을 받은 자일뿐 세상의 죄를 지고 가는 메시아가 아니라고 증언했다(cf. 1:19-27, 29). '증언했다'(μεμαρτύρηκεν)는 완료형이다. 예수님에 대한 요한의 증언이 영원히 유효하다는 뜻이다 (Barrett).

사실 세례 요한의 증언은 예수님에게 별 의미가 없다. 예수님은 사람에게서 증언을 취하지 않으시기 때문이다(34a절). 그러므로 요한에게 사람을 보낸 것도 예수님 자신이 아니라 '너희'(ὑμεῖς)다(33절). 예수님은 영접하기는커녕 오히려 죽이려 드는 유대인들을 두고 '너희'라 하신다 (Mounce, O'Day). 그럼에도 불구하고 요한이 그들에게 예수님에 대해 증언했다는 사실을 상기시키시는 것은 그중에 몇 명이라도 예수님이 하나님의 아들이시며 구세주라는 사실을 믿게 하기 위해서다(34b절).

예수님에 대한 세례 요한의 증언은 하나님 아버지의 증언처럼 충분하지는 않지만, 그래도 사람들이 가야 할 길을 밝혀 주는 희미한 등불과 같았다(35a절). 요한의 등불이 그다지 밝을 수 없었던 것은 요한은 이 땅의 사람이었으므로 이 땅에서 유래한 불을 밝혔기 때문이다. 반면에 예수님은 하나님으로부터 오신 참 빛이셨다(1:8). 그러므로 이러한 사실을 깨달은 요한의 제자 중 일부는 예수님의 제자가 되었다(cf. 1:35-37).

사람들은 한때 요한의 빛을 기뻐했고, 그 아래 즐거이 있었다(35b절). '한때'(πρὸς ὥραν)는 잠시 빛을 발했을 뿐 영원히 빛을 내지는 않았다는 뜻이다. 또한 요한은 '켜서 비추이는'(καιόμενος καὶ φαίνων) 등불이었다. 빛을 발하기 위해 큰 희생을 감수해야 했다는 뜻이다(Carson). 실제로 요한은 예수님의 길을 예비하는 사역을 하다가 목숨을 잃었다(cf. 막 6:14-29). 사람들이 요한의 빛에 즐거이 있었다는 것은 요한이 예수님에 대해 증언했을 뿐 아니라 주의 길을 예비하는 의미에서 회개를 권면하는 등 심각하게 사역했지만, 유대인들이 그를 심각하게 받아들이지 않았다는 뜻이다(Morris).

사람들이 메시아 예수님에 대한 요한의 증언을 심각하게 받아들이지 않았다 해도 큰 문제는 아니다. 예수님에게는 요한의 증언보다 더 큰 증거가 있기 때문이다(36a절). 바로 하나님 아버지께서 아들에게 주셔서 이루게 하시는 역사다. '역사'(ἔργα)는 '일, 사역'이라는 의미를 지닌다. 예수님이 하시는 역사의 범위를 병자를 낫게 하시는 기적으로 제한하는 이들도 있지만(Brown), 기적과 가르침(계시)을 함께 의미하는 것으로 해석하는 것이 바람직하다(Bultmann). 예수님은 말씀이시기 때문이다(1:1-5).

예수님이 행하시는 기적과 주시는 가르침은 하나님이 그를 보내셨다는 사실을 증언한다(36b절). 예수님이 하나님이 보여 주신 일만 하시기 때문이기도 하지만(cf. 5:19-20; 17:4, 23), 기적과 가르침은 예수님의 사역이 맺는 열매이기 때문이다. 열매를 보면 나무를 알 수 있듯이(눅 6:44), 예수님이 하시는 일을 보면 예수님이 하나님에게서 오신 것을 알 수 있다. 그러나 예수님을 부정하는 사람들은 예수님이 행하시는 기적 역시 하나님이 하시는 일로 인정하지 않는다(cf. 5:10-12).

이 말씀은 예수님이 하나님의 아들이요 구세주이신 충분한 증거가 있다고 한다. 세례 요한의 확실하고 영구적인 증언이 있고, 예수님이 하신 일들도 있다. 모두 다 예수님이 바로 하나님이 보내신 분이라는 사실을 증언한다. 그러므로 편견과 선입견을 버리고 열린 마음으로 진실을 대하면 누구든지 예수님을 영접할 수 있다. 사람이 예수님을 부인하거나 주저하는 것은 증거가 부족해서가 아니다. 그렇게 하고 싶어서다. 니고데모처럼 예수님을 하나님에게서 온 선생이라고 하면서도 메시아로 영접하기를 주저하는 이들도 있다.

(3) 하나님과 성경의 증언(5:37-40)

37 또한 나를 보내신 아버지께서 친히 나를 위하여 증언하셨느니라 너희는 아무 때에도 그 음성을 듣지 못하였고 그 형상을 보지 못하였으며 38 그 말씀이 너희 속에 거하지 아니하니 이는 그가 보내신 이를 믿지 아니함이라 39 너희가 성경에서 영생을 얻는 줄 생각하고 성경을 연구하거니와 이 성경이 곧 내게 대하여 증언하는 것이니라 40 그러나 너희가 영생을 얻기 위하여 내게 오기를 원하지 아니하는도다

예수님은 그를 보내신 아버지께서 그를 위해 증언하셨다고 한다 (37a절). 앞서 5:30-32에서도 하나님 아버지가 예수님에 대한 참된 증인이라고 하셨다. '증언했다'(μεμαρτύρηκεν)는 완료형으로, 과거에도 증언하셨고 지금도 증언하신다는 뜻이다(Klink). 그러나 사람들은 하나님의 음성을 듣지 못했다. 하나님의 형상도 보지 못했다(37b절). '들었다'(ἀκηκόατε)와 '보았다'(ἑωράκατε)도 완료형 동사다. 그들은 과거에도 현재도 듣지 못하고 보지 못한다.

예수님이 세례를 받으실 때 하나님은 하늘을 열고 "너는 내 사랑하는 아들이라 내가 너를 기뻐하노라"라고 하셨다(막 1:11). 이때 성령이 비둘기같이 내려오셨다. 또 하나님은 변화산에서 제자들에게 "이는 내 사랑하는 아들이요 내 기뻐하는 자니 너희는 그의 말을 들으라"라고 하셨다(마 17:5). 이러한 사례들은 사람들이 열린 마음으로 하나님께 귀를 기울였다면 예수님에 대해 증언하시는 것을 들을 기회가 충분히 있었음을 암시한다(cf. Bruce). 하나님은 예수님에 대해 꾸준히 증언하고 계시기 때문이다(cf. 37절).

그러나 사람들이 예수님에 대한 하나님의 증언을 듣지 못하고 하나님을 보지 못하는 것은 하나님의 말씀이 그들 속에 거하지 않기 때문이다(38a절). 하나님의 말씀이 그들 안에 거하지 않으니 하나님이 보내신 예수님을 믿지 않는다(38b절). 예수님 안에 있는 하나님의 진리가 믿는 자들의 경험을 통해 진짜임을 스스로 증명하는데, 이 사람들은 예수님을 믿지 않으니 하나님의 말씀이 그들에게 진실됨을 증명할 수 없다(Barrett). 예수님에 대한 불신은 하나님 아버지를 보지 못하고 듣지 못하게 한다(Carson). 요한 서신은 이러한 사실에 대해 다음과 같이 말한다.

> 만일 우리가 사람들의 증언을 받을진대 하나님의 증거는 더욱 크도다 하나님의 증거는 이것이니 그의 아들에 대하여 증언하신 것이니라 하나님의 아들을 믿는 자는 자기 안에 증거가 있고 하나님을 믿지 아니하는 자는 하나님을 거짓말하는 자로 만드나니 이는 하나님께서 그 아들에 대하여 증언하신 증거를 믿지 아니하였음이라(요일 5:9-10).

예수님을 부인하는 유대인 지도자들은 성경에서 영생을 얻는 줄 생각해 성경을 연구한다(39a절). '성경'(τὰς γραφάς)은 율법을 포함한 구약 전체를 뜻한다. '연구하다'(ἐραυνάω)는 무엇을 배우기 위해 신중하게 살피는 것이다(BDAG). 랍비들은 성경을 이러한 자세로 대했다(Barrett). 유대인들의 위대한 선생이었던 힐렐은 율법을 공부할수록 사람의 생명을 더 연장할 뿐 아니라, 다음 세상에서도 생명을 풍성하게 누릴 수 있다고 했다.

유대인들이 열심히 연구하는 성경이 예수님에 대해 증언한다(39b절).

그러나 열심히 성경을 연구하는 그들은 이러한 사실을 깨닫지 못한다. 자신들의 이권과 목적을 정당화하기 위해 온갖 편견과 선입견을 가지고 성경을 대하기 때문이다. 그러므로 영생을 얻기 위해 성경을 연구하는 자들이 정작 영생이신 예수님을 알아보지 못하는 경우가 허다하다. 성경을 연구하면서도 성경이 증언하는 예수님을 알지 못하니 부질없는 열심이다.

사람이 아무리 성경을 연구하고 묵상해도 하나님이 함께하시며 깨우침을 주지 않으시면 제대로 깨닫지 못한다. 성경은 영적인 책이기 때문이다. 이러한 사실은 예수님을 믿지 않는 자들에게만 적용되는 것이 아니다. 예수님은 부활하신 후 엠마오로 가는 길에 제자들을 만나 그들에게 깨우침을 주셨다. 제자들은 그때야 비로소 깨달을 수 있었다(눅 24:27−32). 우리는 성경을 연구하고 묵상할 때마다 꾸준히 성령의 도우심을 받아야 한다.

성경이 예수님에 대해 증언하므로 영생을 얻기 위해 성경을 열심히 연구하는 사람이라면 당연히 영생을 주시는 예수님을 알아봐야 하는데 현실은 그렇지 않다(40절). 그들이 예수님께 오기를 원하지 않기 때문이다. 잘못된 해석과 편견으로 꽉 찬 마음이 예수님을 보지 않으려 한다. 그러므로 성경에 문제가 있는 것이 아니라, 예수님께 나오기를 거부하는 그들에게 문제가 있다. '당신이 메시아인가?'라는 사람들의 질문에 세례 요한은 예수님을 가리켰다(cf. 1:23−27, 29−31). 구약도 메시아이신 예수님을 가리킨다. 또한 예수님은 구약의 모든 것을 온전하게 해석하실 수 있는 열쇠다(Carson). 그러므로 예수님을 배제하고 구약을 연구하고 묵상하는 것보다 더 불쌍한 일은 없다(Temple).

이 말씀은 성경이 예수님에 대해 증언하는 만큼 예수님을 배제하고는 성경을 제대로 해석할 수 없다고 한다. 그러므로 성경을 해석할 때 예수님을 항상 마음에 두어야 한다. 그렇게 하지 않으면 성경을 통해서 하시는 하나님의 말씀도 들을 수 없다. 성경을 묵상하고 연구할 때는 항상 성령의 도움을 구해야 한다. 그래야 제대로 된 해석을 얻을 수 있다.

---

4. 아들의 권세를 거부한 세상(5:41–47)

> [41] 나는 사람에게서 영광을 취하지 아니하노라 [42] 다만 하나님을 사랑하는 것이 너희 속에 없음을 알았노라 [43] 나는 내 아버지의 이름으로 왔으매 너희가 영접하지 아니하나 만일 다른 사람이 자기 이름으로 오면 영접하리라 [44] 너희가 서로 영광을 취하고 유일하신 하나님께로부터 오는 영광은 구하지 아니하니 어찌 나를 믿을 수 있느냐 [45] 내가 너희를 아버지께 고발할까 생각하지 말라 너희를 고발하는 이가 있으니 곧 너희가 바라는 자 모세니라 [46] 모세를 믿었더라면 또 나를 믿었으리니 이는 그가 내게 대하여 기록하였음이라 [47] 그러나 그의 글도 믿지 아니하거든 어찌 내 말을 믿겠느냐 하시니라

예수님은 앞 섹션인 5:31–40에서 자신을 변호하는 말씀을 하셨다. 이 섹션에서는 피고인석에 유대인들을 세우고 그들을 고발하시는 투로 말씀하신다(O'Day). 예수님의 역할이 '변호사'에서 '검사'로 바뀐 것이다.

하나님과 성경과 예수님이 하시는 일과 세례 요한이 예수님에 대해 증언하지만, 사람들은 예수님을 영접하지 않는다. 그래도 예수님은 그들에게 서운해하지 않으신다. 예수님은 사람에게서 영광을 취하지 않으시기 때문이다(41절). 본문에서 '영광'($\delta\acute{o}\xi\alpha$)은 '인정'(recognition)을 의미한다(Klink, cf. BDAG). 의로우신 하나님이 인정하시면 됐지, 죄인들이 예수님을 구세주로 인정하거나 인정하지 않는 것은 그다지 중요한 이슈가 아니다.

274

유대인들은 예수님을 모른다. 그러나 예수님은 그들 속에 하나님에 대한 사랑이 없다는 것을 아신다(42절). '다만 알았다'(ἀλλ᾽ ἔγνωκα)는 강조형이며 완료형이다. 그들은 하나님을 사랑한다고 떠들어 대지만, 실제로는 하나님을 사랑하지 않는다. 오히려 이러한 사실을 숨기기 위해 어둠을 더 사랑한다(3:19). 그러나 빛으로 오신 예수님이 어둠을 비추시자 어둠에 가렸던 그들의 실체가 드러났다(cf. 1:5). 사람들은 하나님에 대한 자신의 생각을 사랑할 뿐, 하나님을 사랑하지 않는다(Barclay).

예수님은 하나님의 이름으로 오셨다(43a절). 그러나 하나님을 사랑한다고 입버릇처럼 떠드는 사람들은 예수님을 영접하지 않았다(43b절). 만일 다른 사람이 하나님의 이름이 아니라 자기 이름으로 온다면 사람들은 그를 영접할 것이다(43c절). 모든 사람이 알고 인정하는 하나님의 이름과 무명의 인간 이름이 대조되고 있다. 죄로 얼룩진 사람들은 하나님의 이름으로 오시는 이는 부인하면서, 보잘것없는 인간의 이름으로 오는 자는 영접한다! 실제로 요세푸스는 주후 70년에 예루살렘 성전이 파괴되기 전에 거짓 메시아가 여럿 있었다고 한다.

있어서는 안 될 일이 일어나고 있다. 빌립보서는 하나님 아버지께서 유일무이한 아들이신 예수님에게 모든 이름보다 더 뛰어난 이름을 주신 이유에 대해 다음과 같이 증언한다. "이러므로 하나님이 그를 지극히 높여 모든 이름 위에 뛰어난 이름을 주사 하늘에 있는 자들과 땅에 있는 자들과 땅 아래에 있는 자들로 모든 무릎을 예수의 이름에 꿇게 하시고 모든 입으로 예수 그리스도를 주라 시인하여 하나님 아버지께 영광을 돌리게 하셨느니라"(빌 2:9-11).

죄로 인해 똑바로 볼 수 없게 된 사람들은 하나님으로부터 위대한 이름을 받으신 예수님은 영접하지 않고, 어떠한 자격도 없이 스스로 대단한 사람이 되는 것처럼 떠들어 대는 자들은 영접한다. 이 사람들은 성경을 통해 하나님을 만나지 않고 마음속에 스스로 상상하는 신들을 두었기 때문이다. 거짓 선지자들과 거짓 메시아들, 그리고 오늘날의 이단 괴수들도 모두 그들이 영접하는 '다른 사람들'이다.

사람들은 서로에게서 영광을 취한다(44a절). '영광'(δόξα)은 41절에서처럼 '인정'(recognition)이라는 의미를 지닌다. 그들은 하나님의 인정을 구하지 않고 서로의 인정을 구한다. 심지어 교회에 다니는 사람들도 이해관계를 바탕으로 서로를 이용한다. 그러므로 하나님이 아무리 예수님을 인정하신다 해도 그들에게는 중요하지 않다. 그들에게는 하나님의 인정보다 사람의 인정이 더 중요하기 때문이다. 하나님을 사랑한다고 하는 자들에게 어떻게 이런 일이 가능한가? 종교적인 삶은 사랑하지만 하나님은 사랑하지 않기 때문에 빚어지는 일이다(Burge). 그렇다면 종교인이 어떻게 해야 예수님을 믿을 수 있는가? 인간의 칭찬이 아니라 하나님의 칭찬을 구할 때 가능하다(롬 2:29).

그러므로 예수님은 그들에게 "너희가 어찌 나를 믿을 수 있느냐?"라고 물으신다(44b절). '믿다'(πιστεῦσαι)는 부정 과거형(ingressive aorist)이다(Klink). 하나님의 말씀 대신 자기 생각에 도취한 자들은 예수님에 대한 믿음을 아예 시작하지도 못했다는 뜻이다.

사람들이 유일하신 하나님을 사랑한다고 말하면서도 하나님의 인정을 구하지 않고 서로의 인정을 구하는 것은 유대교의 유일신 주의를 위반하는 행위다. 그러므로 예수님은 그들을 하나님께 고발하실 수 있다. 그러나 그렇게 하지 않으신다. 모세가 그들을 고발할 것이기 때문이다(45절).

모세는 유대인들이 대단히 자랑스러워하는 조상이다. 하나님이 그를 통해 율법을 주셨기 때문이다. 그러므로 그들은 모세에게 인정받기를 원하며 그를 바랐다. '바랐다'(ἠλπίκατε)는 '소망하다'라는 의미를 지닌 동사의 완료형이다. 그들은 옛적부터 모세가 종말에 하나님 앞에서 그들을 변호해 줄 것으로 기대했다(Meeks). 그러나 예수님은 모세가 그들을 변호하지 않고 오히려 고발할 것이라고 하신다. 모세가 변호해 주기를 기대했던 사람들에게는 참으로 충격적인 말이다(Meeks).

어떻게 해서 모세가 그들을 고발하게 되었는가? 모세는 그들이 순종하도록, 곧 삶의 지침으로 삼도록 하나님의 율법을 전달해 주었다. 그러나 그들은 모세가 전해 준 하나님의 말씀에 순종하지 않고, 그저 말씀을 전해 준 모세가 세상 끝 날에 그들을 변론해 줄 것을 믿고 의지했다. 그들의 믿음이 잘못된 것이다(Klink). 그들은 하나님의 말씀을 믿어야 하는데, 말씀을 전달해 준 자를 믿었다. 모세는 사람들이 자신이 아니라 하나님을 믿길 원했다. 그래서 훗날 하나님을 믿지 않고 그를 믿은 사람들을 하나님께 고발할 것이다. 그들의 문제는 지적인 것보다는 영적인 것이라 할 수 있다(Burge).

그들이 모세에게 소망을 두었다고 하지만, 사실은 모세도 믿지 않는다(46a절). 모세를 믿었다면 모세가 예수님에 관해 율법에 기록한 것을 믿었을 것이기 때문이다(cf. 신 28:15). 예수님은 율법의 정신이며 완성이시다(Calvin). 비록 예수님이 모세를 사례로 들지만, 구약 전체가 예수님에 대해 기록하고 있다는 의미다(Hoskyns, Mounce).

만일 그들이 모세의 글도 믿지 않는다면, 그의 글이 증언하는 예수님의 말씀을 믿지 않는 것은 당연한 일이다(47절). 예수님의 논리는 작은 것(모세의 글을 믿지 않는 것)에서 큰 것(예수님의 말을 믿지 않는 것)으로 옮겨 가는 논법(a fortiori)이다. 모세가 한 말을 믿지 않으니, 모세가 증언한 그리스도가 하신 말씀을 믿는 것은 더욱더 어려운 일이다. 뒤집어 말하면, 그들이 모세의 말을 믿었다면 예수님의 말씀도 믿었을 것이라는 뜻이다. 그러므로 그들이 모세를 믿고 예수님을 믿지 않는 것이 아니다. 그들은 모세도 믿지 않고 예수님도 믿지 않는다. 그들은 자기 생각만을 믿는다.

이 말씀은 성경을 읽고 내용을 알아도 하나님을 모를 수 있다고 경고한다. 성경의 메시지는 언제든 왜곡될 수 있기 때문이다. 이러한 성경 지식은 참으로 위험하며 읽는 사람의 영성을 해칠 수 있다. 우리 주변에서 성경을 잘 안다는 이단들이 영적으로는 죽음을 향해 가고 있는 것을 볼 수 있다. 그러므로 우리는 성경을 읽을 때마다 성령의 도우심을 받아 바르게 깨달아야 한다.

때때로 사람들은 하나님의 말씀을 믿는 것이 아니라 그 말씀을 전해 준 메신저를 믿기도 한다. 유대인들이 하나님의 율법을 전해 준 모세를 믿은 것처럼 말이다. 우리는 항상 주님을 바라보아야 하며 하나님의 말씀에만 귀를 기울여야 한다. 하나님의 말씀을 전해 주는 메신저에게 필요 이상의 관심을 주어서는 안 된다. 모든 메신저는 하나님에 대한 증인에 불과하기 때문이다.

IV. 커져 가는 반발(5:1-8:11)

C. 네 번째 표적: 오병이어(6:1-15)

¹ 그 후에 예수께서 디베랴의 갈릴리 바다 건너편으로 가시매 ² 큰 무리가 따르니 이는 병자들에게 행하시는 표적을 보았음이러라 ³ 예수께서 산에 오르사 제자들과 함께 거기 앉으시니 ⁴ 마침 유대인의 명절인 유월절이 가까운지라 ⁵ 예수께서 눈을 들어 큰 무리가 자기에게로 오는 것을 보시고 빌립에게 이르시되 우리가 어디서 떡을 사서 이 사람들을 먹이겠느냐 하시니 ⁶ 이렇게 말씀하심은 친히 어떻게 하실지를 아시고 빌립을 시험하고자 하심이라 ⁷ 빌립이 대답하되 각 사람으로 조금씩 받게 할지라도 이백 데나리온의 떡이 부족하리이다 ⁸ 제자 중 하나 곧 시몬 베드로의 형제 안드레가 예수께 여짜오되 ⁹ 여기 한 아이가 있어 보리떡 다섯 개와 물고기 두 마리를 가지고 있나이다 그러나 그것이 이 많은 사람에게 얼마나 되겠사옵나이까 ¹⁰ 예수께서 이르시되 이 사람들로 앉게 하라 하시니 그 곳에 잔디가 많은지라 사람들이 앉으니 수가 오천 명쯤 되더라 ¹¹ 예수께서 떡을 가져 축사하신 후에 앉아 있는 자들에게 나눠 주시고 물고기도 그렇게 그들의 원대로 주시니라 ¹² 그들이 배부른 후에 예수께서 제자들에게 이르시되 남은 조각을 거두고 버리는

것이 없게 하라 하시므로 ¹³ 이에 거두니 보리떡 다섯 개로 먹고 남은 조각이 열두 바구니에 찼더라 ¹⁴ 그 사람들이 예수께서 행하신 이 표적을 보고 말하되 이는 참으로 세상에 오실 그 선지자라 하더라 ¹⁵ 그러므로 예수께서 그들이 와서 자기를 억지로 붙들어 임금으로 삼으려는 줄 아시고 다시 혼자 산으로 떠나 가시니라

일명 '오병이어' 기적으로 알려진 이 이야기는 어린 시절 교회학교에 다닐 때 자주 들었던 이야기다. 또한 네 복음서에 모두 기록된 유일한 기적이기도 하다(cf. 마 14:13-21; 막 6:30-44; 눅 9:10-17). 이 본문은 마가복음의 이야기와 가장 비슷하다(Barrett). 예수님의 능력을 가장 잘 나타내는 기적이며 장차 종말에 메시아가 성도들을 위해 베푸실 잔치가 어떤 것인지를 조금이나마 상상하게 하는 이야기다.

예수님이 빵 다섯 조각과 물고기 두 마리로 5,000명의 성인 남자(=여자와 아이들을 포함하면 최소 1만 명)를 먹이시는 모습은 옛적 모세가 이집트를 탈출한 이스라엘 백성을 광야에서 만나로 먹인 일을 생각나게 한다(cf. 출 16장). 또한 엘리사가 빵 20개(=20명이 겨우 먹을 수 있는 양)로 100명을 먹인 일도 연상케 하는 기적이다(왕하 4:38-44). 비율로 계산하면 엘리사는 5배로 늘리는 기적을 행했지만, 예수님은 최소 1,000배 이상으로 늘리는 기적을 행하셨다! 예수님은 엘리사와 차원이 다른 분이다.

학자들은 이 기적이 요한복음에 기록된 이야기 중 해석적 문제를 가장 많이 안고 있다고 한다(cf. Carson, McHugh, Morris, Schnackenburg). 표면적으로는 공관복음에 기록된 이야기들처럼 평화롭고 단순해 보이지만, 내면에는 역사적(시대적)·정황적·신학적 문제가 산재해 있다고 생각하기 때문이다(cf. Culpepper). 이러한 문제들이 호기심을 자극하기는 하지만 이 이야기가 전하고자 하는 메시지에는 별 영향을 미치지 않는 만큼 본 주석에서는 언급하지 않을 것이다.

예수님이 디베랴의 갈릴리 바다 건너편으로 가셨다(1절). 호수의 서쪽에서 동쪽으로 이동하셨다는 뜻이다. '디베랴의 갈릴리 바다'(τῆς θαλάσσης τῆς Γαλιλαίας τῆς Τιβεριάδος)는 '갈릴리 바다, 곧 디베랴'라는 의미다(cf. 새번역, 공동, NAS, NIV). 갈릴리 호수는 예루살렘에서 북쪽으로 100㎞ 떨어져 있다. 사해에서는 110㎞ 북쪽에 있으며, 갈릴리 호숫물이 요단강을 거쳐 사해로 흘러든다. 길이가 남북으로 22㎞, 너비는 동서로 15㎞에 달하는 큰 호수다(ABD).

갈릴리 호수에는 물고기가 많고, 호수 주변으로 모래사장도 많다. 큰 풍랑이 일 정도이기 때문에 본문에서처럼 갈릴리 바다로 불리기도 했다. 그 외에도 여러 이름으로 불렸는데, 구약 시대에는 긴네렛 바다(민 34:11; 신 3:17; 수 12:3; 13:27)로, 신약에서는 게네사렛 호수[바다](눅 5:1)와 디베랴 호수[바다](21:1) 등으로 불렸다. 분봉 왕 헤롯 안티파스(Herod Antipas)가 주후 20년에 로마 황제 티베리우스(Tiberius)에게 경의를 표하기 위해 갈릴리 호수를 디베랴 바다로 이름을 바꾸기도 했다(Mounce). 한편, 게네사렛과 디베랴는 호수 주변에 있는 도시들이었다. 디베랴는 분봉 왕 헤롯(Antipas)이 주후 26년에 세워 자기 정권의 통치 수도로 삼은 곳으로(Burge) 가버나움에서 약 14㎞ 남쪽, 갈릴리 호수의 남서쪽 해변에 있었다(ABD).

큰 무리가 예수님과 제자들을 따라왔다(2절). 그들은 예수님의 가르침을 사모해서 예수님을 따라온 것이 아니라, 병자들을 치료하는 기적(표적) 행하시는 것을 보고(cf. 2:11) 아픈 사람들을 데리고 왔다. 예수님의 명성이 점점 더 커져 따르는 사람이 날로 늘고 있다. 그들이 예수님을 기적을 행하시는 이(miracle worker) 정도로 인식하는 것이 아쉽지만, 행하시는 기적이 계기가 되어 믿게 될 사람들도 있을 것이다.

예수님이 산에 오르셨다(3a절). 이는 옛적에 모세가 시내산에 오른 일을 연상케 한다(cf. 6:31-33). 산에 오르신 예수님은 제자들과 함께 앉으셨다(3b절). 당시 랍비들이 제자들에게 가르침을 주기 위해 취하는 자세다. 예수님은 기적을 바라는 사람들에게 하나님 나라에 대해 가르치고자 하신다.

이때는 유대인의 명절인 유월절이 가까운 때였다(4절). 요한이 언급하는 세 차례 유월절 중 두 번째다(cf. 2:13, 23; 11:55; 19:14). 유월절은 이스라엘이 노예로 살던 이집트를 탈출한 일을 기념하는 절기로, 이날에는 온 가족이 양을 잡아 떡과 함께 먹는다. 앞서 세상 죄를 지고 가는 어린양으로(1:29) 묘사된 예수님은 잠시 후 생명의 떡으로 묘사되실 것이다(6:35). 그러므로 학자들은 이 이야기가 앞으로 예수님이 유월절에 십자가에서 이루실 일을 암시하는 것이라 한다(Ridderbos, cf. Burge). 요한복음 6장이 민수기 11장과 평행을 이룬다는 이들도 있다(Brown).

예수님은 모여든 큰 무리를 보시고 빌립에게 어디서 떡을 사서 이 많은 사람을 먹일 수 있겠냐고 물으셨다(5절). 그가 어떻게 반응하는지 시험하고자 이렇게 물으셨다(6절). 예수님이 제자 중 빌립을 지목하시는 것은 그가 이곳에서 가까운 벳새다 마을 출신이기 때문이다(1:44). 그러므로 빵을 구해야 한다면 이 지역을 가장 잘 아는 빌립이 적격자다. 예수님이 제자들을 시험하기 위해 이렇게 말씀하신 것은 출애굽 사건을 연상케 한다(출 15:25; 16:14; 신 8:2, 16).

빌립은 가장 자연스러운 대답을 했다. 모여든 수많은 사람을 조금씩이라도 먹이려면 최소 200데나리온 이상 필요하다는 것이다(7절). 한 데나리온($\delta\eta\nu\acute{\alpha}\rho\iota o\nu$)은 당시 노동자들의 하루 임금으로(cf. 마 20:2), 빌립은 최소한 200명의 '일당'(daily wage)이 필요하다고 하는 것이다. 남자 성인만 5,000명이면 아마도 여자와 아이들을 합해 최소 1만 명 이상 모였을 텐데 200데나리온으로는 이 많은 사람을 넉넉하게 먹일 수 없다(Carson). 게다가 예수님과 제자들에게는 이렇게 큰돈이 없다. 설령 돈이 있다고 할지라도 주변에는 이 많은 사람을 먹일 음식을 구할 만한 곳이 없다.

제자 중 시몬 베드로의 형제 안드레가 예수님께 말했다(8절). 예수님이 묻지 않으셨는데도 안드레가 말하는 것을 보면 모든 제자가 예수님의 질문에 상당히 당혹스러워했다는 것을 알 수 있다(Burge). 안드레는 한 아이가 보리떡 다섯 개와 물고기 두 마리를 가지고 있지만, 이 수많은 사람을 먹이기에는 턱없이 부족하다고 말했다(9절). 복음서 중 아이가 가져온 떡이 보리떡이라고 알려 주는 것은 요한복음이 유일하다. 어떤 이들은 이 이야기에서 '다섯'은 모세 오경을, '둘'은 십계명이 새겨진 두 돌판을 상징한다며 알레고리적으로 해석하지만, 전혀 근거 없는 주장이다(cf. Boring, Marcus).

'떡'(ἄρτος)은 우리가 먹는 부침개처럼 동그랗고 넓적한 모양으로 불에 달군 돌 위에서 구운 것이다(BDAG). '물고기'(ὀψάριον)는 요한만 사용하는 독특한 단어로(cf. 6:11, 21:9), 소금에 절여서 말린 물고기다. 떡과 함께 먹는 반찬이었다. 공관복음은 더 흔하고 익숙한 단어(ἰχθύς)를 사용한다(cf. 마 14:17). 보리떡과 말린 물고기는 갈릴리 지역에 사는 가난한 사람들의 식사였으며, 이 정도 양이면 아이가 혼자 배불리 먹거나 친구 하나와 나눠 먹을 만한 양이다.

제자들은 예수님이 병자들을 치료하고 죽은 사람을 살리는 기적은 행하시지만, 산 사람들을 먹이는 기적을 행하실 것이라고는 생각하지 못한다. 생각해 보면 다소 이상한 논리다. 예수님은 죽은 사람을 살리고 산 사람들은 건강하게 살 수 있도록 기적을 행하시는 분이다. 그렇다면 산 사람들에게 먹을 것을 주는 기적도 행하시는 것이 당연하다고 생각할 텐데 말이다.

예수님은 제자들에게 사람들을 잔디 위에 앉히라고 하셨다(10a절). '앉다'(ἀναπίπτω)는 잔치에 참여하는 사람이 옆으로 누워서 담소하며 음식을 나누는 모습을 묘사하는 단어다(TDNT). 요한은 이 단어를 의도적으로 사용하는데, 예수님이 종말에 주의 백성이 참여하게 될 메시아의 잔치를 이곳에 모인 사람들로 하여금 미리 맛보게 하신 것을 강조하기 위해서다(Wessel & Strauss). 종말에 있을 잔치에서는 하나님의 백성이 세상에서 가장 좋은 음식을 마음껏 먹고도 남을 것이다(13절; cf. 사 25:6).

그러므로 이 기적은 기독론과 종말론 관점에도 매우 중요한 사건이다. 또한 예수님은 모든 것을 하나님께 맡기고 무엇을 먹을까 무엇을 마실까 염려하지 말라고 하셨는데(마 6:25), 우리가 하나님께 모든 것을 맡기면 하나님이 우리를 어떻게 먹이시는지를 보여 주는 실질적인 사례라 할 수 있다. 구약에서는 이러한 원리를 '여호와 이레'(יְהוָה יִרְאֶה)라고 한다(창 22:14).

잔디가 많이 있다는 것은 이 일이 일어난 때가 봄철(3-4월)이었음을 의미한다(Carson, Marcus, Taylor). 또한 푸른 잔디는 시편 23:2을 연상케 한다. "그가 나를 푸른 풀밭에 누이시며 쉴 만한 물 가로 인도하시는도다." 잔디에 앉은 남자들(ἀνθρώπους)의 수가 5,000명쯤 되었다(10b절). 여자와 아이들을 더하면 1만 명 이상 되었을 것이다. 이 정도 규모면 유대를 지배하는 로마를 상대로 당장 게릴라전을 시작할 수 있다(Carson). 그러므로 기적을 맛보고 흥분한 그들이 예수님을 왕으로 세우려고 한 일은 놀랄 만한 일이 아니다(cf. 15절).

예수님은 떡과 물고기를 가져다가 축사하신 후 앉아 있는 사람들에게 나눠 주셨다(11절). '축사했다'(εὐχαριστήσας)는 음식을 축복하신 것이 아니라, 음식을 주신 하나님께 감사했다는 뜻이다. 어떤 이들은 예수님이 음식을 직접 나눠 주셨다고 하는데(Klink), 이 많은 사람에게 굳이 그렇게 하실 필요가 없다. 게다가 공관복음은 예수님이 제자들을 통해 음식을 나누어 주셨다고 한다(cf. 막 6:41).

그 자리에 모인 사람들이 배불리 먹었다(12a절). 예수님은 제자들에게 남은 조각을 거두고 버리는 것이 없게 하라고 하셨다(12b절). 버리는 것이 없게 하라는 말씀은 훗날 교회의 지도자가 될 제자들은 하나님의 자녀를 하나도 남김 없이 모두 모아야 한다는 의미를 암시하는 듯하다(Michaels). 누구든 원하는 사람은 하나님의 자녀가 되게 하라는 당부처럼 말이다.

제자들이 남은 음식을 거두니 보리떡 다섯 개와 물고기 두 마리밖에 없었던 처음보다 훨씬 더 많이 남았다(Bultmann). 먹고 남은 조각이 열두 바구니에 찼다(13절). 이 이야기는 기적이 어떤 현상으로 일어났는지는 언급하지 않고 기적이 이룬 결과만을 요약한다.

열두 바구니는 이스라엘의 열두 지파를 상징한다(Carson). 예수님은 그들을 배불리 먹일 수 있는 메시아이시다. 당시 유대인들은 메시아가 유월절이 있는 봄에 오실 것이라고 생각했다. 그들은 메시아가 유월절에 오셔서 옛적에 모세가 만나로 이스라엘을 먹인 것처럼 자기들을 먹이시리라 기대했다(Hagner). 예수님이 이 봄날에 그들의 소망을 이루셨다. 그러나 그들은 대부분 이 자리에 없었다. 주님을 배척했기 때문이다.

예수님이 행하신 기적을 경험한 사람들은 모두 놀라며 예수님은 참으로 세상에 오실 그 선지자라고 했다(14절). '세상에 오실 그 선지자'(ὁ προφήτης ὁ ἐρχόμενος εἰς τὸν κόσμον)는 모세와 같은 선지자가 오셨다는 뜻이다. "내가 그들의 형제 중에서 너[모세]와 같은 선지자 하나를 그들을 위하여 일으키고 내 말을 그 입에 두리니 내가 그에게 명령하는 것을 그가 무리에게 다 말하리라"(신 18:18; cf. 신 18:15). 예수님이 기적을 행하시자 사람들은 그분을 모세가 오실 것이라고 했던 선지자로 생각한 것이다.

예수님을 모세가 말한 선지자로 착각한 사람들은 예수님을 억지로 붙들어 임금으로 삼으려고 했다(15a절). 그토록 바라던 정복자 메시아가 드디어 오신 것으로 생각한 것이다. 그러므로 그들은 로마군과 싸울 생각으로 예수님을 왕으로 삼고자 했다(cf. Hoskyns).

예수님이 메시아로 오신 것은 맞지만, 그들이 기대한 정복자 메시아로 오신 것은 아니다. 예수님은 온 인류를 구원하기 위해 고난을 받으러 오신 메시아다. 예수님이 세우고자 하시는 나라는 세상의 나라들과 질적으로 다른 하나님 나라다. 그러므로 예수님은 급히 그 자리를 떠나 혼자 산으로 떠나 가셨다(15b절). 홀로 산으로 가신 것은 기도하기 위해서다.

마가복음 6장은 예수님이 오병이어로 5,000명을 먹이신 후에 이유는 말씀하지 않으시고 곧바로 제자들을 독촉해 그 자리를 떠나게 하시고는 홀로 기도하러 가셨다고 한다. "예수께서 즉시 제자들을 재촉하사 자기가 무리를 보내는 동안에 배 타고 앞서 건너편 벳새다로 가게 하시고 무리를 작별하신 후에 기도하러 산으로 가시니라"(막 6:45-46). 요한은 그 이유를 밝힌다. 그들이 예수님을 왕으로 삼으려 했기 때문이다.

이 말씀은 세상이 끝나는 날 하나님이 우리를 위해 베푸실 잔치를 기대하게 한다. 하나님은 가장 좋은 음식으로 우리를 대접하시며 풍족하게 주실 것이다. 우리가 예수님으로 인해 이 땅에서 누리고 즐기는 평안도 참으로 좋지만, 세상 끝 날에 누리게 될 평안에 비하면 아무것도 아니다. 그러니 하나님과 함께할 다음 세상을 모든 상상력을 동원해 기대해도 좋다.

때때로 하나님은 지극히 작은 것을 통해 매우 큰 일을 하신다. 예수님은 빵 다섯 개와 물고기 두 마리로 수천 명을 먹이셨다. 우리의 가장 작은 것이라도 주님께 드리면 주님은 그것을 통해 상상을 초월하는 일을 하시기도 한다. 하나님은 우리의 작은 헌신을 헛되게 하지 않으시는 분이기 때문이다.

예수님은 정복자 메시아로 이 땅에 오시지 않았다. 만일 이런 목적으로 오셨다면 이날 왕이 되셨을 것이다. 예수님은 죄인들을 위해 고난받는 메시아, 곧 '인자'로 오셨다. 교회는 인자로 오신 메시아 예수님이 세우신 하나님 백성 공동체다. 즉, 교회는 죄인들을 구원하기 위해 고난을 감수하라며 세워진 예수님의 몸이다. 권리와 권세를 당연히 여기지 않고 섬김과 헌신을 최우선으로 삼는 공동체가 되어야 한다.

IV. 커져 가는 반발(5:1–8:11)

D. 물 위를 걸으심(6:16–21)

¹⁶ 저물매 제자들이 바다에 내려가서 ¹⁷ 배를 타고 바다를 건너 가버나움으로 가는데 이미 어두웠고 예수는 아직 그들에게 오시지 아니하셨더니 ¹⁸ 큰 바람이 불어 파도가 일어나더라 ¹⁹ 제자들이 노를 저어 십여 리쯤 가다가 예수께서 바다 위로 걸어 배에 가까이 오심을 보고 두려워하거늘 ²⁰ 이르시되 내니 두려워하지 말라 하신대 ²¹ 이에 기뻐서 배로 영접하니 배는 곧 그들이 가려던 땅에 이르렀더라

빵 다섯 개와 물고기 두 마리로 5,000명을 먹이신 기적이 마무리될 때쯤 날이 저물었다(16절). 누가는 이 기적이 오후 늦게 있었다고 한다(눅 9:12). 기적을 베푸신 예수님은 산으로 가시고(6:15), 제자들은 갈릴리 호수로 내려갔다(16절).

제자들은 배를 타고 호수를 건너 가버나움으로 가고자 했다(17a절). 가버나움은 현 위치에서 서쪽으로 8km 떨어진 곳이다(Mounce). 날은 이미 어두웠고 예수님은 아직 그들에게 돌아오지 않으셨다(17b절). 제자들은 하는 수 없이 자기들끼리 배를 저어 가버나움으로 가는 길이다.

그들이 가버나움으로 가는 동안 호수에 큰 바람이 불어 파도가 일었다(18절). 지형적인 특성으로 인해 갈릴리 호수에는 풍랑이 자주 일어난다. 갈릴리 호수는 세상에서 가장 낮은 민물 호수(해저 210m)로 바닷물 호수인 사해(해저 430m) 다음으로 낮다. 호수의 서쪽과 동쪽에는 수면에서 800m에 달하는 높은 산들이 산맥을 형성하고 있는데, 봄가을이면 동쪽 산에서 불어내려 오는 바람이 순식간에 배를 뒤집을 만한 2–3m 높이의 파도를 만들어냈다(ABD, cf. 마 14:24; 막 4:37; 눅 8:23). 마가복음 6:48은 예수님이 밤 사경쯤(새벽 3–6시)에 제자들에게 오셨다고 한다. 그들은 밤새 9시간 정도 노를 저은 것이다(Mounce).

제자들이 열심히 노를 저었지만 거센 바람과 파도로 인해 멀리 가지 못했다. 밤새 노를 저어 십여 리쯤 갔다(19a절). '십여 리'(σταδίους εἴκοσι πέντε ἢ τριάκοντα)를 직역하면 '25 혹은 30 스타디아'다. '스타디온'(στάδιον)은 로마 사람들이 사용하던 거리 단위이며, 한 스타디온은 약 192m다(BDAG). 그러므로 25-30스타디아는 5-6km를 의미한다. 가버나움까지 8km였으니, 제자들은 밤새 약 3분의 2 정도를 간 것이다.

밤새 노를 저은 제자들은 바다 위를 걸어서 배로 다가오시는 예수님을 보고 두려워했다(19b절). 어떤 이들은 예수님이 물 위를 걸어오신 것이 아니라, 해안 길을 걸어서 배를 따라오셨다고 한다(Bernard). 별 설득력 없는 해석이다. 물 위를 걷는 일은 오직 하나님만 하실 수 있는 일이다(Keener, cf. 욥 9:8).

예수님은 두려워하는 제자들에게 "내니 두려워하지 말라"라고 하셨다(20절). '내니라'(ἐγώ εἰμι)를 예수님이 제자들에게 자신이 누구인지 알리는 것으로 해석하는 이들이 있다(Barrett, Carson, Michaels). 그러나 출애굽기 3:14을 근거로 삼아 이 말씀을 하나님의 성호로 해석하는 것이 더 설득력 있어 보인다(Brown, Bultmann, Burge, Haenchen, O'Day). 예수님은 하나님처럼 물 위를 걸으신다. 마태복음은 이 일로 인해 제자들이 예수님을 경배하며 하나님의 아들이심을 고백했다고 한다(마 14:33). 또한 '두려워하지 말라'는 구약에서 하나님이 그분의 백성을 위로하시는 말씀이다.

제자들은 기뻐서 예수님을 배로 영접했다(21a절). '기뻐서 배로 영접하다'(ἤθελον οὖν λαβεῖν αὐτὸν εἰς τὸ πλοῖον)를 직역하면 '기꺼이 배 안으로 모셔 들이려고 했다'는 뜻이다(cf. 공동, NAS, NIV, NRS). 그러므로 예수님이 실제로 배 안으로 들어오셨는지, 혹은 배 옆에서 계속 물 위를 걸으셨는지 확실하지 않다(Klink). 아마도 배 안으로 들어가 제자들과 함께하셨을 것이다.

드디어 배가 긴 항해를 끝내고 그들이 가려던 땅, 곧 가버나움에 이르렀다(21b절). 6장이 시작된 이후 예수님은 제자들에게 하나님의 역할을 하고 계신다. 그들을 먹이시고, 보호하시고, 구원하시고, 인도하신다. 모두 다 하나님이 우리를 위해서 하시는 일이다.

이 말씀은 예수님이 풍랑 중에서 제자들을 구원하시는 하나님이라고 한다. 제자들을 구원하고 인도하신 예수님은 우리도 보호하시고 인도하신다. 그러므로 곤경에 처했을 때 예수님께 도움 청하는 일을 게을리해서는 안 된다. 예수님은 우리를 가장 확실하게 도와주실 분이기 때문이다.

Ⅳ. 커져 가는 반발(5:1-8:11)

E. 생명의 떡(6:22-59)

예수님은 자신을 가리켜 하늘에서 온 생명의 떡이라고 하신다. 그러나 사람들은 예수님의 말씀을 잘 알아듣지 못하고 다양한 반응을 보인다. 심지어 시험에 들어 떠나는 자들도 있다. 예수님이 선포하시는 복음은 모든 사람을 위한 것은 아니다. 오직 하나님이 예수님에게 보내신 사람들만 알아들을 수 있다. 본 텍스트는 다음과 같이 여섯 섹션으로 구분된다.

A. 첫 번째 가르침(6:22-27)
B. 두 번째 가르침(6:28-29)
C. 세 번째 가르침(6:30-33)
D. 네 번째 가르침(6:34-40)
E. 다섯 번째 가르침(6:41-51)
F. 여섯 번째 가르침(6:52-59)

1. 첫 번째 가르침(6:22-27)

²² 이튿날 바다 건너편에 서 있던 무리가 배 한 척 외에 다른 배가 거기 없는 것과 또 어제 예수께서 제자들과 함께 그 배에 오르지 아니하시고 제자들만 가는 것을 보았더니 ²³ (그러나 디베랴에서 배들이 주께서 축사하신 후 여럿이 떡 먹던 그 곳에 가까이 왔더라) ²⁴ 무리가 거기에 예수도 안 계시고 제자들도 없음을 보고 곧 배들을 타고 예수를 찾으러 가버나움으로 가서 ²⁵ 바다 건너편에서 만나 랍비여 언제 여기 오셨나이까 하니 ²⁶ 예수께서 대답하여 이르시되 내가 진실로 진실로 너희에게 이르노니 너희가 나를 찾는 것은 표적을 본 까닭이 아니요 떡을 먹고 배부른 까닭이로다 ²⁷ 썩을 양식을 위하여 일하지 말고 영생하도록 있는 양식을 위하여 하라 이 양식은 인자가 너희에게 주리니 인자는 아버지 하나님께서 인치신 자니라

예수님과 제자들이 폭풍을 뚫고 가버나움에 도착한 다음 날 예수님이 오병이어의 기적을 행하셨던 갈릴리 호수 동쪽에서 있었던 일이다. 예수님의 기적을 경험한 무리가 예수님을 찾았다. 그들은 예수님이 온 인류를 구원하기 위해 고난받는 메시아로 오셨다는 사실을 이해하지 못한다(cf. 6:14-15). 그들은 예수님을 왕으로 삼기 위해 찾았다(cf. 6:15).

무리가 이곳에서 예수님을 찾는 것은 바닷가에 전날과 같이 '작은 배'(πλοιάριον) 한 척만 남아 있고, 전날 예수님이 제자들과 함께 같은 배로 떠나지 않으신 것을 보았기 때문이다(22절). 그러므로 그들은 예수님이 아직 근처에 계신다고 생각했다.

디베랴에서 배 여러 척이 오병이어 기적이 일어난 곳 근처에 와 있었다(23절). 전날 폭풍에 떠내려왔을 수도 있고(Mounce), 혹은 디베랴에 사는 사람들이 예수님을 찾기 위해 타고 온 배일 수도 있다. 이 디테일

은 이야기 진행에 반드시 필요한 정보는 아니다. 그러므로 개역개정은 이 말씀을 괄호 안에 두었다.

그곳에서 예수님을 찾지 못하고 제자들도 없다는 것을 깨달은 무리가 예수님과 제자들을 찾기 위해 배를 나눠 타고 가버나움으로 갔다 (24절). 그들은 가버나움 회당에서 가르치고 계시는 예수님을 찾았다 (6:59).

예수님을 만나자 그들은 "언제 여기 오셨습니까?"라고 물으며 인사했다(25절). 무리는 예수님이 그들이 모르는 다른 배를 타고 이곳으로 오신 것으로 생각한다. 호수 동편에서 겪은 상황을 고려한다면 그들이 해야 할 질문은 "배도 안 타고 어떻게 이곳으로 오셨습니까?"이다. 그러나 이 무리는 예수님이 사용하시는 기적적인 방법(바다를 걸으심)에는 관심이 없다(Mounce). 오직 그들의 필요를 채워 줄 인간 왕이 필요할 뿐이다. 그들은 예수님을 존경하는 의미에서 '랍비'(선생님)라고 부른다.

예수님은 중요한 가르침이나 사실을 말씀하실 때 사용하는 '진실로 진실로'(ἀμὴν ἀμὴν)로 대답을 시작하시며(26a절), 그들이 찾아온 것은 표적을 본 까닭이 아니라 떡을 먹고 배부른 까닭이라고 하신다(26b절). 예수님은 영적인 것과 육적인 것을 구분하신다. '표적'(σημεία)은 예수님이 메시아이심을 드러내는 기적과 징조다. 그러므로 표적의 의미를 깨달은 사람은 예수님을 하나님의 아들로 영접한다. 하지만 이 사람들은 예수님이 행하신 표적을 보고 메시아로 영접하기 위해 찾아온 것이 아니다. 그들은 예수님이 메시아라는 사실을 암시하는 표적의 의미에는 관심이 없다. 그들 스스로 예수님을 모세와 같은 선지자라고 했으면서도 정작 자신이 한 말의 의미를 알지 못한다(cf. 6:14). 그러므로 바로 전날 그들 눈앞에서 행하신 표적이 무엇을 의미하는지도 깨닫지 못했다. 그들의 유일한 관심사는 예수님을 통해 배불리 먹었다는 사실이다.

그들은 표적을 보고 메시아이신 예수님께 영적인 필요를 채워 달라고 온 것이 아니라, 왕이 되어 자신들의 육적인 필요를 채워 달라며 찾아왔다(cf. Temple). 이 사람들은 배불리 먹은 기적에만 관심이 있을 뿐 그 기적을 행하신 분이나 그 기적이 의미하는 바에는 별 관심이 없다. 예수님이 그들을 배불리 먹이신 것은 자신이 누구인지와 종말에 있을 일에 관심을 갖게 하기 위한 수단이었는데, 그들은 다음 단계로 넘어 가지 못하고 멈춰 있다. 신명기 8장 말씀이 새삼 새롭게 다가온다. "너 도 알지 못하며 네 조상들도 알지 못하던 만나를 네게 먹이신 것은 사 람이 떡으로만 사는 것이 아니요 여호와의 입에서 나오는 모든 말씀으 로 사는 줄을 네가 알게 하려 하심이니라"(신 8:3).

이러한 사실을 아시는 예수님은 그들에게 썩을 양식을 위해 일하지 말고 영생하게 하는 양식을 위해 일하라고 하신다(27a절). 육체적인 양 식을 구하지 말고 영생을 위한 양식을 구하라는 것이다. 예수님은 사 마리아 우물가에서 만난 여인에게 영원히 목마르지 않게 하는 물이 있 다고 하신 것처럼(4:13-14), 이 사람들에게 영원히 배고프지 않게 하는 양식이 있다고 하신다.

먹으면 다시는 배고프지 않을 영적 양식은 오직 예수님만 주실 수 있 다(27b절). 예수님은 하나님 아버지가 인 치신 분이기 때문이다. '인 쳤 다'(ἐσφράγισεν)는 부정 과거형(aorist)이며 과거에 이미 있었던 일이라 는 뜻이다. 어떤 이들은 예수님이 태어나실 때 혹은 세례를 받으실 때 하나님이 인 치신 것이라고 하지만, 이 단어는 인 치신 이와 인 치심 을 받은 자의 관계를 강조하기 때문에 인을 친 시점은 그다지 중요하 지 않다. 인을 치는 것은 소유권(관계)과 연관이 있다. 번역본들은 하나 님이 예수님에게 인 치신 일을 인정하신 것을(새번역, NIV) 능력과 권세 를 주신 것(공동), 혹은 영생하게 하는 양식 주는 것을 허락하신 것으로 (아가페) 해석한다. 문맥을 고려할 때 하나님이 예수님을 영생하게 하는 양식을 주는 이로 공인하고 구별하셨다는 뜻이다(Bruce, cf. Brown). 바로 예수님이 이 생명의 양식이시기 때문이다(cf. 6:53-57).

이 말씀은 사람이 온갖 기적을 경험하고도 그 기적이 시사하는 바를 깨닫지 못할 수 있다고 한다. 사람들이 오병이어로 5,000명을 먹이신 기적을 통해 배불리 먹고도 예수님이 하나님의 아들 메시아이심을 온 세상에 드러내기 위해 행하신 기적이라는 것을 모르는 것처럼 말이다. 영적으로 깨어 있으려면 우리가 경험하는 현상적인 일들이 더 큰 의미를 지닐 수도 있다는 사실을 항상 염두에 두고 살아야 한다.

예수님은 하나님이 인치신 구세주이시다. 예수님은 우리를 영생하게 하는 양식이시다. 그러므로 예수님을 떠나서 영생을 논하는 것은 어리석은 일이다. 구원은 오직 예수님에게만 있다.

> IV. 커져 가는 반발(5:1-8:11)
> E. 생명의 떡(6:22-59)

2. 두 번째 가르침(6:28-29)

²⁸ 그들이 묻되 우리가 어떻게 하여야 하나님의 일을 하오리이까 ²⁹ 예수께서 대답하여 이르시되 하나님께서 보내신 이를 믿는 것이 하나님의 일이니라 하시니

무리는 어떻게 해야 하나님의 일을 할 수 있느냐고 예수님께 묻는다 (28절). 예수님은 자신이 하나님이 인 치신 하나님의 아들이고, 그들에게 영생을 주는 양식이라고 하셨는데(6:27), 이 사람들은 영생에 이르게 하는 '하나님의 일들'(τὰ ἔργα τοῦ θεοῦ)에 관해 질문한다. 아직도 예수님의 말씀을 이해하지 못하고 있다는 뜻이다. 만일 그들이 이해했다면 영생을 주는 양식인 예수님을 영접했을 것이다.

예수님은 '일들'(ἔργα)에 관한 그들의 질문을 단수인 '일'(ἔργον)로 받으시며, 단 한 가지만 하면 된다고 하신다. 그들이 영생에 이르기 위해 해야 할 단 한 가지 '하나님의 일'(τὸ ἔργον τοῦ θεοῦ)은 하나님이 보내신 이, 곧 예수님을 믿는 것이다(29절). 그러므로 영생에 이르는 일은 매

우 간단하다. 하나님이 영생에 이르게 하는 양식으로 보내신 예수님을 믿는 것이다. 한편으로 이 일은 사람이 스스로 할 수 있는 일이 아니기 때문에 매우 어려운 일이다. 하나님이 보내신 사람이 아니면 예수님을 믿을 수 없다(cf. 1:12-13).

'믿다'(πιστεύητε)는 지속성을 강조하는 현재형이다. 그러므로 믿음은 행위가 아니라 삶이다(Barrett). 한순간의 결단이 영원히 지속되어야 한다. 하나님의 의롭다 하심은 예수 그리스도를 믿을 때 우리에게 임한다. 하나님의 의롭다 하심은 예수님에 대한 믿음을 유지하는 한 우리와 계속 함께한다.

이 말씀은 구원은 하나님의 여러 가지 일을 해서 얻는 것이 아니라, 하나님의 단 한 가지 일, 곧 예수 그리스도를 믿음으로써 얻는다고 한다. 천국은 우리의 업적과 노력을 통해 들어갈 수 있는 곳이 아니다. 오직 '예수 그리스도'라는 문을 통해서만 들어갈 수 있다.

> Ⅳ. 커져 가는 반발(5:1-8:11)
> E. 생명의 떡(6:22-59)

3. 세 번째 가르침(6:30-33)

[30] 그들이 묻되 그러면 우리가 보고 당신을 믿도록 행하시는 표적이 무엇이니이까, 하시는 일이 무엇이니이까 [31] 기록된 바

하늘에서 그들에게 떡을 주어 먹게 하였다

함과 같이 우리 조상들은 광야에서 만나를 먹었나이다 [32] 예수께서 이르시되 내가 진실로 진실로 너희에게 이르노니 모세가 너희에게 하늘로부터 떡을 준 것이 아니라 내 아버지께서 너희에게 하늘로부터 참 떡을 주시나니 [33] 하나님의 떡은 하늘에서 내려 세상에 생명을 주는 것이니라

무리는 예수님께 자신들이 믿을 수 있도록 표적(기적)을 보여 달라고

293

한다. 이러한 요구가 순진하고 단순한 것으로 보일 수 있지만, 사실은 그렇지 않다. 그들은 바로 전날 예수님이 오병이어로 5,000명을 먹이시는 표적을 보았다. 만일 예수님을 믿고자 하는 마음이 있었다면 더 이상 무슨 기적이 필요한가? 따라서 그들의 요구는 기적의 한계를 보여 준다. 기적은 사람을 변화시키지 못하며 믿음으로 인도하지도 못한다. 오직 하나님의 말씀만이 이런 일을 할 수 있다. 예수님이 바로 말씀이시기 때문이다(1:1-2).

'하시는 일이 무엇이니이까'(τί ἐργάζη)는 예수님이 바로 하나님이 보내신 자라는 사실을 증명할 만한 일(기적)을 보여 달라는 뜻이다. 그들은 아직도 믿음보다는 '일'에 집착하며 예수님이 모세가 예언한 선지자라는 것을 입증할 만한 기적을 요구한다(cf. 신 18:15, 18). 만일 예수님이 그들이 원하는 기적을 행하시면 그들은 믿을까? 그렇지 않을 것이다. 보고도 딴소리를 할 사람들이다. 그러므로 예수님은 보지 못하고 믿는 자들이 복되다고 하셨다(20:29). 믿음은 보는 것에서 나지 않고 듣는 것(순종하는 것)에서 난다(롬 10:17).

무리는 성경 말씀까지 인용하며 예수님께 표적을 요구한다(31절). 그들이 인용하는 말씀은 이스라엘이 출애굽한 후 광야 생활을 하면서 하늘에서 내린 만나를 먹고 살던 시대를 전반적으로 되돌아보는 말씀이다(cf. 출 16장; 시 78편). 시편 105:40은 "그들이 구한즉 메추라기를 가져 오시고 또 하늘의 양식으로 그들을 만족하게 하셨도다"라고 기록한다(cf. 느 9:15). 이러한 말씀을 근거로 유대인들은 종말이 되면 메시아가 다시 하늘에서 만나를 내려 주실 것이라고 믿었다(Carson, Hoskyns, Köstenberger).

예수님은 그들이 잘못 이해하고 있는 것을 교정하신다(32절). 유대인들은 모세를 매우 특별하게 생각했다. 모세는 시내산에서 하나님의 율법을 그들에게 전달해 주고, 그들의 조상들에게 만나를 내려 주었다. 물론 하나님이 하신 일이다. 그러나 세월이 지나면서 사람들은 모세가 율법과 만나를 준 것으로 착각했다. 떡을 주신 이보다 그분의 에이전 트를 더 중요하게 여긴 것이다. 그러므로 예수님은 그들에게 하늘로부 터 떡을 준 이는 모세가 아니라고 하신다(32a절).

모세가 그들에게 떡을 주지 않았다면, 누가 준 것인가? 하나님 아버 지께서 모세를 통해 그들에게 만나를 주셨다. 이와 같이 하나님은 지 금도 그들에게 하늘로부터 참 떡을 주신다(32b절). '주신다'(δίδωσιν)는 현재형이다. 계속해서 참 떡을 내려 주신다는 뜻이다.

모세를 통해 주신 떡(만나)은 참 떡이 아니라 썩어 없어지는 떡이다 (cf. 6:27). 반면에 하나님이 지금도 내려 주시는 참 떡은 영생에 이르게 하는 떡이다. 하나님의 떡은 이 세상의 떡이 아니라 하늘에서 내려와 세상에 생명을 준다(33절). 하늘에서 내려온 하나님의 떡은 바로 예수 님이다. 누구든지 예수님을 영접하면 영생을 얻는다.

이 말씀은 기적은 사람을 믿음으로 인도하지 못한다고 한다. 바로 전날 예수님이 행하신 기적을 경험하고도 그들은 예수님이 메시아라 는 것을 믿을 수 있도록 기적을 보여 달라고 한다. 설령 예수님이 그들 의 요구에 응해 더 큰 표적을 보여 주신다고 해도 그들은 믿지 않을 것 이다. 기적을 경험한다고 해서 반드시 믿음이 생기지는 않는다. 믿음 은 하나님의 말씀을 듣는 것에서 생긴다.

유대인들은 하나님의 에이전트인 모세를 지나칠 만큼 귀하게 여겼 다. 심지어 하나님께 가야 할 존귀함을 모세에게 부여하기도 했다. 예 수님은 이러한 사실을 지적하시며 모세는 하나님이 들어 쓰신 종에 불 과하다고 하신다. 하나님이 쓰시는 종인 우리도 본의 아니게 하나님의 영광을 가로채는 일이 없어야 한다. 오직 우리 자신을 십자가 뒤에 감 추고 예수님만 높여야 한다.

4. 네 번째 가르침(6:34-40)

³⁴ 그들이 이르되 주여 이 떡을 항상 우리에게 주소서 ³⁵ 예수께서 이르시되 나는 생명의 떡이니 내게 오는 자는 결코 주리지 아니할 터이요 나를 믿는 자는 영원히 목마르지 아니하리라 ³⁶ 그러나 내가 너희에게 이르기를 너희는 나를 보고도 믿지 아니하는도다 하였느니라 ³⁷ 아버지께서 내게 주시는 자는 다 내게로 올 것이요 내게 오는 자는 내가 결코 내쫓지 아니하리라 ³⁸ 내가 하늘에서 내려온 것은 내 뜻을 행하려 함이 아니요 나를 보내신 이의 뜻을 행하려 함이니라 ³⁹ 나를 보내신 이의 뜻은 내게 주신 자 중에 내가 하나도 잃어버리지 아니하고 마지막 날에 다시 살리는 이것이니라 ⁴⁰ 내 아버지의 뜻은 아들을 보고 믿는 자마다 영생을 얻는 이것이니 마지막 날에 내가 이를 다시 살리리라 하시니라

사람들은 예수님이 말씀하신 참 떡, 곧 세상에 생명을 주는 하늘의 떡을 달라고 한다(34절; cf. 6:33). 그들은 예수님이 하신 말씀을 잘 이해하지 못한다. 그러므로 사마리아 우물가의 여인이 예수님께 한 번 마시면 더는 목마르지 않을 물을 달라고 한 것처럼(4:15), 더는 배고프지 않게 되는 떡을 달라고 한다.

비록 그들은 예수님을 '주'(κύριος, 선생님)라고 부르지만, 빈정대며 냉소적으로 이렇게 말한다(Klink, cf. 36절). 그러므로 예수님은 그들에게 어떠한 설명도 하지 않으시고 자신이 바로 생명의 떡이며 생수라고 단호하게 말씀하신다(35절). 사람들은 하늘에서 내리는 떡이 어떤 물건일 것으로 생각하는데, 예수님은 자기 자신, 곧 사람이 하늘에서 내리는 떡이라 하신다.

예수님을 먹고 마시는(영접하는) 사람은 결코 주리지 않을 것이며 영원히 목마르지 않을 것이다. 떡과 물은 사람이 살아가는 데 가장 기본

IV. 커져 가는 반발(5:1–8:11)

적으로 필요한 것이다. 예수님은 자신을 가리켜 생명의 떡이요 물이라고 하시며 모든 사람이 반드시 자신을 믿어야 한다는 사실을 암시하신다(Carson, Morris). 영원한 양식이고 생수인 예수님을 영접한 사람은 영생을 위해 더는 아무것도 필요하지 않다. 예수님은 믿지 못하는 자들에게 진리를 선언하셨다. 이제 믿고 믿지 않고는 그들의 몫이다.

'나는 생명의 떡이다'(ἐγώ εἰμι ὁ ἄρτος τῆς ζωῆς)는 요한복음에 등장하는 일곱 개의 '나는 …이다'(ἐγώ εἰμι…) 선언 중 첫 번째다. 일곱 가지 선언은 모두 유대교에서 의미 있는 상징성을 지닌다(Burge). 다음 도표를 참조하라.

'나는 …이다'	성경 구절
나는 생명의 떡이다	6:35, 41, 48
나는 세상의 빛이다	8:12; 9:5
나는 양의 문이다	10:7, 9
나는 선한 목자다	10:11, 14
나는 부활이요 생명이다	11:25
나는 길이요 진리요 생명이다	14:6
나는 참 포도나무다	15:1

그러나 그들은 하늘에서 내려온 생명의 양식인 예수님을 보고도 믿지 않는다(36절). '보았다'(ἑωράκατέ)는 완료형이다. 예수님이 행하신 기적과 가르침을 충분히 보고도(경험하고도) 믿지 않는다는 뜻이다. 그들의 체험은 믿음으로 이어지지 않고, 호기심과 세상적(정치적) 욕망을 채우는 것으로 이어졌다(Carson). 그러므로 그들은 하나님이신 예수님께 기적을 행함으로써 하나님이라는 것을 증명하라고 한다!

예수님은 그들의 불신에 분노하지 않으신다. 그들의 불신이 그들 자신에게서 유래하기도 했지만, 하나님의 주권에 의한 것이기도 하기 때문이다. 하나님 아버지께서 예수님에게 주신 자들은 모두 예수님께 올 것이다(37a절). 사람이 예수님을 영접하거나 부인하는 것은 이미 하나님이 정하신 일이다. 예수님을 불신하는 자들은 이미 하나님이 거부하신 자들이다. 반면에 사람들이 아들이신 예수님께 오는 것은 곧 하나님이 그들을 보내셨다는 증거다.

예수님은 자기에게 온 사람들을 결코 내쫓지 않으실 것이다(37b절). 아들은 아버지가 주시는 자는 누구라도 환영할 것이며, 세상 끝 날까지 반드시 그들을 지킬 것이라는 의지의 표현이다(Lindars, Carson).

예수님은 자기가 하늘에서 내려온 것은 자기 뜻을 행하기 위해서가 아니라, 그를 보내신 하나님의 뜻을 행하기 위해서라고 하신다(38절). 예수님이 하늘에서 내려오셨다는 사실이 6장에서만 6차례 언급된다 (33, 38, 41, 50, 51, 58절). 예수님이 어디에서 오셨고, 누가 예수님의 사역을 인정하시는가를 강조하기 위해서다. 예수님은 성육신하시기 전에 영원한 집인 하늘에서 하나님과 함께 계셨다.

하나님과 예수님은 절대 떨어질 수 없는 관계다. 그러므로 하나님을 믿지만 예수님은 믿지 않겠다고 하는 것은 잘못된 일이다. 사람들은 예수님이 하시는 말씀을 모두 믿을 수 있다. 오직 진리만 말씀하시는 하나님과 함께 계시다가 하나님으로부터 보내심을 받으셨기 때문이다. 예수님은 이 땅에 거하시는 하나님이다(Schnackenburg).

하나님은 구원에 이를 사람들을 예수님에게 보내셨다. 하나님은 그들을 보내시면서 예수님이 그중 하나도 잃지 않고 마지막 날에 다시 살리시기를 원하셨다(39절). 예수님이 그들과 끝까지 함께하며 보호해 주기를 원하신 것이다. 그러므로 이 말씀은 37절의 내용을 재차 확인하는 것이라 할 수 있다. 우리의 구원은 우리의 노력으로 이루는 것이 아니라, 예수님의 보호하심이 이룬다.

요한은 주로 이미 실현된 종말론(realized eschatology)을 말하지만, 이 말씀은 아직 실현되지 않은(not-yet) 종말론에 관한 말씀이다(Bruce, cf. 6:44, 54; 11:24; 12:48). 그러므로 마지막 날까지 예수님이 그들을 보호하셨다가 다시 살리실 것이라는 이 말씀은 '성도의 견인'(the perseverance of the saints)에 관한 것이다(Hendriksen).

하나님 아버지의 뜻은 아들이신 예수님을 보고 믿는 자마다 영생을 얻는 것이다(40a절). 복음에는 어떠한 차별도 없다. 누구든지 예수님을 믿으면 영생을 얻는다. 예수님은 자기를 믿는 자들을 마지막 날에 다시 살리실 것이다(40b절). 예수님을 믿는 자들에게 영생을 주실 것이다.

이 말씀은 인간의 구원은 전적으로 하늘에 계시는 하나님에 의해 결정되는 일이라 한다. 하나님은 누구든지 믿는 자는 영생을 얻도록 예수님을 이 땅에 생명의 떡으로 보내셨다. 하나님은 구원하기로 결정한 이들을 예수님께 보내신다. 예수님은 하나님이 보내신 이들을 세상 끝날까지 보호하시며 그들에게 영생을 주신다. 그러므로 사람에게는 구원을 얻게 된 일에 대해 자랑하거나 내세울 만한 것이 하나도 없다. 모두 다 하나님이 하신 일이기 때문이다. 그러므로 우리는 구원을 생각할 때마다 하나님께 감사해야 한다.

예수님은 하나님 아버지의 뜻을 이루기 위해 하늘에서 내려오셨다. 이 땅에 오셔서 아버지의 뜻에 따라 모든 일을 하셨다. 우리도 하나님의 일을 하도록 부르심을 받았다. 그러므로 우리가 하고자 하는 일이 아니라, 하나님이 하시고자 하는 일을 해 나가는 신실한 종이 되어야 한다.

Ⅳ. 커져 가는 반발(5:1-8:11)
　　E. 생명의 떡(6:22-59)

5. 다섯 번째 가르침(6:41-51)

[41] 자기가 하늘에서 내려온 떡이라 하시므로 유대인들이 예수에 대하여 수군거려 [42] 이르되 이는 요셉의 아들 예수가 아니냐 그 부모를 우리가 아는데 자기가 지금 어찌하여 하늘에서 내려왔다 하느냐 [43] 예수께서 대답하여 이르

시되 너희는 서로 수군거리지 말라 ⁴⁴ 나를 보내신 아버지께서 이끌지 아니하시면 아무도 내게 올 수 없으니 오는 그를 내가 마지막 날에 다시 살리리라 ⁴⁵ 선지자의 글에

그들이 다 하나님의 가르치심을 받으리라

기록되었은즉 아버지께 듣고 배운 사람마다 내게로 오느니라 ⁴⁶ 이는 아버지를 본 자가 있다는 것이 아니니라 오직 하나님에게서 온 자만 아버지를 보았느니라 ⁴⁷ 진실로 진실로 너희에게 이르노니 믿는 자는 영생을 가졌나니 ⁴⁸ 내가 곧 생명의 떡이니라 ⁴⁹ 너희 조상들은 광야에서 만나를 먹었어도 죽었거니와 ⁵⁰ 이는 하늘에서 내려오는 떡이니 사람으로 하여금 먹고 죽지 아니하게 하는 것이니라 ⁵¹ 나는 하늘에서 내려온 살아 있는 떡이니 사람이 이 떡을 먹으면 영생하리라 내가 줄 떡은 곧 세상의 생명을 위한 내 살이니라 하시니라

앞 섹션(6:32-40)이 하나님이 예수님을 생명의 떡으로 세상에 보내셨다는 사실에 관한 것이라면, 본 텍스트는 생명의 떡으로 이 땅에 오신 예수님에 대한 부연 설명이다(Mounce). 예수님이 자신을 가리켜 하나님이 보내신 생명의 떡이라고 하자 유대인들이 수군거리기 시작했다(41절). 이때까지 사람들을 '무리'(ὁ ὄχλος)라고 칭하던(6:24) 요한이 그들을 '유대인들'(οἱ Ἰουδαῖοι)이라고 부른다. 유대인들은 요한복음에서 예수님을 거부하는 사람들이며, 유대교를 대표하는 자들이나 지도자들이다. 유대인들은 예수님을 십자가에 못 박는 일에 선봉으로 나선다.

'수군거리다'(γογγύζω)는 불만을 토로하며 낮게 말하는 것이다(TDNT, cf. 43절). 출애굽 때 그들의 조상이 모세와 아론에 대해 취한 태도다(cf. 출 16:2; 17:3; 민 11:1; 14:27). 그들은 조상들의 불신을 이어받은 것이다(Hoskyns). 회당에서(cf. 6:58) 예수님의 말씀을 듣고 있던 유대인들이 예수님께 돌아서는 중요한 순간이다(Burge).

앞으로 유대인들은 예수님을 노골적으로 비판하고 부인할 것이다.

그들이 하나님을 믿지 않아서 예수님을 부인하는 것이 아니다. 그들도 하나님을 믿고, 예수님이 말씀하시는 대로 하나님이 그들에게 생명의 양식 주시는 것을 믿는다. 다만 이 생명의 양식이 예수님이라는 사실을 부인한다. 생명의 떡에 관한 가장 중요한 부분을 놓친 것이다.

유대인들은 예수님이 하늘에서 내려오신 이가 아니라 이 땅에서 태어났으며, 또한 자신들이 잘 아는 요셉의 아들인데 어찌 하늘에서 내려왔다고 하는지 수군거렸다(42절). 예수님이 지금 말도 안 되는 억지스러운 주장을 하고 있다는 것이다. 우리는 프롤로그를 읽었기 때문에 예수님이 하늘에서 내려오신 생명의 떡이라는 것을 안다. 그러나 그들은 프롤로그의 내용을 모른다. 그러므로 예수님의 주장에 논리적으로 반박하고 있다고 생각하겠지만, 사실은 예수님이 하신 말씀을 완전히 거부하고 있다. 그들은 처음부터 예수님의 말씀을 귀담아들을 생각을 하지 않았다. 그들이 예수님께 모여든 것은 예수님의 말씀 때문이 아니라, 행하신 기적(오병이어) 때문이었다. 예수님도 이러한 사실을 잘 아셨다(cf. 6:26). 열린 마음으로 예수님께 나아오지 않으니 진리를 듣고도 깨달을 수 없다.

그들은 오직 눈에 보이는 것만 본다. 예수님이 누구신지 알아볼 만한 영적인 안목이 없다. 그러므로 하나님이 구원하기로 결정한 사람들을 예수님에게 보내지 않으시면 예수님을 영접할 수 없다는 말씀의 의미가 새롭게 다가온다(cf. 1:12-13; 6:37, 44). 하나님은 믿지만 예수님은 믿지 않는다는 이 사람들의 말은 설득력이 없다. 그들이 하나님을 믿었더라면 하나님이 보내신 예수님을 믿었을 것이기 때문이다.

예수님은 불신을 표하며 수군거리는 자들에게 수군거리지 말라고 하신다(43절). 예수님이 누군가에게 수군거림을 멈추라고 하시는 것은 처음이다. 불신하기로 작정하고 수군거리는 것은 신앙에 전혀 도움이 되지 않는다. 또한 불신은 수군거림으로 해결되지 않는다. 불신을 해소하고 싶으면 열린 마음으로 증거들을 살펴야 한다. 그러므로 예수님은 수군거리는 자들에게 자신에 대해 추가로 설명하지 않으시고, 그들의 불신은 스스로 결정한 것이니 수근거림을 멈추라 하신다. 옛적에 모세와 아론이 먹을 것으로 인해 원망하는 자들에게 "우리가 누구냐 너희의 원망은 우리를 향하여 함이 아니요 여호와를 향하여 함이로다"라고 했던 말이 생각난다(출 16:8).

예수님은 이미 6:37-40에서 하신 말씀을 요약해 재차 선포하신다. "나를 보내신 아버지께서 이끌지 아니하시면 아무도 내게 올 수 없으니"(44a절). '이끌다'(ἕλκω)는 저항을 전제하는 동사로(Barclay), 끌려가는 짐승이나 사람이 스스로 그 무엇도 할 수 없는 상황을 묘사한다(BDAG). 그러므로 신약에서 이끌리는 사람이나 짐승이 무언가를 스스로 하는 경우는 한 번도 없다(Morris). 이 표현은 죄를 선호하고 죄짓기를 원하는 사람들이 본인의 의지와 상관없이 바른길로 끌려가는 모습을 묘사한다(Mounce).

그러므로 많은 사람이 이 단어에서 칼빈주의(Calvinism)의 '성도의 견인'을 본다. 하나님이 이끌지 않으시면 그 누구도 예수님께 나아올 수 없다. 이러한 사실이 세상 사람들과 일부 그리스도인에게는 자극적으로 느껴질 수도 있다. 그러나 진리다. 예수님은 구원받을 사람들을 하나님이 직접 이끌어 예수님에게 데려오신다고 말씀하신다.

예수님은 하나님이 데려온 사람들을 마지막 날에 다시 살리실 것이다(44b절). 하나님이 예수님에게 맡기신 사람들을 잘 보호하고 인도하다가 반드시 영원한 생명으로 부활하게 하실 것이라는 뜻이다. 예수님은 이런 일을 하기 위해 하늘에서 생명의 떡으로 이 땅에 오셨다.

하나님이 예수님에게 데려오는 자들은 선지자들이 예언한 대로 먼저 하나님께 가르침을 받은 자들이다(45a절). 예수님은 '선지자들'(τοῖς προφήταις)이라며 복수형을 사용해 이사야 선지자가 남긴 예언을 인용하신다. "그들이 다 하나님의 가르치심을 받으리라"(cf. 사 54:13). 구약 선지자 모두 같은 정서에서 같은 의도로 예언했다는 뜻이다.

302

그러므로 아무나 예수님께 올 수 있는 것이 아니라, 하나님께 듣고 배운 사람만 올 수 있다(45b절). '듣다'(ἀκούω)와 '배우다'(μανθάνω)는 비슷한 말이다(TDNT). 들음이 배움으로 연결되기 때문이다. 또한 들음은 하나님의 말씀으로 오신 예수님을 연상케 하는 말이다. 하나님의 가르침과 예수님은 서로 떼어놓을 수 없는 관계다. 아들이 사람들에게 말씀하셨고, 하나님이 그들을 가르치셨다(Augustine). 또한 예수님도 가르치시는 하나님이다(Klink). 그러므로 옛적에는 모세나 아론 같은 중계인이 필요했지만, 예수님이 오신 이후로는 이제 중계인이 필요 없다. 하나님이 직접 말씀하시기 때문이다.

하나님께 듣고 배운 사람만 예수님에게 올 수 있다고 해서(45절) 하나님께 듣고 배운 사람이 모두 하나님을 본 것은 아니다(46a절). 하나님은 영이시기 때문에 누구도 볼 수 없으며, 하나님을 본 사람은 모두 죽는다(출 33:20). 모세도 하나님의 뒷모습만 보았을 뿐 하나님을 뵐 수는 없었다(출 33:23). 예수님은 오직 하나님에게서 오신 이, 곧 자기만 하나님을 보았다고 하신다(46b절; cf. 1:18).

아버지로부터 온 아들만이 하나님을 보았다고 하시는 것은 하나님의 가르침(계시)은 예수님에게서 독립적으로 이뤄지는 것이 아니라는 사실을 암시한다. 오직 예수님만이 하나님에 대해 말씀하실 수 있다. 그러므로 유대인들이 예수님을 거부하면서 하나님을 믿는다고 하는 말은 앞뒤가 맞지 않는다.

47-51절은 세상에 있는 사람 중 유일하게 하나님을 본 예수님이 하나님으로서 말씀하신 것이다. 예수님은 중요한 진리를 선포할 때 사용하는 '진실로 진실로'(ἀμὴν ἀμὴν)를 사용하시며 믿는 자는 영생을 가졌다고 하신다(47절). '가졌다'(ἔχει)는 현재형이다. 앞으로 소유하게 될 것이 아니라, 지금 가지고 있다는 뜻이다. '믿는 자'(ὁ πιστεύων)는 무엇을 믿는 자인가? 예수님이 하늘에서 내려온 생명의 떡이라는 사실을 믿는 사람이다(48절; cf. 6:35). 이 사람은 하나님께 이러한 사실을 듣고 배웠

으며 하나님이 예수님에게 보내신 자다. 그러므로 구원에 이르는 믿음은 오직 하나이며, 예수님을 생명의 떡으로 믿는 것은 곧 하나님을 믿는 것이다(Ridderbos).

유대인들은 하늘에서 내려온 떡 하면 그들의 조상이 광야에서 먹었던 만나만 생각한다. 그러나 만나를 먹은 사람들은 모두 죽었다(49절). 유대인들은 그들이 '우리 조상들'(οἱ πατέρες ἡμῶν)이라고 했는데(6:31), 예수님은 그들과 거리를 두기 위해 '너희 조상들'(οἱ πατέρες ἡμῶν)이라고 하신다. 예수님은 사람으로 하여금 먹고 죽지 않게 하는 하늘에서 내려오는 떡이다(50절). '내려오는'(καταβαίνων)은 현재형 분사로, 예수님은 자신이 하늘에서 내려오는 생명의 떡이라는 점을 계속 강조하신다(Mounce). 예수님은 언제든지 누구에게든지 생명의 떡이 되어 주실 수 있다. 과거에 유대인들의 조상이 먹은 만나는 하늘에서 내려온 생명의 떡이신 예수님의 모형일 뿐이다.

만나를 먹은 사람들은 모두 죽었지만(49절), 하늘에서 내려온 생명의 떡인 예수님을 먹는 사람들은 죽지 않고 영생한다(50-51a절). 예수님은 이때까지 떡에 대해 3인칭으로 말씀하시다가, 51절에서는 1인칭으로 말씀하신다. 자신이 바로 그들이 먹고 영생을 얻을 떡이라는 점을 강조하기 위해서다. 예수님이 주실 떡은 곧 그분의 살이다(51b절). 말씀이 육신이 되셨기 때문에(1:14) 이렇게 말씀하실 수 있다.

요한복음에서는 '살'(σάρξ)이 12차례 사용된다. 그중 6:51-63에서 7차례 사용되며, 예수님의 죽음을 상징한다(Bruce). 이는 예수님이 세상에 생명을 주시는 것은 십자가 죽음을 통해서라는 사실을 암시한다. 예수님은 세상의 죄를 지고 가는(죽으러 가는) 하나님의 어린양이시기 때문이다(1:29).

예수님이 오병이어로 5,000명을 먹이신 일은 시작에 불과하다. 이제부터 온 세상을 '먹이실 것'이다. "하나님이 세상을 이처럼 사랑하사 독생자를 주셨으니 이는 그를 믿는 자마다 멸망하지 않고 영생을 얻게

하려 하심이라"(3:16). 우리는 예수님을 통해 영생을 얻게 된 것을 기념
하기 위해 성찬식을 하며 예수님의 피를 마시고 살을 먹는다.

이 말씀은 구원은 전적으로 하나님께 속한 것이라고 한다. 하나님이
가르치고 예수님께 이끌어 오신 사람들만 하늘에서 내려온 생명의 떡
이신 예수님을 영접해 영생에 이를 수 있다. 예수님을 떠나서는 구원
이 없다. 그러므로 하나님을 믿는다고 주장하는 사람들도 예수님을 영
접하지 않으면 영생에 이를 수 없다.

어떤 이들은 예수님을 믿지 않더라도 착하게 살면 구원에 이를 수 있
다고 한다. 다른 종교를 통해서도 하나님께 나아갈 수 있다고 말하는
이들도 있다. 모두 잘못된 주장이다. 구원은 길이요 진리요 생명이신
예수님을 통해서만 가능한 일이다(14:6). 아무리 착하게 살며 선을 행
해도 구원에 이를 수 없다. 다른 종교를 통해서는 영생을 얻을 수 없
다. 심지어 기독교와 비슷한 성향을 띄는 이단 교주들도 구원을 줄 수
없다. 오직 예수님만이 우리에게 영생을 주실 수 있다.

Ⅳ. 커져 가는 반발(5:1−8:11)
  E. 생명의 떡(6:22−59)

6. 여섯 번째 가르침(6:52−59)

[52] 그러므로 유대인들이 서로 다투어 이르되 이 사람이 어찌 능히 자기 살을
우리에게 주어 먹게 하겠느냐 [53] 예수께서 이르시되 내가 진실로 진실로 너
희에게 이르노니 인자의 살을 먹지 아니하고 인자의 피를 마시지 아니하면
너희 속에 생명이 없느니라 [54] 내 살을 먹고 내 피를 마시는 자는 영생을 가
졌고 마지막 날에 내가 그를 다시 살리리니 [55] 내 살은 참된 양식이요 내 피
는 참된 음료로다 [56] 내 살을 먹고 내 피를 마시는 자는 내 안에 거하고 나도
그의 안에 거하나니 [57] 살아 계신 아버지께서 나를 보내시매 내가 아버지로
말미암아 사는 것 같이 나를 먹는 그 사람도 나로 말미암아 살리라 [58] 이것

은 하늘에서 내려온 떡이니 조상들이 먹고도 죽은 그것과 같지 아니하여 이 떡을 먹는 자는 영원히 살리라 ⁵⁹ 이 말씀은 예수께서 가버나움 회당에서 가르치실 때에 하셨느니라

예수님은 바로 앞 절(6:51)에서 자신을 가리켜 하늘에서 내려온 생명의 떡, 곧 사람들이 생명을 얻기 위해 먹어야 하는 살이라고 하셨다. 본 텍스트는 그 말씀에 대한 확대 설명이라 할 수 있다. 본문이 담고 있는 사람의 살을 먹고 피를 마시는 이미지는 매우 자극적이며 혐오스럽다. 그러므로 이 본문은 요한복음 중 학자들 사이에 가장 많은 논쟁을 불러일으켰다(O'Day, cf. Beasley-Murray, Brown, Carson, McHugh, Haenchen, Schnackenburg).

대부분은 예수님이 교회가 행하게 될 성찬식을 염두에 두고 이렇게 말씀하셨다며 본문을 성찬식에서 일어나는 일 혹은 그와 연관된 것으로 해석한다(Beasley-Murray, Brown, Bultmann, Haenchen). 그러나 성경은 우리가 성찬식에서 먹는 떡을 예수님의 '몸'(σῶμα)이라고 하지 본문에서처럼 '살'(σάρξ)이라고 하지 않는다(마 26:26; 막 14:22; 눅 22:19; 고전 11:24). 게다가 본문은 예수님의 살을 먹고 피를 마셔야 영생에 이른다고 하는데, 우리는 아무리 성찬식에 많이 참여해도 성찬식을 통해 구원에 이르지는 못한다.

그러므로 일부 학자는 이 말씀이 성찬식과 어떠한 연관도 없거나, 성찬식에 대해 직접적으로 언급하는 말씀이 아니라고 한다(Bruce, Burge, Carson, Klink, Mounce, O'Day). 본문과 앞뒤 문맥은 예수님의 피를 마시고 살을 먹는 것을 사람이 예수님을 믿음으로 영생에 이르는 영적인 일과 연관시키고 있다. 그러므로 예수님은 이 말씀을 이해하지 못하고 어려워하는 제자들에게 그들에게 주신 말씀은 영이요 생명이지 육이 아니라고 하신다(6:63). 문자적으로 살을 먹고 피를 마시는 것으로 이해하지 말라는 것이다.

예수님의 말씀이 어렵기는 유대인들에게도 마찬가지였다(52절). 결국 예수님의 말씀을 문자적으로 해석한 그들은 매우 혐오스러운 일을 요구하는 것으로 이해했다. 그러므로 그들은 서로 다투었다. '다투다'(μάχομαι)는 심하게 논쟁한다는 뜻이다(Mounce). 그들 사이에 어떤 문제가 있어서 다툰 것이 아니라, 예수님이 하신 말씀에 대해 서로 다투었다. 유대인들은 예수님이 어찌 자기 살을 그들에게 먹게 하겠느냐는 이슈로 하나가 된 것이다(Schnackenburg). 그러므로 그들의 다툼(불만 토로)은 옛적에 그들의 조상이 모세와 다툰 것과 다름없다(출 16:2; 17:2).

유대인들이 예수님의 말씀을 듣고 큰 충격에 빠진 것은 어느 정도 이해할 수 있는 일이다. 정결에 관한 율법은 부정한 짐승을 먹지 못하게 하며, 심지어 정한 짐승이라 해도 스스로 죽은 짐승의 고기는 먹지 못하게 한다. 게다가 모든 짐승의 피는 흘려 버리라고 한다(cf. 창 9:4). 이런 상황에서 '사람'(예수님)의 살과 피를 먹어야 영생을 얻을 수 있다는 예수님의 말씀은 그 의도를 오해하면 참으로 혐오스러운 일을 하라는 말로 이해되었을 것이다.

그러므로 그들은 예수님을 '이 사람'(οὗτος)이라고 부름으로써 자신들과 거리를 두며 비난한다. 오병이어의 기적을 경험하고 예수님을 찾아 나선 때와 태도가 사뭇 다르다. 다행인 것은 그들의 반발이 예수님의 살을 먹고 피를 마시는 것이 무엇을 의미하는지 한 번 더 설명하는 기회를 제공했다는 점이다.

예수님은 중요한 진리를 선포하실 때 자주 사용하시는 '진실로 진실로'(ἀμὴν ἀμὴν)로 설명을 시작하신다(53절). 누구든지 인자의 살을 먹지 않고 인자의 피를 마시지 않으면 그 사람 안에 생명이 없다. '인자'(τοῦ υἱοῦ τοῦ ἀνθρώπου)는 예수님이 십자가 고난을 상징하며 자신을 칭할 때 자주 사용하시는 호칭이다. 즉, 본문이 언급하는 예수님의 피와 살은 십자가 죽음과 연관이 있다. '먹다'(φάγητε)와 '마시다'(πίητε)는 부정과거형(aorist)이며, 계속 진행되는 일이 아니라 한 번 있는 일이다. 예수님을 자기 안에 내재하는 내적인 존재(inner being)로 영접한다는 뜻이다(Mounce). 그러므로 믿는 자마다 예수님의 살과 피를 이미 먹었다(Augustine, Cranmer).

그럼에도 불구하고 피를 마시고 살을 먹는 것은 매우 자극적이고 혐오스러운 이미지다. 예수님은 음식 먹는 모습을 일반적으로 표현하는 '먹다'(ἐσθίω)가 아닌 자극적인 소리를 내며 게걸스럽게 먹는 모습을 표현하는 '먹다'(τρώγω)를 사용하시며(54절, cf. Bernard, Mounce, O'Day) 유대인들과의 갈등을 더 부추기신다. 누구든지 인자(예수님)의 십자가 죽음과 자신을 연관 짓지 않으면 생명(영생)이 없음을 단호하게 말씀하시는 것이다.

십자가에서 찢기신 예수님의 살을 먹지 않고 흘리신 피를 마시지 않고는 영생에 이를 수 없다(54절; cf. 6:40). 예수님의 살과 피는 영생을 주는 참된 양식이요 음료이기 때문이다(55절). 예수님의 살을 먹고 마시는 자마다 예수님 안에 거하고, 예수님이 그의 안에 거하신다(56절). '먹는 자'(τρώγων)와 '마시는 자'(πίνων)는 현재형 분사다. 계속 먹고 계속 마셔야 한다는 뜻이다(Barrett). 예수님을 영접하는 경험을 한 번 있는 일로 묘사한 53절은 먹고 마시는 일을 부정 과거형(aorist)으로 언급하더니, 예수님의 내재하심을 논하는 본문은 반복되는 지속형을 사용한다. 한 번 시작된 관계는 계속되어야 한다는 의미다.

'거하다'(μένω)는 요한복음에서 매우 중요한 개념이며, 내면의 지속적이고 인격적인 교제(an inward, enduring personal communion)를 뜻한다(BDAG). 아버지가 아들 안에(14:10), 성령이 아들 위에(1:32-33) 거하시는 것처럼 믿는 자들은 그리스도 안에, 그리스도는 그들 안에 거하신다. "내 안에 거하라 나도 너희 안에 거하리라 가지가 포도나무에 붙어 있지 아니하면 스스로 열매를 맺을 수 없음 같이 너희도 내 안에 있지 아니하면 그러하리라"(15:4).

이러한 일이 가능한 것은 우리가 예수님을 구주로 영접하는 순간 우리 안에 다음과 같은 변화가 일어나기 때문이다. "내가 그리스도와 함께 십자가에 못 박혔나니 그런즉 이제는 내가 사는 것이 아니요 오직 내 안에 그리스도께서 사시는 것이라 이제 내가 육체 가운데 사는 것은 나를 사랑하사 나를 위하여 자기 자신을 버리신 하나님의 아들을 믿는 믿음 안에서 사는 것이라"(갈 2:20).

이로 인해 예수님과 우리 사이에 일종의 '상호 거주'(mutual indwelling)가 가능하다(Klink). 살을 먹고 피를 마시는 것은 내면화(internalization)에 대한 언어로, 우리의 자아(살과 피)를 포기하고 예수님의 살과 피를 먹고 마셔야(영접해야) 구원에 이를 수 있다.

또한 우리가 예수님의 살을 먹고 피를 마셔 예수님 안에 거하고 예수님이 우리 안에 거하시면, 하나님 아버지와 예수님의 관계가 예수님과 우리 사이에 재현될 수 있다(57절). 예수님이 그를 보내신 살아 계신 아버지로 말미암아 사시는 것처럼, 우리도 우리를 구원하신 예수님으로 말미암아 살 수 있기 때문이다. 하나님을 '살아 계신 아버지'(ὁ ζῶν πατήρ)라고 칭하는 일은 신약에서 이곳이 유일하다. 예수님이 우리에게 주시는 생명은 곧 하나님이 예수님에게 주신 것을 의미하며, 예수님이 하나님께 순종하며 사신 것처럼 우리도 예수님께 순종하며 살 수 있다.

옛적에 광야에서 하늘에서 내려온 떡(만나)을 먹은 그들의 조상은 모두 죽었다(58a절). 반면에 하늘에서 내려온 생명의 떡이신 예수님을 먹는 사람은 영원히 살 것이다(58b절). 드디어 이 말씀에서 예수님이 자기 살을 먹고 자기 피를 마시라고 하신 것이 무엇을 의미하는지 이해할 수 있다. 과거에 그들의 조상은 하늘에서 내려온 양식인 만나를 매일 먹으며 자기 몸의 살과 피가 되게 했지만, 영생을 얻지 못하고 죽었다. 반면에 하늘에서 생명의 떡으로 오신 예수님을 먹어 자기의 살과 피가 되게 하는 사람은 영원히 살 것이다.

예수님의 이러한 가르침은 가버나움 회당에서 가르치실 때 주신 말씀이다(59절). 예수님을 찾아 가버나움으로 온 무리가(6:24) 가버나움 어디에서 예수님을 만났는지 밝혀지고 있다. 그들은 예수님을 가버나움 회당에서 만났다. 가버나움 사람들이 예수님의 가족 관계를 잘 알고 있는 것으로 보아(cf. 6:42) 예수님 가족이 이곳에 와서 살았을 가능성이 커 보인다(cf. 2:12).

이 말씀은 예수님이 십자가에서 흘리신 피를 마시고 찢기신 살을 먹지 않고는(영접하지 않고는) 영생을 얻을 수 없다고 한다. 예수님은 하늘에서 내려온 영원한 생명의 떡이기 때문이다. 누구든지 예수님을 영접하는 자에게 영생을 주실 것이므로 종말에 그들을 다시 살리실 것이다.

예수님을 영접한 사람들만 하나님과 예수님이 하나 되신 것처럼 예수님과 하나가 될 수 있다. 예수님이 그들 안에, 그들이 예수님 안에 거하게 된다. 그러면 예수님이 하나님의 뜻을 행하신 것처럼 우리도 예수님의 뜻에 따라 살 수 있다.

하나님을 믿는다는 유대인들은 예수님을 부인했다. 참으로 있을 수 없는 일이다. 예수님을 부인하는 것은 곧 예수님을 보내신 하나님을 부인하는 것이기 때문이다. 그러므로 하나님을 믿는다고 하면서 예수님을 믿지 않으면 거짓말이다. 하나님과 예수님은 한 분이기 때문이다.

IV. 커져 가는 반발(5:1-8:11)

F. 영원한 생명의 말씀(6:60-71)

60 제자 중 여럿이 듣고 말하되 이 말씀은 어렵도다 누가 들을 수 있느냐 한대 61 예수께서 스스로 제자들이 이 말씀에 대하여 수군거리는 줄 아시고 이르시되 이 말이 너희에게 걸림이 되느냐 62 그러면 너희는 인자가 이전에 있던 곳으로 올라가는 것을 본다면 어떻게 하겠느냐 63 살리는 것은 영이니 육은 무익하니라 내가 너희에게 이른 말은 영이요 생명이라 64 그러나 너희 중

에 믿지 아니하는 자들이 있느니라 하시니 이는 예수께서 믿지 아니하는 자들이 누구며 자기를 팔 자가 누구인지 처음부터 아심이러라 ⁶⁵ 또 이르시되 그러므로 전에 너희에게 말하기를 내 아버지께서 오게 하여 주지 아니하시면 누구든지 내게 올 수 없다 하였노라 하시니라 ⁶⁶ 그 때부터 그의 제자 중에서 많은 사람이 떠나가고 다시 그와 함께 다니지 아니하더라 ⁶⁷ 예수께서 열두 제자에게 이르시되 너희도 가려느냐 ⁶⁸ 시몬 베드로가 대답하되 주여 영생의 말씀이 주께 있사오니 우리가 누구에게로 가오리이까 ⁶⁹ 우리가 주는 하나님의 거룩하신 자이신 줄 믿고 알았사옵나이다 ⁷⁰ 예수께서 대답하시되 내가 너희 열둘을 택하지 아니하였느냐 그러나 너희 중의 한 사람은 마귀니라 하시니 ⁷¹ 이 말씀은 가룟 시몬의 아들 유다를 가리키심이라 그는 열둘 중의 하나로 예수를 팔 자러라

유대인뿐 아니라 제자들 역시 인자의 살을 먹고 피를 마셔야 영생을 얻을 수 있다는 예수님의 말씀을 이해하고 받아들이기 어렵기는 마찬가지였다(60절). 이 '제자들'(μαθητῶν)은 열두 사도를 포함해 예수님을 스승으로 따르는 수많은 사람이다(cf. 66-67절). 이 사람들은 예수님이 행하신 기적을 보고 따르기로 결정했지만, 살을 먹고 피를 마셔야 한다는 말이 걸림이 되었다.

그들은 예수님의 말씀이 너무 어렵다고 한다. '어렵다'(σκληρός)는 듣는 이의 기분을 좋지 않게 하거나 역반응을 일으킨다는 의미다(BDAG). 도저히 받아들일 수 없는 가르침이라는 뜻이다(Mounce). 그러므로 자신들은 물론이고 누구도 예수님의 가르침을 받아들일 수 없을 것이라고 한다.

예수님은 사람에 대해 신적인 지식을 지니신 분이다(cf. 1:47-48; 2:24-25; 4:18). 이번에도 그들의 동요하는 마음을 아신다(61a절). 그렇다고 해서 이미 주신 가르침을 번복하거나 약화시킬 생각은 없으시다. 그러므로 그들에게 자신의 가르침이 걸림이 되느냐고 물으신다. '걸림

이 되다'($\sigma\kappa\alpha\nu\delta\alpha\lambda i\zeta\omega$)는 누군가를 넘어지게 하거나 죄를 짓게 한다는 의미다(BDAG). 전혀 예상하지 못한 가르침으로 인해 믿음에서 멀어졌냐는 질문이다. 살을 먹고 피를 마셔야 한다는 말씀뿐 아니라 예수님이 선포하신 메시지 전반에 관한 물음이다(Bultmann).

예수님은 만일 인자가 이전에 있던 곳으로 올라가는 것을 본다면 어떻게 하겠냐고 물으신다(62절). 만일 그들이 인자의 살을 먹고 피를 마셔야 한다는 기본적인 것도 이해하지 못한다면, 이해하고 받아들이기 더 어려운 일이 일어나면 어떻게 할 것이냐는 취지의 질문이다. 옛적에 신정론을 이해하지 못하겠다며 탄식한 예레미야 선지자에게 하나님이 하신 말씀과 비슷하다(cf. 렘 12:1-5). 같은 말씀이 구원받은 사람에게는 복음이지만 불신자에게는 걸림돌이 된다는 것이 참으로 인상적이면서도 현실적이다.

예수님의 승천에 관한 이야기가 복음서에 없다고 해서 이전에 계시던 곳으로 '올라가는 것'을 십자가 사건으로 해석하는 이들이 있다(cf. Brown, Haenchen). 그러나 이미 프롤로그에서 하나님과 함께 계시던 예수님이 이 땅으로 내려오셨다고 선언했다(1:10-11). 게다가 예수님은 이때까지 하늘에서 내려온 생명의 떡에 대해 말씀하셨다(6:33, 38, 41-42, 50-51, 58). 그러므로 원래 계시던 곳으로 다시 올라가시는 것으로 해석하는 것이 바람직하다(1:1-2). 그러나 예수님이 하늘로 올라가시는 길에 십자가 죽음을 거치는 단계를 배제할 필요는 없다(Burge, cf. 3:13; 17:5).

예수님의 살과 피에 대한 가르침을 부인하는 것은 십자가를 거부하는 것일 뿐 아니라, 예수님을 이 땅에 보내신 하나님을 부인하는 행위다. 그러므로 한 주석가는 이 구절을 다음과 같이 바꾸어 표현한다. "만약 너희들이 나와 나의 말을 거부한다면, 너희들은 내가 하늘나라에 있는 권세와 권위의 정당한 자리에 영광스럽게 오르는 것을 볼 때 어떻게 할 것이냐? 이런 일이 일어난다면 너희의 불신감과 불쾌감은 어떻게 하겠느냐?"(Ridderbos).

예수님은 살리는 것은 영이며 육은 무익하다면서 자신이 말한 것은 영이며 생명이라고 하신다(63절). 이 말씀은 예수님의 피를 마시고 살을 먹는 것이 무엇을 의미하는지 해석하는 데 매우 중요한 열쇠가 된다(O'Day). '영'(πνεῦμά)은 세례 때부터 예수님과 함께하시는 성령이다. 삼위일체의 삼위인 성령도 하늘에서 오신 분이며 예수님과 함께 사람을 살리신다. '살리는 것'(ἐστιν τὸ ζῳοποιοῦν)은 현재 진행형이며 지속적으로 살리고 있음을 의미한다(Wallace, cf. 고후 3:6). 성령의 살리시는 사역은 오늘날에도 계속된다.

예수님의 피를 마시고 살을 먹는 것은 예수님의 십자가 죽음을 믿음으로 받는다는 뜻이며, 성령이 영생을 주시는 방법이다. 그러므로 누구든지 영으로 거듭나면 영원히 살게 된다. 사람은 예수님의 말씀을 통해 거듭날 수 있다. 예수님이 선포하신 말씀은 곧 살리는 영이요 생명이기 때문이다.

반면에 육은 무익하다. '육은 무익하다'(ἡ σὰρξ οὐκ ὠφελεῖ οὐδέν)를 직역하면 '육[살]은 그 누구에게도 유익하지 않다'라는 뜻이다. '육'은 사람의 몸 중에서 세상에 속한 모든 것을 의미한다(Lindars). 육은 영생을 주지 못한다. 영과 육은 서로 다른 영역에 속한 것들이다(Hoskyns, Michaels). 영과 육은 각자의 영향력을 다른 영역으로 가져갈 수 없다. 그러므로 하늘에서 오신 성령 대신 이 땅에서 비롯된 육을 추구하는 사람은 모두 다 만족하지 못할 것이다.

예수님의 말씀은 영이요 생명이다(cf. 5:21). 그러나 하나님이 믿음을 주지 않으시면 예수님의 말씀을 믿을 자가 없다(cf. 6:37−39, 44). 또한 믿어야 예수님의 살과 피가 우리의 살과 피가 되어 비로소 영생에 이를 수 있다. 이러한 맥락에서 본문은 예수님이 니고데모(3:6)와 사마리아 여인(4:13−14)에게 하신 말씀과 비슷하다. 또한 예수님이 장차 십자가 죽음을 통해 영광을 받으신 후 성령을 보내실 것을 암시한다(cf.

7:37-39; 20:22). 영생은 육으로는 불가능한 일이기 때문이다.

예수님의 말씀을 듣는 사람 중 믿지 않는 사람들이 있었다(64a절). '믿지 않는 자들'(οἱ οὐ πιστεύουσιν. ᾔδει)은 지식이나 정보가 부족해서 믿지 못하는 것이 아니라, 믿지 않기로 결정한 자들이다. 예수님의 가르침은 결코 쉽지 않다. 그러나 예수님은 그들에게 충분히 설명하셨다. 그들이 믿지 않는 것은 내용이 어렵기도 하지만, 무엇보다도 영에 속하지 못하고 육에 속했기 때문이다. 이 부류에 속하는 사람들은 무리(6:36), 예루살렘에 있는 유대교 지도자들(5:38), 니고데모(3:11-12), 수군거리는 제자들(60-61절) 등이다.

예수님은 믿지 않는 자들이 누구이며, 심지어 누가 그를 팔 사람인지 처음부터 알고 계셨다(64b절). 예수님은 온 세상이 영접하지 않는 것과 심지어 제자 중 배신자가 나올 것이라는 사실을 처음부터 알고 계셨기 때문에 이러한 사실들에 대해 놀라지 않으실 것이다. '처음부터'(ἐξ ἀρχῆς)는 '태초에'(ἐν ἀρχῇ)와 비슷한 말이다(cf. 1:1). 구원은 태초에 하나님과 말씀(logos)이 나눈 대화에서 시작되었다(Barrett). 하나님은 태초부터 십자가를 계획하셨기 때문이다. 인류는 태초부터 하나님과 말씀을 방해하려 했다. 세상의 방해는 열두 제자 중 하나인 가룟 유다를 통해 절정에 이를 것이다. 예수님 주변에 있다고 해서 모두 예수님 편은 아니다. 가룟 유다처럼 마귀의 손아귀에 놀아날 자들도 있다.

예수님의 말씀을 듣는 자 가운데 일부는 영생에 이르게 하는 영적 진리로 받아들이지 못한다. 하나님이 그들을 예수님께 보내지 않으셨기 때문이다(65절). 사람이 예수님을 믿고 구원에 이르고 싶어도 스스로 할 수 없는 일이다. 우리는 육에 속한 자들이며, 영은 하늘에서 내려온다. 영과 육은 서로 활동하는 영역이 다르다. 육에 속한 사람은 아무리 노력해도 영적인 세상에 입성할 수 없다. 이 말씀은 믿지 못하는 자들에 대한 설명이자 비난이다(Carson).

이러한 관점에서 볼 때 믿음은 하나님이 온 인류에게 주시는 보편적인 선물이 아니라 구체적이고 특별한 선물이다. 우리는 하나님이 주신 믿음을 바탕으로 그리스도인이 되었다. 오직 하나님이 보내신 이들만 예수님을 영접할 수 있는 것이다. 그러므로 세상에 홀로 존재하는 그리스도인은 없다. 온전히 아버지께 의존해야 한다(cf. 1:12-13).

그때부터 예수님이 선포하신 말씀에 시험 들어 떠나가는 사람이 많았다(66절). '그때부터'(ἐκ τούτου)는 '이러한 이유로'라고도 해석할 수 있다. 본문에서는 이 두 가지 의미를 모두 지닌 듯하다(Klink). 떠난 사람 중에는 제자가 되겠다며 이때까지 예수님을 따라온 사람들도 있었다. 이들은 하나님이 보내시지 않았는데 스스로 온 사람들이다. 예수님이 기적 행하시는 것을 보고 호기심에 모여든 사람들이다. 그러나 그들은 정작 예수님의 말씀을 믿지 못했다.

그들은 예수님과 더는 함께 다니지 않았다(66b절). 제자들이 스승과 함께 무리를 지어 다니는 것은 당시 흔히 있었던 일이다. 그러므로 더는 예수님과 함께 다니지 않았다는 것은 제자 되기를 포기했다는 뜻이다. 이 사람들은 기적을 행하고 로마 사람들을 쳐부술 정복자 메시아에게 관심이 있을 뿐 하늘에서 내려온 생명의 떡, 곧 십자가 죽음을 통해 영생에 이르게 하는 고난받는 인자로 오신 메시아에게는 관심이 없다.

예수님은 많은 사람이 제자의 길을 포기하고 곁을 떠나자 열두 제자에게 그들 역시 떠날 것인지 물으셨다(67절). '너희도 가려느냐?'(μὴ καὶ ὑμεῖς θέλετε ὑπάγειν;)는 '설마 너희도 떠나려는 것은 아니지?'라는 의미다(cf. NAS, NIV). 예수님은 열두 제자만큼은 떠난 사람들과 다를 것을 기대하신다.

제자들을 대표해 항상 선봉에 서는 베드로가 대답했다(68a절; cf. 마 16:22). 그는 예수님을 '주여'(κύριε)라고 부르며 말을 시작한다. 제자들은 처음부터 예수님을 메시아로 알았지만(cf. 1:41, 45, 49), 이때까지 주님을 '랍비'(ῥαββί)라고 불렀다(cf. 4:31). '주님'이라고 부르기는 이번이 처음이다. 예수님의 말씀을 확고히 믿게 된 것이다. 베드로는 영생의 말씀이 예수님께 있으니 어디를 가겠냐고 했다(68b절). 예수님은 하늘에서 내려오신 분이며 진리를 선포하고 계신다는 사실을 고백한 것이다.

또한 베드로는 제자들 모두 예수님이 하나님의 거룩하신 자이신 것을 믿고 안다고 말한다(69절). 요한복음에서 '하나님의 거룩하신 자'(ὁ ἅγιος τοῦ θεοῦ)는 이곳에서 단 한 번 사용되는 표현이며, 공관복음에서는 귀신들이 예수님에 대해 하는 고백이다(막 1:24; 눅 4:34). 구약이 하나님의 성호 중 하나로 사용하는 '이스라엘의 거룩하신 이'에서 비롯되었다(cf. 사 1:4; 41:14; 43:14-15). 베드로는 예수님이 그동안 유대인들이 기대하던 메시아보다 더 위대하신 분, 곧 하나님이라고 한다(Mounce). 그러므로 베드로의 고백은 마태복음 16:16에 기록된 "주는 그리스도시요 살아 계신 하나님의 아들이시니이다"에 버금간다(Carson, Morris). '믿었다'(πεπιστεύκαμεν)와 '알았다'(ἐγνώκαμεν)는 둘 다 완료형이며, 지속적으로 믿고 알고 있음을 강조한다(Mounce). 베드로가 예수님의 말씀을 제대로 알아듣고 이렇게 고백하는 것은 하나님이 그와 함께하신다는 증거다(마 16:17).

예수님은 베드로의 대답에 만족해하시며 열둘을 택하신 사실을 확인하신다(70a절). 앞으로 열두 제자는 예수님께 받은 능력으로 큰일을 하게 될 것이다. 그들에게는 믿음이 있기 때문이다. 예수님은 그들의 활동을 기대하시며 그들을 택한 일을 확인하신다.

그러나 열두 명 모두 하나님의 도구가 되어 일하는 것은 아니다. 그들 중 하나는 마귀이기 때문이다(70b절). '마귀'(διάβολός)는 히브리어 단어 '사탄'(שָׂטָן)을 헬라어로 번역한 것이다(cf. 8:44; 13:2). 마귀는 하나님을 대적하는 악령들의 우두머리이며, 본문에서는 마귀의 하수인이 된 가룟 유다를 뜻한다(Barrett, cf. 71절). 그는 나중에 예수님을 배신하고 팔아넘길 것이다.

가룟 유다가 이곳에 언급되는 것은 예수님의 십자가 죽음이 멀지 않았다는 뜻이기도 하다. '가룟'(Ἰσκαριώθ)은 '가리옷 사람'이라는 의미로,

가리옷은 유대 남쪽 광야에 있던 마을로 추정된다(Carson, cf. 수 15:25). 그러므로 가룟 유다는 열두 제자 중 유일하게 갈릴리 사람이 아니다 (Mounce).

이 말씀은 신앙은 모든 사람을 위한 것이 아니라고 한다. 예수님께 나오는 사람은 많지만, 각자 다른 이유와 목적을 가지고 나온다. 심지어 예수님을 반대하거나 배신하기 위해 나오는 이들도 있다. 그러므로 예수님 주변에 모였다고 해서 그리스도인이라고 생각하는 것은 옳지 않다.

우리는 교회도 현실적으로 보아야 한다. 하나님을 사랑하고 예수님을 섬기고 싶어서 오는 이들도 있지만, 악의적인 목적을 가지고 교회를 찾는 이들도 있다. 그러므로 끊임없이 기도하며 알곡과 가라지를 분별해야 한다. 알곡은 곳간으로 들이고, 가라지는 계속 복음으로 도전해야 한다.

영에 속한 구원은 육에 속한 사람이 어떻게 할 수 있는 것이 아니다. 영에 속한 것과 육에 속한 것은 서로 다른 영역에 있으며, 구분된 영역을 넘어갈 수 없기 때문이다. 그러므로 영에 속해 구원에 이르게 된 우리는 예수님을 통해서 구원을 이루신 하나님께 끊임없이 감사해야 한다.

구원은 영에 속한 것이기에 사람이 스스로 이룰 수 있는 것이 아니라는 사실이 나쁘기만 한 것은 아니다. 오히려 좋은 점도 있다. 구원을 위해 우리 스스로 할 수 있는 일은 아무것도 없다. 그러나 구원을 이루시는 하나님께 기도할 수 있다. 우리가 사랑하고 반드시 구원받기를 간절히 원하는 사람이 있다면, 그를 위해 그의 구원을 이루실 하나님께 기도하자.

IV. 커져 가는 반발(5:1-8:11)

G. 친형제들의 불신앙(7:1-10)

¹ 그 후에 예수께서 갈릴리에서 다니시고 유대에서 다니려 아니하심은 유대 인들이 죽이려 함이러라 ² 유대인의 명절인 초막절이 가까운지라 ³ 그 형제 들이 예수께 이르되 당신이 행하는 일을 제자들도 보게 여기를 떠나 유대로 가소서 ⁴ 스스로 나타나기를 구하면서 묻혀서 일하는 사람이 없나니 이 일을 행하려 하거든 자신을 세상에 나타내소서 하니 ⁵ 이는 그 형제들까지도 예수 를 믿지 아니함이러라 ⁶ 예수께서 이르시되 내 때는 아직 이르지 아니하였 거니와 너희 때는 늘 준비되어 있느니라 ⁷ 세상이 너희를 미워하지 아니하되 나를 미워하나니 이는 내가 세상의 일들을 악하다고 증언함이라 ⁸ 너희는 명 절에 올라가라 내 때가 아직 차지 못하였으니 나는 이 명절에 아직 올라가 지 아니하노라 ⁹ 이 말씀을 하시고 갈릴리에 머물러 계시니라 ¹⁰ 그 형제들이 명절에 올라간 후에 자기도 올라가시되 나타내지 않고 은밀히 가시니라

제자가 되겠다고 나선 사람 중에 많은 이가 예수님의 곁을 떠났다. 그럼에도 불구하고 예수님의 사역은 날이 갈수록 널리 알려졌다. 그러 다 보니 예수님을 따르는 사람들도 있고, 거부하는 사람들도 생겨났 다. 심지어 일부 유대인은 자신들의 종교적인 순수성을 지키겠다며 예 수님을 죽이려 했다. 그들이 하나님을 위해 하나님이신 예수님을 죽이 려 하는 것이 참으로 아이러니하다.

예수님은 갈릴리 지역을 다니셨다(1a절). '다니다'(περιπατέω)는 시간을 보낸다는 의미를 포함한다(Klink). 예수님은 갈릴리를 두루 다니시며 사역하신 것이다. 반면에 유대에서는 다니려 하지 않으셨다. 유대인들 이 예수님을 죽이려고 했기 때문이다(1b절). 마지막으로 예루살렘을 다 녀오셨을 때 유대인들이 보였던 반응을 생각하면 주저하시는 것이 충 분히 이해가 간다(5:14-18). 하나님의 일을 하시는 예수님이 어느새 현

상금이 걸린 죄인처럼 되셨다.

유대인의 명절인 초막절이 가까웠다(2절). '초막절'(σκηνοπηγία)은 두 단어를 합성한 것이며, 직역하면 '장막을 세우는 일'이다(BDAG). 봄에 있는 유월절로부터 6개월쯤 지난 가을에 있는 절기다(레 23:33-44; 민 29:12-39; 신 16:13-15). 예수님이 예루살렘에 다녀오신 지 6개월이 지났다는 의미다(cf. 6장). 예수님은 하나님이 세상에 치신 '초막'이라 할 수 있으므로, 예수님의 삶과도 밀접한 관계가 있는 절기라 할 수 있다 (cf. Burge).

초막절은 유대력으로 티스리월(Tishri, 우리 달력으로 9월 말에 시작함) 15-21일에 일주일 동안 기념하는 절기다. 추분(fall equinox)과 겹치는 절기이며, 가을 추수를 기념하는 일종의 추수감사절이다. 보리와 밀을 수확한 지 약 3개월이 지난 데다가, 포도와 올리브 등 과일과 건과류를 방금 수확했기 때문에 1년 중 가장 풍요로운 시기다. 그러므로 유대인들은 종말에 임할 하나님의 축복과 풍요로움을 기념하면서 이 절기를 기념했다. 또한 이스라엘이 출애굽한 후 광야에서 40년 동안 초막에 거했던 일을 기념하는 절기다. 봄에 내리는 늦은 비 이후 이 시기까지 비가 내리지 않았기 때문에 초막절에 내리는 비는 하나님의 축복으로 여겨졌다.

율법은 이스라엘의 성인 남자들에게 매년 세 차례, 곧 무교절(유월절)과 칠칠절(오순절)과 초막절에 성전에 올라가 절기를 기념할 것을 요구했다(신 16:16; cf. 출 23:14-17; 34:22-23). 그러나 예루살렘에서 멀리 떨어져 사는 사람들이 매년 세 차례씩 성전으로 순례를 떠나는 것은 어려운 일이었다. 예수님이 사시던 나사렛에서 예루살렘까지 올라가는 것만 해도 사나흘 길이다. 그러므로 한 번 다녀오려면 최소 일주일을 길에서 보내야 했다.

예수님의 형제들은 예수님에게 그가 하시는 일을 온 세상에 드러내고 제자들도 보도록 초막절 절기에 유대로 가라고 했다(3절). 세상에 자신을 드러내고자 한다면 갈릴리 지역에 묻혀서 일하면 안 된다는 조언도 더했다(4절). 그들은 예수님이 공인이 되려고 하시는 것으로 생각한다.

형제들의 조언을 좋은 의도에서 하는 긍정적인 말로 해석하는 이들이 있는가 하면(Mounce, O'Day), 빈정대는 부정적인 말로 해석하는 이들도 있다(Klink). 그들이 예수님을 믿지 않는 것으로 보아(5절), 빈정대는 부정적인 말로 해석하는 것이 바람직하다. 형제들도 예수님이 행하신 기적을 경험했다(cf. 2:1-12). 그러나 믿지 못하기는 다른 사람들과 마찬가지다(cf. 막 3:21, 31). 그들이 예수님을 믿지 않는 것은 아마도 예수님과 세상의 관계를 이해하지 못해서일 것이다(cf. 4, 7절). 그들은 예수님을 오로지 자기 혈육으로 안다. 선지자는 고향에서 환영받지 못한다는 말씀을 생각나게 한다(4:44).

생각해 보면 가장 전도하기 힘든 사람이 가족이다. 우리에 대해 너무 잘 아는 것이 문제가 될 수 있다. 가족들은 우리의 육신적인 모습만 볼 뿐, 영적인 면모는 보려 하지 않기 때문이다. 오직 하나님이 예수님을 믿을 수 있는 믿음을 주신다(6:44-46).

예수님의 형제들은 옛적에 요셉의 형제들이 그를 보고 "꿈꾸는 자가 오는도다"(창 37:19)라며 비아냥거린 일을 생각나게 한다. 재미있는 것은 예수님의 형제들은 그들이 아는 것보다 더 많은 것을 말한다는 점이다. 때가 되면 예수님은 그들의 말대로 온 세상에 자신을 나타내실 것이기 때문이다.

예수님은 형제들에게 '내 때는 아직 이르지 않았다'고 하신다(6a절). '때'(καιρός)는 공관복음에서 자주 사용되지만, 요한복음에서는 이 본문과 8절에서만 사용된다. 그 외에 요한복음에서 '때'를 의미하는 경우에는 다른 단어(ὥρα)를 사용한다(2:4; 7:30; 8:20; 12:23; 13:1). 요한복음에서 전자(καιρός)는 하나님이 예수님을 통해 하시는 일이 이뤄지는 시점을(Klink), 후자(ὥρα)는 하나님이 예수님을 통해 하시는 종말적인 사역이 이뤄지는 시점을 뜻한다(Ridderbos). 그러므로 본문에서 예수님이 말씀하시는 '때'(καιρός)는 예수님이 이 초막절을 지키기 위해 예루살렘으로 올라가실 때를 의미한다.

초막절은 7일 동안 진행되는 절기이며, 8일째 되는 날에 큰 성회로 마무리된다. 예수님은 이날 자신이 예루살렘으로 가는 것은 불가하다고 하신다. 지금은 초막절을 기념하기 위해 예루살렘으로 올라가도록 하나님이 예수님에게 정해 주신 때(날)가 아니기 때문이다. 반면에 형제들은 초막절을 기념하기 위해 아무 때나 예루살렘으로 올라갈 수 있다. 그들의 '때'(καιρὸς)는 늘 준비되어 있기 때문이다(6b절). 그들이 예루살렘에 올라가는 때를 하나님이 구체적으로 정해 놓지 않고 아무 때나 올라가게 하셨다는 뜻이다(Mounce).

그렇다면 하나님이 예루살렘으로 올라가는 예수님의 때를 구체적으로 정해 놓으셨지만, 형제들의 때는 정하지 않으신 이유는 무엇일까? 세상이 예수님을 미워하고 그들은 미워하지 않기 때문이다(7a절). 형제들은 세상에 속한 사람들이며 세상의 기준과 가치관으로 살고 있으므로 세상이 그들을 미워하지 않는다. 반면에 예수님은 세상(유대인들)으로부터 많은 견제를 받고 계신다. 심지어 예수님을 죽이려 하는 자들도 있다(cf. 1절). 이런 상황에서 하나님은 예수님이 예루살렘으로 올라갈 시점을 정해 두셨다. 그들과의 마찰을 최대한 피하고 예수님을 보호하시기 위해서다. 예수님이 그들의 손에 넘겨져 죽임을 당할 때가 아직 아니기 때문이다(cf. 7:30).

예수님이 세상(유대인들)의 위협을 받는 이유는 단 한 가지, 세상의 일들이 악하다고 증언하시기 때문이다(7b절). 예수님은 하늘에서 내려온 분이기에 세상을 보고 만족해하실 리 없다. 그러므로 예수님은 이 세상의 악하고 잘못된 것을 악하다고 하신다. 예수님이 악하다고 말씀하시는 것은 그분이 곧 세상을 심판하시는 분임을 암시한다(Bultmann). 예수님은 훗날 성령이 세상을 심판하실 것이라고 하신다(16:8-11). 예수님이 지금도 성령을 통해 이 세상의 악함을 증언하고 계신다는 뜻이다(Morris).

이때까지 요한복음에서 세상은 하나님이 사랑하시는 대상이었다 (3:16-17; 4:42; 6:33, 51). 세상이 하나님을 미워한다고 하는 것은 이번이 처음이다(cf. 15:18-25). 세상이 창조주를 알아보지 못하는 것은 어느 정도 용납되지만(1:10), 그 창조주를 미워하는 것은 참으로 어이없는 일이다. 죄는 결코 논리적이거나 합리적이지 않으며 비(非)이성적이다.

예수님은 형제들에게 초막절을 지키러 예루살렘에 올라가라고 하시며, 자기 때는 아직 차지 못했으니 이 명절에 아직 올라가지 않겠다고 하신다(8절). '올라가다'(ἀναβαίνω)는 요한복음에서 두 가지 의미를 지닌다. 예루살렘으로 가는 것을 뜻하기도 하고(2:13; 5:1; 7:10; 11:55), 십자가를 통해 하늘로 승천하는 것을 뜻하기도 한다(3:13; 6:62; 20:17). 유대인들은 예루살렘이 높은 지대에 있기 때문에 항상 올라간다는 표현을 사용했다. 또한 예수님은 하늘로 올라가기 위해 십자가로 올라가실 것이다(O'Day).

'차다'(πληρόω)는 성취를 뜻하는 예언적 용어다(3:29; 15:11; 16:24). 예수님은 자신의 모든 일에 대해 선지자처럼 생각하신다. 적절한 때가 이르러 '차야' 움직이신다. 어떤 이들은 '이 명절'(τὴν ἑορτὴν ταύτην)에 올라가지 않겠다는 예수님의 말씀을 이번 초막절에는 올라가지 않고 다음 절기인 내년 봄에 있는 유월절에 올라가겠다는 뜻으로 해석한다(Schnackenburg). 혹은 자신이 하나님의 '초막'이기 때문에 이 절기에는 참석하지 않겠다는 취지로 해석하는 이들도 있다(Klink). 그러나 예수님이 형제들을 보내시고 며칠 후 예루살렘에 올라가시는 것을 보면 이런 뜻은 아니다.

'때'(καιρός)는 6절에서처럼 일주일 동안 진행되는 절기 중 하나님이 정해 주신 구체적인 시점을 뜻한다(Mounce). 그러므로 때가 늘 준비된 형제들과 달리 예수님은 그 시점이 될 때까지 예루살렘으로 올라가실 수 없다. 그때까지 예수님은 갈릴리에 머무실 것이다(9절). 그러다가 며칠 후 드디어 때가 되어 예수님도 예루살렘으로 올라가셨다(10절).

예수님은 예루살렘으로 올라가실 때 형제들이 제안한 것처럼 모든 사람이 보도록 요란스럽게 올라가지 않으셨다. 자신을 나타내지 않으려고 은밀히 예루살렘으로 가셨다(10절). 아마도 열두 제자와 함께 무리를 지어 평범한 순례자의 모습으로 올라가셨을 것이다.

이 말씀은 예수님의 형제들도 예수님을 믿지 못해 빈정댔다고 한다. 믿음은 육에서 나는 것이 아니라 영에서 나는 것이기 때문이다. 그러므로 육에 속한 형제들이 예수님을 하나님의 아들로 영접하지 못한 것은 당연한 일이다. 그나마 형제 중 야고보가 훗날 예수님을 영접하고 교회의 기둥이 되었다. 그가 바로 야고보서를 남긴 사도다. 우리는 가족들의 구원을 위해 하나님께 간절히 기도해야 한다. 하나님이 반드시 자비를 베푸실 것이라는 믿음으로 기도해야 한다.

세상은 하나님을 미워하는 악한 곳이다. 이처럼 적대적인 곳에서 하나님을 사랑하고 예수님을 믿는 일은 결코 쉽지 않다. 우리는 이런 여건에서 믿음을 유지하려는 성도들을 귀하게 여기며 사랑하고 섬겨야 한다. 죄 많은 이 세상에서 신앙을 유지하는 것이 참으로 복되다는 사실을 그들이 조금이나마 깨달을 수 있도록 보살펴야 한다.

예수님은 하나님이 정하신 때에 모든 일을 하셨다. 우리가 하나님의 일을 할 때 반드시 일치해야 할 세 가지가 있다. 하나님의 뜻, 하나님의 방법, 하나님의 때다. 그중 가장 분별하기 어려운 것이 하나님의 때다. 그렇다고 해서 때를 무시하거나 분별을 소홀히 해서는 안 된다. 기도하는 마음으로 항상 하나님의 때를 분별해야 한다. 예수님은 때가 이르지 않았다며 형제들과 함께 예루살렘으로 올라가지 않고 따로 가셨다.

IV. 커져 가는 반발(5:1-8:11)

H. 분열된 여론(7:11-13)

¹¹ 명절중에 유대인들이 예수를 찾으면서 그가 어디 있느냐 하고 ¹² 예수에 대하여 무리 중에서 수군거림이 많아 어떤 사람은 좋은 사람이라 하며 어떤 사람은 아니라 무리를 미혹한다 하나 ¹³ 그러나 유대인들을 두려워하므로 드러나게 그에 대하여 말하는 자가 없더라

예수님이 초막절 명절에 예루살렘을 찾을 것으로 생각한 유대교 지도자들이 예수님을 찾느라 혈안이 되어 있다(11절). 그들은 '그가 어디 있느냐?'라고 묻는데, '그'(ἐκεῖνος)는 '그 자'라는 의미를 지닌 경멸적인 표현이다(Mounce, cf. 5:11-12). 그들은 죽이려고 예수님을 찾고 있다. 후에 예수님을 찾는 자들이 대제사장들과 바리새인들이었다는 사실이 드러난다(7:32, 45, 47-48). 하나님을 가장 잘 알고 사랑한다는 자들이 하나님을 죽이려고 한다.

유대교 지도자들이 예수님을 반드시 제거해야 할 요주의 인물로 간주하는 것과 달리, 대중은 둘로 나뉘었다(12절). 어떤 이들은 예수님을 좋은 사람으로 여겼다(12a절). 하나님의 선하심을 닮은 사람으로 생각했다는 뜻이다(cf. 막 10:18; 눅 18:19). 이런 사람을 죽여서는 안 된다. 하나님이 노하실 것이기 때문이다.

반면에 어떤 이들은 예수님을 무리를 미혹하는 자로 여겼다(cf. 신 13:6-10). 사람들을 하나님으로부터 멀어지게 하는 이단 정도로 생각한 것이다. 예수님을 죽이려는 사람들도 이런 생각으로 예수님에게 가하려는 폭력을 정당화했을 것이다. 훗날 유대인들은 바빌론 탈무드를 통해 예수님이 무리를 미혹했기 때문에 그를 죽였다고 이유를 밝힌다 (Mounce, O'Day).

예수님에 대한 무리의 생각은 둘로 나누어졌지만, 누구도 자기 생각을 공개적으로 표현하기를 꺼려했다(13절). 유대교 지도자들이 두려웠기 때문이다. 예수님은 종교 지도자들 때문에 조용히 예루살렘을 방문하셔야 했고, 사람들은 종교 지도자들 때문에 아무 말도 못 한다. 어느덧 부패한 종교 지도자들이 모든 사람에게 공포감을 조성하고 있다. 그것도 하나님의 이름으로 사람들을 억압하고 있다.

이 말씀은 종교 지도자들이 사람들을 억압하는 악의 세력으로 전락할 수 있다고 경고한다. 예수님은 자신을 잡아 죽이려고 혈안이 되어 있는 유대교 지도자들을 피해 조용히 예루살렘으로 가셨다. 일반인들은 이 종교 지도자들이 두려워 마음에 있는 말을 하지 못한다. 하나님을 가장 잘 알고 평안과 온유를 추구한다는 자들이 정통을 고수한다는 이유로 얼마나 사람들을 억압하고 공포를 조성하는지 생각해 보고, 그들같이 되지 않도록 항상 자신을 돌아보아야 한다.

Ⅳ. 커져 가는 반발(5:1-8:11)

Ⅰ. 공개적인 반발(7:14-52)

예수님은 초막절 명절에 예루살렘을 방문하셨다. 가시는 길은 매우 은밀하고 조용했지만, 성에 도착한 다음에는 계속 가르치신다. 예수님의 형제들이 불신을 표현한 갈릴리에서 무리가 수근거리는 예루살렘 거리로 이어진 이야기 장소가 이번에는 유대교의 중심인 성전으로 옮겨 가고 있다. 예수님의 공개적인 활보는 그분을 해하려는 자들에게 기회를 제공했다. 그러나 아무도 감히 예수님께 손을 대지 못한다. 아직 예수님의 때가 이르지 않았기 때문이다(7:30, 44). 그러나 시간이 지날수록 예수님을 반대하는 세력이 점점 커져 간다. 본 텍스트는 이러한 정황에서 다음과 같은 사건과 주제들로 나뉜다.

A. 가르치는 권세(7:14-24)

B. 하나님에게서 오심(7:25-31)

C. 잡으려는 자들(7:32-36)

D. 갈릴리에서 난 메시아(7:37-44)

E. 지도자들의 분열(7:45-52)

> Ⅳ. 커져 가는 반발(5:1-8:11)
>   I. 공개적인 반발(7:14-52)

1. 가르치는 권세(7:14-24)

[14] 이미 명절의 중간이 되어 예수께서 성전에 올라가사 가르치시니 [15] 유대인들이 놀랍게 여겨 이르되 이 사람은 배우지 아니하였거늘 어떻게 글을 아느냐 하니 [16] 예수께서 대답하여 이르시되 내 교훈은 내 것이 아니요 나를 보내신 이의 것이니라 [17] 사람이 하나님의 뜻을 행하려 하면 이 교훈이 하나님께로부터 왔는지 내가 스스로 말함인지 알리라 [18] 스스로 말하는 자는 자기 영광만 구하되 보내신 이의 영광을 구하는 자는 참되니 그 속에 불의가 없느니라 [19] 모세가 너희에게 율법을 주지 아니하였느냐 너희 중에 율법을 지키는 자가 없도다 너희가 어찌하여 나를 죽이려 하느냐 [20] 무리가 대답하되 당신은 귀신이 들렸도다 누가 당신을 죽이려 하나이까 [21] 예수께서 대답하여 이르시되 내가 한 가지 일을 행하매 너희가 다 이로 말미암아 이상히 여기는도다 [22] 모세가 너희에게 할례를 행했으니 (그러나 할례는 모세에게서 난 것이 아니요 조상들에게서 난 것이라) 그러므로 너희가 안식일에도 사람에게 할례를 행하느니라 [23] 모세의 율법을 범하지 아니하려고 사람이 안식일에도 할례를 받는 일이 있거든 내가 안식일에 사람의 전신을 건전하게 한 것으로 너희가 내게 노여워하느냐 [24] 외모로 판단하지 말고 공의롭게 판단하라 하시니라

일주일 동안 진행되는 초막절 절기의 중간이 되었다(14a절). 예수님

은 예수님의 '초막'인 성전에 올라가 가르치셨다(14b절). 이때는 갈릴리 학살(Galilean Massacre, cf. 눅 13:1)이 있은 지 얼마되지 않은 시점이었다. 예수님은 성전 바깥 뜰에서 가르치셨는데(Mounce), '올라갔다'(ἀνέβη)는 올라가기 시작하셨다는 의미를 지닌 부정 과거형(aorist)다. 예수님은 이 때부터 성전에 올라가 가르치는 일을 시작하신 것이다(Klink). 예수님 을 잡으려고 혈안이 되어 있는 사람들에게 쉽게 위치를 알려 주는 격 이었다.

성전 뜰에서 예수님의 가르침을 듣던 유대인들이 놀랍게 여겼다 (15a절). '유대인들'은 유대교 지도자들을 의미한다. 그들은 예수님의 가 르침에 놀란 것이 아니라, 예수님처럼 배경이 없는 사람이 가르친다 는 사실에 놀랐다. "이 사람은 배우지 아니하였거늘 어떻게 글을 아느 냐"(15b절). 여기서 '이 사람'(οὗτος)은 경멸하는 의도로 사용되고 있다 (Morris). 당시 글을 읽고 쓰는 것은 사회의 엘리트만이 할 수 있는 일이 었다. 고대 근동의 문맹률은 98%에 달했고, 유대인들의 문맹률은 90% 정도 되었다. 예수님 역시 정규 교육을 받으신 적이 없고, 특정한 기관 에서 인정하는 훈련을 받으신 적도 없다. 그러므로 유대교 지도자 같 은 기득권층이 예수님처럼 배경 없는 사람이 가르치는 것으로 인해 위 협을 느꼈다.

유대인들은 예수님이 출신과 교육 배경에 대해 궁색한 변명을 늘어 놓길 기대했다. 그 시대는 독창성을 중요시 여기지 않았다. 그러므로 궁색한 변명을 늘어 놓으면 예수님과 그분의 가르침이 비정통적이고 이단적이라며 넘어갈 수 있다. 그러나 그들의 기대와 달리 예수님은 하늘에서 하나님 아버지께 교육을 받으셨다. 따라서 예수님은 자기의 가르침은 자신에게서 비롯된 것이 아니라, 그를 보내신 하나님의 것이 라고 하신다(16절). 예수님은 하나님의 권세로 말씀을 선포하고 계신 다. 그러므로 유대인들의 인준이 필요 없다.

누구든지 하나님의 뜻에 따라 살고자 하는 사람은 예수님의 교훈이 하나님에게서 왔는지, 혹은 예수님이 지어낸 것인지 분별할 수 있을 것이다(17절). 평소에 하나님을 경외해 말씀에 순종하며 살고자 하는 사람은 믿음과 삶을 통해 하나님과 어느 정도 교통한다(Calvin). 그러므로 어떤 가르침을 접하면 그것이 하나님의 것인지, 혹은 인간의 것인지 쉽게 알 수 있다. 예수님은 이러한 사실에 근거해 경건한 사람들에게 자기 가르침을 판단해 보라고 하신다. 유대교 지도자들은 예수님의 가르치는 능력에 문제를 제기했는데, 예수님은 그들의 듣는 능력에 문제를 제기하신다(Morris).

어떤 선생이든, 자기에게서 비롯된 것을 말하는 자는 자기 영광만 구한다(18a절). '영광'(δόξα)은 명예와 존귀를 뜻한다. 쉽게 말해 사람들의 인정과 인기를 가장 중요하게 여긴다. 자기 것을 가르치는 사람은 자기를 드러내려고 무척이나 애를 쓴다. 반면에 하나님에게서 비롯된 것을 가르치는 사람은 자기 영광을 구하지 않고 그를 보내신 하나님의 영광을 구한다(18b절). 그에게 가장 중요한 것은 하나님의 영광이 온 세상을 구름처럼 덮는 것이다. 하나님께 보냄을 받은 자는 겸손히 이 영광의 구름 뒤에 자신을 숨긴다.

하나님의 영광을 구하기 위해 가르치는 자는 참되고 그 속에 불의가 없다(18c절). '참되다'(ἀληθής)는 어떠한 것도 숨기지 않은 진실이라는 뜻이다(TDNT). 신실해 믿을 만하다는 것이다. '불의'(ἀδικία)는 참됨의 반대이며, 악하다는 뜻이다(Barrett). 그러므로 예수님은 자신의 가르침이 자기 영광이 아니라 그를 보내신 하나님의 영광을 구하고, 참되고, 삶에 불의가 없다는 사실을 '자격증'(credentials)으로 내미신다. 이는 유대교 지도자들이 요구한 '자격증'과 수준이 다르다. 하나님을 사랑해 하나님이 주신 율법을 준수하며 사는 사람들은 예수님이 하나님에게서 온 참되고 의로운 교훈을 가르치신다는 것을 인정할 것이다. 그렇다면 예수님이 누구의 권세로 가르치시는지가 분명해진다. 물론 이미 마음을 닫고 진실을 직시하지 않으려고 작정한 유대교 지도자들은 예수님의 '자격증'을 받아들이지 않을 것이다. 그들은 세상에 속한 자들이며 하늘의 것을 아는 일에 관심이 없기 때문이다.

그렇다면 그들은 오래전에 하나님이 주신 율법은 어떻게 대하는가? 예수님은 그들이 옛적에 하나님이 모세를 통해 주신 율법도 지키지 않는다고 하신다(19a-b절). 물론 그들은 안식일에는 일을 하지 않는 등 겉으로 드러나는 것은 나름대로 지키려고 한다. 그러나 율법이 추구하는 영성과 세계관 등 사람의 눈에 보이지 않는 것에는 별 관심이 없다. 그러므로 이미 받은 율법을 지키지 않는 그들은 예수님이 주시는 새로운 가르침을 깨닫지 못한다. 이미 주신 말씀대로 살며 영성을 개발해야 새로운 가르침을 분별할 수 있는 능력이 생기는데, 말씀대로 살지 않으니 영이 죽거나 분별력이 없는 초보 단계에 머물러 있다. 성경을 가장 잘 안다는 바리새인들과 대제사장들이 이 모양이라는 사실은 사역자들에게 시사하는 바가 크다.

예수님은 율법을 지키지 않는 사례로 그들이 예수님을 죽이려는 일을 예로 드신다(19c절). 만일 그들이 율법을 지키려고 했다면, 율법이 금하는 살인을 하려고 들지 않았을 것이다. 율법을 알고 준수하고자 한다면 예수님을 죽일 생각조차 할 수 없다. 그러므로 그들이 자신의 율법 준수에 대해 어떻게 설명하든 간에 구차한 변명에 불과하다.

예수님을 죽이려 한다는 말에 무리가 발끈한다(20절). '무리'(ὁ ὄχλος)는 예수님을 죽이려 하는 자들을 포함한 청중을 뜻한다. 그들은 예수님이 귀신 들렸다며 누구도 그를 죽이려 하는 사람이 없다고 단언한다. 유대교 지도자들의 음모에 대해 아는 바가 없는 사람들의 당연한 반응이다. '귀신이 들렸다'(δαιμόνιον ἔχεις)는 정신병을 앓고 있다는 뜻이다(Burge, Klink, Mounce, cf. 10:20). 영문을 모르는 그들은 예수님을 피해망상증을 앓는 사람 정도로 생각한다. 무리는 점차 지도자들이 예수님을 죽이려는 것에 동조할 것이다. 피해망상증을 앓는 사람이 유대교를 혼란에 빠트리는 것이 옳지 않다고 생각할 것이기 때문이다.

예수님은 자신이 행한 한 가지 일로 인해 사람들이 자신을 이상히 여긴다는 말씀으로 이어 가신다(21절). 예수님이 말씀하시는 '한 가지 일'(ἐν ἔργον)은 무엇을 뜻하는가? 이 일은 예수님이 안식일에 행하신 것이다(cf. 22-23절). 예수님이 이때까지 안식일에 예루살렘에서 행하신 일은 단 한 가지, 38년 동안 베데스다 연못가에 누워 있던 중풍병자를 치료하신 일이다(5:1-18). 그러므로 예수님은 이 일을 염두에 두고 말씀하신다.

이러한 정황을 근거로 일부 학자는 6장이 5장에서 7장으로 이어지는 자연스러운 흐름을 깼다고 주장하기도 한다(Bultmann, McHugh, Schnackenburg). 그렇다고 해서 요한이 작성한 원본의 순서가 우리가 전수받은 복음서의 순서와 다르다는 역사적 증거는 없다. 그러므로 우리가 접하고 있는 이야기의 흐름이 다소 부자연스러운 면모가 있다고 할지라도 있는 그대로 읽어 내려가야 한다.

'이상히 여기다'(θαυμάζω)는 '놀라다'라는 뜻이다. 마치 비정상적이고 일어나서는 안 될 일이 일어난 것처럼 호들갑을 떤다는 뜻이다. 가만히 생각해 보면 그들은 예수님이 안식일에 사람을 치료하시는 것을 이상히 여길 필요가 없다. 그들도 안식일에 할례를 행하기 때문이다(22절). 사람들은 할례를 모세가 시작한 것으로 착각하지만, 사실은 선조들이 시작했다. 아브라함이 온 집안에 할례를 행한 것에서 비롯되었다(cf. 창 17장). 개역개정은 이러한 사실을 지적하는 부분, 곧 "그러나 할례는 모세에게서 난 것이 아니요 조상들에게서 난 것이라"를 괄호로 처리해 문맥에 영향을 주지 않는 부수적인 정보임을 암시한다.

예수님은 만일 그들이 별 문제의식 없이 안식일에도 모세가 준 율법에 따라 할례를 행한다면, 자신이 안식일에 병자를 치료하는 것이 왜 율법을 범하는 문제가 되는지 물으신다(22절). 유대인들은 남자아이가 태어나면 8일째 되는 날 할례를 행하라는 하나님의 명령을 받았다(창 17:12). 그러므로 아이가 태어난 후 8일째 되는 날이 안식일이라 할지라도 할례를 행했다. 율법을 지키기 위해서였다(cf. 레 12:3).

할례를 행하는 것은 일이다. 그러나 안식일에는 일하면 안 된다. 그러므로 유대인들은 안식일에 할례를 행하는 것처럼 두 율법이 대립할 때는 더 크고 중요한 율법을 지키는 원칙을 고수했다. 할례에 관한 율법을 준수하는 일이 안식일 율법을 지키는 것보다 더 중요하므로 이런 경우 안식일 율법을 범하더라도 할례 율법을 지켜야 한다고 생각한 것이다(23a절).

예수님은 같은 논리를 베데스다 연못에 있던 중풍병자를 치료하신 일에 적용하신다(23b절). 아이가 안식일에 할례를 받는 것이 사람 몸에서 지극히 제한된 부분을 치료하는 것이라면, 예수님이 중풍병자를 낫게 하신 것은 '전신'(ὅλον ἄνθρωπον)을 치료하신 일이다. 따라서 안식일에 할례를 행하는 것보다 38년 동안 중풍병을 앓은 사람을 치료한 것이 훨씬 더 크고 중요한 일이며, 하나님이 더 원하시는 일이다. 훗날 랍비 엘레아자르(Rabbi Eleazar)도 예수님과 거의 동일한 논리를 가르쳤다. "248개의 부위로 이뤄진 인간의 몸에서 한 부위만 관여하는 할례가 안식일 율법을 무력화시킨다면, 온몸을 치료하는 일이 얼마나 더 안식일 율법을 무력화한다고 생각하는가?"(Mounce).

율법이 서로 대립할 때 어떤 율법을 준수하고 어떤 율법을 어쩔 수 없이 어겨야 하는지는 메시아가 오셔서 하시는 일들을 보면 알 수 있다(cf. Hoskyns). 예수님은 병자들을 항상 불쌍히 여기시고 때와 장소에 상관없이 그들에게 자비를 베푸셨다. 은혜를 베푸는 일이 율법을 지키는 것보다 더 중요한 하나님 나라의 가치이기 때문이다. 안식일에 관한 원칙도 마찬가지다. 안식일이 사람을 위해 있는 것이지, 사람이 안식일을 위해 있는 것이 아니다(막 2:27). 더 나아가 모든 율법이 사람을 위해 있는 것이지, 사람이 율법을 지키기 위해 존재하는 것이 아니다. 율법이 사람을 섬겨야지, 사람이 율법을 섬기는 것은 하나님의 뜻이 아니다.

모세를 통해 주신 율법은 그리스도 율법의 그림자에 불과하다(Klink, cf. 갈 6:2; 고전 9:21). 드디어 율법이 오실 것이라고 한 메시아가 오셨다. 메시아로 오신 예수님은 때로는 가혹하고 비실용적으로 느껴지는 율법의 정서적 자유화를 제시하기보다는 율법이 늘 가리키던 하나님의 원래 목적을 가르치신다(Barrett). 이러한 사실을 깨달은 사람은 율법이라는 그림자를 통해서 메시아를 보면 안 되고, 빛으로 오신 메시아를 통해 율법을 재조명해야 한다.

예수님은 외모로 판단하지 말고 공의롭게 판단하라며 이 가르침을 마무리하신다(24절). '판단하지 말라'(μὴ κρίνετε)는 현재형 명령이다. 현재 가지고 있는 생각을 뒤집으라는 권면이다. '외모'(ὄψις)는 사람의 얼굴을 뜻하기도 하는데(BDAG, cf. 11:44), 눈으로 보는 것이 실체의 전부가 아니라는 의미다(cf. 20:31). 그러므로 그동안 눈에 보이는 것만으로, 혹은 편견이나 선입견으로 판단해 왔다면 생각을 뒤집어야 한다. 이러한 것들은 진리를 왜곡시켜 올바른 판단을 하지 못하게 하기 때문이다.

대신 공의롭게 판단해야 한다. '공의롭게 판단하라'(τὴν δικαίαν κρίσιν κρίνετε)는 지금까지 잘못해 온 일을 속히 바로잡으라는 긴급함을 내포한 표현이다(Morris, Wallace). 안식일에 할례를 행할 수는 있지만 사람을 치료하면 안 된다는 주장은 율법 해석에 관한 문제가 아니라 신앙에 관한 문제. 그들은 하나님이 안식일의 주인으로 보내신 예수님을 믿지 않아서 이런 주장을 한다.

이 말씀은 정통과 보수를 지향하는 사람들의 허구를 지적한다. 당시 가장 정통적으로, 또한 보수적으로 믿는 사람들이 이 땅에 오신 하나님을 알아보지 못하고 있다. 안식일 율법에 대한 자신의 이해에 사로잡혀 있기 때문이다. 그들의 관점으로 볼 때 할례를 행함으로 안식일 율법을 범하는 자신들은 죄가 없지만, 사람을 고치시는 예수님은 안식일을 범한 범법자다. 38년 동안 누워 있던 중풍병자를 치료하심으로 그분 자신이 구약이 예언한 여호와 라파임을 보여 주셨는데도 말이다.

율법의 정신이나 취지보다는 율법이 표면적으로 요구하는 것을 더 중요하게 여기다가 빚어진 일이다.

신앙인들은 자신의 사고와 가치관에 지나치게 익숙해지면 더 좋은 대안이 제시되더라도 알아보지 못한다. 사람들이 안식일에 대한 예수님의 가르침을 받아들이지 못한 것처럼 말이다. 우리는 항상 성경을 통해 하나님이 들려주시는 음성에 민감하게 귀를 기울이며 끊임없이 우리 자신과 생각을 개혁해 나가야 한다.

Ⅳ. 커져 가는 반발(5:1-8:11)
　Ⅰ. 공개적인 반발(7:14-52)

2. 하나님에게서 오심(7:25-31)

²⁵ 예루살렘 사람 중에서 어떤 사람이 말하되 이는 그들이 죽이고자 하는 그 사람이 아니냐 ²⁶ 보라 드러나게 말하되 그들이 아무 말도 아니하는도다 당국자들은 이 사람을 참으로 그리스도인 줄 알았는가 ²⁷ 그러나 우리는 이 사람이 어디서 왔는지 아노라 그리스도께서 오실 때에는 어디서 오시는지 아는 자가 없으리라 하는지라 ²⁸ 예수께서 성전에서 가르치시며 외쳐 이르시되 너희가 나를 알고 내가 어디서 온 것도 알거니와 내가 스스로 온 것이 아니니라 나를 보내신 이는 참되시니 너희는 그를 알지 못하나 ²⁹ 나는 아노니 이는 내가 그에게서 났고 그가 나를 보내셨음이라 하시니 ³⁰ 그들이 예수를 잡고자 하나 손을 대는 자가 없으니 이는 그의 때가 아직 이르지 아니하였음이러라 ³¹ 무리 중의 많은 사람이 예수를 믿고 말하되 그리스도께서 오실지라도 그 행하실 표적이 이 사람이 행한 것보다 더 많으랴 하니

안식일에 대한 예수님의 가르침을 듣던 무리 중 한 사람에게 문득 어떤 생각이 떠올랐다. 전에 유대교 지도자들이 안식일을 범했다며 죽이려고 하는 이가 있다는 소문을 접했는데, 그들이 찾는 이가 예수님이

라는 것을 깨달은 것이다(25절). 예수님이 중풍병자를 치료하신 베데스다 못이 예루살렘에 있고, 예수님을 잡으려 하는 자들은 예루살렘 종교 지도자들이다. 그러므로 예루살렘 주민인 이 사람도 소문을 들었던 것이다.

이 사람은 성전에서 공개적으로 가르치는 예수님을 유대교 지도자들이 내버려 두는 것을 이해할 수 없다. 그들이 잡아 죽이고자 혈안이 되었던 예수님이 버젓이 성전에 나타났는데도 아무런 조치를 취하지 않기 때문이다. 그러므로 그는 예수님을 잡으려 한다는 당국자들(유대교 지도자들)을 비난한다. "당국자들[지도자들]은 이 사람을 참으로 그리스도인 줄 알았는가?"(26b절). '이 사람'(οὗτός)은 예수님을 비하하는 말이다. 만일 당국자들이 예수님을 메시아로 생각한다면, 참으로 어리석고 어이없는 일이라는 의미다.

예수님을 그렇게 잡고자 했던 유대교 지도자들은 왜 지켜 보고만 있을까? 아마도 그들은 새로 찾은 여러 가지 증거를 바탕으로 예수님이 메시아라는 사실을 인정하는 듯하다(Carson). 물론 그들은 앞으로도 공개적인 자리에서는 이러한 사실을 절대 인정하지 않을 것이다. 그러나 개인적인 차원에서 상당수가 이런 결론에 도달한 것으로 보인다.

그러나 이 예루살렘 사람은 지도자들과는 달리 예수님은 절대 그리스도가 아니라고 단언한다(27절). 메시아가 오실 때는 어디서 오시는지 아는 자가 아무도 없는데, 이와는 대조적으로 예수님은 어디서 왔는지 자신이 확실히 안다는 것이다. 당시 유대인 중에는 메시아는 하나님이 보내시는 분이기에 어디서 오는지 아무도 모르게 신비로운 모습으로, 또한 갑자기 세상에 모습을 드러낼 것이라고 믿는 이들이 있었다(Barclay, Mounce). 그러나 예수님은 갈릴리의 나사렛 출신이시다. 그러므로 예수님은 결코 신비롭게 오는 메시아가 될 수 없다는 논리다.

하지만 유대교에 속한 모든 사람이 그렇게 생각한 것은 아니다. 잠시 후 7:42에서 메시아가 베들레헴에서 난다고 하는 이들이 있기 때문이다(cf. 미 5:2). 그러므로 이 사람은 당시 유행하던 메시아에 대한 잘못된 기대감 중 하나를 표현하고 있다. 우리는 프롤로그(1:1-18)를 통해 예수님은 말씀이 육신이 되신 분이며, 이 땅에서 나셨지만 하늘에서 오신 분이라는 사실을 잘 안다. 반면에 예루살렘 사람들은 이러한 사실을 모른다. 그러므로 그들에게 예수님은 갈릴리 출신 사람일 뿐이다.

예수님은 이 예루살렘 사람의 잘못된 주장을 반박하지 않으시고 선포하고자 하는 말씀을 외치신다(28a절). '외치다'(κράζω)는 선지자들이 중요한 진리를 선포할 때 주로 사용하는 단어다(Michaels, Morris, cf. 1:15; 7:37; 12:44). 예루살렘 사람들은 예수님의 인간적인 배경에 대해 모두 알고 있다. 예수님이 어디서 왔고, 어느 집안 사람이며, 어떤 교육을 받았는지 모두 알고 있다. 그러나 그들은 예수님이 또한 하늘에서 오신 하나님의 아들이며, 말씀이 육신이 되신 분이라는 것은 모른다(cf. 1:1-2). 그들은 예수님의 육신적인 배경은 다 알지만, 영적인 배경은 전혀 모르고 있다. 그러면서 모든 것을 아는 것처럼 떠들어 댄다.

어떻게 이런 일이 가능한가? 예수님은 그들이 하나님을 모르기 때문에 빚어진 일이라고 하신다(28b절). 예수님은 스스로 이 땅에 오신 것이 아니다. 하나님이 보내서 오셨다. 그러므로 만일 그들이 예수님을 보내신 하나님을 알았더라면, 하나님이 예수님을 보내신 사실도 알게 되었을 것이다. 그들이 예수님을 그리스도로 알아보지 못하는 것은 그들이 하나님을 모른다는 증거다(cf. 4:22). 예수님은 안다고 떠들어 대는 자들이 알지 못한다며 비난하신다.

하나님을 안다고 떠들어 대지만 실제로는 하나님을 모르는 예루살렘 사람들과는 달리 예수님은 하나님을 아신다(29절). 그들은 아마도 구약성경과 랍비들의 강론을 통해 하나님에 대해 어렴풋이 알았을 것이다. 반면에 예수님은 직접 하나님을 아신다. 예수님은 하나님에게서 났고, 하나님의 보내심으로 이 땅에 오셨기 때문이다(cf. 1:18).

예루살렘 사람들은 하나님을 모르기 때문에 하나님이 보내신 예수님도 모른다. 그렇다면 그들은 어떻게 하나님을 알 수 있는가? 오직 예수님을 통해서 알 수 있다. 아들만이 아버지를 알고 아버지에 대해 알려 줄 수 있기 때문이다. 만일 예수님의 말씀이 사실이 아니라면, 예수님은 거짓말을 하는 죄인이거나 정신병자라 할 수 있다(Mounce). 예수님은 자기 존재의 모든 것을 걸고 이러한 진리를 선포하신다.

그러나 예수님의 말씀을 믿기는커녕 오히려 망언이라고 생각하는 이들이 있다. 그들은 예수님을 잡고자 했다(30a절). 예수님을 잡아 죽이고자 하는 유대교 지도자들의 생각과 계획에 동조하기 시작한 것이다. 이처럼 복음은 때때로 역반응을 유발한다. 그러나 정작 예수님을 잡으려고 손을 대는 자는 하나도 없다. 아직 예수님의 때가 이르지 않았기 때문이다(30b절). 요한복음에서 주로 사용되는 '때'(ὥρα)는 하나님이 종말적으로 사역하실 때를 의미하며(cf. 2:4), 앞에서 예수님이 예루살렘으로 올라가라는 형제들의 말에 '때'(καιρὸς)가 이르지 않았다며 사용하신 단어와는 다르다(cf. 7:6). 예수님이 십자가에서 죽으실 때가 아직 이르지 않았기 때문에 그들이 예수님을 잡기를 원했지만 잡을 수 없었다. 예수님의 때는 화난 군중에 의해 정해지는 것이 아니라, 하나님이 오래전에 정해 두셨다(Borchert).

예수님을 잡으려는 자들이 있는가 하면, 예수님을 믿는 자들도 있다(31a절). 같은 말씀이 참으로 상반된 반응을 유발한 것이다. 나누어짐은 하나님이 예수님을 통해 계시하실 때마다 일어나는 현상이다(Carson, cf. 1:11-12; 3:18-21).

예수님을 믿은 사람들의 믿음이 아직은 온전하지 않다. 그들이 예수님을 믿는 근거는 말씀이 아니라 기적이다. 그들은 참 메시아가 오신다 해도 예수님처럼 많은 기적을 행하지는 못할 것이라고 한다. 그들은 예수님을 그리스도로 믿는 것이 아니다. 만일 그랬더라면 '이분이 그리스도이시다'라고 해야 한다. 그러나 그들은 예수님을 두고 '이 사람'(οὗτος)이라며 무례한 호칭을 사용한다(Klink).

이 말씀은 예수님에 대한 사람들의 반응이 항상 나뉜다고 한다. 어떤 이들은 복음을 받아들여 예수님을 메시아로 영접한다. 반면에 어떤 이들은 스스로 하나님의 아들이라고 하시는 예수님을 망언자로 치부한다. 혹은 어떤 이들은 예수님을 믿기는 믿되 메시아로 믿는 것이 아니라 평범한 사람들보다 조금 더 나은 사람으로 믿는다. 사람들이 각자의 생각과 선택에 따라 이런 반응을 보이는 것 같지만, 사실은 하나님을 얼마나 어떻게 아느냐에 따라 결정되는 일이다. 하나님을 아는 사람들은 그분이 보내신 예수님을 한눈에 알아볼 것이다. 반면에 하나님을 모르는 사람들은 예수님도 알지 못한다.

사람은 어떻게 하나님을 알 수 있는가? 우리가 하나님을 알 수 있는 유일한 방법은 예수님을 통해서다. 예수님이 바로 우리를 하나님께 인도하는 길이요, 진리요, 생명이시기 때문이다. 예전에는 구약을 통해서 하나님께 나아갈 수 있었지만, 더는 유효하지 않은 방법이다. 구약은 말씀이신 예수님의 그림자에 불과하며, 말씀이 직접 오셨으므로 그림자는 무용지물이 되었다.

적절한 때를 분별하는 것은 매우 중요하다. 그러나 우리 삶에서 가장 어려운 것이 때를 분별하는 일이다. 그럼에도 다행이고 감사한 것은 우리 모두에게 하나님이 정해 두신 때가 있다는 사실이다. 기도와 묵상을 통해 하나님이 정하신 때를 분별하며 살아야 한다.

Ⅳ. 커져 가는 반발(5:1-8:11)
   Ⅰ. 공개적인 반발(7:14-52)

3. 잡으려는 자들(7:32-36)

32 예수에 대하여 무리가 수군거리는 것이 바리새인들에게 들린지라 대제사장들과 바리새인들이 그를 잡으려고 아랫사람들을 보내니 33 예수께서 이르시되 내가 너희와 함께 조금 더 있다가 나를 보내신 이에게로 돌아가겠노라

³⁴ 너희가 나를 찾아도 만나지 못할 터이요 나 있는 곳에 오지도 못하리라 하시니 ³⁵ 이에 유대인들이 서로 묻되 이 사람이 어디로 가기에 우리가 그를 만나지 못하리요 헬라인 중에 흩어져 사는 자들에게로 가서 헬라인을 가르칠 터인가 ³⁶ 나를 찾아도 만나지 못할 터이요 나 있는 곳에 오지도 못하리라 한 이 말이 무슨 말이냐 하니라

앞 섹션(7:25-31)이 성전에서 예수님의 가르침을 들은 무리와 예루살렘 사람들의 반응이라면, 본문은 유대교 지도자인 바리새인들과 대제사장들의 반응이다. 예수님의 말씀을 들은 사람들이 수군거린다는 말이 바리새인들의 귀에 들어갔다(32a절). 요한복음에서 '수군대다'(γογγύζω)는 불만과 의심을 표하는 등 부정적인 의미를 지닌다(cf. 6:41, 61). 예수님을 메시아로 믿는 사람은 소수에 불과하며 대부분이 그분을 속이는 자 혹은 사람들을 잘못된 길로 인도하는 자로 생각한다.

무리 대부분이 예수님에 대해 부정적인 시각을 가지고 있다는 정보를 입수한 바리새인들이 곧바로 대제사장들과 함께 예수님을 잡으려고 아랫사람들을 보냈다(32b절). 바리새인은 일반인들과 함께하며 여론에 민감해하는 사람들이었다. 한편, 사두개인이 주를 이루었던 대제사장들은 부르주아이며 권력을 가진 자들이었다(Mounce). 이 두 그룹은 원래 사이가 좋지 않았다. 그러므로 이 둘이 연합했다는 본문의 내용에 의아해하는 이들도 있다(Barrett). 인간은 좋은 일에는 잘 연합하지 않는다. 하지만 나쁜 일에는 연합을 잘한다. 바리새인들과 대제사장들은 그들의 악한 목표(그들의 권위에 도전한 예수님을 잡아들이는 것)가 같다는 이유로 서로 힘을 합했다.

'아랫사람들'(ὑπηρέτας)은 성전 경비를 맡은 오늘날의 보안요원들(temple police)이다(TDNT). 예수님이 성전에서 가르치셨으므로 성전을 감시하는 경비를 보낸 것이다. 또한 이들은 성전을 자기 소유물 정도로 생각했던 대제사장들이 가장 쉽게 부리는 하수인들이었다.

예수님은 자신을 잡아들이려 하는 유대교 지도자들을 참으로 한심하게 생각하신다. 하나님을 가장 사랑한다는 자들이 하나님을 몰라보고 죽이려 하는 것도 한심하며, 예수님에 대해 하나님의 뜻을 구하려고 하지 않고 인간적인 무력을 사용해 잡아들이려 하는 것도 한심하다. 게다가 잠시 후에는 예수님을 찾으려 해도 찾지 못할 텐데, 왜 이렇게 하나님을 죽이지 못해 안달이 났을까! 이권에 눈이 먼 그들에게는 아무것도 보이는 것이 없다.

예수님은 그들과 함께 영원히 머물지 않으실 것이며, 조금 더 있다가 자기를 보내신 하나님께 돌아갈 것이라고 하신다(33절). 유대인들은 예수님을 죽이려고 안달이 나 있지만, 예수님이 이 땅을 떠나시는 때는 하나님이 정하신다. 그때까지는 유대인들이 절대 원하는 대로 하지 못할 것이다. 그때가 언제인가? 지금이 초막절(10절)이니 예수님이 십자가에서 죽으실 다음 유월절(4월)까지 6개월밖에 남지 않았다.

예수님은 그들과 조금 더 머무시다가 6개월 후에는 떠나온 곳으로 돌아가실 것이다. 하나님이 계시는 하늘로 떠나실 것이다. 예수님은 십자가 죽음을 자신이 감당해야 할 고난이나 비극으로 말씀하지 않으시고 아버지께 돌아가는 일로 말씀하신다(cf. 13:3; 17:5). 모든 일이 하나님이 계획하신 대로 진행되고 있다.

예수님이 그분을 보내신 이가 계시는 곳으로 돌아가면 그들이 아무리 죽이려고 예수님을 찾아도 만날 수 없을 것이다. 예수님은 이 땅에 계시지 않을 것이기 때문이다. 예수님이 가시는 곳은 아버지가 계신 곳으로, 예수님은 항상 그곳에 계셨다(Augustine). 더 나아가 그들은 예수님이 가신 곳으로 가지도 못한다. 예수님과 그들은 서로 다른 차원에 있는 질적으로 다른 부류다(Morris). 예수님과 그들의 차이는 하늘과 땅 차이이다.

예수님의 말씀을 듣던 유대인들이 이해하지 못해 말씀을 비꼬며 혼란에 빠졌다(35-36절). 그들은 예수님이 가시는 '곳'을 지리적인 장소로 생각한다. 하늘나라일 것이라고는 전혀 생각하지 않는다. 육에 속한 그들은 영적인 일에 대한 이해가 많이 부족하다. 그러므로 그들은 예수님의 말씀을 왜곡해 해석하며 빈정댄다. 그들은 예수님이 자신들이 절대 가지 않을 곳, 곧 이방인의 땅에 흩어져 사는 자들에게 가는 것을 뜻한다고 생각한다(35절). '흩어져 사는 자'(διασπορά)는 이스라엘을 떠나 열방에 흩어져 사는 유대인들을 뜻한다. 이 단어에서 비롯된 개념이 지금도 우리가 사용하는 '디아스포라'다.

'헬라인을 가르칠 터인가?'(35c절)는 예수님이 이방인도 가르치시는 것을 비꼬는 말이다(cf. Klink). 이 사람들은 자신도 모르는 사이에 예언하고 있다(Hoskyns, O'Day). 당시 유대인들은 메시아가 이방인을 가르치는 것은 상상도 못 했다. 그러나 실제로 예수님은 사마리아와 갈릴리에서 이런 일을 해 오셨고, 앞으로도 이방인을 가르치실 것이다.

그들은 예수님이 34절에서 말씀하신 것을 그대로 반복하며 이해하지 못하겠다고 한다. "나를 찾아도 만나지 못할 터이요 나 있는 곳에 오지도 못하리라 한 이 말이 무슨 말이냐?"(36절). 예수님은 세상에 오셔서 지금까지 믿는 자들을 찾으셨다. 곧 때가 되면(6개월이 지나면) 예수님은 세상을 떠나 원래 계시던 곳, 곧 하나님이 계신 곳으로 가실 것이다. 그때가 되면 그들이 예수님을 찾아 나설 것이다. 그러나 그들은 예수님을 찾을 수 없고, 가신 곳으로 갈 수도 없다.

이 말씀은 예수님을 영접하고 구주로 시인하는 일에는 때가 있다고 한다. 예수님은 항상 우리와 함께하시지는 않는다. 때가 되면 하나님께 돌아가기 위해 우리 곁을 떠나신다. 그러므로 기회가 있을 때 예수님을 영접하는 것은 매우 중요하다. 대제사장들과 바리새인들은 예수님을 미워하고 죽이려고 하다가 때를 놓쳤다.

죄인이 회개하고 예수님을 구주로 영접하는 일은 언제든지 가능하다. 그러나 그가 처한 여건과 상황이 더는 회심하지 못하게 할 수도 있다. 예를 들어, 죄짓는 일을 밥 먹듯이 하다 보면 어느 순간 회개하라

340

는 성령의 음성에 무뎌져서 더는 회개할 필요를 느끼지 못할 수도 있다. 그러므로 성경은 하나님을 만날 만한 때 찾으라고 한다(사 55:6).

4. 갈릴리에서 난 메시아(7:37-44)

³⁷ 명절 끝날 곧 큰 날에 예수께서 서서 외쳐 이르시되 누구든지 목마르거든 내게로 와서 마시라 ³⁸ 나를 믿는 자는 성경에 이름과 같이 그 배에서 생수의 강이 흘러나오리라 하시니 ³⁹ 이는 그를 믿는 자들이 받을 성령을 가리켜 말씀하신 것이라 (예수께서 아직 영광을 받지 않으셨으므로 성령이 아직 그들에게 계시지 아니하시더라) ⁴⁰ 이 말씀을 들은 무리 중에서 어떤 사람은 이 사람이 참으로 그 선지자라 하며 ⁴¹ 어떤 사람은 그리스도라 하며 어떤 이들은 그리스도가 어찌 갈릴리에서 나오겠느냐 ⁴² 성경에 이르기를 그리스도는 다윗의 씨로 또 다윗이 살던 마을 베들레헴에서 나오리라 하지 아니하였느냐 하며 ⁴³ 예수로 말미암아 무리 중에서 쟁론이 되니 ⁴⁴ 그 중에는 그를 잡고자 하는 자들도 있으나 손을 대는 자가 없었더라

예수님은 일주일 동안 진행되는 초막절 명절 중간에 성전에서 가르치기 시작하셨다(cf. 7:14). 본 텍스트는 예수님이 명절 마지막 날에 선포하신 메시지다(37a절). 초막절은 티스리월(Tishri, 우리 달력으로 9월 말에 시작함) 15-21일에 일주일 동안 기념하는 절기다(cf. 7:2). 절기가 끝난 다음 날인 8일째 되는 날은 모두가 일하지 않고 즐기는 날이다(cf. 레 23:36). 그러므로 '끝 날 곧 큰 날'(τῇ ἐσχάτῃ ἡμέρᾳ τῇ μεγάλῃ)을 8일째 되는 이 날을 뜻하는 것으로 해석하는 이들이 있다(Barrett, Bultmann).

반면에 7일째 되는 날로 해석하는 이들도 있다(Mounce). 유대인들이 초막절에 한 일 중 하나는 오랜 가뭄(봄에 늦은 비가 내린 후 거의 5-6개월

동안 비가 내리지 않음)이 끝나고 속히 비(이른 비)가 오기를 기원하는 것이었다. 이러한 염원을 담아 대제사장이 초막절의 처음 6일 동안 매일 새벽에 실로암 우물로 내려가 황금 병에 물을 담은 후 다시 성전으로 올라가 포도주와 함께 제단 아래에 부었다(cf. Burge, Keener, O'Day). 절기가 마무리되는 7일째 되는 날에는 이러한 일을 7번 반복했다. 따라서 예수님이 마르지 않는 생수에 관해 말씀하시는 것이 8일째보다는 7일째 되는 날과 더 잘 어울린다는 것이다(cf. Carson). 물과 초막절의 관계를 고려할 때 '끝 날 곧 큰 날'은 초막절 명절 7일째라는 해석이 더 설득력 있다.

그날 예수님이 서서 외치셨다. '서서 외치다'(εἰστήκει καὶ ἔκραξεν)는 주변에 있는 모든 사람이 보도록 공개적으로 말씀하셨다는 뜻이다. 예수님은 "누구든지 목마르거든 내게로 와서 마시라"라고 하셨다(37b절). '와서 마시라'(ἐρχέσθω καὶ πινέτω)는 이사야 55:1을 연상케 하는 말씀이다. "오호라 너희 모든 목마른 자들아 물로 나아오라 돈 없는 자도 오라 너희는 와서 사 먹되 돈 없이, 값 없이 와서 포도주와 젖을 사라."

이 같은 예수님의 초청은 하나님께 비를 내려 달라고 기도하는 이 명절과 매우 잘 어울린다. 또한 수개월간 비가 내리지 않은 시점에 종말에 임할 풍요로움을 묵상하는 초막절 절기를 마무리하는 순간인 만큼 예수님이 말씀하시는 영원히 마르지 않는 생수는 종말론적인 소망이라고 할 수 있다(cf. Klink).

앞서 예수님은 자신이 하늘에서 내려온 떡이라고 하시며 이스라엘의 조상들이 광야에서 먹은 만나에 비교하셨다(6:35). 이번에는 자신을 가리켜 마르지 않는 생수라고 하시면서 모세가 바위를 쳐서 낸 물을 떠올리게 하신다. 순서도 출애굽 모티브를 따르신다. 출애굽기 16장의 만나 이야기가 17장에서는 바위에서 흘러나오는 생수로 연결되기 때문이다.

37-38절은 이를 구성하는 문장에서 마침표(.)를 어디에 찍을 것인지

에 따라 다양한 해석이 가능하다(cf. Brown, Carson, McHugh). 주류를 이루는 두 가지는 (1)개역개정처럼 '마시라'(πινέτω) 다음에 마침표를 찍는 것(cf. 새번역, 공동, 아가페, 현대인, NAS, NIV)과 (2)새번역 각주에 표기된 것처럼 '오라'(ἐρχέσθω) 다음에 찍는 것이다(cf. NRS). 작은 차이인 것 같지만 신학적으로는 큰 차이를 지니기 때문에 전자를 선호하는 학자들이 있는가 하면(Barrett, Bernard, Carson, Klink, Lightfoot, Morris, Mounce, Westcott, Zahn), 후자를 선호하는 학자도 많다(Abbot, Brown, Bultmann, Burge, Dodd, Dunn, Hoskyns, Jeremias, Schnackenburg). 전자는 마르지 않는 생수가 믿는 사람 자신에게서 흐른다는 의미이며, 후자는 이 생수가 예수님에게서 흐른다는 의미다.

사람이 자기 속에 생수의 강이 흐르게 할 수 있는가? 예수님을 영접하고 변화를 받으면 가능하다. 그러나 그 전에는 불가능한 일이다. 그러므로 사람 안에 흐르는 생수의 강은 예수님과 떼어 놓을 수 없다. 이러한 이해를 바탕으로 본문에 접근하면 마침표를 어디에 찍느냐는 그다지 중요한 이슈가 아니다. 어디에 찍든지 생수는 예수님에게서 비롯되기 때문이다(Schnackenburg). 예수님은 모든 목마른 자를 향해 그분 앞에 나와 마르지 않는 생수의 강에서 마시라고 하신다. 훗날 예수님은 "나는 알파와 오메가요 처음과 마지막이라 내가 생명수 샘물을 목마른 자에게 값없이 주리니"(계 21:6)라고 하시면서 자신이 바로 생수의 원천이심을 강조하신다.

예수님은 자신을 믿는 자들은 모두 배에서 생수의 강이 흘러나올 것이라는 말씀이 성경에 기록되었다고 하신다(38절). 그러나 구약에는 이런 말씀이 없다. 그러므로 학자들은 예수님이 구약 곳곳에 흩어져 있는 생수와 지혜와 성령에 관한 이미지와 상징을 종합해서 이렇게 말씀하시는 것으로 이해한다(cf. 잠 18:4; 사 12:3; 43:19; 44:3; 렘 2:13; 17:13; 겔 47장; 슥 14:8). 구약에 기록된 생수에 관한 말씀 중 에스겔 47장이 가장 인상적이고 본문과 연관이 있어 보인다. 에스겔은 종말에 있을 일

343

에 대한 환상 중 성전 문지방에서 시작된 물방울이 강이 되어 사해로 흘러가는 것을 보았다. 이 생수의 강은 지나는 곳마다 나무와 풀과 짐승들에게 생기를 더하다가 드디어 사해에 흘러 들어 사해를 생명으로 풍성한 바다로 바꾸어 놓는다! 예수님은 목마름으로 지쳐 있는 땅과 사람들에게 에스겔이 본 생수의 강을 누리게 해 주겠다고 하신다.

예수님이 말씀하시는 생수의 강은 장차 믿는 사람들이 받을 성령을 가리켜 말씀하신 것이다(39a절). 개역개정은 "예수께서 아직 영광을 받지 않으셨으므로 성령이 아직 그들에게 계시지 아니하시더라"(39b절)를 괄호 안에 넣었다. 문맥에 영향을 주지 않는 부연 설명이기 때문이다. 그러나 실은 39절 전체가 부연 설명이다. 그러므로 39절 전체를 괄호 안에 넣는 것이 더 바람직하다.

이 부연 설명은 오순절 이후 상황을 설명한다. 성령은 예수님이 세례를 받으실 때부터 예수님과 함께하셨다. 그러나 성도에게는 오순절 이후에 임하셨다. 그러므로 저자는 성령이 임하시는 오순절이 되어서야 예수님이 '생수의 강'을 언급하신 것이 정확히 무엇을 의미했는지 비로소 알 수 있었다고 한다(cf. 4:10-11).

예수님에 대한 무리의 반응이 다양하다(40-41절). 첫째, 어떤 사람들은 예수님이 참으로 그 선지자라고 했다(40절). '그 선지자'(ὁ προφήτης)는 신명기 18:15이 올 것이라고 한 모세에 버금가는 선지자를 뜻한다. 예수님이 오병이어 기적을 행하신 것을 보고 이렇게 말한 사람들이 있었다(6:14). 이번에는 기적을 행하지 않으셨고 말씀만 선포하셨는데도 이렇게 말하는 사람이 있다는 점이 인상적이다.

둘째, 예수님을 그리스도라고 하는 이들도 있었다(41a절). 이들은 예수님이 선지자가 아니라, 하나님의 아들로 오신 메시아라고 했다. 이 사람들은 하나님이 예수님에게 보내신 이들이며, 예수님이 선포하신 말씀에서 하나님의 위엄을 느꼈을 것으로 생각된다.

셋째, 예수님은 메시아가 될 수 없다고 하는 사람들도 있었다(41b절).

그들 생각에 그리스도는 갈릴리에서 나올 수 없기 때문이다. 그들이 아는 바로는 (1)다윗의 후손이어야 하고(cf. 사 11:1, 10), (2)다윗의 고향 베들레헴에서 태어나야 한다는(42절; cf. 미 5:2) 두 가지 조건이 충족되어야 메시아라 할 수 있다(42절). 구약이 이렇게 예언하기 때문이다. 그들의 말은 모두 옳다. 다만 그들은 예수님이 이 조건을 모두 충족하신다는 사실을 모른다.

예수님은 갈릴리에 있는 조그만 마을 나사렛에서 어린 시절을 보내셨다. 그러므로 사람들은 예수님을 갈릴리(나사렛) 출신으로 생각한다(cf. 1:46). 예수님이 자란 곳은 나사렛이지만, 태어나신 곳은 베들레헴이다(cf. 마 2:7-12; 눅 2:4-7). 또한 예수님은 다윗의 후손이시다(cf. 마 1:17). 그러나 요한복음은 이러한 사실을 따로 언급하지 않는다. 이미 공관복음에서 여러 차례 언급되었기 때문이다. 또한 요한은 예수님이 이 땅의 사람이 아니라 하늘에서 오신 하나님이라는 사실을 강조하고자 한다(Klink). 그러므로 요한에게는 예수님의 족보와 고향이 그다지 중요하지 않다.

모두 같은 장소에서 같은 말씀을 들었는데도 이처럼 사람들의 반응이 엇갈린다. 그러므로 예수님으로 말미암아 무리 중에 쟁론이 일었다(43절). '쟁론'(σχίσμα)은 다툼과 분쟁으로 인해 여론이 여럿으로 나뉘었다는 뜻이다. "내가 세상에 화평을 주려고 온 줄로 아느냐 내가 너희에게 이르노니 아니라 도리어 분쟁하게 하려 함이로라"(눅 12:51)라는 말씀이 생각난다.

예수님은 절대로 메시아가 될 수 없다고 단정하는 사람 중에는 그를 잡고자 하는 이들도 있었지만, 손을 대는 자는 없었다(44절). 아직 예수님이 잡혀서 십자가에서 죽으실 때, 곧 하나님이 정하신 때가 이르지 않았기 때문이다. 예수님이 잡히시는 때는 하나님이 정하신다.

이 말씀은 예수님에 대한 사람들의 반응이 참으로 다양한 것은 피할 수 없는 현실이라고 한다. 어떤 이들은 예수님을 메시아로 혹은 모세에 버금가는 선지자로 생각하지만, 어떤 사람들은 예수님이 절대 메시아가 될 수 없다고 단언한다. 더 나아가 그들은 예수님을 잡아 죽이고자 하기까지 한다. 같은 장소에서 같은 말씀을 듣고도 이처럼 다양한 반응이 나오는 것이 참으로 놀랍다.

예수님은 그분을 메시아로 영접하는 이들에게 참으로 큰 축복을 주신다. 영원히 목마르지 않도록 생수의 강이 그들의 배에서 흐르게 하신다. 이 강은 성령의 내재하심이다. 성령은 항상 우리와 함께하시며 우리를 보호하고 인도하실 것이다.

> Ⅳ. 커져 가는 반발(5:1-8:11)
> I. 공개적인 반발(7:14-52)

5. 지도자들의 분열(7:45-52)

⁴⁵ 아랫사람들이 대제사장들과 바리새인들에게로 오니 그들이 묻되 어찌하여 잡아오지 아니하였느냐 ⁴⁶ 아랫사람들이 대답하되 그 사람이 말하는 것처럼 말한 사람은 이 때까지 없었나이다 하니 ⁴⁷ 바리새인들이 대답하되 너희도 미혹되었느냐 ⁴⁸ 당국자들이나 바리새인 중에 그를 믿는 자가 있느냐 ⁴⁹ 율법을 알지 못하는 이 무리는 저주를 받은 자로다 ⁵⁰ 그 중의 한 사람 곧 전에 예수께 왔던 니고데모가 그들에게 말하되 ⁵¹ 우리 율법은 사람의 말을 듣고 그 행한 것을 알기 전에 심판하느냐 ⁵² 그들이 대답하여 이르되 너도 갈릴리에서 왔느냐 찾아 보라 갈릴리에서는 선지자가 나지 못하느니라 하였더라

대제사장들과 바리새인들이 예수님을 잡아 오라며 보낸(7:32) 아랫사람들, 곧 성전 경비병들이 예수님을 잡지 못하고 빈손으로 돌아왔다 (45a절). 여럿을 보냈으니 충분히 잡아 올 수 있었을 텐데 빈손으로 돌아왔으니 그들을 보낸 윗사람들은 도무지 이해되지 않는다. 그러므로 어떻게 된 일이냐고 묻는다.

성전 경비병들은 예수님처럼 말하는 사람은 이때까지 없었다고 한다 (46절). 성전 경비병은 레위 사람 중에서 모집했기 때문에 모두 율법과 말씀에 대한 기본적인 지식을 지녔다(Carson). 그들이 아는 것에 비추어 볼 때 예수님은 잡아들일 만한 사람이 아니다. 잡으러 간 사람들이 예수님의 말씀에 감탄하고 탄복한 것이다. 예수님이 선포하시는 메시지는 전에 들어보지 못한 새로운 것이며, 경비병들의 이 같은 고백은 오늘날에도 유효하다(Beasley-Murray). 그들은 윗사람들의 명령에도 불구하고 하나님의 권위와 위엄이 있는 말씀을 선포하시는 예수님을 도저히 잡아 올 수 없었다. 예수님을 잡아들이는 것이 죄를 범하는 것으로 생각되었기 때문이다.

성전 경비병들의 말은 예수님의 참되심에 대한 증언이라 할 수 있다. 그들의 증언은 예수님을 잡아 오라고 보낸 자들을 향해 "당신들도 그의 메시지를 들으면 잡을 수 없을 것이다"라고 말하는 의미도 지닌다. 그들은 회심에 가까운 경험을 하고 돌아왔다!

경비병들의 보고를 들은 바리새인들이 "너희도 미혹되었느냐"라고 물었다(47절). '너희도 미혹되었느냐?'(μὴ καὶ ὑμεῖς πεπλάνησθε;)를 문자적으로 번역하면 '너희들도 미혹을 당한 것은 아니겠지?'(cf. 아가페, NAS, NRS)다. 이는 기대했던 일과 전혀 다른 결과가 나온 것에 대한 대제사장들과 바리새인들의 당혹감을 반영하고 있다.

지혜로운 윗사람이라면 이 같은 아랫사람들의 보고를 듣고 예수님을 잡아들이는 일을 신중하게 재고했을 것이다. 그러나 이 사람들은 그러지 않다. 그들은 예수님을 잡아들이고자 하는 욕망에 사로잡혀 올바른 판단을 할 수 없다. 그러므로 그들은 예수님을 잡아 오지 않은 아랫사람들에게 어리석고 무지하다며 저주를 퍼부어 댄다(48-49절). 그들의 논리는 크게 두 가지다.

첫째, 당국자나 바리새인 중에 예수님을 믿는 자가 있는지 보라는 것이다(48절). '당국자들'(τῶν ἀρχόντων)은 지도자들을 뜻한다(BDAG). 유대교에서 가장 중요한 지도자는 예루살렘 산헤드린을 구성하는 자들이다. 유대인들의 가장 높은 판결 기관인(cf. 마 26:59) 예루살렘 산헤드린은 느헤미야 시대에 시작되었으며(cf. 느 2:16; 5:7), 예수님 시대에는 71명으로 구성되었다. 대제사장이 의장 자리를 차지했으며, 주로 로마 사람들이 판결하기 꺼리는 것들(유대인의 종교와 풍습에 관한 이슈들)을 다루었다. 제사장들과 귀족층 그리고 소수의 바리새인이 주류를 이루었다.

구약을 가장 깊이 아는 사람이라면 예수님을 믿지 않는다는 뜻이다. 더 정확히 말하자면 유대교 지도자들은 예수님이 거짓 선생이기 때문에 그를 잡아들여 더는 어리석은 백성을 미혹하지 못하게 해야 한다고 생각하지, 그를 따르는 사람은 없다고 단언한다. 유대교를 알 만한 사람, 혹은 생각이 있는 사람이라면 누구도 예수님을 따를 수 없다는 주장이다. 그들의 눈은 교만으로 가려져 진리를 보지 못한다(Mounce). 윗사람들이야말로 예수님이 메시아이심을 '알 만한 사람들'인데 알지 못한다. 대신 '모를 만한 사람들'인 아랫사람들이 예수님을 알아보는 진풍경이 펼쳐지고 있다.

둘째, 예수님의 말씀에 수긍하는 자들은 율법을 알지 못하는 무식한 자들이며 저주받은 자들이라는 것이다(49절). 유대인들은 배우지 못한 것과 무지한 것을 불신으로 여겼다. 무식해서 율법을 알지 못하니 아예 지킬 수 없다고 생각한 것이다(Burge, Mounce). 그러므로 율법에 대한 무지가 저주로 이어진다고도 했다. 이런 사람들과는 달리 누구보다 율법을 잘 아는 자신들은 예수님이 어떤 사람인지 정확히 알고 있으므로 그를 믿어 저주받을 일이 없다는 뜻이기도 하다.

이 또한 아이러니한 주장이다. 그들이 무식해서 저주를 받을 것이라고 여긴 사람들은 예수님을 바로 알아 구원에 이를 것이다. 반면에 성경에 대해 가장 잘 알기 때문에 예수님을 부인한다는 그들은 오히려 예수님을 믿지 않아 저주를 받을 것이다. 성경을 많이 안다고 해서 하나님을 더 잘 안다는 공식은 존재하지 않는다. 성경을 많이 알수록 하나님을 더 깊이 알 가능성은 있다. 그러나 하나님과의 인격적인 교제가 없다면 오히려 독이 되어 하나님을 알아보지 못할 수 있다. 이 지도자들처럼 오만과 편견이 지식의 눈을 가릴 수 있기 때문이다.

옆에서 이들의 말을 듣고 있던 니고데모가 나섰다(50절). 이 사람은 한밤중에 예수님을 찾아왔던 사람이다(3:1-15). 그는 예수님께 여러 가지 심각한 질문을 했고, 당시에는 예수님을 곧바로 영접하지 않았지만 여러 가지 생각을 하는 중이다. 다음에 그가 등장할 때는 모든 위협을 무릅쓰고 예수님의 장례를 치르는 믿음의 사람이 되어 있다(19:39-42).

니고데모는 많이 배우고 부유한 사람이며 산헤드린 멤버다. 그들 중 한 사람이다. 그는 대제사장들과 바리새인들이 예수님을 미혹하는 자(이단)로 몰아가는 일에 문제를 제기한다. 누구든 심판하기 전에 먼저 그 사람의 말을 듣고 행한 일을 알아보는 것이 먼저라는 것이다(51절). "우리 율법은 사람의 말을 듣고 그 행한 것을 알기 전에 심판하느냐?"(μὴ ὁ νόμος ἡμῶν κρίνει τὸν ἄνθρωπον ἐὰν μὴ ἀκούσῃ πρῶτον παρ' αὐτοῦ καὶ γνῷ τί ποιεῖ;)를 직역하면 "우리 율법은 먼저 그 사람의 말을 듣고 그 사람이 무엇을 하는지 알지 못하는 한 그 사람을 판단하지 않는다. 그렇지?"가 된다(NAS, NRS). 니고데모는 대제사장들과 바리새인들이 예수님을 대하는 일에 절차상 문제가 있다고 지적한다. "도대체 우리 율법에 먼저 그 사람의 말을 들어보거나 그가 한 일을 알아보지도 않고 죄인으로 단정하는 법이 어디 있소?"(공동). 늦은 밤에 예수님께 질문하러 왔던 니고데모가 어느새 동료들 앞에서 예수님을 변호하는 사람이 되었다.

율법을 가장 잘 안다는 유대교 지도자들은 누구를 판단하기 전에 먼저 그에게 자신을 변호할 기회를 주는 것이 율법이 제시하는 원칙이라며 문제를 제기하는 니고데모에게 발끈한다. 훗날 전도하다가 잡힌 바울이 자기는 로마 시민이므로 로마 황제의 재판을 받겠다며 로마로 보내 달라고 했을 때, 당시 총독이었던 베스도는 그를 찾아온 아그립바 왕과 버니게에게 자신이 바울을 로마로 보낼 수밖에 없는 이유를 이렇게 말했다. "무릇 피고가 원고들 앞에서 고소 사건에 대하여 변명할 기회가 있기 전에 내주는 것은 로마 사람의 법이 아니라"(행 25:16). 공평하고 정의로우신 하나님을 섬긴다는 유대교 지도자들이 하나님을 모르는 로마 사람들보다 처신을 못하고 있다. 게다가 그들이 가장 중요하게 여기는 율법을 스스로 져버리고 있다. 예수님에 대한 일을 공정하게 대하는 것이 아니라 감정적으로 대하고 있기 때문이다.

화가 난 유대교 지도자들은 율법이 제시하는 원칙에 대한 문제 제기를 귀담아듣지 않는다. 외부인이 아니라 산헤드린 멤버인 내부인이 말하는데도 말이다. 오히려 문제를 제기한 니고데모에게 "너도 갈릴리에서 왔느냐"(52a절)라며 인신공격한다. 갈릴리 사람도 아니면서 왜 갈릴리 사람처럼 예수님 편을 드냐는 것이다. 갈릴리 사람 예수처럼 당하고 싶지 않으면 빠지라는 뜻이다. 사람은 원리에 대해 반박할 수 없을 때면 주제를 바꿔 인신공격한다. 이 사람들이 이런 짓을 하고 있다.

그들은 예수님의 말씀을 들을 필요가 없는 이유로 성경에 대한 그들의 지식을 제시한다. "갈릴리에서는 선지자가 나지 못하느니라"(52b절). 예수님은 베들레헴에서 태어났으므로 갈릴리가 아니라 베들레헴 출신이라 할 수 있다. 그러나 이러한 사실은 그들에게 중요하지 않다. 앞 섹션에서 말했던 것처럼 예수님은 갈릴리에 있는 조그만 마을 나사렛에서 자라나셨지만, 태어나신 곳은 베들레헴이다(cf. 마 2:7-12; 눅 2:4-7). 그러므로 이 사람들이 이러한 사실을 몰라서 이렇게 말한다고 생각할 수도 있다. 그러나 이들의 주장은 그들이 성경에 대해 얼마나 무지하며 편견이 심한지를 보여 준다.

구약 어디에도 갈릴리 지역에서는 선지자가 나올 수 없다는 말이 없다. 그러므로 그들은 성경에 없는 내용을 주장하지, 성경에 있는 내용을 증거로 제시하는 것이 아니다(Michaels). 실제로 갈릴리에서 선지자들이 나온 사례가 있다. 우리말 번역본은 선지자 요나를 가드헤벨 출신이라고 한다(왕하 14:25, cf. 개역개정, 새번역, 공동). '가드헤벨'(נת הַחֵפֶר)은 '가드를 돕는 자'라는 뜻으로(cf. NAS, NIV, NRS, JPS), 요나는 예수님이 자라나신 갈릴리의 나사렛에서 북쪽으로 5km 떨어진 가드 출신이다(Mounce). 나훔도 갈릴리 출신이며(Burge), 심지어 엘리야도 요단강 동쪽 길르앗 사람일 가능성이 있다(cf. 왕상 17:1). 게다가 호세아도 이 지역 출신이었을 것이다. 그러므로 훗날 랍비 엘리에제르(Rabbi Eliezer)는 이스라엘의 열두 지파 모두 선지자를 배출했다는 말을 남겼다(Burge, Carson). 유대교 지도자들의 주장은 오만과 편견에서 비롯된 것이지 올바른 지식에서 비롯된 것이 아니다.

이 말씀은 사람이 오만과 편견에 사로잡히면 진리와 진실을 볼 수 없을 뿐 아니라 이런 것들에 아예 관심도 없다고 한다. 유대교 지도자들은 예수님이 진짜 메시아인지 알아보려고 하지도 않는다. 그들이 보낸 아랫사람들이 예수님의 범상치 않으심을 증언하고, 동료인 니고데모가 예수님을 공평하게 대하라고 해도 소용없다. 예수님을 미혹하는 자로 낙인찍고는 잡아들이려고만 한다. 참으로 안타까운 일이 벌어지고 있다.

이 지도자들은 그들만 성경을 안다고 착각하고 있다. 그러다 보니 성경을 아는 사람은 절대 예수님을 메시아로 영접할 수 없다고 한다. 사실 예수님은 그들이 가장 잘 안다는 말씀이 육신으로 오신 분인데 말이다. 또한 그들은 성경에 없는 말까지 지어내 동료를 공격한다. 이러한 앎은 차라리 모르는 것만 못하다.

J. 잡혀 온 여인(7:53-8:11)

⁵³ [다 각각 집으로 돌아가고 ^{8:1} 예수는 감람 산으로 가시니라 ² 아침에 다시 성전으로 들어오시니 백성이 다 나아오는지라 앉으사 그들을 가르치시더니 ³ 서기관들과 바리새인들이 음행중에 잡힌 여자를 끌고 와서 가운데 세우고 ⁴ 예수께 말하되 선생이여 이 여자가 간음하다가 현장에서 잡혔나이다 ⁵ 모세는 율법에 이러한 여자를 돌로 치라 명하였거니와 선생은 어떻게 말하겠나이까 ⁶ 그들이 이렇게 말함은 고발할 조건을 얻고자 하여 예수를 시험함이러라 예수께서 몸을 굽히사 손가락으로 땅에 쓰시니 ⁷ 그들이 묻기를 마지 아니하는지라 이에 일어나 이르시되 너희 중에 죄 없는 자가 먼저 돌로 치라 하시고 ⁸ 다시 몸을 굽혀 손가락으로 땅에 쓰시니 ⁹ 그들이 이 말씀을 듣고 양심에 가책을 느껴 어른으로 시작하여 젊은이까지 하나씩 하나씩 나가고 오직 예수와 그 가운데 섰는 여자만 남았더라 ¹⁰ 예수께서 일어나사 여자 외에 아무도 없는 것을 보시고 이르시되 여자여 너를 고발하던 그들이 어디 있느냐 너를 정죄한 자가 없느냐 ¹¹ 대답하되 주여 없나이다 예수께서 이르시되 나도 너를 정죄하지 아니하노니 가서 다시는 죄를 범하지 말라 하시니라]

본 텍스트는 학자들 사이에 매우 큰 논쟁을 불러일으키는 신약 본문 중 하나다(Burge). 해석하기 난해한 내용일 뿐 아니라 요한이 요한복음을 집필했을 당시 이 이야기가 포함되지 않았을 가능성이 거의 확실하기 때문이다(Metzger). 5세기 이전에 저작된 헬라어 사본 중 이 이야기를 담고 있는 사본은 없다. 또한 5세기 이후 저작된 사본들은 이 이야기를 7:36, 7:44, 7:52, 21:25 등 다양한 곳에 첨부했으며, 심지어 누가복음 21:38에 삽입한 사본도 있다.

그러므로 주석가 중에는 요한복음의 일부가 아니라며 이 이야기를 아예 삭제하는 이들도 있고(Bultmann, Dodd), 요한복음의 부록(appendix) 으로 간주하는 이들도 있다(Barrett, Beasley-Murray, Bernard, Hoskyns, Morris). 한편, 이 이야기가 요한이 저작한 요한복음의 일부는 아니었지만 이 위치에 잘 어울리며, 예수님의 사역에서 유래한 이야기라며 요한복음 일부로 취급하는 이들도 있다(Brown, Burge, Carson, Lindars, MacGregor, Mounce, Schnackenburg, Westcott).

개역개정도 이 이야기가 요한이 저작한 오리지널 요한복음에는 없었다는 것을 암시하기 위해 대괄호([ ]) 안에 두었다. 이 본문은 주제 측면에서 '예수님은 누구이신가?'에 대해 온갖 논쟁과 혼란이 있는 이 섹션을 '예수님은 인간의 죄를 용서하시는 하나님이시다'라는 메시지로 마무리하는 좋은 이야기다. 비록 오리지널 요한복음에는 없었지만 예수님의 삶에서 유래한 이야기임이 틀림없다. 그러므로 요한복음의 흐름과 잘 어울리는 일부로 간주해도 별문제 없다(Carson). 아마도 예수님이 십자가에서 죽으시기 바로 전 예루살렘에 입성하셔서 성전에서 가르치시던 때 있었던 일로 생각된다(Burge).

모든 사람이 각자 집으로 돌아갔다(53절). 우리는 니고데모와 지도자들의 대화가 어떻게 끝났는지 알지 못한다. 그러므로 이 이야기는 그들이 제기한 문제, 곧 예수님이 메시아인가 아닌가에 대한 답이라 할 수 있다. 예수님은 인간의 죄를 용서하시는 하나님이시다.

예수님은 감람산으로 가셨다(8:1). 본문은 요한복음에서 유일하게 감람산을 언급하는 부분이다. 공관복음에서는 감람산이 자주 언급된다 (마 21:1; 24:3; 26:30; 막 11:1; 13:3; 14:26; 눅 21:37; 22:39). '감람산'(τὸ ὄρος τῶν ἐλαιῶν)은 이 산의 언덕에서 감람(올리브)이 많이 재배된 데서 비롯된 이름이다. 예루살렘에서 1-2㎞ 동쪽에 있으며, 예루살렘성과 감람산 사이에는 기드론 계곡이 있었다(ABD). 예루살렘보다 100m 정도 더 높은 감람산에서는 예루살렘 성전이 한눈에 내려다보였다. 예수님이 기도하시던 겟세마네 동산도 이 산의 자락에 있다.

예수님은 예루살렘에 머무실 때 감람산 주변에 머무셨다(눅 21:37). 마가는 더 구체적으로 마리아와 마르다와 나사로가 사는 베다니에 머무셨다고 한다(막 11:12; cf. 요 11장). 베다니는 감람산 동쪽 중턱에 있는 마을이다. 그러므로 예수님이 감람산으로 가셨다는 것은 곧 베다니에 있는 숙소로 가셨다는 뜻이다.

다음 날 예수님은 아침 일찍 다시 성전으로 가셨다(2a절). 예수님은 유대교 지도자들이 그분을 잡기 위해 어떤 음모를 꾸미든 상관하지 않으시고 하던 일을 계속하신다. 그러나 그들은 절대 예수님에게 손을 대지 못한다. 아직 하나님이 정하신 때가 이르지 않았기 때문이다. 마치 전날 광고라고 한 것처럼 많은 사람이 예수님의 가르침을 들으려고 성전으로 나왔다(2b절).

본문은 예수님이 무엇을 가르치셨는지 언급하지 않는다. 이 이야기에서는 예수님이 무엇을 가르치시는지가 중요한 것이 아니라, 간음한 여인을 어떻게 대하시는지가 중요하기 때문이다. 잠시 후 간음한 여인이 끌려온다는 점을 고려할 때 '모든 사람'(πᾶς ὁ λαὸς)이 이 자리에 모여 있다는 것은 율법이 범죄자를 처형할 때 모든 사람을 모이게 하는 일을 연상케 한다(cf. 신 13:9, 17:7).

예수님이 성전에서 가르치실 때 서기관들과 바리새인들이 음행 중에 잡힌 여인을 끌고 와 무리 가운데 세웠다(3절). 그동안 바리새인들은 여러 차례 모습을 보였지만, 서기관들이 모습을 보인 것은 이번이 처음이다. '서기관'(γραμματεῖς)은 대부분 바리새인이었으며(Carson), 구약과 율법 해석에 대한 전문가들이었다. 바리새인들과 서기관들이 함께 모습을 보이는 것은 예수님이 마치 재판을 받는 듯한 상황을 조성한다(Klink).

'음행 중에 잡힌 여자'(γυναῖκα ἐπὶ μοιχείᾳ κατειλημμένην)는 매우 부정확하고 애매한 표현이다(Klink). 아마도 남자와 간음하다가 잡혀 온 것으로 보인다(cf. 4절). 서기관들과 바리새인들이 이 여인을 예수님 앞에 잡아 온 것은 분명히 예수님을 함정에 몰아넣기 위해서다. 이전과 달리 그들은 예수님을 잡으려 하지 않는다(cf. 5:16, 18; 7:30, 32, 44). 아마도 예수님의 대중적인 인기로 인해 당분간 지켜보기로 한 것으로 보인다. 만일 예수님이 대중적인 인기를 누리고 있는 상황에서 잡아들이면 사람들의 반발이 만만치 않을 것이기 때문이다. 그러므로 그들은 함정을 파 놓고 예수님이 걸려들기를 바라며 여인을 끌고 왔다.

그들은 예수님을 선생이라고 부르며 말을 시작한다(4a절). 예수님을 가리키는 '선생'(διδάσκαλος)은 그들이 사람들에게 듣고 싶어 하는 호칭이다. 조금 전까지 죽이고자 했던 이를 선생이라고 부르는 것은 이 일이 음모라는 것을 암시한다. 요한복음에서 예수님이 이 호칭으로 불리시는 것은 이 본문이 유일하다. 예수님을 참으로 미워하는 바리새인들과 서기관들이 예수님을 선생이라고 부르는 상황이 다소 아이러니하다.

그들은 이 여인이 간음하다가 현장에서 잡혔다고 한다(4b절). '현장'(αὐτοφόρῳ)은 신약에서 단 한 차례 사용되는 단어이며, '행위를 하는 도중'이라는 뜻이다(TDNT). 즉, 한 남자와 성행위를 하고 있던 여인을 잡아 왔다고 하는 것이다. 그러나 그들이 사용하는 화법으로 보아 그들이 직접 현장을 목격했을 가능성은 없다(O'Day). 율법에 따르면 누구를 간음죄로 처형하려면 현장을 목격한 증인이 최소한 두 명 있어야 한다. 그러므로 현장을 목격한 증인이 아닌 이들은 예수님을 곤경에 빠트리기 위해 이런 일을 꾸몄다.

그들은 모세의 율법에서는 이러한 여자를 돌로 치라고 명하는데, 예수님은 어떻게 하시겠냐고 묻는다(5절). 바리새인들과 서기관들은 예수님이 어떻게 대답하시든 궁지에 몰아넣을 계획을 세워 두었다(Mounce). 율법은 모세가 중계한 하나님의 말씀이다. 그러므로 만일 율법이 돌로 치라고 하는데 예수님이 치지 말고 놓아주라고 하시면 예수님은 율법을 위반하는 사람이 되며, 대중은 이 일로 예수님께 등을 돌릴 것이다. 반대로 만일 예수님이 여인을 돌로 치라고 하면, 예수님은 율법을 준수하는 이가 되지만 로마 사람들이 예수님을 가만히 두지 않을 것이다. 유대인을 지배하는 로마 사람들은 유대인에게 사람을 처형할 법적인 권리를 주지 않았기 때문이다. 누군가를 사형에 처할 수 있는 것은 오직 로마 사람만 행사할 수 있는 권리였다.

율법은 간음한 남자와 여자 둘 다 돌로 치라고 한다(레 20:10; 신 22:22-24). 다만 여자가 이미 다른 남자와 약혼한 상황일 경우에만 돌로 쳐 죽이라고 하지, 간음한 사람들을 잡을 때마다 항상 돌로 쳐야 한다고 하지는 않는다. 그러므로 예수님 앞에 잡혀 온 이 여인은 다른 남자와 약혼한 여자였을 것이다(Burge). 만일 그들의 말대로 이 여인을 음행 중에 잡아 왔다면 남자는 어디 있는가? 두 사람 모두 현행범으로 잡아 왔어야 하는데 말이다.

그들이 남자는 뒤로 빼돌리고 여자만 잡아 온 것은 공의로운 재판에 관심이 없음을 보여준다. 그들의 목적은 율법에 따라 이 여인을 재판하는 것이 아니라 예수님을 재판하는 것이다. 그들은 예수님에게 이 여인을 율법에 따라 재판해 달라고 하면서 본의 아니게 예수님을 그들의 재판관으로 세우고 있다. 바로 전날에만 해도 예수님을 죽이려 했던 자들이 말이다. 그러므로 세상이 끝나는 날 예수님은 재판관으로 그들 앞에 나타나 반드시 그들을 재판하고 처벌하실 것이다.

비록 여인의 운명이 예수님의 판결에 따라 결정되는 상황이지만, 예수님 역시 피고인석에서 재판받으시는 상황이라 할 수 있다. 예수님이 어떤 판결을 내리시는가에 따라 로마 사람들에게 재판을 받든, 혹은 대중에게 재판을 받으실 것이기 때문이다. 이 과정에서 한 여인이 희생양으로 끌려왔다. 이 여인이 공개적으로 수모를 당하고 돌에 맞아 죽는 일은 그들에게 이슈가 되지 않는다. 오직 예수님만 잡으면 된다. 참으로 나쁜 사람들이다.

음행 중이던 여인을 잡아 와 예수님께 판결을 내리라는 서기관들과 바리새인들의 의도는 분명하다. 그들은 고발할 조건을 얻고자 예수님을 시험하고 있다(6a절). 그러므로 예수님을 재판장으로 내세웠지만, 사실은 예수님을 재판(시험)하고 있다. 예수님도 이러한 사실을 아신다.

예수님은 그들에게 아무 말씀도 하지 않으시고 몸을 굽혀 손가락으로 땅에 쓰셨다(6b절). '썼다'(κατέγραφεν)는 글을 쓴다는 의미도 있지만, 그림이나 모양 등을 그린다는 의미도 있다(TDNT). 중요한 것은 지속성을 강조하는 미완료형이라는 것이다. 예수님은 계속 쓰셨다.

예수님이 글을 쓰셨는지, 혹은 무엇을 그리셨는지 확실하지 않다. 글을 쓰셨다고 하는 이들의 추측에도 여러 버전이 있다. 가장 전통적인 버전은 흙을 언급하는 말씀인 예레미야 17:13이다. "이스라엘의 소망이신 여호와여 무릇 주를 버리는 자는 다 수치를 당할 것이라 무릇 여호와를 떠나는 자는 흙에 기록이 되오리니 이는 생수의 근원이신 여호와를 버림이니이다." 한편, 이 사람들이 여인에 대해 위증한다고 생각하는 이들은 예수님이 출애굽기 23:1을 쓰셨다고 추측한다. "너는 거짓된 풍설을 퍼뜨리지 말며 악인과 연합하여 위증하는 증인이 되지 말며"(Derrett).

이 외에도 예수님이 땅에 쓰신 일과 관련해 '히브리어, 혹은 아람어, 혹은 헬라어를 사용하셨을까?' 혹은 '어떤 그림을 그리셨을까?' 등 다양하고 흥미로운 질문들이 있다. 그러나 본문이 이러한 것을 언급하지 않는 만큼 지나친 상상력은 자제해야 한다. 다만 예수님이 바리새인들과 서기관들의 질문에 대답하지 않고 계속 땅에다 무언가를 쓰시는 것은 그들과 대화하기를 거부하거나 대화하고 싶지 않다는 의지를 표현하시는 일이다(O'Day).

예수님을 함정에 몰아넣기 위해 여인을 잡아 온 사람들은 예수님이 대화를 피하신다고 해서 물러날 사람들이 아니다. '그들이 묻기를 마지아니하다'(ὡς δὲ ἐπέμενον ἐρωτῶντες αὐτόν)(7a절)는 계속 답을 달라고 보채는 상황을 묘사한다. 얼마나 시간이 흘렀을까? 예수님이 드디어 일어나 그들에게 말씀하셨다. "너희 중에 죄 없는 자가 먼저 돌로 치라"(7b절). '죄가 없는 자'(ἀναμάρτητος)는 신약에서 단 한 번 사용되는데, 도덕적으로 어떠한 흠도 없는 곧 평생 단 한 번도 죄를 지은 적 없는 사람을 뜻하는 것이 아니다. 그의 죄를 직접 목격한 증인을 뜻한다(Burge, Mounce, cf. 신 13:9; 17:7). 그러므로 예수님은 여인이 간음한 현장을 목격한 증인이 먼저 치라고 하시는 것이다. 이 여인이 처형되려면 최소한 두 명의 현장 목격자가 필요하다.

예수님이 내리신 판결이 참으로 놀랍고 기가 막힌다. 이미 언급한 것처럼 여인을 끌고 온 서기관들과 바리새인들은 간음 현장을 목격하지 않았다. 음행 중에 잡힌 여자라는 것만 알고 데려왔다(3절). 그러므로 그들은 먼저 돌을 던질 자격이 없다. 만일 그들이 돌을 던지면 자신을 속이는 일이며, 율법을 어기는 일이다. 그들이 여인을 끌고 올 때 성전 뜰에서 예수님의 가르침을 듣고 있던 사람들은 끌려 온 여인을 처음 본다. 그러므로 그들도 먼저 돌을 던질 수 없다. 또한 하나님 앞에서 떳떳한 사람은 별로 없다.

한편, 여인으로서는 자기만 처형당하는 것이 너무나도 원통하고 억울하다. 간음은 분명 상대가 있어야 성립이 되는 범죄인데, 지도자들이 남자는 빼돌리고 자기만 잡아 왔다. 지도자들은 예수님에게 공의로운 판결을 내려 달라며 이 여인을 잡아 왔지만, 그들의 처사는 공의로운 판결을 불가능하게 만들었다. 그러나 예수님의 지혜로운 판결로 인해 여인은 이제 한을 품거나 죽지 않아도 된다.

예수님은 이렇게 말씀하신 후 다시 몸을 굽혀 손가락으로 땅에 쓰는 일을 계속하셨다(8절, cf. 6b절). 어떤 이들은 이때 예수님이 출애굽기 23:7을 쓰셨다고 한다. "거짓 일을 멀리 하며 무죄한 자와 의로운 자를 죽이지 말라 나는 악인을 의롭다 하지 아니하겠노라"(Derrett). 만일 이 일을 율법의 요약이자 상징인 십계명을 하나님이 손가락으로 써 주신 일과 연결하면(출 31:18; 신 9:10), 예수님이 "율법의 목적과 취지는 너희가 이런 식으로 적용하라고 주신 것이 아니다"라고 하시는 듯하다. 예수님은 이미 안식일 율법에 대해서도 그들이 잘못 알고 잘못 적용하고 있다고 지적하셨다(cf. 7:21-24).

예수님의 말씀을 들은 사람들이 양심에 가책을 느껴 어른부터 젊은 이까지 하나씩 하나씩 그 자리를 떠났다(9a절). 아마도 바리새인들과 서기관들은 망치로 머리를 맞은 듯한 충격을 받았을 것이다. 예수님 이 그들의 기대와 달리 전혀 생각하지도 못한 판결을 내리셨기 때문이 다. 제일 먼저 자리를 뜬 '어른들'(τῶν πρεσβυτέρων)은 어른 대접받기를 좋아하는 바리새인들과 서기관들을 포함한다(cf. 마 23:5-7). 할 말을 잃은 그들이 제일 먼저 자리를 뜬 것이다. 예수님에게 수치를 안겨 주려던 자들이 오히려 수치를 안고 자리를 떠났다(Carson). 그들의 뒤를 이어 나머지 사람들도 떠났다.

사람들이 모두 떠나고 예수님과 여인만 남았다(9b절). 예수님이 일어나 가운데 서 있는 여인에게 "여자여, 너를 고발하던 그들이 어디 있느냐? 너를 정죄한 자가 없느냐?"라고 물으셨다(10b절). 예수님도 고발자들이 주변에 없다는 것을 아신다. 그러므로 이 두 질문은 상황을 확인하는 수사학적인 질문이다. 그녀를 처형해야 한다며 끌고 왔던 사람은 모두 떠났다. '여자여'(γύναι)는 그녀를 얕잡아 부르는 호칭이 아니다. 예수님은 어머니와 다른 여인들도 이렇게 부르신다(2:4; 4:21; 19:26; 20:13).

여인은 모두 떠나고 없다고 대답했다(11a절). 이제 그녀를 벌할 수 있는 유일한 재판관은 예수님이다. 예수님은 그녀에게 "나도 너를 정죄하지 아니하노니 가서 다시는 죄를 범하지 말라"라고 하신다(11b절). '정죄하다'(κατακρίνω)는 법적인 판결을 내린다는 의미다(Lindars). 또한 현재형으로 사용되어, 앞으로도 이 일로 그녀에게 벌을 내리는 일이 없을 것임을 의미한다. 다른 사람들은 그녀를 정죄할 자격이 없다. 반면에 하나님이신 예수님은 판결할 자격이 있으시다. 또한 인간의 죄를 용서하는 권세도 가지셨다(cf. 막 2:5). 예수님은 이 불쌍한 여인에게 용서하는 권세를 사용하신 것이다.

여인에게 '다시는 죄를 범하지 말라'고 하시는 것은 예수님도 그녀가 간음죄를 지었다는 사실을 아신다는 뜻이다. 이제부터는 과거와 다른 새로운 삶을 살아야 한다며 그녀를 자유로이 보내시는 것이다. 만약 유대교 지도자들이 이 상황을 지켜보았다면, 예수님이 인간의 죄를 너무 가볍게 여기신다며 비난했을 것이다. 그렇지 않다. 예수님은 죄를 가볍게 여기신 것이 아니라, 죄인에게 새로운 기회를 주신 것이다(Borchert, Montgomery). 예수님은 이런 일, 곧 죄를 가볍게 여기지 않으면서 죄인들을 용서하고 그들에게 새로운 기회를 주기 위해 오셨다.

이 말씀은 예수님이 인간의 죄를 용서하시는 하나님이라 한다. 구약에 따르면 인간의 죄를 용서하실 수 있는 유일한 분은 여호와 하나님이시다. 그러므로 예수님이 여인의 죄를 용서하시고 그녀에게 새로운 삶을 살 기회를 주셨다는 것은 예수님이 하나님이심을 선언한다. 구약 성도들이 간절히 소망하던 하나님이 오신 것이다.

우리는 서로에게 자비로워야 한다. 정죄하기를 자제하고 용서하기를 더 많이 해야 한다. 정도의 차이는 있겠지만, 우리는 모두 하나님께 정죄받아 죽을 수밖에 없는 죄인이다. 그러므로 남을 정죄하는 것은 곧 하나님이 우리를 정죄하시게 하는 효과를 발휘한다. "비판하지 말라 그리하면 너희가 비판을 받지 않을 것이요 정죄하지 말라 그리하면 너희가 정죄를 받지 않을 것이요 용서하라 그리하면 너희가 용서를 받을 것이요"(눅 6:37). 하나님께 용서받기 위해서라도 우리는 다른 사람을 용서해야 한다.

예수님이 이 땅에 오신 가장 기본적인 목적은 심판이 아니라 구원하기 위해서다. "사람이 내 말을 듣고 지키지 아니할지라도 내가 그를 심판하지 아니하노라 내가 온 것은 세상을 심판하려 함이 아니요 세상을 구원하려 함이로라"(요 12:47). 우리도 예수님의 말씀을 마음에 두고 죄인들을 용서하고 구원하는 일에 집중해야 한다.

Ⅴ. 유대인들과의 갈등

(8:12-10:42)

시간이 지날수록 유대교 지도자들과 예수님 사이의 갈등이 깊어만 간다. 유대교 지도자들이 예수님이 하나님의 아들이라는 사실을 부인하기 때문이다. 또한 율법 해석에 대한 갈등도 심화된다. 이 섹션은 다음과 같이 구분된다.

   A. 지도자들을 자극한 가르침(8:12-59)
   B. 다섯 번째 표적: 맹인을 고치심(9:1-41)
   C. 목자와 양(10:1-21)
   D. 아버지와 아들(10:22-42)

Ⅴ. 유대인들과의 갈등(8:12-10:42)

A. 지도자들을 자극한 가르침(8:12-59)

지금까지 유대인들이 공격하고 예수님이 방어하는 역할을 했다면, 이제부터는 예수님이 공격하는 역할을 하신다(cf. Klink). 이 섹션이 기록

361

하는 가르침은 모두 유대교 지도자들에게 선포하신 것이다. 7장에서 여러 차례 언급된 '무리'는 11:42에 가서야 다시 모습을 보인다. 그 사이에는 서기관과 바리새인 등 유대교 지도자들이 말씀의 대상이 된다(cf. 13절).

예수님은 유대교 지도자들과 사람들이 받아들이든 거부하든 하나님 나라의 진리를 계속 선포하신다. 사람들은 예수님의 가르침을 반박할 수 없다. 그러므로 잡으려 하지만 아직 때가 이르지 않았으므로 잡을 수 없다(20절). 급기야 예수님을 망언자로 몰아세우며 돌을 들어 치려고 한다(59절). 시간이 지날수록 갈등이 더 심화되고 있다. 이 섹션은 유대인들을 자극한 여러 가르침으로 구성되어 있으며, 모두 예수님이 하나님이심을 드러낸다.

A. 아들의 참된 증인(8:12-20)
B. 아버지에게 오신 아들(8:21-30)
C. 자유롭게 하는 진리(8:31-38)
D. 마귀에게서 난 자들(8:39-47)
E. 아브라함보다 먼저 계신 이(8:48-59)

V. 유대인들과의 갈등(8:12-10:42)
　A. 지도자들을 자극한 가르침(8:12-59)

1. 아들의 참된 증인(8:12-20)

[12] 예수께서 또 말씀하여 이르시되 나는 세상의 빛이니 나를 따르는 자는 어둠에 다니지 아니하고 생명의 빛을 얻으리라 [13] 바리새인들이 이르되 네가 너를 위하여 증언하니 네 증언은 참되지 아니하도다 [14] 예수께서 대답하여 이르시되 내가 나를 위하여 증언하여도 내 증언이 참되니 나는 내가 어디서 오며 어디로 가는 것을 알거니와 너희는 내가 어디서 오며 어디로 가는 것

을 알지 못하느니라 ¹⁵ 너희는 육체를 따라 판단하나 나는 아무도 판단하지 아니하노라 ¹⁶ 만일 내가 판단하여도 내 판단이 참되니 이는 내가 혼자 있는 것이 아니요 나를 보내신 이가 나와 함께 계심이라 ¹⁷ 너희 율법에도 두 사람의 증언이 참되다 기록되었으니 ¹⁸ 내가 나를 위하여 증언하는 자가 되고 나를 보내신 아버지도 나를 위하여 증언하시느니라 ¹⁹ 이에 그들이 묻되 네 아버지가 어디 있느냐 예수께서 대답하시되 너희는 나를 알지 못하고 내 아버지도 알지 못하는도다 나를 알았더라면 내 아버지도 알았으리라 ²⁰ 이 말씀은 성전에서 가르치실 때에 헌금함 앞에서 하셨으나 잡는 사람이 없으니 이는 그의 때가 아직 이르지 아니하였음이러라

'나는 세상의 빛이다'(ἐγώ εἰμι τὸ φῶς τοῦ κόσμου)(12a절)는 요한복음에 등장하는 일곱 개의 '나는 …이다'(ἐγώ εἰμι…) 선언 중 두 번째다. 일곱 가지 모두 유대교에서 의미 있는 상징성을 지니는데, 그중 첫 번째는 '나는 생명의 떡이다'였다(6:35).

빛을 초막절(Beasley-Murray, Burge, O'Day) 혹은 고대 근동의 철학적 상징들(Barrett, Keener)과 연결해 해석하는 이들이 있다. 그러나 구약만 해도 하나님을 빛으로 묘사하는 말씀이 가득하다(cf. 출 13:21-22; 시 27:1; 119:105; 잠 6:23; 겔 1:4; 사 49:6; 60:19-22; 합 3:3-4). 하나님이 세상을 창조하실 때 빛을 창조하셨고(창 1:3-4), 빛은 이스라엘이 이집트를 탈출해 광야 생활을 할 때 밤마다 함께하며 그들을 보호했다(cf. 출 13:21-22). 하나님을 빛이요 구원으로 찬양하는 시편도 있고(시 27:1), 말씀을 등불로 표현하기도 한다(잠 6:23; 시 119:105). 또한 빛은 하나님의 현현과 연관이 있다(창 15:17; 출 19:18; 시 104:2; 겔 1:4). 이처럼 구약에 나타나는 다양한 빛 이미지 중에서 본문과 연관해 가장 중요한 것은 계시(revelation)다. 예수님은 어두운 세상을 비추어 그들의 참모습을 드러내시며(1:5), 하나님의 말씀이 육신으로 오신 분이기 때문이다(1:14). 그러므로 이 섹션에는 계시와 연관된 증언과 증인이라는 용어가 많이 사용된다.

세상의 빛이신 예수님을 따르는 자는 어둠에 다니지 아니하고 생명의 빛을 얻을 것이다(12절). '다니지 않는다'(μὴ περιπατήση)는 부정 과거형(aorist)이다. 어둠 속에 다니는 일을 멈추고 빛 아래 다니기 시작했다는 뜻이다. '생명의 빛'(τὸ φῶς τῆς ζωῆς)은 프롤로그의 "그 안에 생명이 있었으니 이 생명은 사람들의 빛이라"(1:4)를 상기시킨다. '얻으리라'(ἕξει)는 미래형이다. 그러므로 세상의 빛이 되신 예수님은 우리가 더는 어둠에 다니지 않도록 가는 길을 밝혀 주시고(인도하시고) 세상이 끝나는 날에는 우리에게 생명(영생)을 주실 것이다.

세상에는 두 종류의 사람이 있다. 예수님이 비추어 주시는 길을 따라 영생을 향해 가는 사람과 자신이 가는 길이 어디로 향하고 있는지 모르는 채 어두운 길을 가는 사람이다. 이 두 부류의 엇갈린 운명은 자신의 노력이나 업보로 결정되는 것이 아니라, 예수님을 영접한 일로 결정된다(cf. 1:11-12). 그러므로 예수님을 영접한 우리에게 주님은 마음에 품고 살아갈 소망이 되신다.

요한복음에서 예수님을 가장 적대시하는 바리새인들이 나섰다(13절). 이때까지 바리새인들은 조용히 예수님을 대적했다(5:16, 18; 7:30, 32). 예수님에 대해 서로 논의하되(7:11, 45-49) 예수님께 직접 말한 적은 없었다(6:41-42, 52; 7:15, 35-36). 그러나 이제부터는 직접 반박할 것이다(Michaels). 무리가 11장까지 모습을 드러내지 않는 점을 고려하면, 이 섹션에서는 예수님이 유대교 지도자들을 상대로 말씀을 선포하시는 것으로 보인다.

바리새인들은 예수님의 증언이 참되지(유효하지) 않다고 한다(13절). 모세의 율법을 근거로 펼치는 논리다. 모세의 율법은 범죄자를 처벌하려면 증인이 여럿 있어야 한다고 한다(신 17:6; 19:15; cf. 마 18:16; 고후 13:1). 이러한 말씀을 근거로 그들은 예수님의 주장이 효력이 없다고 한다. 그들이 보기에는 예수님이 홀로 자신에 대해 증언하시기 때문이다. 그러나 요한복음은 세례 요한(5:33), 직접 행하신 기적들(5:36),

하나님 아버지(5:37), 구약 성경(5:39) 등 예수님에 대한 증인이 여럿 있다고 한다. 이러한 사실을 모르는, 혹은 알더라도 받아들이기를 거부하는 이들에게 예수님은 홀로 자기 자신에 대해 증언하는 이로 보이는 것이다.

예수님은 자신에 대해 스스로 증언해도 이 증언이 참되다고(유효하다고) 하신다(14a절). 자신이 어디서 오고 어디로 가는지 알기 때문이라고 하신다. 반면에 바리새인들은 예수님이 어디서 오고 어디로 가시는지 전혀 모르며, 알려고 하지도 않는다. 관심이 없기 때문이다. 어디서 오는지는 근원(origin)에 관한 것이며, 어디로 가는지는 운명(destiny)에 관한 것이다(Mounce). 예수님은 하늘에 계신 아버지에게서 오셨고(1:14; 16:28), 몇 개월 후면 십자가 죽음을 통해 다시 아버지에게 돌아가실 것이다(13:1; 14:12). 그 기간 사이에 아버지는 예수님 안에, 예수님은 아버지 안에 계신다(Bruce). 성령도 함께하신다. 그러므로 예수님이 자신에 대해 홀로 증언해도 그 증언이 유효하다고 하시는 말씀을 삼위일체를 근거로 해석하면 옳은 말씀이다.

한편, 본문에서 예수님이 스스로 자신에 대해 증언해도 참되다고 하시는 말씀이 "내가 만일 나를 위하여 증언하면 내 증언은 참되지 아니하되"(5:31)라고 하신 말씀과 대립하는 듯하다. 그러나 사실 5:31은 본문과 같은 의미를 지닌 말씀이다. 예수님은 바로 앞에서 자신은 하나님 아버지를 떠나서는 아무런 일도 할 수 없다고 하셨다. "내가 아무 것도 스스로 할 수 없노라 듣는 대로 심판하노니 나는 나의 뜻대로 하려 하지 않고 나를 보내신 이의 뜻대로 하려 하므로 내 심판은 의로우니라"(5:30). 만일 이러한 사실을 예수님 홀로 증언하면 그 증언은 유효하지 않다(5:31). 그러나 예수님의 증언이 유효한 것은 그분을 위해 증언하시는 이가 따로 있기 때문이다. "나를 위하여 증언하시는 이가 따로 있으니 나를 위하여 증언하시는 그 증언이 참인 줄 아노라"(5:32). 바로 하나님 아버지시다. 그러므로 5장에서도 예수님은 삼위일체를 근거로 자신의 증언이 유효하다고 하신다.

예수님의 '너희'와 '나'의 차이에 관한 말씀이 계속 이어진다. 바리새 인들은 육체를 따라 판단하지만, 예수님은 아무도 판단하지 않으신다 (15절). 앞서 예수님이 아무도 판단하지 않는다고 하신 것(5:22-27; cf. 9:39)과 비교할 때 이 말씀이 모순이라고 주장하는 이들도 있다(Brown). '판단하다'(κρίνω)는 법정에서 판결하는 것을 의미하기도 하지만, 사람 이 생각하고 고려하는 것을 의미하기도 한다(BDAG). 이곳에서는 법적 인 의미가 아니라 개인적인 분별력을 의미한다. 그들은 자신들의 관 점이 지닌 한계에 따라 생각하고 판단한다(Calvin, cf. 7:24). 즉, 바리새 인들은 육체(세상의 기준)에 따라 판단하지만, 예수님은 세상의 기준(육 체를 따라)에 따라서는 아무도 판단하지 않으신다는 뜻이다(Carson). 예 수님과 바리새인들이 생각하고 판단하는 방식은 차원이(질적으로) 다르 다. 바리새인들은 물과 성령으로 거듭나지 않았기 때문에 아직도 육에 속해 있다. "육으로 난 것은 육이요 영으로 난 것은 영이니"(3:6). 그렇 다고 해서 육체가 반드시 나쁜 것만은 아니다. 하늘의 것(영)은 모두 좋 지만, 세상의 것(육)은 좋은 것과 나쁜 것이 섞여 있다(cf. Barrett, cf. 3:3).

예수님의 판단은 항상 옳다. 예수님 홀로 판단하시는 것이 아니라 그분을 보내신 이와 항상 함께 판단하시기 때문이다(16절). 예수님을 이 땅에 보내신 하나님은 영원하고 절대적인 의로움의 기준이 되신 다. 예수님은 이 땅에 오시기 전에 아버지 품에 있는 유일무이한 아들 이셨다(1:18). 그러므로 예수님이 홀로 증언해도 혼자가 아니라 삼위일 체 하나님이 함께 증언하시는 것처럼, 예수님이 홀로 판단해도 삼위일 체 하나님이 함께 판단하시기 때문에 예수님의 판단은 항상 옳다. 물 론 바리새인들은 하나님을 모르기 때문에 이 같은 사실을 인정하지 않 는다. 그러나 인간이 인정한다고 해서 진리가 되는 것은 아니다. 인간 이 인정하든 거부하든 진리는 항상 진리다.

예수님은 바리새인들이 가장 잘 안다고 자부하는 율법을 토대로 말씀하신다(17절). '너희 율법에도'(ἐν τῷ νόμῳ δὲ τῷ ὑμετέρῳ)는 모세를 통해 주신 시내산 율법을 포함한다. 그럼에도 불구하고 예수님이 '너희'라고 하시는 것은 자신과 그들의 율법 사이에 거리를 두기 위해서다. 바리새인들은 모세의 율법 외에도 수많은 조항을 구전 율법(Oral Law)으로 만들어 지킨다. 성경은 그들의 구전 율법을 '장로들의 전통'(τὴν παράδοσιν τῶν πρεσβυτέρων)이라고 한다(마 15:2; 막 7:3, 5). 대부분 모세의 율법을 실제 적용하는 사례로 구성되어 있지만, 지나치다는 생각을 떨칠 수 없다. 바리새인들이 율법이라고 일컫는 것은 더는 하나님이 주신 것만 뜻하지 않고 자신들이 만들어 낸 추가적인 규율을 포함한다. 그러므로 그들에게 율법을 주신 예수님은 자신과 그들의 율법 사이에 거리를 두신다. 중요한 것은 바리새인들이 중요하게 여기는 율법도 증인 두 사람이 있어야 참된(유효한) 증언으로 인정한다는 사실이다. 이 원칙에 대해서는 바리새인들도 전적으로 동의한다.

그렇다면 예수님은 그분 홀로 하시는 증언이 어떻게 증인 두 사람을 요구하는 기준에 따라 유효하다고 하시는가? 예수님이 자신을 위해 증언하실 뿐 아니라, 그를 보내신 하나님 아버지가 예수님을 위해 증언하시기 때문이다(18절). 예수님은 혼자가 아니시다. 이 땅에 오실 때부터 하나님 아버지가 함께하셨고, 성령도 함께하셨다. 아들과 함께하시는 아버지도 아들에 대해 증언하신다. 그러므로 예수님에게는 최소한 두 분의 증인이 있다. 성령을 포함하면 세 분이다.

듣고 있던 바리새인들이 "네 아버지가 어디 있느냐?"라고 물었다(19a절). 육에 속한 그들은 예수님께 세상에 속한 아버지를 보여 달라고 한다. 진실을 알기 위해서가 아니라 빈정대기 위해 질문하는 것이 확실하다(Brown). 그들 생각에 예수님은 정신이 이상한 사람이다. 그러므로 그들의 요구는 예수님을 부인할 뿐 아니라, 하나님까지 부인하는 이중 모독(double blasphemy)이다(Hoskyns).

예수님은 아버지를 보여 달라는 바리새인들에게 그들이 아들인 예수님과 아버지인 하나님을 모른다고 말씀하신다(19b절). 만일 그들이 알았다면 하나님이나 예수님 둘 중 한 분만 알아도 다른 분을 알았을 것이기 때문이다(19c절). 약 6개월 후에 제자 중 빌립이 아버지를 보여 달라고 할 때 예수님은 똑같은 취지로 대답하신다. "빌립아 내가 이렇게 오래 너희와 함께 있으되 네가 나를 알지 못하느냐 나를 본 자는 아버지를 보았거늘 어찌하여 아버지를 보이라 하느냐"(14:9). 아들과 아버지는 한 분이기 때문이다.

예수님은 이 말씀을 성전 헌금함 앞에서 하셨다(20a절). 헌금함이 있는 곳은 여인들의 뜰이며, 사람들의 왕래가 잦은 복잡한 곳이다. 당시 이곳에는 양의 뿔 모양을 한 헌금함이 13개 비치되어 있었는데, 각 헌금함에는 헌금이 쓰이는 곳(목적)이 표시되어 있었다. 성전을 찾은 사람들이 사용 목적에 따라 헌금을 하게 한 것이다(Burge, cf. 대상 25:5).

바리새인들은 예수님이 망언을 한다고 생각한다. 그러므로 그들은 예수님을 잡으려고 한다. 그런 예수님이 성전 뜰에 들어와 그들과 논쟁하고 계신다! 잡으려고만 한다면 얼마든지 예수님을 잡을 수 있는 상황이다. 그러나 그들은 예수님에게 손을 대지 못한다. 아직 하나님이 정하신 때가 이르지 않았기 때문이다(20b절). 약 6개월 후에 그들이 예수님을 잡아들일 때, 곧 하나님이 정하신 때가 이를 것이다. 그때까지는 아무도 예수님을 잡지 못한다.

이 말씀은 예수님의 말씀이 모두 진실임을 증언하는 가장 믿을 만한 증인은 바로 그분을 보내신 하나님이라고 한다. 그러므로 창조주 하나님(신)을 믿지만, 예수님을 믿지 않는다는 말은 앞뒤가 맞지 않는 말이다. 하나님을 믿으면 반드시 그분이 증언하시는 예수님을 믿어야 한다. 하나님과 예수님은 한 분이기 때문에 예수님을 아는 것은 곧 하나님을 아는 것이다.

예수님은 세상의 빛이시다. 예수님을 영접한 사람은 빛이 그의 길을 밝히듯 예수님이 그가 가는 길을 인도하실 것이다. 그리고 끝에 가서는 영생을 얻을 것이다. 예수님은 생명(영생)을 주시는 빛이시기 때문이다. 그러므로 우리는 믿음의 주요 또 온전하게 하시는 예수님을 항상 바라보며 살아야 한다(히 12:2). 우리 안에서 착한 일을 시작하신 이가 그리스도 예수의 날까지 이루실 것이기 때문이다(빌 1:6).

```
V. 유대인들과의 갈등(8:12–10:42)
  A. 지도자들을 자극한 가르침(8:12–59)
```

2. 아버지에게 오신 아들(8:21–30)

²¹ 다시 이르시되 내가 가리니 너희가 나를 찾다가 너희 죄 가운데서 죽겠고 내가 가는 곳에는 너희가 오지 못하리라 ²² 유대인들이 이르되 그가 말하기를 내가 가는 곳에는 너희가 오지 못하리라 하니 그가 자결하려는가 ²³ 예수께서 이르시되 너희는 아래에서 났고 나는 위에서 났으며 너희는 이 세상에 속하였고 나는 이 세상에 속하지 아니하였느니라 ²⁴ 그러므로 내가 너희에게 말하기를 너희가 너희 죄 가운데서 죽으리라 하였노라 너희가 만일 내가 그인 줄 믿지 아니하면 너희 죄 가운데서 죽으리라 ²⁵ 그들이 말하되 네가 누구냐 예수께서 이르시되 나는 처음부터 너희에게 말하여 온 자니라 ²⁶ 내가 너희에게 대하여 말하고 판단할 것이 많으나 나를 보내신 이가 참되시매 내가 그에게 들은 그것을 세상에 말하노라 하시되 ²⁷ 그들은 아버지를 가리켜 말씀하신 줄을 깨닫지 못하더라 ²⁸ 이에 예수께서 이르시되 너희가 인자를 든 후에 내가 그인 줄을 알고 또 내가 스스로 아무 것도 하지 아니하고 오직 아버지께서 가르치신 대로 이런 것을 말하는 줄도 알리라 ²⁹ 나를 보내신 이가 나와 함께 하시도다 나는 항상 그가 기뻐하시는 일을 행하므로 나를 혼자 두지 아니하셨느니라 ³⁰ 이 말씀을 하시매 많은 사람이 믿더라

7:25–36과 비슷한 점이 많은 이 본문은 예수님이 어디서 오셨고, 어디로 가시는지에 대한 가르침이다. 바리새인들은 예수님의 가르침에

수긍할 생각이 전혀 없다. 오히려 비아냥거린다. 예수님은 그들의 불신을 비난하시는 대신 언젠가 그들도 깨닫게 될 날이 오겠지만 그때는 너무 늦을 것이라고 하신다.

약 6개월 후에 예수님은 가야 할 곳으로 가신다(21a절). '가다, 떠나다'(ὑπάγω)는 예수님이 십자가 죽음을 통해 세상을 떠나 이 땅에 오시기 전에 계시던 곳인 하늘로 돌아가신다는 의미를 담고 있다(Klink, cf. 7:33). 그때가 되면 예수님과 논쟁하는 유대교 지도자들은 주님을 찾아도 찾을 수 없다. 예수님이 가시는 곳으로 갈 수도 없다. 예수님은 7:33-34에서도 비슷한 말씀을 하셨다.

결국 그들은 자신의 죄 가운데서 죽을 것이다. '죄'(ἁμαρτία)는 그들이 살면서 짓는 온갖 죄를 뜻할 수도 있지만, 단수로 사용된 것으로 보아 예수님 안에 계신 하나님을 믿지 않은 죄를 의미하는 것으로 보인다(Barrett, Brown, McHugh). 예수님을 영접할 기회는 항상 있는 것이 아니다. 그러므로 기회가 있을 때 살려야 한다. 장차 오실 메시아에 대해 가장 잘 안다고 자부하던 유대교 지도자들이 메시아를 알아보지 못해 죽을 것이라는 사실이 아이러니하다. 교만과 편견이 그들을 죽음으로 내몰고 있다.

유대인들은 예수님의 말씀을 심각하게 받아들이고 영접하기로 결단하기보다는 오히려 '그가 자결하려는가?'라고 물으며 빈정대기에 급급하다(22절). 앞서 그들은 예수님이 열방에 흩어져 있는 디아스포라 유대인에게라도 가는 것이냐고 비웃었다(7:35). 이번에는 비아냥이 더 심하다. 유대교에서는 자살을 정신이 이상한 사람이나 하는 것으로 간주했다. 그러므로 자결한 사람은 장례도 제대로 치러 주지 않았다. 또한 자결하면 지옥에서도 가장 낮은(깊은) 곳으로 간다고 생각했다(Mounce). 그러므로 유대교 지도자들은 그들 자신은 자살한 사람이 가는 곳에는 절대 갈 일이 없다고 생각했다. 이 사람들은 예수님을 더 우스꽝스럽게 만들려는 의도에서 이렇게 질문한다. 그들이 잘 알지도 못하면서 예수님의 죽음에 대해 이렇게 말하는 것은 일종의 아이러니한 예언이라 할 수 있다(Carson, Hoskyns).

진리를 가르쳐 줘도 이해하지 못하고 오히려 비아냥거리는 유대교 지도자들을 보며 예수님은 그들의 어이없는 처신에 대해 '너희-나'의 차이로 설명하신다(23절). 예수님은 하늘에서 오신 분이고, 이 사람들은 아래에서 난 자들이다. 하늘에서 오신 예수님은 하늘의 진리를 선포하시지만, 세상에서 난 이들은 선포된 진리를 이해하거나 감당하지 못한다(cf. 3:6). 예수님은 창조주가 주신 말씀을 선포하시는데, 이들은 창조주에게 반항하는 타락한 세상에 속해 있다(Carson). 그러므로 죄와 어둠밖에 모르는 그들이 하늘에서 빛으로 오신 예수님의 말씀을 알아듣지 못하는 것은 당연한 일이라 할 수 있다.

이 사람들은 니고데모와 비슷하다(cf. 3:1-11). 영으로 거듭나지 않으면 절대 예수님의 말씀을 이해하지 못할 것이다. 안타까운 것은 하나님이 그들에게 은혜를 베푸시지 않는 한 그들은 영으로 거듭날 수 없다(cf. 6:44). 그들의 구원은 그들 자신이 아니라 하나님께 있기 때문이다. 이러한 사실을 알지 못하는 그들은 자신을 구원하실 수 있는 하나님의 아들을 비웃는다!

24절에서 예수님은 21절 내용을 반복하며 재차 확인하신다. 그들은 자신의 죄 가운데서 죽을 것이다. 이번에는 '죄'(ἁμαρτίαις)가 단수가 아닌 복수로 표기되었다. 24절에서 예수님을 믿지 않는 죄 한 가지를 지목한 것과 달리 이번에는 예수님을 믿지 않는 불신이 그들이 짓는 '모든 죄의 근원'이라는 것을 강조하기 위해서다(Calvin).

자신의 죄 가운데 죽지 않고자 하는 사람들에게 대안이 있다. 예수님이 그분이라는 사실을 믿으면 된다(24b절). '내가 그다'(ἐγώ εἰμι)는 우리말로 번역하기가 쉽지 않은 표현이다. 출애굽기 3:14에서 여호와 하나님이 자신을 '나는 스스로 있는 자'(אֶהְיֶה אֲשֶׁר אֶהְיֶה)라고 말씀하신 것을 헬라어로 번역한 것이며, 하나님의 성호이기 때문이다. 그러므로 영어권 신학자들은 이 헬라어 문구($\dot{\epsilon}\gamma\acute{\omega}$ $\epsilon\dot{\iota}\mu\iota$)를 'I AM'으로 표기하기도 한다. 이 말씀은 예수님 자신이 바로 유대교 지도자들이 여호와로 아는 하나님이라고 하시는 것이다(Burge, Klink, Lindars, Mounce, O'Day, cf. 출 3:14; 사 41:4; 43:10, 13, 25; 48:12; 51:12; 52:6; 요 1:1; 10:30). 예수님은 여호와 께서 성육신하신 말씀이므로, 예수님과 여호와는 한 분이다(cf. 8:19).

유대인들은 자신들이 들은 것을 의심한다(25절). 그들은 예수님이 자신에 대해 하신 말씀의 의도를 재차 확인하고자 한다. '내가 그다'($\dot{\epsilon}\gamma\acute{\omega}$ $\epsilon\dot{\iota}\mu\iota$)는 'I AM'의 의미를 지닐 때는 하나님의 성호이지만, 한편으로는 '내가 …이다'($\dot{\epsilon}\gamma\acute{\omega}$ $\epsilon\dot{\iota}\mu\iota$)라는 의미로 사용되는 흔한 표현이다(cf. '나는 세상의 빛이다', $\dot{\epsilon}\gamma\acute{\omega}$ $\epsilon\dot{\iota}\mu\iota$ $\tau\dot{o}$ $\phi\hat{\omega}\varsigma$ $\tau o\hat{u}$ $\kappa\acute{o}\sigma\mu o u$, 8:12). 그러므로 예수님이 수식어/서술어를 빠트린 것으로 생각한 그들이 '네가 누구냐?'라고 묻는 것으로 해석할 수 있다(O'Day, cf. Carson). 그러나 '네가 누구냐?'($\tau\acute{\iota}\varsigma$ $\epsilon\hat{\iota};$)는 "당신, 도대체 뉘길래 이런 말[사람이 할 수 없는 말]을 하느냐?"(You, who are you to be saying such things?)로 해석하는 것이 더 정확하다(Morris). 예수님이 자신을 가리켜 여호와 하나님이라고 하는 것을 믿을 수 없다는 뜻으로 묻는 말이다.

예수님은 자신이 처음부터 그들에게 말하여 온 자라고 하신다(25b절). '처음부터'($\tau\dot{\eta}\nu$ $\dot{\alpha}\rho\chi\dot{\eta}\nu$)는 예수님이 사역을 시작하실 때부터라는 의미로 해석할 수 있지만, '태초부터'로 해석해도 별문제 없다. 예수님은 태초부터 하나님과 함께 계셨던 말씀이시기 때문이다(1:1-3). 예수님이 태초부터 하나님과 계셨고 그때부터 말씀하셨다는 것은 이 땅에 오셔서 전한 메시지가 태초부터 하나님이 전하신 메시지라는 뜻이다. 예수님은 전에 없던 전혀 새로운 메시지를 전하시는 것이 아니다. 다만 사람들이 듣지 못하고 깨닫지 못한 것뿐이다(1:10). 그러므로 사람은 태초부터 하나님이 선포하신 메시지에 어떻게 반응하느냐에 따라 그의 미래 운명이 결정된다고 할 수 있다.

예수님은 그들의 교만과 불신에 대해 정죄할 것이 참으로 많으시다

(26a절). 그러나 말을 아끼신다. 그 대신 예수님을 보낸 참되신 하나님께 들은 말씀을 전하는 일에 집중하신다(26b절). 예수님이 전하시는 모든 메시지는 아버지가 아들에게 주신 말씀이다. 자신이 하고 싶은 말을 참고 하나님이 주신 말씀만 선포하는 것이 예수님이 하나님으로부터 오셨다는 증표가 되고 있다. 우리도 강단에 올라가면 우리가 하고 싶은 말이 아니라 하나님이 주신 말씀만 선포해야 한다.

유대인들은 예수님이 자기를 '보내신 이'라고 하시는 분이 하나님 아버지라는 사실을 깨닫지 못한다(27절). 이 섹션이 시작된 이후 하신 말씀만 생각해 보아도 알 수 있는 사실을 놓치고 있다. 귀가 어둡거나 생각이 모자라서가 아니다. 그들은 육에 속한 자들이기 때문에 영에서 유래한 말씀을 알아듣지 못한다(cf. 3:6). 그들의 문제는 지적인 착오가 아니라 영적인 오만이다.

그렇다면 유대인들은 영원히 예수님이 여호와라는 사실을 모르고 죽게 되는가? 그렇지는 않다. 예수님은 인자가 들린 후에 비로소 그들이 예수님이 하나님이신 줄 알게 될 것이라고 하신다(28a절). '인자'(τὸν υἱὸν τοῦ ἀνθρώπου)는 고난받는 메시아를 상징하며, 예수님이 자신에 대해 자주 사용하시는 호칭이다. 요한복음에서 단 세 차례만 사용되는 '들다'(ὑψόω)는 예수님이 십자가에서 죽으신 후 영광스럽게 하늘로 들리시는 일을 의미한다(3:14; 12:32-34; cf. 행 2:33). 요한복음에서 '들림'은 전문적인 용어다(Lindars). 3:14과 12:34에서는 수동태로 사용되어 하나님이 이런 일을 허락하실 것을 의미하는데, 본문에서는 능동태로 사용되어 예수님을 십자가에 매다는 자들이 유대인들이라는 점을 강조한다(Schnackenburg).

예수님이 먼저 십자가에서 죽는 수치를 당하신 후 비로소 영광스럽게 하늘로 들리시는 것은 복음의 핵심이다(Michaels, O'Day). 세상은 십자가를 예수님에 대한 최종 판결로 선언하지만, 실제로는 예수님의 신적인 권위와 심판자로서의 대관식을 알리는 하나님의 최종 말씀이 될 것이다(Bultmann).

예수님이 십자가 죽음을 통해 하늘로 들리시면 유대인들은 세 가지, 곧 (1)예수님이 그들의 하나님 여호와이셨음, (2)예수님은 스스로 아무 것도 하지 않으셨음, (3)예수님은 오직 아버지께서 가르치신 대로 말씀 하셨음을 깨닫게 될 것이다(28절). 그때가 되면 예수님을 거부하는 유 대인들은 원하든 원하지 않든 예수님에 대해 이 세 가지를 인정하게 될 것이다.

이 말씀을 유대인들이 예수님에 대해 깨달을 때는 이미 늦었기 때문 에 심판을 받을 것으로 해석하는 이들이 있다(Brown). 혹은 그들이 그 때 비로소 예수님을 알게 될 것이라는 의미로 간주해 그들이 회개하 고 구원에 이를 것이라는 약속으로 해석하는 이들도 있다(Hoskyns). 그 러나 심판과 구원이 한 쌍을 이룬다는 점을 고려하면, 그때 이러한 사 실을 깨닫고 구원에 이르는 자들이 있는 반면 알고도 끝까지 영접하 지 않아 심판받는 자들이 있다는 것으로 해석하는 것이 바람직하다 (Schnackenburg).

예수님은 그를 보내신 이와 항상 함께하신다(29a절). '나를 보내신 이'(ὁ πέμψας με)가 요한복음에 얼마나 자주 나오는지 하나님의 성호 가 될 상황이다(Klink). 하나님은 예수님을 보내신 후 혼자서 살고 사역 하도록 내버려 두시는 것이 아니라, 항상 함께하신다. '나와 함께하신 다'(μετ᾽ ἐμοῦ ἐστιν)는 아버지와 아들의 지속적이고 긴밀한 교제를 강조 하는 말씀이다. 예수님은 한 번도 하나님 아버지에게서 떨어지신 적이 없다(1:2). 그러므로 아들은 항상 아버지가 기뻐하시는 일을 행하신다. 두 분이 항상 호흡을 같이하기 때문이다.

예수님이 이렇게 말씀하시니 듣고 있던 자 중 많은 사람이 믿었다 (30절). 바로 전 가르침(8:12-20)은 예수님을 잡으려는 자들의 이야기로 마무리되었는데, 이번에는 예수님을 믿는 자들의 이야기로 끝나는 점 이 상당히 고무적이다. 복음은 사람들을 영접하는 이와 믿지 않고 거부하는 자로 나눈다. 물론 믿는 사람이 믿지 않는 자보다 적겠지만, 한 사람을 매우 귀하게 여기는 하나님 나라에서는 많은 수다.

이 말씀은 하나님이 인간을 심판하시는 기준은 단 한 가지, 예수님을 아는가(영접했는가) 혹은 모르는가(부인했는가)라고 한다. 예수님을 영접하지 않은 자들은 불신한 죄 가운데서 죽어 갈 것이다. 반면에 예수님을 영접한 사람들은 믿음 안에서 영원히 하나님과 함께 살게 될 것이다.

예수님을 영접한다는 것은 무엇을 의미하는가? 예수님은 구약의 여호와 하나님이시며, 또한 하나님이 보내신 이들을 죄에서 구원하는 아들이시다. 예수님은 십자가 죽음을 통해 구원을 이루셨으며, 이후 원래 계시던 하늘로 올라가셨다. 그리고 세상이 끝나는 날 온 세상을 심판하기 위해 다시 오실 것이다. 이러한 사실을 믿고 고백하는 것이 이미 믿은 우리에게는 쉬울 수 있다. 우리는 거듭남을 통해 영에 속한 사람(하늘에 속한 사람)이 되었기 때문이다. 그러나 예수님을 영접하지 않아 여전히 육에 속한 사람(이 땅에 속한 사람)에게는 가장 이해되지 않고 어려운 문제다. 믿음의 한 걸음은 쉽게 뗄 수 있는 것 같으면서도 가장 어려운 걸음이다. 그러므로 전도할 때 불신자들에게 충분한 기회와 시간을 주며 기다려야 한다.

> V. 유대인들과의 갈등(8:12-10:42)
> 　A. 지도자들을 자극한 가르침(8:12-59)

3. 자유롭게 하는 진리(8:31-38)

[31] 그러므로 예수께서 자기를 믿은 유대인들에게 이르시되 너희가 내 말에 거하면 참으로 내 제자가 되고 [32] 진리를 알지니 진리가 너희를 자유롭게 하리라 [33] 그들이 대답하되 우리가 아브라함의 자손이라 남의 종이 된 적이 없거늘 어찌하여 우리가 자유롭게 되리라 하느냐 [34] 예수께서 대답하시되 진실

로 진실로 너희에게 이르노니 죄를 범하는 자마다 죄의 종이라 [35] 종은 영원히 집에 거하지 못하되 아들은 영원히 거하나니 [36] 그러므로 아들이 너희를 자유롭게 하면 너희가 참으로 자유로우리라 [37] 나도 너희가 아브라함의 자손인 줄 아노라 그러나 내 말이 너희 안에 있을 곳이 없으므로 나를 죽이려 하는도다 [38] 나는 내 아버지에게서 본 것을 말하고 너희는 너희 아비에게서 들은 것을 행하느니라

본문을 포함한 8:31-59은 요한 신학의 표준(locus classicus)으로 불린다(Dodd, cf. Neyrey). 기독교와 유대교의 가장 근본적인 논쟁(fundamental debate)과 의견 불일치(disagreement)에 관한 내용으로 구성되어 있기 때문이다. 이 섹션을 하나로 묶는 주제가 유대인의 조상 아브라함이라는 점도 이러한 사실을 뒷받침한다(cf. 8:37, 39, 40, 53, 57, 58). 유대인들은 자신들이 아브라함은 믿지만, 예수님은 거부한다고 한다. 그러나 예수님은 그들과 아브라함의 관계는 곧 그들과 하나님과의 관계로 정의되기 때문에(O'Day) 아브라함을 믿으면서 하나님이 보내신 아들을 믿지 않을 수는 없다고 하신다.

이러한 논쟁은 이때까지 있었던 치유(38년 중풍병자를 안식일에 치료하신 일, cf. 5장)나 기적(오병이어로 5,000명을 먹이신 일, cf. 6장)에 관한 것이 아니라 순순한 신학적 토론이다. 마치 법정에서 쌍방이 치열하게 다투는 듯한 느낌을 준다(Neyrey). 한편, 이 섹션(8:31-38)이 유대인과 아브라함의 관계에 대한 언급으로 시작하는 것에 반해 마지막 섹션(8:48-59)은 예수님과 아브라함의 관계로 마무리된다.

앞 섹션에서 많지는 않지만 예수님이 선포하신 말씀을 믿은 유대인들이 있었다(cf. 8:30). 이 섹션은 '그[예수님]를 믿은 유대인들'(τοὺς πεπιστευκότας αὐτῷ Ἰουδαίους)에게 말씀하신 것이다(31a절, cf. Schnackenburg). 요한복음에서 유대인은 일상적으로 예수님을 불신하는 유대교 지도자들을 뜻한다. 또한 8장이 끝날 때까지 전개되는 내용을

보면 이 사람들은 예수님을 영접한 자들이 아니라 주님과 논쟁하는 자들이다. 그러므로 본문의 대상이 되는 '믿은 유대인들'을 어떻게 이해하느냐를 두고 논란이 있다.

어떤 이들은 저자가 바로 앞 이야기와 이 이야기의 흐름을 위해 8:30의 '믿은 자들'을 근거로 사용하는 연결고리라고 한다(Brown). 이 이야기에 등장하는 '믿은 유대인들'은 믿음과 별 상관없는, 예수님을 부인하는 유대인이라는 것이다. 혹자는 이 대화가 요한이 이 책을 저작할 당시 교회 내에 지속된 유대인 기독교인과 이방인 교인과의 갈등을 묘사하는 것이라고 한다(Beasley-Murray, Bultmann). 본문의 유대인들은 훗날 기독교인이 되었지만, 지금은 예수님의 하나님 되심을 온전히 믿지 못하는 사람들의 주장을 제시하는 것이라는 주장이다. 둘 다 별 설득력이 있어 보이지 않는다.

본문의 유대인들은 처음에는 예수님의 말씀에 관심을 보이지만 아직 그리스도인의 삶을 시작하지 않은 자들을 의미하는 것으로 생각된다(Burge, Carson, Mounce). 그들은 그리스도인이 되려면 더 구체적이고 확실하게 믿음의 발걸음을 떼야 하는데 주저하는 자들이다. 예수님을 영접할 때 반드시 버려야 할 교만과 편견을 여전히 버리지 못한 자들이다. 그러므로 그들은 이야기가 끝날 무렵에 가서는 예수님을 정신병자로 취급하며 죽이려고 한다(8:48, 59). 이번에는 예수님도 가만히 계시지 않고, 그들을 향해 마귀의 자식들이라 하신다(8:44).

예수님은 자신이 선포하는 메시지를 조금이나마 들으려고 마음을 열기 시작한 유대인들에게 제자가 되는 길을 알려 주신다(31b-32절). 누구든지 예수님의 제자가 되려면 두 가지 요건을 충족시켜야 한다.

첫째, 예수님의 말씀 안에 거해야 한다(31b절). '나의 말 안에'(ἐν τῷ λόγῳ τῷ ἐμῷ)는 지금까지 예수님이 선포하신 모든 말씀을 마음에 새기고 그 말씀에 따라 살아야 한다는 뜻이다. 예수님은 앞으로도 계속 '말씀'에 관해 언급하시는데(8:37, 43, 51, 52, 55), '말씀'은 지적인 면모를 초월한 영적인 면모를 지닌다(5:37, 38). 그러므로 말씀이 육신이 되신 예수님의 말씀 안에 거하는 것은 예수님을 메시아로 영접하고, 그분이 하시는 모든 일을 믿으며, 예수님의 말씀대로 살겠다는 의지를 표현하는 것이다(Mounce).

이러한 일은 한 번만 하는 것이 아니라 계속해야 한다. '거하다'(μένω)는 요한복음에서 40차례 사용되는 중요한 개념으로(cf. 6:56), 정해진 장소에 영구적으로 머무는 것을 의미한다(BDAG). 요한은 이 단어를 통해 아버지가 아들 안에 머무시고(14:10) 성령이 예수님 위에 머무시는 것처럼(1:32-33), 믿는 사람들은 예수님의 말씀 안에 영구적으로 머물러야 한다고 강조한다. 본문이 언급하는 '믿은 유대인들'은 이러한 조건을 충족시키지 못한다. 그들은 예수님에게 잠시 호감을 보이지만, 예수님의 말씀 안에 머물지는 않는다. 그들은 예수님이 가르쳐 주신 제자의 길을 따르지 않은 것이다.

둘째, 그들을 자유롭게 하는 진리를 알아야 한다(32절). 누구든 예수님의 제자가 되고자 말씀 안에 머물면 진리를 알게 된다. '진리'(ἀλήθεια)는 단순히 철학적이거나 이론적인 것이 아니라 예수님 안에 거하시는 하나님을 인격적으로 알게 되는, 곧 관계적인 차원의 진리(truth of relationship)다(Mounce). 하나님이 예수님 안에 은혜와 진리를 두셨기 때문이다(1:17). 진리는 하나님의 말씀과 떼려야 뗄 수 없는 관계다. 예수님은 하나님의 말씀이 성육신한 분으로, 본문에서 '진리'는 예수님을 의미한다. 진리이신 예수님은 말씀이 육신이 되신 분이며 은혜와 진리로 충만하시다(1:14).

누구든지 예수님 안에 거하면 말씀(진리)이신 예수님이 진리(예수님)를 가르쳐 주시며, 그들이 배운 진리(예수님)로 인해 하나님의 은혜가 그들을 얽매는 모든 것으로부터 자유롭게 할 것이다. 진리(예수님)의 가장 기본적인 기능은 믿는 사람에게 진정한 자유를 주는 것이다. 그러므로 복음을 선포하는 전도와 선교는 모든 얽매임으로부터 자유를 선포하는 일이 되어야 한다. 그리스도인의 삶은 얽매는 것이 아니라 예수님 안에서 자유를 누리는 것이다. 진리이신 예수님을 알면 진리이신 예수님이 우리를 자유롭게 하시기 때문이다.

처음에는 예수님의 가르침에 어느 정도 호감을 느끼고 마음을 조금 열었던 자들이 이제부터 빗장을 걸어 잠근다(33절). 아브라함의 자손인 그들은 지금까지 한 번도 남의 종이 된 적 없이 자유인으로 살아왔는데, 어찌하여 이미 자유를 누리고 있는 그들에게 자유를 주겠다고 하느냐고 반문했다.

이 사람들이 말하는 자유를 정치적인 자유로 간주하는 이들이 있다 (Brown). 그러나 이스라엘의 역사를 보면 그들은 이집트와 바빌론과 페르시아와 그리스의 지배를 받았고, 예수님 시대에는 로마의 다스림을 받고 있다. 그러므로 자유를 누린다는 그들의 말은 정치적인 자유를 누린다는 뜻이 아니다. 그들도 예수님의 말씀을 영적인 자유로 해석하고 있다(Burge, Klink). 비록 역사적으로 수많은 정치적인 억압을 경험했지만 마음으로는 어떠한 권세에도 무릎을 꿇지 않고 자유를 누린 아브라함의 후손들이라는 의미다(Schnackenburg). 이미 아브라함의 하나님 여호와를 섬기며 모든 우상으로부터 자유를 누리고 있는 자기들에게 어찌 자유롭게 될 것이라고 하느냐는 질문이다.

예수님은 중요한 가르침을 줄 때 사용하는 '진실로 진실로'(ἀμὴν ἀμὴν)로 말씀을 시작하시며 아브라함의 자손으로서 마음껏 자유를 누리고 있다고 말하는 유대인들에게 그들이 죄의 노예가 되었다고 하신다 (34절). 죄를 범하는 자마다 죄의 노예다. 유대인들은 노예살이가 누구의 자손인지로 정의된다고 생각한다. 그러므로 아브라함의 자손인 그들은 어떠한 우상의 노예도 아니며, 하나님 안에서 자유를 누리고 있다고 한다. 반면에 예수님은 노예살이는 누구의 자손이냐로 정의되는 것이 아니라 각 개인의 삶으로 정의되는 것이라고 하신다(Klink). 예수님 안에서 정의롭고 경건하게 사는 사람은 하나님의 자녀이지만, 하나님 안에 있다고 하면서도 죄를 짓는 사람은 죄의 노예다(cf. 롬 6:12-23).

유대인들이 로마의 지배를 받는 '정치적 노예'라는 점은 그다지 중요하지 않다. 그들이 윤리적으로 살지 못해 '죄의 노예'가 된 것이 더 심각한 문제다(Carson). 죄는 사람에게 죽음을 안겨 주기 때문이다. 우리의 자유는 하나님과의 관계뿐 아니라 죄와의 연관성으로도 정의되어야 한다. 그러므로 유대인들이 아브라함 언약을 통해 세상 사람들에게서 구별된 것은 맞지만, 인간의 본성에 따라 죄인이기는 별반 다를 바 없다. 그들도 죄의 노예다.

종은 영원히 집에 거하지 못하지만, 아들은 영원히 집에 거한다(35절). 예수님은 자유는 하나님과의 관계와 죄와의 연관성으로 정의되어야 한다고 하셨다. 아브라함의 자손들인 유대인들은 하나님의 집에 거하는 주님의 백성이다. 또한 그들은 죄의 노예다. 그러므로 죄의 노예인 그들은 하나님의 집에 영원히 거할 수 없다. 언젠가는 노예가 팔리듯 팔려 갈 것이다. 사실 예수님의 말씀을 듣고 있는 유대인 중 대부분이 이미 죄의 노예가 되어 하나님의 집을 떠나 있다(Morris).

반면에 아들은 영원히 하나님의 집에 거한다. 요한복음에서 '아들'(υἱὸς)은 단수로 하나님의 아들 예수님을 뜻한다(20:31). 하나님을 믿는 자들을 의미할 때는 '자녀'(τέκνα)라는 단어가 사용된다(1:12). 이 말씀에서는 '아들'과 '종'의 대조되는 운명을 강조하는 비유에 사용되고 있다. 유대인들은 아브라함의 자손으로서 '하나님의 집'에 영원히 거할 것으로 착각하지만, 사실은 죄의 노예가 되어 하나님의 집을 떠났다. 육신적 혈통이 영적 혈통을 보장하지는 않는다. 이스마엘도 아브라함의 아들이었지만, 그와 자손들은 하나님의 백성이 되지 못했다(cf. 창 21장). 바울도 같은 논리를 제시한다(갈 4:21-31). 그러므로 만일 그들이 하나님의 자비를 원한다면 상황을 되돌려 다시 하나님의 집으로 돌아와야 한다. 진정한 유대성은 외적인 것이 아닌 내적인 것이기 때문이다. "겉모양으로 유대 사람이라고 해서 유대 사람이 아니요, 겉모양으로 살갗에 할례를 받았다고 해서 할례가 아닙니다. 오히려 속 사람으로 유대 사람인 이가 유대 사람이며, 율법의 조문을 따라서 받는 할례가 아니라 성령으로 마음에 받는 할례가 참 할례입니다. 이런 사람은, 사람에게서가 아니라, 하나님에게서 칭찬을 받습니다"(롬 2:28-29, 새번역).

아브라함의 자손이라고 하면서도 죄의 노예가 되어 하나님의 집을 떠나 있는 유대인들이 죄에서 해방되어 하나님의 집으로 돌아올 길은 무엇인가? 하나님의 아들이신 예수님이 그들을 마귀와 그들 자신의 얽매임에서 자유롭게 하시면 된다(37절). 이 자유는 마귀의 집에 노예로 있는 그들을 하나님 집의 아들로 삼는 자유다(Hoskyns). 세상과 아브라함의 자손들도 모르는 자유이며, 오직 아들만이 주실 수 있는 자유다. 이 사람들은 과거에 죄짓는 자유를 활용해 죄의 노예가 되었는데, 예수님은 그들에게 죄를 짓지 않는 자유를 주실 것이다.

아브라함의 자손이라 할지라도 거듭남이 필요하다(cf. 3:1-12). 거듭나지 않으면 육에 속한 자들은 결코 영에 속한 것을 이해할 수 없다(3:3). 예수님께 반론을 제기하는 이들은 아직 거듭나지 않았으므로 그들 안에 예수님의 말씀이 거할 만한 곳이 없다(37a절). 하나님 말씀이 그들의 삶과 신앙에 영향을 미치지 않는다는 뜻이다. 그러므로 그들은 예수님을 죽이려고 한다(37b절). 영접하지 않는 유대인들은 예수님을 죽이려 할 수밖에 없다. 그들에게 예수님은 망언하며 사람들을 현혹하는 자이기 때문이다. 예수님을 죽이려 하는 것이 그들이 거듭나지 않았음을 증명한다.

그러므로 어떤 믿음, 혹은 어느 정도의 믿음을 가졌든지(cf. 31-32절) 그들은 하나님이 요구하는 기준에 미치지 못한다(Mounce). 만약 그들이 예수님을 영접하고 거듭나면 예수님 말씀을 알아듣지 못하는 어리석음이 해결될 것이다. 또한 예수님을 죽이려는 폭력성도 해결될 것이다. 복음은 사람을 온순하게 하는 능력을 지녔기 때문이다.

예수님과 유대인들은 출신이 다르다. 예수님은 하늘에 계신 하나님에게서 오셨다. 그러므로 예수님은 하나님 아버지에게서 본 것을 말씀하신다(38a절). 유대인들도 그들의 아버지에게서 들은 것을 행한다(38b절). 예수님이 그들의 '아버지'(πατρὸς)를 단수로 말씀하시는 것은 조상을 뜻하는 것이 아니기 때문이다. 잠시 후 그들의 조상은 마귀로 밝혀진다(8:44).

이 말씀은 예수님이 우리에게 참 자유를 주기 위해 오셨다고 한다. 예수님은 죄의 노예가 되었던 우리에게 더는 죄를 짓지 않고 자유롭게 살 길을 제시하셨다. 그러므로 그리스도인이 어떠한 것에 얽매이는 것은 옳지 않다. 죄뿐 아니라 하나님을 위해 열심히 살겠다며 율법주의에 얽매이는 것도 잘못된 일이다. 좋지 않은 습관이나 풍습의 종이 되는 것도 죄다. 우리는 예수님이 주신 자유를 마음껏 누리며 오직 하나님 안에 거하는 자유로운 영혼이 되어야 한다.

사람은 부모에게서 보고 배운 것을 말하고 행동한다. 마찬가지로 경건 역시 가정 교육에서 시작된다. 하나님을 안다고 자부하던 유대인들은 그들의 아비 마귀에게서 배워 예수님을 죽이려 한다. 우리도 유대인들의 실수를 범하지 않으려면 평생토록 아버지이신 하나님께 배워야 한다. 하나님의 말씀을 매일 공부하고 묵상해야 한다. 성경을 가까이해야 삶이 경건하고 거룩해질 수 있다.

> V. 유대인들과의 갈등(8:12-10:42)
>   A. 지도자들을 자극한 가르침(8:12-59)

4. 마귀에게서 난 자들(8:39-47)

[39] 대답하여 이르되 우리 아버지는 아브라함이라 하니 예수께서 이르시되 너희가 아브라함의 자손이면 아브라함이 행한 일들을 할 것이거늘 [40] 지금 하나님께 들은 진리를 너희에게 말한 사람인 나를 죽이려 하는도다 아브라함은 이렇게 하지 아니하였느니라 [41] 너희는 너희 아비가 행한 일들을 하는도

다 대답하되 우리가 음란한 데서 나지 아니하였고 아버지는 한 분뿐이시니 곧 하나님이시로다 ⁴² 예수께서 이르시되 하나님이 너희 아버지였으면 너희가 나를 사랑하였으리니 이는 내가 하나님께로부터 나와서 왔음이라 나는 스스로 온 것이 아니요 아버지께서 나를 보내신 것이니라 ⁴³ 어찌하여 내 말을 깨닫지 못하느냐 이는 내 말을 들을 줄 알지 못함이로다 ⁴⁴ 너희는 너희 아비 마귀에게서 났으니 너희 아비의 욕심대로 너희도 행하고자 하느니라 그는 처음부터 살인한 자요 진리가 그 속에 없으므로 진리에 서지 못하고 거짓을 말할 때마다 제 것으로 말하나니 이는 그가 거짓말쟁이요 거짓의 아비가 되었음이라 ⁴⁵ 내가 진리를 말하므로 너희가 나를 믿지 아니하는도다 ⁴⁶ 너희 중에 누가 나를 죄로 책잡겠느냐 내가 진리를 말하는데도 어찌하여 나를 믿지 아니하느냐 ⁴⁷ 하나님께 속한 자는 하나님의 말씀을 듣나니 너희가 듣지 아니함은 하나님께 속하지 아니하였음이로다

예수님의 말씀에 자극을 받은 유대인들이 그들의 아버지는 아브라함이라고 주장한다(39a절). 예수님도 이미 그들이 아브라함의 자손이라는 사실을 인정하셨다(8:37). 그럼에도 불구하고 그들이 아브라함의 자손이 아니라 마귀의 자손이라고 하시는 것을 보면, 예수님과 유대인들이 서로 다른 차원에서 대화를 나누고 있다. 유대인들은 자신들이 혈통적으로 아브라함의 후손이라고 한다. 반면에 예수님은 그들이 육신적으로는 아브라함의 자손이 맞지만, 영적으로는 아브라함에게서 매우 멀어져 있고 오히려 마귀가 그들의 조상인 것처럼 살고 있다고 하신다.

만일 예수님과 논쟁을 벌이고 있는 유대인들이 아브라함의 영적 자손이라면 그들은 분명 아브라함이 행한 일들을 했을 것이다(39b절). 후손인 그들도 조상인 아브라함이 하나님을 의지하고 살면서 기준으로 삼았던 기준과 가치에 따라 살았을 것이라는 뜻이다. 아브라함은 자신과 가족들의 평안과 번영뿐 아니라 온 열방에 복을 끼치는 축복의 통로가 되는 삶을 살았다(cf. 창 12:1-3). 아브라함은 온 세상에 하나님의

축복이 임하도록 자신의 삶을 하나님이 사용하시는 도구로 드렸던 것이다. 예수님 앞에 서 있는 아브라함의 후손들에게서는 찾아볼 수 없는 세계관이며 가치관이다. 그들은 하나님이 그토록 사랑하셔서 유일무이한 아들을 내어 주신 세상을 오만과 편견으로 바라보고 정죄한다.

유대인들은 육적으로 아브라함의 후손일 뿐 아니라 영적으로도 아브라함을 통해 하나님의 백성이 되어야 하는데, 그렇지 않다는 사실을 증명하는 하나의 사례가 있다. 하나님께 들은 진리를 그들에게 선포하시는 예수님을 죽이려 하는 것이다(40a절). 아브라함은 이렇게 하지 않았다(40b절). 아브라함은 누구를 해치려 하지 않았다. 그는 하나님의 진리를 선포하고 하늘의 복을 빌어 준 멜기세덱을 축복했다(창 14:17-24). 반면에 아브라함의 자손들이라 하는 자들은 영원히 멜기세덱의 반차를 따르는 제사장으로(cf. 히 5:5-6) 오신 예수님을 죽이려고 한다!

예수님은 사람은 누구나 부모에게서 보고 배운 것을 말하고 행한다고 하셨다(8:38). 아브라함은 건강하게 살며 남을 해치려 하지 않았다. 그는 하나님의 말씀을 실천하며 살았던 사람이다. 반면에 그의 후손이라고 주장하는 유대인들은 하나님의 진리를 선포하고 복을 끼치기 위해 오신 예수님을 죽이려고 한다. 그러므로 그들은 무늬만 아브라함의 자손일 뿐 실제로는 아브라함의 자손이 아니다(Klink). 그들의 조상 아브라함이 행한 일들과 정반대되는 일들을 하고 있기 때문이다.

예수님은 하나님 백성이 되는 일에 사람의 혈통은 전혀 중요하지 않다고 하신다. 육에서 난 것은 육에 불과하며 하나님의 백성이 되는 것은 성령으로 거듭나 영이 되는 일인데, 이는 육으로 할 수 있는 일이 아니기 때문이다(3:3, 6). 그러므로 예수님은 살리는 것은 영이며, 육은 무익하다고 하셨다(6:63).

예수님에게서 "너희가 아브라함의 후손이라면 이렇게 행동할 수 없다. 그러므로 너희들은 아브라함의 후손이 아니다"라는 취지의 말을 들은 유대인들이 궁지에 몰렸다. 이런 상황에서 예수님은 그들이 다른

'아비'의 후손일 가능성을 말씀하시다(41a절). 그들의 행실을 보면 아브라함이 아닌 다른 '아비'가 떠오른다는 것이다. 누구나 부모에게서 보고 배운 것을 말하고 행동하기 때문이다(8:38).

그 '아비'가 누구인지 예수님이 말씀하시기 전에 유대인들이 곧바로 자신을 방어하는 말을 한다(41b절). 지금까지 이어진 논쟁에서 가장 큰 자극을 받았기 때문이다(Ridderbos). 자신들은 음란한 데서 나지 않았고, 그들의 아버지는 한 분뿐인 하나님이라는 것이다. 어떤 이들은 이 말을 예수님이 혼전 임신을 통해 태어나셨다는 소문을 들은 자들이 예수님을 공격하는 것으로 해석하기도 한다(Barrett, Brown, Burge). 그러나 유대인들은 공격이 아니라 방어를 하고 있으며, 구약에서 나라나 민족이 음란하다는 것은 우상을 숭배한다는 뜻이다(cf. 겔 6:9).

본문에서도 유대인들은 그들이 우상 숭배자가 아니며(Beasley-Murray, O'Day), 아브라함의 정당한 후손으로서 오직 한 분이신 여호와만 섬기는 하나님의 백성이라는 의미로 이렇게 말한다. 하나님이 그들의 아버지라는 것이다(cf. 신 32:6; 삼하 7:14; 시 89:27; 사 63:16; 64:8; 렘 3:4, 19; 말 2:10). 그러나 프롤로그에서는 아브라함의 자손을 하나님의 자손이라 하지 않는다. 오직 예수님을 믿는 사람만이 하나님의 자녀다(1:12).

그들 자신은 하나님의 자녀라는 말을 들으신 예수님은 그렇지 않다고 단언하신다(42절). 만일 하나님이 아버지라면 그들은 예수님을 사랑했을 것이다(42a절). 본문에서 '사랑하다'(ἀγαπάω)는 충성하고 순종한다는 의미를 지닌다. 예수님은 스스로 오신 것이 아니라 하나님이 보내셔서 세상에 오셨기 때문이다(42b절). 그들이 아버지라고 하는 하나님이 예수님을 보내셨다면, 하나님은 예수님을 보내시기 전에 그들에게 예수님에 대해 분명히 알려 주셨을 것이다. 같은 영에 속한 사람들은 서로 통하는 면모가 있다. 그러므로 하늘에 계시는 하나님의 자녀들은 하늘에서 오신 예수님을 알아보아야 한다.

하나님은 세상을 참으로 사랑하시기 때문에 유일무이한 아들을 주시며 그를 믿어 영생을 얻으라고 하셨다(3:16). 그러나 세상에 속한 유대인들은 하나님이 보내신 예수님을 거부함으로써 하나님의 사랑을 거부할 뿐 아니라 오히려 미움을 표현하고 있다. 사람이 예수님을 하나님의 아들로 알아보는 것은 그가 하나님의 자녀인지 아닌지를 확인하는 리트머스 테스트와 같다. 그들이 예수님을 사랑하지 않는 것은 그들이 아직도 어두운 세상에 속해 있다는 증거다(1:9-10).

예수님은 그들이 자기 말(τὴν λαλιὰν)을 깨닫지 못하고, 말(τὸν λόγον)을 들을 줄도 모른다고 비난하신다(43절). 첫 번째 '말'(λαλιά)은 표현 방식과 말하는 스타일 등 말하기와 연관된 용어다(Neyrey, O'Day, cf. BDAG). 두 번째 '말'(λόγος)은 말로써 전하고자 하는 내용과 의미를 뜻한다. 그들은 예수님의 말씀을 도무지 깨닫지 못한다는 뜻이다. 옛적에 하나님이 에스겔을 주님의 백성에게 선지자로 보내시면서 하신 말씀이 생각난다.

> 그가 또 내게 이르시되 인자야 이스라엘 족속에게 가서 내 말로 그들에게 고하라 너를 언어가 다르거나 말이 어려운 백성에게 보내는 것이 아니요 이스라엘 족속에게 보내는 것이라 너를 언어가 다르거나 말이 어려워 네가 그들의 말을 알아 듣지 못할 나라들에게 보내는 것이 아니니라 내가 너를 그들에게 보냈다면 그들은 정녕 네 말을 들었으리라 그러나 이스라엘 족속은 이마가 굳고 마음이 굳어 네 말을 듣고자 아니하리니 이는 내 말을 듣고자 아니함이니라(겔 3:4-7).

유대인들이 예수님의 말씀을 알아듣지 못하는 것은 그들이 아브라함의 자녀도, 하나님의 자녀도 아니라는 사실을 입증한다. 그렇다면 그들은 누구의 자녀인가? 예수님은 그들이 마귀에서 난 자들이라고 하신다(44절). 그러므로 그들의 아비인 마귀가 원하는 대로 행한다. 그들이 마귀의 자식이라 마귀가 원하는 대로 행한다고 하시는 것은 예수님이 이때까지 유대인들에게 하신 말씀 중 가장 공격적이다.

예수님은 그들의 아비 마귀에 대해 세 가지를 말씀하신다. 첫째, 마귀는 처음부터 살인자다(44b절). 마귀가 직접 사람들을 죽인다는 뜻은 아니다. 로마서 5:12은 마귀의 농간에 놀아난 아담을 통해 온 세상에 죽음이 임하게 되었다고 한다. "그러므로 한 사람으로 말미암아 죄가 세상에 들어오고 죄로 말미암아 사망이 들어왔나니 이와 같이 모든 사람이 죄를 지었으므로 사망이 모든 사람에게 이르렀느니라." 온 인류에게 죽음을 안겨 준 살인자 마귀와 달리 예수님 안에는 생명이 있으며(1:4; 5:26), 이 생명을 사람들에게 주기 위해 오셨다(14:6; cf. 1:17).

둘째, 마귀 안에는 진리가 없으므로 진리에 서지 못한다(44c절). '서지 못한다'(οὐκ ἔστηκεν)는 완료형이다. 마귀는 단 한 번도 진리 안에 서 본 적이 없으며, 이러한 상황은 지금도 계속되고 있다는 뜻이다. 반면에 예수님은 하나님께 진리를 들었고, 들은 진리만 말씀하신다(8:26). 또한 예수님 자신이 진리이시다(14:6).

셋째, 마귀는 항상 자신이 지어낸 거짓을 말한다(44d절). 거짓말만 하는 그는 거짓말쟁이며 거짓의 아비다. 그러므로 거짓을 말하는 사람의 마음은 사탄으로 가득하다(행 5:3). 반면에 예수님은 오직 진리를 말씀하신다(40절). 진리의 아버지에게서 본 것을 말씀하시기 때문이다(8:38).

유대인들은 거짓말만 하는 마귀의 노예가 되었다. 그러므로 그들을 자유롭게 하는 진리를 들어도 알아듣지 못한다. 심지어 하나님의 아들이 오셔서 진리를 말씀하시는데도 믿지 않는다(45절). 거짓에 너무 익숙해지다 보니 진리를 들으면 믿기는커녕 오히려 알레르기 반응을 보인다. 스스로 하나님의 자녀라고 하는 자들이 하나님의 음성을 듣지 못하니 참으로 안타깝다.

혹시 그들은 예수님을 죄인이라고 생각해서 말씀을 듣지 않는 것일까? 예수님은 만약 자신을 죄인으로 생각한다면, 죄로 책잡아 보라고 하신다. 예수님이 죄인이라면 얼마든지 증명해 보라는 뜻이다. 이는 예수님은 어떠한 죄도 없으신 분이라는 선언이다(Morris).

만일 예수님이 죄인이 아니라면, 그들은 예수님의 말씀을 믿어야 한다. 그러나 그들은 예수님이 죄인이라는 것을 입증하지도 못하면서 예수님의 말씀을 믿으려고도 하지 않는다. 그들이 믿었더라면 진리이신 예수님이 그들에게 자유를 주셨을 것이다(8:32). 그러나 그들은 아직도 거짓말쟁이 마귀에게 얽매여 있다. 그들은 성경에 기록된 마귀의 첫 번째 거짓말을 아직도 믿고 있다(Michaels, Mounce, O'Day). "너희가 결코 죽지 아니하리라"(창 3:4).

예수님은 한 가지 원리를 선언하시며 이 섹션을 마무리하신다. '하나님께 속한 자는 하나님의 말씀을 듣는다'(47a절). 이 원리를 유대인들에게 적용하면 그들은 하나님께 속하지 않은 자들이 분명하다(47b절). 하나님께 속하지 않았다면 이 세상의 신인 마귀에게 속했다는 뜻이다(고후 4:4). 이것도 아니고 저것도 아닌 중간은 없다.

이 말씀은 세상에는 두 종류의 사람이 있다고 한다. 하나님의 자녀와 마귀의 노예다. 중간은 없다. 그러므로 도덕적으로 살기만 한다면 예수님을 믿지 않아도 창조주가 기뻐할 것이라는 생각은 버려야 한다. 모든 사람은 하나님 편에 서든지, 혹은 마귀에게 속하든지 둘 중 하나를 택해야 한다.

하나님의 자녀가 되고 싶은 사람은 반드시 예수님을 영접하고 예수님을 통해야 한다. 다른 방법은 없다. 예수님은 하나님이 인류에게 주신 유일한 구원이기 때문이다.

5. 아브라함보다 먼저 계신 이(8:48-59)

[48] 유대인들이 대답하여 이르되 우리가 너를 사마리아 사람이라 또는 귀신이 들렸다 하는 말이 옳지 아니하냐 [49] 예수께서 대답하시되 나는 귀신 들린 것이 아니라 오직 내 아버지를 공경함이거늘 너희가 나를 무시하는도다 [50] 나는 내 영광을 구하지 아니하나 구하고 판단하시는 이가 계시니라 [51] 진실로 진실로 너희에게 이르노니 사람이 내 말을 지키면 영원히 죽음을 보지 아니하리라 [52] 유대인들이 이르되 지금 네가 귀신 들린 줄을 아노라 아브라함과 선지자들도 죽었거늘 네 말은 사람이 내 말을 지키면 영원히 죽음을 맛보지 아니하리라 하니 [53] 너는 이미 죽은 우리 조상 아브라함보다 크냐 또 선지자들도 죽었거늘 너는 너를 누구라 하느냐 [54] 예수께서 대답하시되 내가 내게 영광을 돌리면 내 영광이 아무 것도 아니거니와 내게 영광을 돌리시는 이는 내 아버지시니 곧 너희가 너희 하나님이라 칭하는 그이시라 [55] 너희는 그를 알지 못하되 나는 아노니 만일 내가 알지 못한다 하면 나도 너희 같이 거짓말쟁이가 되리라 나는 그를 알고 또 그의 말씀을 지키노라 [56] 너희 조상 아브라함은 나의 때 볼 것을 즐거워하다가 보고 기뻐하였느니라 [57] 유대인들이 이르되 네가 아직 오십 세도 못되었는데 아브라함을 보았느냐 [58] 예수께서 이르시되 진실로 진실로 너희에게 이르노니 아브라함이 나기 전부터 내가 있느니라 하시니 [59] 그들이 돌을 들어 치려 하거늘 예수께서 숨어 성전에서 나가시니라

예수님이 참 자유를 누리는 것과 죄의 노예가 되는 것에 관해 말씀하실 때(8:31-47)도 유대인들이 강하게 반발했는데, 생명과 죽음이 중심 주제인 이 섹션에서는 그들의 반발이 더 강력해진다. 예수님이 자신을 가리켜 여호와 하나님이라고 하셨기 때문이다. 이에 유대인들은 돌을 들어 예수님을 치려고 한다(59절). 이 일로 예수님과 유대인들은 도저

히 함께할 수 없는 상황에 이르게 되었다.

예수님의 가르침을 듣고 있던 유대교 지도자들이 질문했다. 그들은 예수님을 사마리아 사람이라 하기도 하고, 귀신이 들린 자라고도 하는데 사실이 아니냐는 질문이다(48절). 앞서 예수님은 유대교 지도자들을 가리켜 하나님의 백성 범위 밖에 있는 자들이라고 하셨다(8:23, 47). 이에 대해 유대인들이 예수님을 유대교 밖에 있는 자로 몰아가며 반격하고 있다. 사마리아 사람은 혼혈이라는 이유로 이스라엘 사람들이 경멸하던 사람들이다(cf. 4장). 그에 더해 이들은 예수님에게 귀신이 들렸다고 한다. 예수님이 최악의 수치와 모멸감을 느끼도록 대놓고 욕하는 것과 별반 다를 바 없다(Neyrey).

그들의 '옳지 아니하냐?'(οὐ καλῶς)는 유대교 지도자 중 많은 사람이 예수님에 대해 이렇게 생각하고 있다는 사실을 암시한다(Mounce). 그들은 예수님이 하찮은 사마리아 사람인 주제에 유대교의 유일신주의(Monotheism)를 위반하고 있다고 생각한다(Klink). 유일하신 여호와 하나님의 백성이라 자부하는 그들을 예수님이 자꾸 마귀의 자손이라고 하시는 것에 대한 반격이라 할 수 있다.

예수님은 사마리아 사람이라는 그들의 주장에는 아예 대꾸하지 않으신다. 대꾸할 가치가 없기 때문이다. 또한 요한복음에서 사마리아 사람들은 유대인들보다 더 좋은 사람들이다. 예수님이 사마리아 여인에게 말씀하실 때, 사마리아 사람들의 방식도 유대인들의 방식도 아닌 새로운 방식으로 하나님을 예배할 때가 다가오고 있다고 하셨다. "아버지께 참되게 예배하는 자들은 영과 진리로 예배할 때가 오나니 곧 이 때라 아버지께서는 자기에게 이렇게 예배하는 자들을 찾으시느니라"(4:23). 그러므로 굳이 이들의 억지 주장에 반박할 필요를 느끼지 못하신다.

그러나 귀신 들린 자라는 억지 주장에는 반박하신다(49a절). 만일 예수님이 귀신이 들렸다면, 예수님이 하시는 일과 삶이 모두 마귀에게서 비롯되었다는 의미의 심각한 비방이 되기 때문이다. 따라서 자신은 귀신 들린 것이 아니라 그를 보내신 아버지를 공경하는데, 유대인들이 자기를 무시한다고 말씀하신다. 예수님의 사역과 가르침을 살펴보면 예수님이 하나님을 참으로 경외한다는 사실을 인정할 수밖에 없다는 것이다. 그런데 그들은 오히려 예수님을 귀신 들린 자, 곧 마귀의 하수인이라고 한다. 하나님의 아들을 귀신 들린 자라고 하는 이들은 영적 분별력이 전혀 없는 자들이다.

그들은 하나님께 영광 돌리는 예수님을 오히려 무시한다. 이들의 행동을 "이는 모든 사람으로 아버지를 공경하는 것 같이 아들을 공경하게 하려 하심이라 아들을 공경하지 아니하는 자는 그를 보내신 아버지도 공경하지 아니하느니라"(5:23)라는 말씀에 비추어 보면 그들은 예수님만 무시하는 것이 아니라 하나님도 무시한다. 그러므로 그들이 아무리 하나님의 백성이라고 억지를 써도 하나님은 그들을 심판하실 것이다.

예수님은 자기 영광을 스스로 구하지 않으신다. 예수님의 영광을 구하고 판단하시는 이가 따로 계시기 때문이다(50절). 예수님을 보내신 하나님이 바로 아들의 영광을 구하고 판단하신다. 예수님은 홀로 판단하지 않으시고 하나님과 하신다(8:15-16). 또한 아버지는 아들을 통해 판단하신다(5:22-27). 그러므로 이 말씀은 예수님을 믿지 않는 유대교 지도자들은 이미 하나님과 예수님의 정죄를 받았다는 뜻이다.

예수님은 이미 정죄받은 유대교 지도자들과 달리 누구든 자기 말을 지키면 영원히 죽음을 보지 않을 것이라고 선언하신다(51절). 중요한 진리를 선포할 때 자주 사용하는 '진실로 진실로'(ἀμὴν ἀμὴν)를 더해 이 말씀을 선포하신다. 매우 중요한 진리이니 귀담아들으라는 뜻이다. 영원히 죽음을 보지 않는 것은 곧 영생을 얻는다는 의미다(3:16). 하나님은 믿는 자들에게 영생을 주기 위해 예수님을 보내셨다. 그러므로 누구든지 예수님의 말씀을 지키면 영생에 이르게 된다. '지키다'(τηρέω)는 믿고 순종한다는 의미를 지녔으며 '머물다'(μένω)(8:31)와 비슷한 말이다.

예수님의 말씀은 단순히 불신하는 유대인들을 정죄하는 데서 끝나지 않는다. 지금이라도 그들이 회개하고 믿으면 영원히 죽음을 보지 않고 영생을 얻게 해 주겠다는 약속이다. 그들이 추구하는 것은 막다른 골목이며 죽음뿐이다. 그러므로 회개하고 돌아와 영생을 누리게 된다면 참으로 좋은 일이건만, 그들은 회개할 생각이 전혀 없다. 결국 그들 스스로 운명을 결정한 것이다.

유대인들이 예수님의 말씀을 경청하기는커녕 또다시 꼬투리를 잡았다. 예수님이 귀신 들렸다는 것이다(52a절). 그들의 논리는 이러하다. 그들의 조상 아브라함도 죽고 선지자들도 죽었다. 그런데 예수님은 자기 말을 지키면 영원히 죽음을 맛보지 않는다고 하신다(52b절). 그러므로 그들 생각에 아브라함도 선지자도 하지 못한 일(영원히 죽음을 맛보지 않게 하는 것)을 할 수 있다는 예수님은 귀신 들린 자가 틀림없다는 것이다. 아브라함과 선지자들처럼 하나님의 말씀을 철저하게 지킨 자들도 죽었는데, 어찌 별 볼 일 없는 인간인 예수님의 말씀을 듣는다고 죽지 않겠는가! 귀신 들린 자가 아니라면 이런 말을 하지 않는다는 것이다. 이렇게 예수님을 거짓말하는 자로 몰아붙이는 그들은 예수님이 진리를 말하고 있을 가능성에 대해서는 조금도 생각해 보지 않는다.

유대인들은 '너는 아브라함보다 크고, 선지자들보다 더 크냐?'라며 예수님을 계속 공격한다(53a절). 그들은 '노'(no)를 기대하며 이렇게 질문한다. 예수님이 자신은 마귀와 상관이 없다고 하시자, 유대인들의 조상 아브라함과 유대교 선지자들과도 상관 없는 사람이라는 것을 주장하기 위해 이렇게 질문한 것이다. 이어서 그들은 만일 예수님이 스스로 아브라함과 선지자들보다 더 크다고 생각한다면 '너는 자신을 누구라 하느냐?'라고 묻는다(53b절). 유대인들은 예수님을 보내신 이가 하나님이 아니라는 것을 주장하고자 이런 질문으로 예수님을 공격하고 있다.

예수님은 한 번 더 그들이 알아듣도록 말씀하신다. 만일 스스로 자기에게 영광을 돌리면 아무 의미 없는 영광이지만, 예수님께 영광을 돌리시는 이는 아버지이시며, 이 아버지는 그들이 하나님이라고 하는 바로 그분이라는 것이다(54절). 그들이 사모하는 이스라엘의 하나님이 예수님에게 영광을 돌리고 계신다! 그러므로 만일 그들이 하나님의 백성이라면 하나님처럼 예수님께 영광을 돌려야 한다. 그렇지 않으면 그들은 하나님을 모르는 것이다(cf. 8:42).

하나님은 어떤 영광을 예수님께 돌리시는가? 바로 성육신(incarnation)의 영광이다(Mounce). 하나님은 예수님이 성육신해 세상에 구세주로 임하신 것과 장차 십자가에서 구원을 이루실 것에 대해 영광스럽고 자랑스럽게 생각하신다.

유대인들은 하나님을 알지 못하지만 예수님은 하나님을 아신다(55a절). 그러므로 그들이 하나님을 안다고 하는 것은 거짓말이다. 만일 그들이 하나님을 알았다면 예수님을 영접했을 것이기 때문이다. "그가 세상에 계셨으며 세상은 그로 말미암아 지은 바 되었으되 세상이 그를 알지 못하였고"(1:10). 유대교 지도자들은 온갖 종교적인 용어와 풍습을 사용하며 자신들이 하나님을 가장 잘 안다고 한다. 그런데 예수님은 그들이 하나님을 모른다고 하신다. 그들에게 최고의 수치를 안겨 주시는 것이다.

만약 유대인들이 하나님을 안다고 하면 거짓말이지만, 예수님의 경우 하나님을 모른다고 하면 거짓말이다(55b절). 유대인들은 예수님에게 "하나님을 모른다"라고 선언하도록 압박한다. 그러나 그렇게 하면 예수님은 거짓말을 하시게 된다. 하나님을 가장 잘 아시기 때문이다. 예수님이 하나님을 아는 증거로 제시하시는 것은 간단하다. "나는 그를 알고 또 그의 말씀을 지키노라"(55c절). 하나님을 아는 것은 말씀을 지키는 것과 분리될 수 없는 하나다(Mounce).

예수님은 그들이 자기 조상이라고 하는 아브라함과도 상관없는 자들이라고 하신다(56절). 아브라함은 예수님의 때를 볼 것을 즐거워하다가 드디어 주님의 때가 임하니 기뻐했는데, 그들은 예수님을 보고도 기뻐하지 않기 때문이다. '나의 때'(τὴν ἡμέραν τὴν ἐμήν)는 말씀이신 예수님이 성육신하신 때다. 아브라함을 통해 온 열방을 구원하실 때가 드디어 예수님을 통해 임한 것이다(cf. Barrett). 그러므로 아브라함은 예수님의 때가 시작된 것을 보고 기뻐하고 즐거워했다.

당시 랍비들은 하나님이 아브라함에게 미래에 있을 일을 많이 가르쳐 주셨다고 가르쳤다(Burge, Lindars, Mounce). 성경적으로 생각할 때도 믿음은 그리스도를 보는 시야를 제공한다(Calvin). 그러므로 아브라함은 환상을 통해 예수님이 오실 날을 보고 즐거워했고, 드디어 그날이 임하자 기뻐했다. 그러나 아브라함의 후손이라고 하는 자들은 기뻐하지 않는다. 그들은 자칭 아브라함의 후손일 뿐 실제로는 아브라함의 후손이 아니다. 아브라함과 그들은 영적으로 단절되어 있기 때문이다.

아브라함이 예수님의 때를 기뻐했다고 하자 유대인들은 어이없다는 반응을 보인다(57절). 그들은 예수님에게 아직 50세도 안 된 사람이 어찌 아브라함을 보았다고 말하느냐고 물었다. 누가는 예수님이 이때 30세쯤 되셨다고 한다(눅 3:23). 그러므로 짜증이 난 유대인 지도자들이 빈정대는 투로 50세를 언급하는 것이다(Temple).

예수님은 빈정대는 그들에게 매우 중요한 진리를 선포하신다. 이 진리는 8장의 절정이며(Burge), 중요한 진리를 선포할 때 자주 사용하는 '진실로 진실로'(ἀμὴν ἀμὴν)로 시작한다(58절). 예수님은 아브라함이 나기 전부터 '내가 있었다'(ἐγώ εἰμι)라고 하신다. 이미 몇 차례 언급한 것처럼 이 말씀은 하나님의 성호이며(출 3:14; cf. 요 8:24, 28), 하나님의 영원하심을 강조한다. 그러므로 이 구절은 '아브라함이 태어나기 전부터 나는 지금처럼 영원히 있었고, 앞으로도 계속 있을 것이다'(Before Abraham came into being, I eternally was, as now I am, and ever continue to be)라는 의미다(Barrett, cf. Morris). 예수님 자신이 바로 이스라엘의 하나님 여호와라고 하시는 것이다.

빈정대며 예수님을 우습게 보는 유대교 지도자들에게는 감히 상상할 수 없는 망언이다. 그러므로 그들은 자신을 가리켜 하나님이라고 하는 예수님을 돌로 치려고 한다(59절). 레위기 24:16은 망언하는 자는 돌로 쳐서 처형하라고 한다(cf. 신 13장). 그러므로 그들이 돌을 든 것은 예수님을 망언자로 판결했다는 증거다. 예수님이 심판자이시고 심판을 받아야 하는 대상은 그들인데, 오히려 반대가 되었다.

당시 성전에는 돌이 많았을 것이다. 헤롯왕이 주전 20년에 성전 공사를 시작했지만 아직도 공사 중이며, 성전이 완성되려면 앞으로도 30년 정도 더 걸리기 때문이다. 그들은 돌로 예수님을 쳐 죽이려고 한다(cf. 8:20). 그러나 그렇게 할 수 없다. 아직 예수님의 때가 이르지 않았기 때문이다(cf. 7:30, 44; 8:20; 18:6). 그러므로 예수님은 숨어 성전에서 나가셨다. '숨다'(ἐκρύβη)는 수동태로 가려졌다는 뜻이다(TDNT). 하나님이 개입하셔서 예수님이 보이지 않게 하신 것이다(Klink, Mounce, cf 눅 4:29-30).

이 말씀은 예수님이 다름 아닌 구약의 여호와 하나님이라고 한다. 여호와 하나님은 세상을 창조하셨으며, 아브라함을 통해 이스라엘을 그분의 백성으로 삼으셨다. 그러나 하나님이 세상에 오시니 하나님을 가장 잘 안다는 유대교 지도자들이 하나님을 가장 알아보지 못한다. 이러한 사실이 시사하는 바가 크다. 우리는 언제든 다시 오실 예수님을 환영할 준비가 되어 있는지 꾸준히 자신을 돌아보아야 한다.

사람들은 착각 속에서 신앙생활을 한다. 유대인들은 하나님을 모르면서 하나님을 안다고 했다. 아브라함을 모르면서 아브라함의 후손이라고 했다. 선지자들에 대해 자랑스럽게 생각하면서도 선지자들의 예언은 이해하지 못했다. 만약 그들이 하나님과 아브라함과 선지자들을 알았더라면 예수님도 알았을 것이다. 예수님은 어느 날 문득 세상에 나타나신 것이 아니라 하나님의 오랜 준비와 역사의 흐름 속에 오셨기 때문이다. 우리는 전수받은 역사와 전통을 감사하게 받으면서도 영적으로 깨어 있어야 한다. 그래야 하나님의 역사를 놓치지 않고 경험할 수 있다.

> V. 유대인들과의 갈등(8:12-10:42)

B. 다섯 번째 표적: 맹인을 고치심(9:1-41)

예수님과 유대교 지도자들의 갈등과 논쟁이 계속되고 있다. 그러나 앞서 성전에서 예수님과 유대교 지도자들이 논쟁했던 일(8:12-59)이 법정 드라마처럼 치열했다면, 맹인을 고치신 일을 중심으로 한 이 논쟁은 어느 정도 평온을 되찾은 상태에서 진행된다. 그렇다고 해서 예수님에 대한 유대인들의 반대와 저항이 줄어든 것은 아니다. 그들은 계속 예수님을 죽이려고 한다. 예수님이 그들의 이권을 침해한다고 생각하기 때문이다.

예수님은 안식일에 중풍병자를 치료하신 적이 있다(5장). 이번에는 태어날 때부터 앞을 보지 못한 사람을 안식일에 치료하신다. 두 치료 모두 안식일에 진행되었고, 이야기의 흐름도 비슷하다(cf. O'Day). 그러나 본문이 기록하는 맹인을 치료하신 일은 중풍병자를 치료하신 일보다 훨씬 더 큰 기적이라 할 수 있다. 이 기적은 예수님이 메시아이심을 증명하는 일이라고 해도 과언이 아니다. 구약은 엘리야와 엘리사가 죽은 사람을 살렸다고 한다. 반면에 맹인을 보게 한 선지자는 그 어디에도 없다. 구약적인 관점에서 맹인을 보게 하는 일은 오직 메시아만 하실 수 있는 어려운 일이기 때문이다. 그러므로 이 이야기는 8장에서 예수님이 자신을 하나님이라고 선언하신 일에 대한 후속 사례(하나님의 능력을 보이신 일)라 할 수 있다.

제자들은 사람이 앞을 보지 못하게 되는 일을 죄와 연관시키지만,

예수님은 하나님이 영광을 드러내시는 일과 연관시키신다. 이 이야기
는 다음과 같이 구분된다.

A. 날 때부터 맹인 된 사람(9:1-7)
B. 맹인이 보게 된 기적에 대한 반응(9:8-34)
C. 맹인보다 못한 바리새인들(9:35-41)

> V. 유대인들과의 갈등(8:12-10:42)
>   B. 다섯 번째 표적: 맹인을 고치심(9:1-41)

1. 날 때부터 맹인 된 사람(9:1-7)

¹ 예수께서 길을 가실 때에 날 때부터 맹인 된 사람을 보신지라 ² 제자들이
물어 이르되 랍비여 이 사람이 맹인으로 난 것이 누구의 죄로 인함이니이
까 자기니이까 그의 부모니이까 ³ 예수께서 대답하시되 이 사람이나 그 부모
의 죄로 인한 것이 아니라 그에게서 하나님이 하시는 일을 나타내고자 하심
이라 ⁴ 때가 아직 낮이매 나를 보내신 이의 일을 우리가 하여야 하리라 밤이
오리니 그 때는 아무도 일할 수 없느니라 ⁵ 내가 세상에 있는 동안에는 세상
의 빛이로라 ⁶ 이 말씀을 하시고 땅에 침을 뱉어 진흙을 이겨 그의 눈에 바
르시고 ⁷ 이르시되 실로암 못에 가서 씻으라 하시니 (실로암은 번역하면 보냄을
받았다는 뜻이라) 이에 가서 씻고 밝은 눈으로 왔더라

이 이야기는 진짜 맹인이 누구인가에 관한 말씀이다. 예수님은 태어
날 때부터 앞을 보지 못한 사람의 눈을 뜨게 하셨고, 눈을 뜬 사람은
예수님을 메시아로 영접했다(39:38). 그는 육체적으로 보게 되었을 뿐
아니라, 영적으로도 보게 된 것이다. 반면에 멀쩡한 눈을 가진 바리새
인들은 예수님을 보지 못한다(9:39-41). 그들이야말로 진짜 맹인인 것
이다. 그러므로 이 이야기는 영적인 어두움에 거하는 바리새인들과 한

때 육체적인 어두움에 거했지만 하나님의 은혜를 입어 영적인 시야를 갖게 된 사람(맹인)을 대조한다. 이러한 대조를 강조하는 데 중점을 두는 만큼 실제적인 치료 장면은 1–7절에 매우 간단하게 요약되어 있다.

예수님은 성전에서 유대교 지도자들과 치열한 논쟁을 벌이신 후 그곳을 떠나셨다(8:59). 이 이야기는 장막절을 기념하기 위해 성전을 방문하신 예수님이 아직 예루살렘을 떠나지 않으셨을 때 있었던 일이다(Burge, Klink). 예루살렘성을 거니실 때 날 때부터 맹인 된 사람을 보셨다(1절). 의학 지식이 별로 없고 위생에 대한 이해가 부족했던 당시에 앞을 못 보는 것은 매우 흔한 질병이었다(Burge). 그러므로 복음서에는 예수님이 맹인을 치료하시는 일이 여러 차례 기록되어 있다(마 9:27–31; 11:5; 12:22–23; 21:14; 막 8:22–26; 10:46–52; 눅 4:17; 7:22; 18:35–43).

'날 때부터'(ἐκ γενετῆς)는 신약에서 이곳에서만 한 차례 사용되는 표현이다. 구약은 '모태에서부터'(מֵרֶחֶם, מִבֶּטֶן)라는 말을 자주 사용한다(cf. 민 12:12; 삿 16:17; 욥 1:21). 사람이 세상에 태어나는 순간을 뜻한다. 이 사람은 단 한 번도 빛을 본 적 없이 이때까지 살아온 것이다. 이어지는 이야기를 보면 그는 부모에게마저 버림받고 예루살렘 거리를 떠돌며 구걸로 하루하루를 살아가는 사람이다(cf. 9:8, 20–22).

이 이야기에서 가장 인상적인 부분은 예수님이 그를 치료하려고 먼저 다가가시는 장면이다. 이 맹인은 자기 눈으로 이 세상을 한 번도 본 적이 없고, 앞으로 보게 될 것이라는 소망도 접은 지 오래다. 그저 구걸해서 하루하루 생명을 연명하는 것이 그의 유일한 소망이다. 그러므로 자신이 처한 환경에 익숙해진 그는 기적을 행한다는 나사렛 예수가 그의 앞을 지나가도 고쳐 달라고 외칠 생각을 하지 않는다. 예수님이 여리고성에서 만나 치료해 주신 바디매오와 사뭇 다르다(막 10:46–52). 하나님의 은혜가 필요한 사람이 고쳐 달라고 부르짖질 않으니 예수님이 그를 찾아가신 것이다. 이처럼 때로는 하나님의 은혜가 필요한 사람이 구하지 않더라도 하나님이 그를 찾아가 은혜를 베푸신다. 대부분 그리스도인은 성도가 되기 전에 하나님이 먼저 찾아와 베푸셨던 은혜를 떠올릴 수 있을 것이다.

제자들이 예수님께 물었다(2a절). '제자들'(μαθηταί)은 예수님과 동행하고 있는 열두 사도를 뜻하며, 이들이 언급되기는 6:70 이후 처음이다. 그들은 예수님을 '랍비'(ῥαββί)라고 부르는데, 가르침을 구하는 자들이 스승을 부를 때 사용하는 호칭이다. 그들이 예수님께 드릴 질문이 있다는 것을 암시한다.

제자들은 예수님께 이 사람이 맹인으로 난 것이 누구의 죄로 인한 것인지 물었다(2b절). 곧 맹인 자신의 죄 때문인지, 혹은 그의 부모(조상)의 죄 때문인지 물은 것이다(2c절). 그들은 사람이 살면서 경험하는 모든 고난과 질병을 죄의 결과로 생각하기 때문에 이렇게 질문한다. 물론 잘못된 생각이지만, 그 당시 일부 랍비는 이렇게 가르쳤다. 구약은 미리암이 모세에게 저항했다가 문둥병을 얻었다고 한다(민 12:1-12). 랍비들은 야곱과 에서가 어머니 배 속에 있을 때부터 장자권을 놓고 다툰 이야기(창 25:21-22)를 예로 들며 아이가 맹인으로 태어나는 것은 그들이 모태에 있을 때 죄를 지었기 때문이라고 주장하기도 했다(Mounce, Temple).

게다가 십계명도 부모가 죄를 지으면 자식들이 벌을 받는다고 하니(출 20:5; 신 5:9) 이런 주장은 상당한 설득력을 동반하는 듯하다. 예수님도 베데스다 못에서 치료해 주신 중풍병자를 성전에서 다시 만나셨을 때 비슷한 의미에서 "더 심한 것이 생기지 않게 다시는 죄를 범하지 말라"라고 하셨다(5:14). 그러므로 때때로 인간의 고통과 질병이 죄에서 비롯된다는 것은 사실이다.

문제는 제자들처럼 인간의 모든 고통과 질병이 그들의 죄에서 비롯된다고 생각하는 것이다. 인간의 고통과 질병은 때로는 도저히 알 수 없는 전혀 다른 일에서 비롯될 수도 있다. 욥이 겪은 고난처럼 말이다. 그러므로 이 사람이 맹인이 된 일에 대해 오직 두 가지 가능성(그의 죄

혹은 그 부모의 죄)밖에 생각할 수 없는 제자들은 욥을 위로하겠다고 찾아와 오히려 괴롭힌 세 친구와 비슷한 생각을 하고 있다.

제자들의 질문에 예수님은 그들이 전혀 기대하지 못한 말씀으로 대답하신다(Ridderbos). 그가 맹인이 된 것은 그의 죄나 그 부모의 죄와 전혀 상관이 없다(3a절). 단지 하나님이 그분이 하시는 일을 그에게서 나타내고자 하신다(3b절). 이 말씀은 예수님이 그의 눈을 뜨게 해 주도록 하나님이 일부러 그를 맹인으로 태어나게 하셨다는 뜻이 아니다. 그렇게 해석하면 하나님은 참으로 잔인한 분이 된다(Brown, Burge, Mounce, Rensberger). 한순간의 사역을 위해 지난 수십 년 동안 이 사람에게 볼 수 없는 고통을 겪게 하신 것이 되기 때문이다.

예수님은 때때로 인간은 죄로 인해 고통을 당하기도 하지만(cf. 5:14), 이 사람의 경우 죄와 상관없이 고통을 당하고 있다고 하신다(3a절). 우리는 그가 왜 맹인으로 태어났는지 알 수 없다. 그 이유는 창조주 하나님의 고유 영역에 속한 신비(mystery)로 남겨 두어야 한다. 예수님은 단순히 이 사람이 처한 불행한 상황을 통제하시는 하나님이 그의 삶 속에서 하나님이 하시는 일을 나타내고자 하신다고 말씀하신다(3b절, cf. Calvin).

그의 삶에서 '하나님이 하시는 일'(τὰ ἔργα τοῦ θεοῦ)은 무엇인가? 가장 기본적인 일은 맹인으로 태어난 그의 눈을 뜨게 하시는 일이다(cf. 7절). 그러나 '일'(ἔργα)은 복수형이다. 그러므로 하나님이 그의 삶에서 하시는 일은 그를 보게 하는 것에서 멈추지 않는다. 그의 영적인 구원, 곧 그가 예수님을 영접하게 하는 일도 하나님이 그의 삶에서 하시는 일에 포함된다(O'Day, cf. 9:34).

예수님은 지금은 낮이므로 자기를 보내신 이의 일을 우리가 해야 할 때라고 하신다(4a절). 예수님을 보내신 이는 하나님이시다. 일부 사본은 복수인 '우리' 대신 단수인 '나'로 표기해 하나님의 일은 예수님만 하시는 것으로 제한한다(Metzger). 그러나 예수님은 제자들이 하나님의 일을 하도록 권면하기 위해 '우리'라고 하신다. 예수님의 제자라는 증거는 그가 하나님의 일을 하는가 하지 않는가로 구분할 수 있다.

'우리'가 당장 하나님의 일을 해야 하는 것은 조금 있으면 밤이 올 것이고, 밤이 오면 일을 할 수 없기 때문이다(4b절). 당장 하나님의 일을 해야 한다는 긴급함을 조성하는 말씀이다. 제자들과 마찬가지로 우리도 하나님의 일을 할 기회가 항상 있는 것이 아니다. 밤이 되면 하고 싶어도 할 수 없다. 그러므로 바울은 디모데에게 '때를 얻든지 못 얻든지 항상 힘쓰라'고 한다(딤후 4:2). 우리가 하나님의 일을 할 수 있는 것은 특권이다. 그러나 이 특권을 항상 누릴 수 있는 것은 아니다.

예수님이 낮에 하나님의 일을 하라고 하시는 것은 예수님이 세상에 계시는 동안 세상을 밝히는 빛이 되시기 때문이다(5절). 물론 예수님이 떠나신 후에도 제자들은 하나님의 일을 계속할 것이며 우리도 그 일을 이어서 하고 있다(cf. Burge). 그러나 예수님이 이 땅에 계시는 동안은 그들이 하나님의 일을 하는 것이 훨씬 더 쉬웠을 것이다. 예수님은 세상을 비추는 빛이시기 때문이다(1:4). 세상의 빛이신 예수님은 영적으로 눈이 어두운 사람들로 하여금 세상을 제대로 보게 하신다. 그들의 영안을 밝히시는 것이다(cf. Mounce).

예수님은 제자들에게 이렇게 말씀하신 후 땅에 침을 뱉고 진흙을 이겨 그의 눈에 바르셨다(6절). 예수님이 침과 진흙을 맹인의 눈에 발라 뜨게 하신 일은 이 사건 외에도 두 번 더 있다(막 7:32-35; 8:22-25). 당시 사람들은 침에 치료 효과가 있다고 생각했다(McHugh, Morris). 두 차례 반복되는 '진흙'(πηλός)은 하나님이 태초에 흙으로 사람을 빚으신 일을 연상케 한다(창 2:7). 창조주께서 온전치 못한 피조물을 고치시는 모습이다. 당시 유대인들은 흙 이기는 것을 일로 규정해 안식일에는 할 수 없다고 했다(O'Day, cf. 9:16). 그들이 만든 규칙에 따르면 예수님은 안식일을 범하셨다(cf. 9:14).

예수님은 맹인의 눈에 침으로 이긴 진흙을 바르신 후 그에게 실로암 못으로 가서 씻으라고 하셨다(7a절). "실로암은 번역하면 보냄을 받았다는 뜻이라"(7b절)는 히브리어를 알지 못하는 사람들을 위한 설명이며, 이야기의 흐름을 깨는 부수적인 설명이다. 그러므로 개역개정은 이 문장을 괄호 안에 두었다. '실로암'(Σιλωαμ)은 히브리어 '실로아'(שִׁלֹחַ)를 헬라어로 음역한 것이며(cf. 사 8:6) 예루살렘 남동쪽 성문 안에 있는 못으로, 옛적에 히스기야왕이 아시리아의 침략에 대비해 성 밖에 있던 기혼 샘물을 533m에 달하는 터널을 통해 예루살렘성 안으로 끌어들인 것이다. 매년 장막절에 이 못에서 물을 기른 후 성전까지 행진하는 예식이 있었기 때문에 모두가 잘 아는 명소였다(ABD, cf. 7:37-52). 예수님은 하나님의 보내심을 받았다(4절; cf. 4:34; 5:23, 37; 7:28; 8:26; 12:44; 14:24). 보내심을 받은 예수님이 맹인을 '보내심 못'으로 보내 낫게 하신다.

맹인은 예수님의 말씀대로 곧바로 실로암 못으로 가서 씻었고 보게 되었다(7c절). 구약에 기록된 선지자 엘리사와 시리아 장관 나아만의 이야기를 연상케 한다(cf. 왕하 5:10-14). 엘리사는 나아만에게 요단강에 내려가 씻으면 그의 문둥병이 치료될 것이라고 했다. 그러나 나아만은 처음에는 주저하다가 함께 간 종의 논리에 설득되어 몸을 씻고 병을 나았다. 반면에 이 맹인은 서슴지 않고 순종해 하나님의 치료를 경험했다. 그의 순종이 하나님의 기적을 경험하게 한 것이다. 예수님은 그와 함께 실로암 못으로 가지 않으시고 먼 곳에서 그를 치료하셨다.

이 말씀은 우리가 앓는 질병과 고통이 모두 죄에서 비롯된 것은 아니라고 한다. 어떤 질병은 도저히 설명할 수 없는 신비로 남겨 두어야 한다. 어떤 고통은 하나님의 징벌이 아니며 오히려 하나님이 우리를 구원하고 은혜를 베푸시는 토대가 되기도 한다. 그러므로 질병으로 인해 고통 속에 있는 사람들을 정죄하기보다는 위로해야 하며, 신앙으로 격려하며 하나님이 그들의 삶에서 일하시도록 기도해야 한다.

우리는 언제든 마음만 먹으면 하나님의 일을 할 수 있다고 착각한다. 그러나 예수님은 그렇지 않다고 하신다. 일할 수 없는 때가 반드시 올 것이기 때문에 일할 수 있을 때 열심히 일하라고 하신다. 우리가 사는 때는 악하니 세월을 아껴(엡 5:16) 하나님을 예배하며 서로를 열심히 섬기고 사랑해야 한다. 이것이 우리가 해야 하는 하나님의 일이다.

하나님이 행하시는 기적을 경험하고자 한다면 먼저 순종해야 한다. 이 맹인은 실로암 못에 가서 씻으라는 예수님의 말씀에 순종해 기적을 경험했다. 우리 삶에서 하나님의 선하심을 경험하고자 한다면 우리도 먼저 순종해야 한다.

> V. 유대인들과의 갈등(8:12−10:42)
> B. 다섯 번째 표적: 맹인을 고치심(9:1−41)

2. 맹인이 보게 된 기적에 대한 반응(9:8−34)

태어날 때부터 맹인이었던 사람이 예수님이 베푸신 기적을 통해 보게 된 것은 모든 사람을 놀라게 할 만한 일이었다. 그러므로 그의 이야기를 접하는 사람마다 함께 기뻐하며 기적을 행하신 하나님께 영광을 돌렸으면 참으로 좋았을 텐데, 오히려 두려움과 정죄가 사람들을 사로잡는다. 바리새인으로 대표되는 유대교 지도자들의 비뚤어진 신학과 신앙 때문이다. 여러 대화로 구성된 본 텍스트는 대화를 나누는 사람들을 기준으로 다음과 같이 구분된다.

A. 이웃들과 보게 된 맹인(9:8−12)
B. 유대교 지도자들과 보게 된 맹인(9:13−17)
C. 유대교 지도자들과 보게 된 맹인의 부모(9:18−23)
D. 유대교 지도자들과 보게 된 맹인(9:24−34)

(1) 이웃들과 보게 된 맹인(9:8-12)

⁸ 이웃 사람들과 전에 그가 걸인인 것을 보았던 사람들이 이르되 이는 앉아서 구걸하던 자가 아니냐 ⁹ 어떤 사람은 그 사람이라 하며 어떤 사람은 아니라 그와 비슷하다 하거늘 자기 말은 내가 그라 하니 ¹⁰ 그들이 묻되 그러면 네 눈이 어떻게 떠졌느냐 ¹¹ 대답하되 예수라 하는 그 사람이 진흙을 이겨 내 눈에 바르고 나더러 실로암에 가서 씻으라 하기에 가서 씻었더니 보게 되었노라 ¹² 그들이 이르되 그가 어디 있느냐 이르되 알지 못하노라 하니라

예수님의 말씀대로 실로암 못에 가서 씻어 앞을 보게 된 사람이 더는 거리에서 구걸하지 않고 집으로 돌아왔다(Mounce). 아마도 자기가 경험한 놀라운 일을 집안사람들에게 알리고 함께 기뻐하기 위해서였을 것이다. 집에 돌아오니 이웃 사람들과 전에 그가 거리에서 구걸하던 일을 목격한 사람들이 그를 알아보았다(8절). 그러나 사람들은 그를 구걸하던 자로 알 뿐, 그를 이름으로는 알지 못한다. 사람들은 이름을 기억할 만큼 그를 소중하게 여기지 않았다(Klink).

바로 전날까지만 해도 앞을 보지 못했던 사람이 눈을 뜨고 나타난 믿기지 않는 상황에 놀란 사람들은 그가 누구인지 논쟁을 벌였다(9절). 그를 알아본 사람은 그들이 알던 구걸하던 사람이라 하고, 다른 사람들은 비슷하지만 그가 아니라고 했다. 사람의 얼굴은 그 사람의 인격과 마음을 반영한다. 그러므로 전 미국 대통령인 링컨은 사람이 40살이 되면 자기 얼굴에 책임져야 한다고 했다. 구걸하던 사람과 비슷하지만 아니라고 생각한 사람들은 이 사람의 얼굴에서 전에 느끼지 못한 신선함과 생기를 느꼈기 때문에 혼란스러워한 것이다(Mounce).

옆에서 그들의 대화를 듣고 있던 당사자는 '내가 그라'(ἐγώ εἰμι)라고

말했다(9c절). 이 말은 자신이 바로 전날까지 길거리에서 구걸하던 맹인이라는 사실을 확인하는 말이지만(Barrett, Brown), 한편으로는 예수님이 자신을 가리켜 하나님이라며 하신 말씀(ἐγώ εἰμι)을 떠올리게 하는 여운을 남긴다(Morris). 예수님이 베푸신 기적으로 보게 된 이 사람은 벌써 예수님을 어느 정도 대변하고 있다(Klink).

사람들은 그에게 눈이 어떻게 떠졌는지 물었다(10절). 여기서 '떠졌다'(ἠνεῴχθησάν)는 수동태다. 그들은 이 사람에게 스스로 이런 일(눈을 뜨는 일)을 할 만한 능력이 없다는 것을 잘 안다. 그러므로 누구의 도움을 받아서 보게 되었는지 묻는다.

앞을 보게 된 맹인은 자신이 경험한 일을 설명했다. 예수라 불리는 사람이 진흙을 이겨 눈에 바르고 실로암에 가서 씻으라 하기에 가서 씻었더니 눈을 뜨고 보게 되었다는 것이다(11절; cf. 9:6-7). 기적을 경험한 사람의 담백한 간증이다(Bultmann).

이 사람이 예수님을 '예수라 하는 그 사람'(ὁ ἄνθρωπος ὁ λεγόμενος Ἰησοῦς)이라고 부르는 것은 그도 예수님에 대해 잘 모른다는 사실을 암시한다(Klink). 그러나 예수님이 그를 낫게 하신 9:1-7에서는 한마디도 하지 않고 있다가 여기서는 곧바로 예수님이 자기를 치료하셨다고 말하는 것은 그가 아무 말 없이 치료에 임하던 순간에도 자신에게 무슨 일이 벌어지고 있는지 알고 있었음을 암시한다. 베데스다 못에서 예수님이 치료하신 중풍병자는 시력은 멀쩡했지만, 예수님을 알아보지 못했다(5:13-15). 반면에 이 사람은 자기를 치료해 주신 이의 얼굴은 보지 못했지만, 그분의 이름은 마음에 새기고 있었다.

예수님이 어디 있느냐고 사람들이 물었지만, 그는 알지 못한다고 했다(12절). 예수님이 자기를 낫게 하신 것은 알지만, 어디에 계시는지는 모른다는 것이다. 만일 그가 예수님이 계신 곳을 알았더라면 아마 집으로 오지 않고 먼저 주님이 계신 곳으로 가서 고마움을 표했을 것이다(cf. 9:35-38). 예수님을 다시 만나고도 영접하기는커녕 오히려 유대교 지도자들에게 예수님에 대해 보고한 중풍병자와는 사뭇 다르다.

이 말씀은 간증은 우리가 경험한 일을 가감 없이 담백하게 증언하는 것이라 한다. 듣는 이들의 감성을 자극하기 위해 없는 일을 더하거나 사실을 왜곡하면 안 된다. 오직 예수님이 하신 일을 경험한 대로 말하면 된다. 간증은 하나님을 높이는 일이지, 우리 자신을 드러내는 일이 아니다.

V. 유대인들과의 갈등(8:12–10:42)
  B. 다섯 번째 표적: 맹인을 고치심(9:1–41)
    2. 맹인이 보게 된 기적에 대한 반응(9:8–34)

---

(2) 유대교 지도자들과 보게 된 맹인(9:13–17)

[13] 그들이 전에 맹인이었던 사람을 데리고 바리새인들에게 갔더라 [14] 예수께서 진흙을 이겨 눈을 뜨게 하신 날은 안식일이라 [15] 그러므로 바리새인들도 그가 어떻게 보게 되었는지를 물으니 이르되 그 사람이 진흙을 내 눈에 바르매 내가 씻고 보나이다 하니 [16] 바리새인 중에 어떤 사람은 말하되 이 사람이 안식일을 지키지 아니하니 하나님께로부터 온 자가 아니라 하며 어떤 사람은 말하되 죄인으로서 어떻게 이러한 표적을 행하겠느냐 하여 그들 중에 분쟁이 있었더니 [17] 이에 맹인되었던 자에게 다시 묻되 그 사람이 네 눈을 뜨게 하였으니 너는 그를 어떠한 사람이라 하느냐 대답하되 선지자니이다 하니

사람들은 전에 맹인이었던 사람에게 일어난 기적을 어떻게 생각해야 하는지 혼란스럽다. 그래서 그를 데리고 유대교 지도자를 대표하는 바리새인들에게 갔다. 지금까지는 맹인이었던 사람과 사적인 대화를 나누었지만, 바리새인들에게 유대교의 공식적인 입장을 구하기 위해 그를 데려간 것이다. '데려가다'(ἄγω)는 간음하다가 잡힌 여인을 예수님

께 끌고 올 때 사용한 단어다(8:3). 어느 정도 강제성을 반영하고 있다. 그들이 이 사람을 억지로 끌고 가는 것은 자신들을 보호하기 위해서다 (cf. 9:22).

저자는 예수님이 맹인의 눈에 진흙을 발라 치료하신 날이 안식일이 라고 한다(14절). 유대인들은 생명을 위협하는 상황에서는 안식일에도 일할 수 있다고 했다. 그러나 이 사람의 경우 평생 앞을 보지 못하고 살아왔다. 그러므로 긴급한 상황은 아니다. 예수님이 안식일에 베데스 다 못에서 중풍병자를 치료하신 일이 유대교 지도자들에게 문제가 된 것을 생각하면(cf. 5:1-8) 이번에도 문제가 될 소지가 다분하다. 당시 유 대교에 따르면 예수님이 그를 치료하기 위해 흙을 침으로 이겨 진흙으 로 만드신 것은 일이다. 또한 안식일에 맹인과 대화하는 것은 신성 모 독으로 간주되었다(Morris).

바리새인들은 그가 어떻게 보게 되었는지 물었다(15a절). 전에 맹인 이었던 사람은 "그 사람[예수님]이 진흙을 내 눈에 바르매 내가 씻고 보나이다"라고 대답했다(15b절). 그가 실제로 경험한 일(9:1-7)과 이웃 에게 증언한 것(9:6-7)을 요약하는 말이다. 이 상황에서 다시 자세한 상황을 설명할 필요가 없으며, 바리새인들의 유일한 관심사는 그가 안 식일에 눈을 떴다는 사실이기 때문이다.

전에 맹인이었던 사람의 증언을 들은 바리새인들 사이에 분쟁이 일 었다(16절). 예수님과 그분의 사역은 유대인들에게 항상 분쟁거리가 된 다(Mounce). 이번에는 이론적인 논리와 실용적인 논리가 대립한다. 이 론적인 논리를 근거로 말하는 바리새인들은 이 맹인을 치료한 자(예수 님)가 하나님으로부터 온 자가 아니라고 단정한다(16a절). 만일 그가 하 나님이 보내신 이라면 하나님이 오래전에 정해 주신 안식일 율법을 어 기면서 이 사람을 치료할 리 없다는 주장이다. 하나님이 보내신 자라 면 하루 더 기다렸다가 치료하면 되는데 굳이 이렇게까지 안식일 율법 을 어기는 일을 할 필요가 있냐는 것이다. 그러나 문제는 구약 율법은 안식일에 사람을 치료할 수 없다고 하지 않는다는 사실이다. 그들은 안식일 율법을 자기들 마음대로 해석해 적용하면서 흙 이기는 것을 일로 규정해 모든 사람이 준수해야 할 안식일 율법이라 한다.

실용적인 논리를 펼치는 바리새인들은 만일 이 맹인을 치료해 준 사람이 자신들과 다를 바 없는 죄인이라면 어떻게 이런 표적을 행할 수 있느냐고 묻는다(16b절). '표적'(σημεῖα)은 하나님이 행하시는 기적을 의미한다. 예수님이 맹인을 보게 하신 일은 요한복음에 기록된 다섯 번째 표적이다. 나무는 열매로 알 수 있듯이, 그가 맹인을 보게 하는 기적을 행한 것을 보면 분명 하나님으로부터 온 사람이라는 것이다.

맹인을 치료해 준 이에 대한 평가가 둘로 나뉘자 바리새인들은 신학적 판단을 보류하고 맹인이었던 사람에게 물었다. 그의 눈을 뜨게 한 사람이 어떤 사람이라고 생각하느냐는 것이다(17a-b절). 이 사람이 기적 행한 이를 가장 가까이에서 겪어 보았으니 그의 생각이 궁금했던 것이다.

전에 맹인이었던 사람은 주저하지 않고 매우 간단명료하게 선지자라고 대답했다(17c절). '그는 선지자다'(προφήτης ἐστίν)는 예수님이 사마리아 우물가에서 만난 여인의 말을 연상케 한다(4:19). "주여 내가 보니 선지자로소이다"(κύριε, θεωρῶ ὅτι προφήτης εἶ σύ). 맹인이었던 사람은 예수님이 안식일을 범했으므로 그는 하나님에게서 온 자가 아니라고 한 바리새인들과 완전히 대조되는 입장을 고수하고 있다. 이 사람은 배운 것이 없고 하나님에 대해 아는 것도 별로 없지만, 하나님에 대해 더 많이 안다고 자부하는 소위 '하나님 전문가'인 종교 지도자들보다 더 정확하게 판단하고 있다. 오늘날로 말하자면 그는 신학자와 목회자들을 겸손케 한다.

이 말씀은 가치관과 우선순위에 대해 생각하게 한다. 태어날 때부터 맹인이었던 사람이 보게 된 것은 하나님이 그에게 자비를 베푸신 일이므로 소식을 접하는 사람마다 참으로 기뻐하고 감사해야 할 일이다.

자기 백성에게 은혜 베풀기를 기뻐하시는 하나님이 아직도 그들과 함께하신다는 증거이기 때문이다. 그러나 율법을 가장 잘 알고 소중하게 여긴다는 바리새인들은 하나님이 행하신 기적보다 자신들이 만들어 놓은 율법 해석과 적용을 준수하는 것을 더 중요하게 생각한다. 그러므로 그들은 하나님이 베푸신 은혜로운 기적이 안식일에 일어난 것으로 인해 오히려 실족한다! 참으로 어이없고 슬픈 일이다.

V. 유대인들과의 갈등(8:12-10:42)
  B. 다섯 번째 표적: 맹인을 고치심(9:1-41)
    2. 맹인이 보게 된 기적에 대한 반응(9:8-34)

(3) 유대교 지도자들과 보게 된 맹인의 부모(9:18-23)

[18] 유대인들이 그가 맹인으로 있다가 보게 된 것을 믿지 아니하고 그 부모를 불러 묻되 [19] 이는 너희 말에 맹인으로 났다 하는 너희 아들이냐 그러면 지금은 어떻게 해서 보느냐 [20] 그 부모가 대답하여 이르되 이 사람이 우리 아들인 것과 맹인으로 난 것을 아나이다 [21] 그러나 지금 어떻게 해서 보는지 또는 누가 그 눈을 뜨게 하였는지 우리는 알지 못하나이다 그에게 물어 보소서 그가 장성하였으니 자기 일을 말하리이다 [22] 그 부모가 이렇게 말한 것은 이미 유대인들이 누구든지 예수를 그리스도로 시인하는 자는 출교하기로 결의하였으므로 그들을 무서워함이러라 [23] 이러므로 그 부모가 말하기를 그가 장성하였으니 그에게 물어 보소서 하였더라

바리새인들을 중심으로 한 유대인들(유대교 지도자들)은 전에 맹인이었던 사람의 증언을 믿지 않는다(18a절; cf. 9:15). 세상이 창조된 이후 맹인이 눈을 뜨게 된 일은 한 번도 없었기 때문이다(cf. 9:32). 유대교 전통에 따르면 오직 메시아만 맹인의 눈을 뜨게 할 수 있으며, 그들은 아직 메시아가 오시지 않았다고 확신한다.

그들은 전에 맹인이었던 사람의 부모를 불러 물었다(18b절). 그들은 그의 부모에게 두 가지를 물었다. 그들의 질문은 공식적인 청문회에 출석한 사람들에게 질의하는 듯한 분위기를 조성한다(cf. Keener). 첫 번째 질문은 그가 맹인으로 태어난 그들의 아들이 맞는지에 관한 것이다(19a절). 원래 이 사람은 맹인이 아니었는데 맹인 행세를 한 것은 아닌지 확인하기 위한 질문이다.

두 번째 질문은 만일 그가 태어날 때부터 맹인이었다면 어떻게 해서 지금은 보게 되었는지에 관한 것이었다(19b절). 사실 이 질문은 그 사람의 부모와 별 상관이 없다. 그들은 아들이 어떻게 해서 보게 되었는지 아는 것이 없기 때문이다. 그러므로 이 질문은 정보를 얻기 위해 한 것이 아니다. 유대교 지도자들은 공개 석상에서 그의 부모에게 모멸감을 줌으로써 혹시라도 그들이 아들을 옹호하는 발언을 하면 그 증언에 신빙성이 없다는 것을 드러내기 위해 사전 작업을 하고 있다(Klink).

보게 된 사람의 부모가 첫 번째 질문에 답했다(20절). 그들의 아들이 맞으며, 그가 태어날 때부터 맹인이었다는 것도 사실임을 확인한다. 그러므로 그가 보게 된 것은 분명 기적이라는 것이다.

그러나 두 번째 질문에 대해서는 할 말이 없다고 한다. 맹인으로 태어난 아들이 어떻게 해서 보게 되었는지, 누가 그를 보게 했는지 그들도 아는 바가 없다고 한다. 부모는 솔직하지 않다. 눈을 뜬 아들이 집으로 돌아와 분명 예수님을 언급했을 것이기 때문이다(cf. 9:11). 그러므로 부모가 이렇게 말하는 것은 아들과 그들 사이에 거리를 두겠다는 의지의 표현이다. 부모는 그들에게 질문하는 유대교 지도자들을 두려워하고 있기에 자신들을 보호하기 위해 이렇게 말하고 있다(cf. 22절).

이어서 부모는 아들이 낫게 된 경위가 궁금하다면 그에게 직접 물어보라고 한다. 그들의 아들은 장성했으니 자기에게 일어난 일에 대해 얼마든지 논리 정연하게 말할 수 있다는 뜻이다(22b, 23절). 그가 장성했다는 것은 법적으로 성인이 되었다는 뜻이다(Barrett). 당시에는 13세가 되면 성인으로 간주되어 법적인 증언을 할 수 있었다(Mounce).

부모가 이렇게 대답하며 아들과 거리를 두려고 하는 것은 그들에게 묻고 있는 유대인들을 두려워하기 때문이다(22-23절). 유대인들은 이미 누구든지 예수님을 그리스도로 시인하면 출교하기로 결의했다. 부모는 출교당하는 것이 두려워 아들과 거리를 둔다. 두려움이 부모에게도 이런 영향을 미치는 것이 참으로 안타깝고 씁쓸하게 느껴진다. 그래서 성경은 믿음의 반대말은 두려움이라고 한다. 두려움은 믿음이 세우고자 하는 것들을 위협하고 무너뜨린다.

'출교'(ἀποσυνάγωγος)는 '회당에서 내보낸다'는 뜻이다(TDNT). 신약에서는 요한복음에서만 세 차례 사용되는 용어다(9:22; 12:42; 16:2). 일부 학자는 이 단어가 주후 85-95년이 되어서야 사용되기 시작했다고 한다(Martyn). 또한 그리스도로 시인하는 것도 예수님이 승천하신 후 세월이 한참 흐른 후에 있었던 일이라고 한다. 그러므로 이 두 단어가 본문에 사용된 것은 저자의 시대착오(anachronism)에서 비롯되었다고 한다. 요한복음의 저자가 1세기 말에 사용되기 시작한 용어를 예수님 시대에 사용된 것처럼 착오를 일으켰다는 것이다(Lindars, cf. Barrett).

그러나 이러한 주장을 입증할 만한 증거가 없다(Carson, Klink, Mounce). 게다가 예수님과 함께 전도 여행을 하던 베드로는 빌립보 가이사랴에서 "주는 그리스도이시요 살아 계신 하나님의 아들이시니이다"라며 '출교당할 만한' 고백을 했다(마 16:16; cf. 눅 12:8; 요 9:35). 그러므로 유대인들이 출교하기로 결의했다는 것은 시간이 지날수록 예수님과 그들의 관계가 계속 악화되었음을 보여 준다. 그들은 이미 예수님을 죽이기로 결심했다(cf. 5:18; 7:1, 19, 25; 8:37, 40). 이러한 상황에서 누구든지 예수님과 교류하면 처벌하겠다는 취지에서 이런 조치를 취한 것이다.

이 말씀은 두려움은 부모와 자식의 사이도 갈라놓는다고 한다. 태어날 때부터 맹인이었던 아들이 보게 되었으니 얼마나 기쁜 일인가! 그러나 정작 부모는 아들을 보호하거나 변호하지 않고 오히려 그와 거리를 두려고 한다. 지도자들의 진노로부터 자신을 보호하기 위해서 말이다.

하나님을 가장 잘 안다는 유대인들이 정작 하나님이 보내신 아들을 알아보지 못한다. 또한 아들이 행하신 기적도 부인한다. 심지어 아들과 교류하는 사람들을 벌하겠다는 지침까지 마련했다. 참으로 안타까운 일이다. 우리는 이런 오류를 범하지 않도록 항상 깨어 있어야 한다.

V. 유대인들과의 갈등(8:12-10:42)
  B. 다섯 번째 표적: 맹인을 고치심(9:1-41)
    2. 맹인이 보게 된 기적에 대한 반응(9:8-34)

---

(4) 유대교 지도자들과 보게 된 맹인(9:24-34)

²⁴ 이에 그들이 맹인이었던 사람을 두 번째 불러 이르되 너는 하나님께 영광을 돌리라 우리는 이 사람이 죄인인 줄 아노라 ²⁵ 대답하되 그가 죄인인지 내가 알지 못하나 한 가지 아는 것은 내가 맹인으로 있다가 지금 보는 그것이니이다 ²⁶ 그들이 이르되 그 사람이 네게 무엇을 하였느냐 어떻게 네 눈을 뜨게 하였느냐 ²⁷ 대답하되 내가 이미 일렀어도 듣지 아니하고 어찌하여 다시 듣고자 하나이까 당신들도 그의 제자가 되려 하나이까 ²⁸ 그들이 욕하여 이르되 너는 그의 제자이나 우리는 모세의 제자라 ²⁹ 하나님이 모세에게는 말씀하신 줄을 우리가 알거니와 이 사람은 어디서 왔는지 알지 못하노라 ³⁰ 그 사람이 대답하여 이르되 이상하다 이 사람이 내 눈을 뜨게 하였으되 당신들은 그가 어디서 왔는지 알지 못하는도다 ³¹ 하나님이 죄인의 말을 듣지 아니하시고 경건하여 그의 뜻대로 행하는 자의 말은 들으시는 줄을 우리가 아나이다 ³² 창세 이후로 맹인으로 난 자의 눈을 뜨게 하였다 함을 듣지 못하였으니 ³³ 이 사람이 하나님께로부터 오지 아니하였으면 아무 일도 할 수 없으리이다 ³⁴ 그들이 대답하여 이르되 네가 온전히 죄 가운데서 나서

우리를 가르치느냐 하고 이에 쫓아내어 보내니라

유대교 지도자들은 전에 맹인이었던 사람의 부모로부터 듣고자 하는 말을 듣지 못하자 그를 다시 불렀다(24a절). 그는 처음에는 이웃들에 의해 마지 못해 바리새인들 앞에 섰지만(9:13), 이번에는 바리새인들이 주관하는 '청문회'의 명령에 따라 공식적으로 출두했다(Klink).

그들은 먼저 맹인이었던 사람에게 하나님께 영광을 돌리라고 했다. '너는 하나님께 영광을 돌리라'(δὸς δόξαν τῷ θεῷ)는 진실을 말하라는 공식적인 요청이다(Borchert, cf. O'Day). 오늘날 법정에서 증인을 세울 때 판사가 진실만을 말할 것을 선서하게 하는 것과 같다(Brown, Keener, cf. 수 7:19; 렘 13:16).

청문회를 주관하는 자들은 어떠한 증거도 제시하지 않은 채 맹인이었던 사람의 눈을 뜨게 한 사람(예수님)이 죄인인 것을 안다고 선언한다(24b절). 맹인이었던 사람은 이웃들과 바리새인들에게 예수님이 그를 치료해 주셨다고 했는데(9:11-15), 이 지도자들은 예수님의 이름을 직접 언급하기를 꺼린다. 예수님을 이단으로 치부해 무시하려는 것이다.

심지어 그들 중 일부가 예수님이 하나님으로부터 오신 이가 분명하다고 했고(9:16) 맹인이었던 사람도 예수님을 선지자라고 했지만(9:17), 그들은 이러한 증언을 무시하고 예수님을 죄인으로 최종 판결한 것이다. 만일 예수님이 안식일이 아닌 다른 날에 맹인의 눈을 뜨게 하셨다면 그들의 판결이 달라졌을까? 그렇지 않다. 그들은 예수님이 자신의 이권을 위협한다고 생각했고, 예수님과 그분을 따르는 사람들을 짓밟기 위해 정치적 판단을 했다. 그러므로 달라질 것이 하나도 없다. 또한 그들은 자신들의 판단에 동의하라며 예수님이 고쳐 주신 사람에게 압력을 가하고 있다(Mounce).

맹인이었던 사람은 하나님과 성경에 대해 바리새인들처럼 많이 알지는 못한다. 그들이 어떤 근거로 예수님을 죄인이라 하는지 그들과 논쟁할 수 없다. 그러므로 그는 그들의 권위를 인정하며 자신의 생각을 솔직하게 말한다. 그는 예수님이 죄인인지 아닌지는 모른다고 한다 (25a절). 다만 그가 아는 한 가지 사실은 전에 맹인이었던 자신이 예수님을 통해 보게 되었다는 것이다(25b절). 그 자리에 있는 누구도 부인할 수 없는 사실을 선포하고 있다.

사실 '내가 맹인으로 있다가 지금은 보느니라'(τυφλὸς ὢν ἄρτι βλέπω)는 만일 예수님이 죄인이라면 그에게 일어난 일에 대해 납득이 가는 설명을 내 놓아야 한다는 요구다. 예수님께 고침을 받은 사람은 예수님에 대한 바리새인들의 판결에 동의할 수 없다며 이렇게 말한다. 이 사람의 증언은 찬송가 '나 같은 죄인 살리신'(Amazing Grace)의 1절을 마무리한다. 우리말 번역이 정확하게 표현하지 않아 놓치기 쉽지만 '광명을 얻었네'의 원 가사는 "나는 한때는 맹인이었는데, 지금은 본다"(I once was blind, but now I see)이다.

이 이야기에서는 앎(knowledge)이 중심 이슈다. 전에 맹인이었던 사람은 예수님이 죄인인지 아닌지 알지 못한다고 한다. 그의 부모는 맹인으로 태어난 자기 아들이 어떻게 해서 지금 보게 되었는지 알지 못한다고 했다. 그러나 바리새인들은 예수님이 죄인인 것을 안다고 한다. 제일 모르는 사람들이 제일 잘 안단다!

전에 맹인이었던 사람이 그들의 판결에 동의하지 않자 바리새인들은 일어난 기적에 관해 한 번 더 질문한다(26절). "그 사람이 네게 무엇을 하였느냐? 어떻게 네 눈을 뜨게 하였느냐?" 이 질문들은 무엇을 근거로 자신들의 판결에 동의하지 않느냐는 추궁이다(O'Day). 또한 예수님을 죄인으로 여기기는 하지만, 예수님이 행하신 기적은 인정한다는 취지의 질문이다. 맹인이었던 사람이 눈을 뜬 채 그들 앞에 서 있기 때문이다.

맹인이었던 사람은 그가 어떤 말을 해도 이 유대인 지도자들이 듣지 않을 것이라는 사실을 안다. 만일 그들에게 들을 의향이 있었다면 이미 그가 증언한 것을 귀담아들었을 것이며(cf. 9:15), 예수님을 죄인이라 판결하지 않았을 것이다. 그러므로 바리새인들이 그에게 두 가지 질문을 한 것처럼 그도 두 가지를 질문하며 그들을 비난한다(27절). "내가 이미 일렀어도 듣지 아니하고 어찌하여 다시 듣고자 하나이까? 당신들도 그의 제자가 되려 하나이까?"

이미 바리새인들에게 '무엇'(what)과 '어떻게'(how)에 대해 말했는데(cf. 9:15), 그들은 '왜'(why) 믿기를 거부하고 자기에게 다른 말을 하라며 압력을 가하느냐는 것이다(Klink). 맹인이었던 사람의 첫 번째 질문은 그들에게 더는 해 줄 말이 없다는 뜻이다. 두 번째 질문은 바리새인들을 빈정대고자 한 말이다(Bruce). 이 질문들은 맹인이었던 사람의 마음이 이미 예수님을 향해 있다는 것을 암시한다.

많은 사람이 지켜보는 공개 석상(청문회)에서 맹인이었던 사람에게 수모를 당한 바리새인들이 그를 욕했다(28a절). '욕하다'(λοιδορέω)는 복음서에서는 이곳에 단 한 차례, 신약에서는 세 차례 더 사용되는 흔하지 않은 단어다. 심하게 매도한다(revile)는 의미다(O'Day). 그들은 이 사람이 예수님의 제자이기 때문에 이렇게 말한다고 한다(28b절). 그러면서 예수님의 제자인 그와는 대조적으로 자신들은 모세의 제자라고 한다(28c절). 지도자들은 예수님과 모세가 마치 적대 혹은 경쟁 관계에 있는 것처럼 대립시키고 있다. 어린아이들이 서로 자기 아빠 힘이 더 세다고 하는 것과 별반 다르지 않다(Mounce). 그러나 사실은 모세도 예수님 편이다(5:45-47).

모세의 제자라는 지도자들은 하나님이 모세에게 말씀하신 것은 알지만(cf. 출 33:11), 맹인이었던 사람의 스승으로 치부되는(cf. 28절) 이 사람(예수님)은 어디서 왔는지 알지 못한다고 한다(29절). 사실은 오직 예수님만 하나님을 아신다(1:18). 예수님은 하늘에서 오셨고(3:3, 5, 31), 태초부터 하나님과 함께하셨기 때문이다(1:2). 그러므로 그들이 모세를 통해 하나님을 아는 것은 참으로 불완전하고 편파적인 것에 불과하다.

예수님이 어디서 왔는지 알지도 못하면서 섣불리 죄인으로 낙인찍는 것은 참으로 어리석은 일이라는 생각이 든다. 그들은 예수님의 이름 말하기를 계속 꺼린다. 그들 생각에 예수님의 근본은 하나님이 아니기 때문이다. 그들 생각에 예수님의 근본은 마귀다. 참으로 어이없는 자들이다.

그들이 예수님을 죄인이라 하며 모세와 질적으로 다른 사람이라고 하자 예수님이 보게 해 주신 사람이 세상 말로 '열을 받았다.' 하나님을 가장 잘 안다고 자부하는 종교 지도자들이 어이없는 판결을 내리고 상식 밖의 말을 하고 있기 때문이다. 30-33절에 기록된 그의 반론은 지금까지 그가 한 스피치 중 가장 긴 것이며 논리 정연하다. 유대교 지도자들은 모세와 예수님을 대조하면서 그를 겁박하려 했지만, 오히려 역효과를 낳은 것이다.

그는 하나님에 대해 보통 사람보다 더 많이 안다고 자부하는 유대교 지도자들이 정작 자신의 눈을 뜨게 해 주신 분이 어디서 오셨는지 모른다고 말하는 것이 참으로 이상하다고 한다(30절). '이상하다'(τὸ θαυμαστόν ἐστιν)는 참으로 놀라워 쉽게 믿어지지 않는다는 뜻이다(cf. TDNT). 그는 지도자들도 마음속으로는 예수님이 메시아라는 것을 안다고 생각한다. 다만 그들의 자존심이 마음으로 아는 것을 입으로 시인하지 못하게 한다. 그러므로 맹인이었던 사람은 일종의 냉소적인 비아냥으로 이렇게 말한다(cf. 27절).

그는 하나님이 죄인의 말을 듣지 않으시고 경건하여 주의 뜻대로 행하는 사람의 말을 들으신다고 한다(31절). 맹인이었던 사람은 유대인이라면 누구나 아는 성경적인 원리를 말하고 있다. 그의 말대로 하나님은 죄인의 말을 듣지 않으시고 경건한 사람의 기도를 들으신다(cf. 욥 27:9; 35:13; 시 66:16-20; 109:7; 잠 15:29; 사 1:15; 요일 3:21-22).

'경건'(θεοσεβὴς)은 이곳에서 한 차례 사용되는 희귀한 단어다. 문자적으로 풀이하면 하나님을 경외하는 것을 뜻한다(BDAG). 경건한 사람은 자기 뜻이 아니라 하나님의 뜻을 이루며 산다. 경건한 사람이 하나님의 뜻을 이루며 사는 것은 미가 6:8을 통해 가장 잘 표현되었다 (Bultmann). "사람아 주께서 선한 것이 무엇임을 네게 보이셨나니 여호와께서 네게 구하시는 것은 오직 정의를 행하며 인자를 사랑하며 겸손하게 네 하나님과 함께 행하는 것이 아니냐."

죄인의 말을 듣지 않으시고 주님의 뜻을 이루며 사는 경건한 사람의 말을 들으시는 하나님이 예수님의 말을 들으셔서, 맹인이었던 그를 예수님이 베푸신 기적을 통해 보게 하셨다. 그렇다면 예수님은 하나님이 듣지 않으시는 죄인이 아니라 하나님이 들으시는 경건한 분이라는 것이 이 맹인이었던 사람의 주장이다. 그의 주장은 바리새인들의 주장과 상당한 대조를 이룬다(Burge).

맹인이었던 사람은 역사적인 사례를 지적하며 말을 이어간다(32절). 세상이 창조된 이후 그 누구도 맹인으로 난 사람의 눈을 뜨게 했다는 말을 들어보지 못했다는 것이다. 선지자 엘리야와 엘리사는 죽은 사람을 살렸지만, 그 누구도 맹인의 눈을 뜨게 한적은 없다. 이사야 선지자는 하나님이 이런 일을 하실 때가 올 것이라고 예언했다(사 29:18; 35:5; 42:7). 바로 메시아의 때다. 예수님은 요한이 보낸 제자들에게 드디어 이런 때가 이르렀다고 하셨다(마 11:2–5).

모든 사람이 맹인이었던 사람의 말(31–32절)에 동의했을 것이다. 31절은 신학적인 진리며, 32절은 역사적인 진리이기 때문이다. 이제 그는 예수님이 어디서 오신 분인지 생각해 보라고 한다. 만일 예수님이 하나님으로부터 오지 않으셨다면, 자기가 경험한 일(눈을 뜨게 하심)을 하실 수 없었을 것이기 때문이다(33절). 31–32절을 바탕으로 하는 가장 합리적인 결론이다.

이야기가 진행됨에 따라 예수님이 누구이신지에 대해서도 점차적으로 더 확실해지고 있다. 예수님은 (1)'예수라 하는 그 사람'이었으며 (9:11), (2) '선지자'였으며(9:17), (3) '그리스도'였으며(9:22), (4)'하나님께

417

로부터 오신 이'다(9:33).

유대교 지도자들은 맹인이었던 사람의 논리 정연한 반박에 할 말을 잃었다. 예수님에 대한 섣부르고 어이없는 판결로 맹인이었던 사람을 겁박하려다가 오히려 수많은 사람 앞에서 수치를 당한 것이다. 승리를 장담하고 논쟁을 시작한 자들이 패했다.

그들은 맹인이었던 사람에게 자기 주제도 모르고 감히 자기들을 가르치려 하냐며 그를 쫓아냈다(34절). 그를 향해 '온전히 죄 가운데서 났다'고 하는 그들의 말은 편협하고 잘못된 신학을 반영하고 있다. 이미 언급한 것처럼 당시 유대교는 사람이 질병을 앓거나 고난당하는 이유는 죄 때문이라고 했다. 그들의 주장에 따르면 이 사람이 태어날 때부터 보지 못한 것은 그가 어머니의 배 속에서 죄를 지었기 때문이다. 그러므로 그들은 이 사람을 '죄 안에서 잉태되어 태어난 자'라며 상처에 소금 뿌리는 짓을 하고 있다.

그들은 죄 안에서 태어난 자는 남을 가르칠 자격이 없다고 단정한다. 그런데 이 사람은 감히 유대교 지도자들을 가르치려 든다는 것이다. 그들은 이 사람이 그들에게 '선생질'을 한다고 하는데, 사실은 맞는 말이다. 그는 지도자들보다 훨씬 더 훌륭한 선생이다. 많이 배우거나 하나님에 대해 많이 알아서가 아니다. 진리를 말하고 있기 때문이다.

'쫓아내어 보냈다'(ἐξέβαλον αὐτὸν ἔξω)를 유대교에서 출교시킨 것으로 해석하는 이들이 있다(O'Day, NLT, cf. 9:22). 그러나 단순히 청문회가 진행되던 곳에서 그를 내쫓았다는 의미가 더 정확하다(새번역, 공동, NAS, NIV, NRS, ESV). 어떻게 보면 그의 부모가 두려워하던 일이 그에게 일어났다(cf. 9:22). 그는 비록 쫓겨났지만, 실제로는 종교적 실세(power broker)라는 유대교 지도자들이 그에게 졌다(Borchert).

이 말씀은 하나님이 낮은 자를 들어 쓰시는 좋은 사례다. 태어날 때부터 맹인이었던 사람은 배우지도 못했고 가진 것도 없었다. 그런 그가 당시 교육을 가장 많이 받고 성경에 대해 참으로 많이 아는 사람들을 상대로 벌인 논쟁에서 절대적인 승리를 거두었다. 예수님에 대해 경험한 것과 누구든 동의할 수밖에 없는 진리로 지도자들이 반박하지 못하게 만들었다. 하나님은 세상의 미련한 것들을 택하셔서 지혜 있는 자들을 부끄럽게 하시며, 세상의 약한 것들을 택하셔서 강한 것들을 부끄럽게 하시는 분이다(고전 1:27).

예수님의 은혜를 입은 그는 위축될 수밖에 없는 상황에서도 예수님이 하늘에서 오신 분임을 당당하게 증언했다. 그는 종교 지도자들의 겁박에도 아랑곳하지 않고 자신이 하고 싶은 말로 예수님의 참되심을 선포한 용기 있는 사람이었다. 그렇기에 지도자들에게 핍박을 당하면서도 진실을 있는 그대로 밝혔다. 우리도 그처럼 당당하게 예수님을 증거하는 증인이 되어야 한다.

V. 유대인들과의 갈등(8:12-10:42)
  B. 다섯 번째 표적: 맹인을 고치심(9:1-41)

3. 맹인보다 못한 바리새인들(9:35-41)

35 예수께서 그들이 그 사람을 쫓아냈다 하는 말을 들으셨더니 그를 만나사 이르시되 네가 인자를 믿느냐 36 대답하여 이르되 주여 그가 누구시오니이까 내가 믿고자 하나이다 37 예수께서 이르시되 네가 그를 보았거니와 지금 너와 말하는 자가 그이니라 38 이르되 주여 내가 믿나이다 하고 절하는지라 39 예수께서 이르시되 내가 심판하러 이 세상에 왔으니 보지 못하는 자들은 보게 하고 보는 자들은 맹인이 되게 하려 함이라 하시니 40 바리새인 중에 예수와 함께 있던 자들이 이 말씀을 듣고 이르되 우리도 맹인인가 41 예수께서 이르시되 너희가 맹인이 되었더라면 죄가 없으려니와 본다고 하니 너희 죄가 그대로 있느니라

맹인의 눈을 뜨게 하신 후 모습을 보이지 않던 예수님이 다시 등장

하신다. 요한은 예수님이 그동안 어디서 무엇을 하셨는지 말하지 않는다. 맹인이었던 사람의 이야기와 상관이 없기 때문이다. 저자는 오로지 예수님이 이 사람을 어떻게 대하시는가에 중점을 둔다. 그가 핍박을 감수하면서까지 아직은 잘 모르는 예수님에 대해 진실한 증언을 했기 때문이다.

예수님은 맹인이었던 사람이 유대교 지도자들 앞에서 자기를 낫게 하신 이에 대해 증언하다가 그 자리에서 쫓겨났다는 소식을 접하시고 그를 찾으셨다(35a절). '듣다'(ἀκούω)는 하나님이 악인들의 말은 듣지 않으시고 경건한 사람의 말만 들으신다고 했던 그의 말을 상기시킨다(9:31). 예수님은 유대인들보다 하나님을 더 무서워하는(cf. 9:22) 그의 말을 '들으신 것'이다. 아마도 예수님은 그가 하나님이 보내신 사람, 곧 구원에 이르기에 합당한 사람이라고 생각하셨을 것이다(cf. 6:37).

그를 만난 예수님은 인자를 믿느냐고 물으셨다(35b절). '인자'(τὸν υἱὸν τοῦ ἀνθρώπου)는 예수님이 하나님으로부터 모든 권세와 영광, 다스리시고 심판하시는 권한을 받으신 분임을 상징한다(Burge, Klink, McHugh, cf. 단 7:13-14; 요 1:51; 5:27). 그가 한때 전혀 보지 못했던 점을 고려하면, 예수님은 이 질문을 통해 그에게 메시아를 보느냐고 물으신 것이다(Mounce). 예수님은 그에게 눈으로 보는 것보다 더 많은 것(영적인 진리)을 보라고 하신다.

눈을 뜬 사람은 아직 누가 그의 눈을 뜨게 해 주셨는지 모른다. 그가 실로암 못에서 눈을 씻었을 때 예수님은 그곳에 계시지 않았기 때문이다. 그러므로 그는 인자(메시아)가 자기 눈을 뜨게 해 주셨다고 확신하며 예수님께 그분이 누구인지, 어디 계시는지 알려 달라고 한다(36a절). 당장 그분을 믿고 싶다고 한다(36b절), 메시아로 영접하겠다는 뜻이다.

이 사람은 예수님이 베데스다 연못에서 치료해 주신 중풍병자와 사뭇 다르다(5장). 그는 성전에서 예수님을 다시 만난 후에 영접하기는커녕 곧바로 유대교 지도자들에게 알려 바쳤다(5:15). 그는 베푸신 은혜에 감사할 줄 모르는 사람이었다. 반면에 이 사람은 믿음과 선함의 모델이 될 만한 사람이다(Burge).

예수님은 빨리 인자를 믿고 싶다는 그에게 지금 대화를 나누고 있는 이(예수님)가 바로 인자라고 하신다(37절). 그러자 그는 곧바로 예수님께 신앙을 고백하고 절했다(38절). 그는 예수님을 36절에서 '주'(κύριε)라고 불렀는데, 이번에도 '주'(κύριε)라고 부른다(38절). 그러나 의미가 전혀 다르다. 앞에서는 모르는 사람을 부를 때 존경하는 의미에서 '선생님'(κύριε)이라고 부른 것이지만, 이번에는 예수님을 구세주로 영접하며 '주'(κύριε)라고 부르고 있다. 그는 도마가 부활하신 예수님을 뵙고 난 후 "나의 주님이시요 나의 하나님이시니이다"(20:28)라고 고백한 것과 같은 경험을 하고 있다.

맹인으로 태어났던 그는 예수님을 만나기 전에는 빛을 본 적이 없다. 항상 어둠 안에 있었다. 그러나 주님을 만난 후로는 더는 어둠에 있지 않다. 예수님이 베푸신 기적을 통해 먼저 그의 눈이 보게 되었고, 이번에는 그의 영안이 빛으로 오신 하나님을 보고 있다. 이제 모든 면에서 빛 안에서 살게 된 것이다(cf. 1:4). 그는 이러한 변화에 감사하며 예수님께 절했다. '절하다'(προσκυνέω)는 단순히 존경을 표하는 행동을 의미하는 것이 아니다. 예수님을 하나님으로 경배했다는 뜻이다(cf. 4:20-24; 12:20).

세상에는 예수님을 선생, 혹은 좋은 사람으로 생각하는 이가 많다. 그러나 그들은 구원에 이르지 못한다. 이 사람처럼 예수님을 구주로 고백하고 경배해야 영생을 얻는다. 예수님이 우리가 하나님께 나아갈 수 있는 유일한 길이요, 진리요, 생명이시기 때문이다(14:6).

그의 고백과 경배를 받으신 예수님은 자신이 세상에 오신 이유가 심판하기 위해서라고 하신다(39a절). '인자'(35절)가 하시는 일 중 하나가 심판이다. 예수님의 심판은 긍정적인 면과 부정적인 면을 지녔다. 긍정적인 면은 보고자 하지만 보지 못하는 사람들을 보게 함으로써 하나님의 심판을 피하게 하는 것이다. 반대로 부정적인 면은 볼 수 있지만 보기를 거부하는 사람들을 맹인이 되게 해 하나님의 심판을 받게 하는 것이다.

예수님은 영적인 차원에서 말씀하고 계신다. 보지 못하는 사람들은 자신의 죄와 연약함으로 인해 스스로 살 수 없다며 겸손히 주님께 자비와 긍휼을 구하는 사람들이다. 반면에 보는 자들은 하나님의 도움 없이 살 수 있다며 주님의 필요성을 느끼지 못하는 사람들이다(cf. Mounce, O'Day). 그러므로 예수님은 이 말씀을 통해 모든 사람에게 질문하신다. "너는 보는가? 혹은 보지 못하는가?"(Bultmann).

요한은 프롤로그에서 어둠에 거하는 자들은 빛을 알아보지 못한다고 했다(1:5). 이 사람들은 자신의 참모습도 보지 못한다. 복음은 자기 스스로 신이라고 생각하는 이들의 생각이 틀렸다며 사람으로 오신 하나님을 영접할 것을 권면한다. 이 권면을 받아들이는 사람은 보는 사람이며, 거부하는 사람은 보지 못하는 사람이다. 어둠 속에 있어서 보지 못하는 사람들은 세상의 빛이신 예수님 없이도 살 수 있다는 착각에 빠져 있다(Ridderbos).

예수님과 맹인이었던 사람의 대화를 옆에서 듣고 있던 사람 중 바리새인들이 예수님이 터무니없는 말씀을 하신다며 '우리도 맹인인가?'(40절)라면서 빈정댔다. 그들이 앞을 보지 못한다는 예수님의 말씀에 기분 나빠진 것이다. 그러나 그들이 이러한 반응을 보이는 것은 예수님의 말씀대로 그들이 앞을 보지 못하기 때문이다. 그러므로 그들은 예수님의 비난과 심판을 받을 만한 자들이다(Morris).

믿음으로 예수님을 영접한 맹인이었던 사람과 스스로 볼 수 있다며 고집스럽게 예수님을 부인하는 바리새인들이 극명한 대조를 이룬다. 스스로 볼 수 있다고 자부하는 사람은 하나님의 계시이신 예수님을 보지 못한다. 반면에 자신은 볼 수 없다고 고백하는 사람은 본다. 이러한 상황을 '모순적 계시'(paradox of revelation)라 한다(Bultmann).

바리새인들은 그들의 비아냥 섞인 질문('우리도 맹인인가?')에 예수님이 '노'(No)로 대답하기를 기대했을 것이다. 자신들만큼 하나님과 성경을 잘 보는(잘 아는) 사람은 없다고 생각하기 때문이다. 그러나 예수님은 '예스'(Yes)라고 답하시며 그들이 그들 말대로 맹인이라 하신다.

더 나아가 보지 못하고 죄를 지으면 죄가 없겠지만, 본다고 하면서 죄를 지으면 죄가 그대로 있다고 하신다(41절). 바리새인들은 그들 자신에게 죄가 없다고 생각한다. 그들의 왜곡된 성경 지식과 신학에 따르면 옳은 말이다. 그러나 하나님 보시기에 그들은 죄인 중 죄인이다. 안다면서 죄를 짓기 때문이다. 잠언 26:12 말씀을 생각나게 한다. "네가 스스로 지혜롭게 여기는 자를 보느냐 그보다 미련한 자에게 오히려 희망이 있느니라."

이 말씀은 복음은 스스로 부족하다며 도우시는 하나님을 겸손히 바라보는 사람들을 위한 것이라 한다. 예수님은 한때 맹인이었던 사람의 이러한 마음을 아시고 그를 찾아오셨다. 반면에 하나님은 바리새인들처럼 스스로 부족함이 없다고 여기는 사람들은 구원하지 않으신다. 오히려 심판하신다.

세상의 관점과 하나님의 관점은 참으로 다르다. 세상의 관점에서는 하나님을 가장 잘 안다는 바리새인들이 의인이고 구원에 이르기에 합당한 자들이라 할 수 있다. 그러나 하나님은 아니라고 하신다. 교만한 그들은 심판을 받기에 합당하다. 반면에 구원에 이를 사람은 하나님에 대해 별로 아는 것이 없지만 겸손히 주님 뵙기를 사모하는 사람이다. 우리가 눈으로 보는 것이 실체의 전부는 아니다.

C. 목자와 양(10:1-21)

학자들 사이에 9-10장의 역사적 배경과 텍스트 순서에 관한 논란이 있다. 예를 들면, 어떤 이들은 9:41 다음에 10:1-18을 건너뛰고 곧바로 10:19-29로 이어져야 한다고 주장한다. 7-9장에 기록된 일들은 가을에 있는 장막절 명절과 연관된 것들이며, 10:22은 유대교의 다음 절기인 초겨울에 있는 수전절을 언급하고 있기 때문이다. 반면에 10:1-19는 언제 있었던 일인지 분명하지 않다(cf. Brown, McHugh). 그러나 확실한 것은 예수님이 맹인을 보게 한 기적을 행하신 후에 있었던 일이라는 사실이다(cf. 10:21).

굳이 텍스트의 순서를 조정해 읽을 필요는 없다(cf. Carson, Klink). 7-9장이 예수님을 세상을 살리는 생수와 어둠을 물리치는 빛이라고 한다면(cf. 1:5), 10장은 그분을 하나님의 백성을 인도하는 목자로 묘사한다. 즉, '예수님은 누구이신가?'에 대한 가르침이 온 세상의 구세주에서 한 백성을 하나님께 인도하시는 분으로 좁혀지고 있다.

구약은 백성을 다스리는 리더를 자주 목자로 묘사한다(사 56:9-12; 렘 23:1-4; 25:32-38; 겔 34장; 슥 11장). 한편, 악한 왕을 거짓 목자라 하기도 한다(왕상 22:17; 렘 10:21; 23:1-2). 또한 목자와 양 비유로 하나님과 주님 백성의 관계를 설명하기도 한다(창 49:24; 시 23편; 78:52-53; 80:1). 이사야 40:11은 하나님이 이스라엘을 어떻게 보살피시는지에 대해 이렇게 기록한다. "그는 목자 같이 양 떼를 먹이시며 어린 양을 그 팔로 모아 품에 안으시며 젖먹이는 암컷들을 온순히 인도하시리로다."

예수님은 공관복음에서 목자와 양을 배경으로 말씀하시고(마 9:36; 10:6, 16; 막 6:34) 비유의 주제로 삼으셨다(마 25:32; 눅 15:4). 이처럼 구약과 신약에 목자와 양 비유와 연관한 가르침이 많은 것은 유목민 문화가 팔레스타인 지역에 깊이 뿌리내리고 있었기 때문이다. 구약의 여러 말씀 중 본문을 해석하는 데 큰 도움을 주는 것은 단연 에스겔 34장이다(Carson, Morris).

에스겔의 선한 목자 하나님(겔 34장)	선한 목자이신 예수님(요 10장)
자기의 양을 아는 목자	3, 14-15절
양을 치유하고 보살피는 목자	15절
양을 인도하는 목자	7-9절
양을 먹이는 목자	9절
양을 다스리는 목자	16절
양을 보호하는 목자	12-13절
양을 찾아 나서는 목자	16절

본 텍스트는 다음과 같이 세 파트로 구분된다.

A. 문과 목자와 양 비유(10:1-6)

B. 비유 설명(10:7-18)

C. 유대인들의 반응(10:19-21)

V. 유대인들과의 갈등(8:12-10:42)
  C. 목자와 양(10:1-21)

1. 문과 목자와 양 비유(10:1-6)

¹ 내가 진실로 진실로 너희에게 이르노니 문을 통하여 양의 우리에 들어가지 아니하고 다른 데로 넘어가는 자는 절도며 강도요 ² 문으로 들어가는 이는 양의 목자라 ³ 문지기는 그를 위하여 문을 열고 양은 그의 음성을 듣나니 그가 자기 양의 이름을 각각 불러 인도하여 내느니라 ⁴ 자기 양을 다 내놓은 후에 앞서 가면 양들이 그의 음성을 아는 고로 따라오되 ⁵ 타인의 음성은 알지 못하는 고로 타인을 따르지 아니하고 도리어 도망하느니라 ⁶ 예수께서 이

비유로 그들에게 말씀하셨으나 그들은 그가 하신 말씀이 무엇인지 알지 못
하니라

이 말씀은 두 가지 비유가 섞인 것으로 보인다(cf. McHugh, O'Day,
Schnackenburg). 이 비유에서 예수님은 양 우리로 들어가는 문이시며
(10:9), 또한 그 문을 들어가 양들을 인도하는 참 목자이시기 때문이다
(10:11).

본문을 시작하는 '진실로 진실로 너희에게 이르노니'는 예수님이 중
요한 가르침을 시작할 때 자주 사용하시는 문장이다(1a절). 요한복음에
서 이 문구는 새로운 스피치를 시작할 때보다는 앞에서 전개된 내용을
바탕으로 가르침을 이어갈 때 사용된다(Bernard). 그렇다면 예수님은 어
떻게 눈을 뜬 맹인의 이야기(9장)를 근거로 목자에 대한 가르침을 이어
가시는가?

맹인과 부모는 방황하는, 그러므로 목자가 필요한 양들이다. 한편,
자기 생각과 맞지 않는다며 맹인을 쫓아낸 유대교 지도자들은 절도와
강도라고 할 수 있다. 예수님은 맹인과 부모처럼 올바로 인도함을 받
지 못하는 양들을 위해 목자로 오셨다.

양 치는 것은 당시 흔한 일이었기 때문에 사람들은 연관된 이미지들
을 떠올리며 예수님의 말씀을 경청했을 것이다. '우리'(αὐλή)는 밤에 양
들을 보호하기 위해 벽이나 울타리를 쳐 둔 공간이다(Klink, Mounce). 대
부분 목자의 집에 붙어 있거나 주변에 있었으며, 무리가 크지 않은 경
우에는 두세 목자가 돌보는 양 떼를 한 우리에 함께 가두었다. 들에서
양들을 먹일 때도 목자들은 밤이 되면 벽이나 울타리를 둘러싸 만든
공간에 양들을 두어 들짐승으로부터 보호했다(Burge).

우리가 들에 있든, 집 근처에 있든 들어가는 문은 단 하나였다. 양들
에 대해 정당한 권리를 지닌 목자는 당연히 이 문을 통해 우리를 출입
했다. 그러나 문을 통하지 않고 담과 울타리를 넘어 양 떼가 모여 있는

우리 안으로 들어가는 자도 있다. 절도며 강도다(1b절). '절도'(κλέπτης)는 주인을 속이는 도둑이며, '강도'(λῃστής)는 남의 것을 빼앗는 자다. 이 둘이 하나의 지시대명사(ἐκεῖνος, '그 자')로 묶인 것으로 보아 서로 다른 두 사람을 묘사하는 것이 아니라, 한 사람을 묘사하고 있다(Beasley-Murray). 담을 넘는 자는 도둑이자 강도라는 것이다.

반면에 정정당당하게 문으로 들어가는 이는 양의 목자다(2절). 그러므로 양 떼가 있는 우리에 어떻게 들어가는지를 보면 목자인지 도둑인지 알 수 있다. 그렇다면 이 이야기에서 도둑은 문으로 들어갈 수 없는가? 없다. 문지기가 지키고 있기 때문이다(3절). 목자가 큰 양 떼를 거느릴 때는 조수 목자들(under shepherds)을 두어 함께 양을 쳤다. 밤이 되면 목자들이 돌아가면서 불침번을 섰다(Morris). 예수님은 이러한 정황을 바탕으로 이 비유를 말씀하신다.

문지기만 목자를 알아보는 것이 아니라, 양들도 목자의 음성을 안다(3a절). 우리가 보기에는 양들의 겉모습이 같아 구분하기 쉽지 않지만, 목자들은 각 양의 특징을 고려해 개별적으로 구분하는 이름을 지어 주기도 했다(Bernard). 목자가 양에게 이름을 지어 주는 것은 소유와 긴밀함을 상징하기도 했다(cf. 2:19-20). 목자는 다른 목자들의 양 떼와 섞여 있는 무리에서 자기 양들을 불러 우리 밖으로 인도한다(3b절). 양들이 자기 목자의 음성을 알기 때문에 가능한 일이다.

목자는 자기 양들을 우리 밖으로 내놓은 다음 앞장서서 가며, 양들이 그를 따라간다(4절). '내놓다'(ἐκβάλλω)는 유대교 지도자들이 맹인이었던 사람을 쫓아낸 일을 묘사하는 단어이기도 하다(9:34). 목자와 도둑의 차이가 분명해진다. 목자는 인도하기 위해 자기 양들을 우리 밖에 내놓는다. 반면에 도둑은 자기 잇속을 챙기기 위해 우리 밖으로 양들을 쫓아낸다.

예수님은 목자는 양들을 뒤에서 모는 것이 아니라, 그들 앞에 가면서 길을 인도한다고 하신다. 리더십의 가장 기본적인 원리다. '리

더'(leader)는 말 그대로 '리드'(lead)하는 사람이지 '미는'(push) 사람이 아니다. 당시 목자들은 앞서가며 육성으로 양 무리를 향해 따라오라고 소리치기도 했지만, 고유의 휘파람을 불며 양 떼를 인도하기도 했다. 중요한 것은 목자와 양들 사이에 형성된 신뢰와 친근함이다. 목회자들도 사역할 때 이렇게 해야 한다(Temple).

양들은 자기 목자의 음성을 알고 따르지만, 타인의 음성은 알지 못하기 때문에 따르지 않고 오히려 도망한다(5절). 양을 도망가게 하는 것은 타인의 명령이 아니라 그가 그 자리에 있다는 사실(presence) 자체다(Klink). 양들은 모르는 사람들에게 낯을 가린다. 믿는 사람은 영적인 분별력을 지녀야 한다는 의미다(Mounce). 모든 사람의 소리가 참 목자의 소리가 아닌 것처럼 이단들의 주장과 예수님의 가르침을 구분할 수 있어야 한다. 예수님의 음성이 아니면 그 자리를 떠나야 한다.

예수님이 이렇게 비유로 말씀하셨지만, 사람들은 그분이 하신 말씀이 무슨 의미인지 알지 못했다(6절). '비유'(παροιμία)는 요한복음에서 세 차례(cf. 16:25, 29), 신약의 나머지 부분에서 단 한 차례 사용되는 단어다(벧후 2:22). 격언(proverb)이나 비유적 표현(figure of speech), 혹은 베일에 가려진 의미를 지닌 말씀을 뜻한다(BDAG). 그러므로 비유는 깊이 생각해야 의미를 알 수 있다(Morris). 공관복음에 나오는 '비유'(παραβολή)와 같은 의미를 지닌 말이다(Mounce). 사람들은 예수님이 하신 말씀의 내용은 알지만, 정작 그 말씀을 통해 무엇을 가르치고자(말씀하고자) 하시는지, 혹은 말씀의 의미를 어떻게 해석해야 하는지 알지 못했다(Hoskyns).

이 말씀은 우리에게 영적 분별력을 키워 나갈 것을 권면한다. 하나님의 말씀을 가르치고 선포한다고 해서 모두 하나님이 보내신 참 목자는 아니다. 양의 옷을 입고서 노략질하는 이리 같은 거짓 목자도 있다(마 7:15). 그렇다면 참과 거짓을 어떻게 분별하는가? 그들의 설교와 가르침을 통해서 분별하기는 쉽지 않다. 표면적으로는 그들도 하나님과 예수님에 대해 가르칠 것이기 때문이다.

성경은 그들이 삶에서 맺는 열매를 보라고 한다. 좋은 나무는 나쁜 열매를 맺을 수 없고 나쁜 나무는 아름다운 열매를 맺을 수 없다(cf. 마 7:16-20). 하나님이 보내신 목자는 사랑과 희락과 화평과 오래 참음과 자비와 양선과 충성과 온유와 절제 등 성령의 열매를 맺는다(갈 5:22-23).

> V. 유대인들과의 갈등(8:12-10:42)
> C. 목자와 양(10:1-21)

2. 비유 설명(10:7-18)

[7] 그러므로 예수께서 다시 이르시되 내가 진실로 진실로 너희에게 말하노니 나는 양의 문이라 [8] 나보다 먼저 온 자는 다 절도요 강도니 양들이 듣지 아니하였느니라 [9] 내가 문이니 누구든지 나로 말미암아 들어가면 구원을 받고 또는 들어가며 나오며 꼴을 얻으리라 [10] 도둑이 오는 것은 도둑질하고 죽이고 멸망시키려는 것뿐이요 내가 온 것은 양으로 생명을 얻게 하고 더 풍성히 얻게 하려는 것이라 [11] 나는 선한 목자라 선한 목자는 양들을 위하여 목숨을 버리거니와 [12] 삯꾼은 목자가 아니요 양도 제 양이 아니라 이리가 오는 것을 보면 양을 버리고 달아나나니 이리가 양을 물어 가고 또 헤치느니라 [13] 달아나는 것은 그가 삯꾼인 까닭에 양을 돌보지 아니함이나 [14] 나는 선한 목자라 나는 내 양을 알고 양도 나를 아는 것이 [15] 아버지께서 나를 아시고 내가 아버지를 아는 것 같으니 나는 양을 위하여 목숨을 버리노라 [16] 또 이 우리에 들지 아니한 다른 양들이 내게 있어 내가 인도하여야 할 터이니 그들도 내 음성을 듣고 한 무리가 되어 한 목자에게 있으리라 [17] 내가 내 목숨을 버리는 것은 그것을 내가 다시 얻기 위함이니 이로 말미암아 아버지께서 나를 사랑하시느니라 [18] 이를 내게서 빼앗는 자가 있는 것이 아니라 내가 스스로 버리노라 나는 버릴 권세도 있고 다시 얻을 권세도 있으니 이 계명은 내 아버지

에게서 받았노라 하시니라

본 텍스트에는 요한복음에 등장하는 일곱 개의 '나는 …이다'(ἐγώ εἰμι…) 선언 중 세 번째('나는 양의 문이다', cf. 7, 9절)와 네 번째('나는 선한 목자다', cf. 11, 14절)가 등장한다. 일곱 가지 모두 유대교에서 의미 있는 상징성을 지닌 것으로, 예수님이 누구이신지(어떤 사역을 하시는지)에 대한 함축적인 선언이라 할 수 있다. 세 번째 선언('나는 양의 문이다', cf. 7, 9절)은 예수님이 하나님께 나아가기 위해서는 반드시 통과해야 하는 문이심을, 네 번째 선언('나는 선한 목자다', cf. 11, 14절)은 예수님이 하나님께 나아가는 길로 인도하는 유일한 선한 목자이심을 선언한다.

예수님은 10:1-5에서 말씀하신 비유를 설명하기 위해 다시 '진실로 진실로'(ἀμὴν ἀμὴν)로 스피치를 시작하신다(7절). 비유는 들었지만 무슨 뜻인지 깨닫지 못해 혼란스러워하는 사람들에게 의미를 설명해 줄 테니 잘 들으라는 뜻이다. '나는 양의 문이다'(ἐγώ εἰμι ἡ θύρα τῶν προβάτων)는 두 가지가 섞인 비유(10:1-5) 중 첫 번째인 '문'(10:1-2)에 관한 설명이다. 예수님이 양의 문이라는 것은 두 가지 의미를 지닌다. 첫째, 양이 담과 울타리로 둘러싸인 우리 안으로 들어가려면 반드시 하나밖에 없는 문을 통과해야 한다. 그러므로 예수님이 자신을 가리켜 양의 문이라고 하는 것은 오직 자신을 통해서만 하나님의 백성이 될 수 있다고 하시는 것이다. "내가 곧 길이요 진리요 생명이니 나로 말미암지 않고는 아버지께로 올 자가 없느니라"(14:6)와 같은 취지의 말씀이다.

둘째, 누구든지 하나님의 백성(우리 안에 있는 양들)을 먹이려면 양의 문이신 예수님을 통과해야 한다. 당시 목자들은 양 우리에 도둑이 들지 못하도록 양 문에서 자기도 했다(Beasley-Murray). 또한 울타리를 넘는 자들은 모두 도둑이다(cf. 10:1). 그러므로 그 누구도 예수님을 통하지 않고는 하나님 백성을 인도하는 목자가 될 수 없다(Ridderbos). 오늘날에도 교회에서 지도자가 되려는 사람들은 모두 예수님의 인준 절차를 통과해야 한다. 안타까운 것은 예수님의 인준을 받지 않고 담을 넘은 가짜 리더도 많다는 사실이다. 이들은 교회를 좀먹고 하나님의 명예에 먹칠을 한다.

예수님은 선한 목자로 오셨다(8절, cf. 11절). 예수님 전에 온 자들은 모두 절도요 강도들이므로 양들이 그들의 말을 듣지 않는다(8절). 예수님 전에 온 자들은 모두 도둑이요 강도라는 말이 지나치게 포괄적이라고 주장하는 이들도 있다(Morris). 하나님은 예수님이 오시기 전에 모세와 엘리야 등 수많은 참 선지자도 보내셨기 때문이다.

예수님은 7절에서 양의 문인 자신만이 구원을 줄 수 있는 유일한 메시아라고 하셨다(cf. Bultmann). 그러므로 이어지는 8절 말씀은 예수님 시대의 거짓 메시아와 유대교 리더십을 주름잡던 바리새인들을 두고 하시는 말씀이다(cf. Burge, Mounce, O'Day). 구속사의 흐름을 생각할 때 예수님보다 앞서 와서 주님의 길을 예비한 참 선지자들을 이렇게 매도하실 리 없기 때문이다.

예수님의 음성을 아는 양들은 스스로 메시아라며 속이는 도둑들과 강도들의 말을 듣지 않는다(cf. 10:4-5). 예수님을 통해 구원에 이르는 사람들은 영적 분별력이 있어 예수님과 그들을 구분한다는 뜻이다. 하나님이 예수님에게 보내신 자들은 예수님의 음성을 듣고 구원에 이른다(6:44). 목자의 음성을 듣고 목자가 인도하는 대로 따라가는 시편 23편의 양들을 연상케 한다.

참 목자이신 예수님과 거짓 목자의 음성을 구별하는 사람들은 구원의 문이신 예수님을 통해 구원에 이르고, 하나님이 주시는 꼴을 얻는다(9절). 이 말씀은 "내게 의의 문들을 열지어다 내가 그리로 들어가서 여호와께 감사하리로다 이는 여호와의 문이라 의인들이 그리로 들어가리로다"(시 118:19-20)를 연상케 한다. 사람이 구원에 이르려면 예수님이 유일한 길이다(14:6). 들어가며 나오며 꼴을 얻는다는 것은 예수님을 통해 구원에 이른 사람들은 이 땅에서 사는 동안 하나님의 보살 핌을 받을 것이라는 뜻이다. "그가 나를 푸른 풀밭에 누이시며 쉴 만한 물 가로 인도하시는도다"(시 23:2).

양들이 참 목자이신 예수님의 음성과 거짓 목자의 음성을 구분하는 것은 선택이 아니라 필수다. 그들의 삶과 영생이 결정되기 때문이다. 거짓 목자들은 도둑질하고 양들을 죽이고 멸망시키려 한다(10a절). 그 러나 참 목자이신 예수님은 양들에게 생명을 주고 그들의 삶을 더 풍 성하게 하기 위해 오셨다(10b절). 이러한 차이를 가장 확실하게 선언하 는 구약 말씀은 에스겔 34장이다. 선지자는 먼저 이스라엘의 거짓 목 자들(도둑들)에 대해 이렇게 선언한다.

> 자기만 먹는 이스라엘 목자들은 화 있을진저 목자들이 양 떼를 먹이는 것 은 마땅하지 아니하냐 너희가 살진 양을 잡아 그 기름을 먹으며 그 털을 입되 양 떼는 먹이지 아니하는도다 너희가 그 연약한 자를 강하게 아니하 며 병든 자를 고치지 아니하며 상한 자를 싸매 주지 아니하며 쫓기는 자 를 돌아오게 하지 아니하며 잃어버린 자를 찾지 아니하고 다만 포악으로 그것들을 다스렸도다 목자가 없으므로 그것들이 흩어지고 흩어져서 모든 들짐승의 밥이 되었도다(겔 34:2-5).

이어서 에스겔은 장차 오실 참 목자이신 하나님에 대해 이렇게 예언 했다. 드디어 예수님이 참 목자인 하나님으로 오신 것이다.

> 주 여호와께서 이같이 말씀하셨느니라 나 곧 내가 내 양을 찾고 찾되 목 자가 양 가운데에 있는 날에 양이 흩어졌으면 그 떼를 찾는 것 같이 내가 내 양을 찾아서 흐리고 캄캄한 날에 그 흩어진 모든 곳에서 그것들을 건 져낼지라 내가 그것들을 만민 가운데에서 끌어내며 여러 백성 가운데에 서 모아 그 본토로 데리고 가서 이스라엘 산 위에와 시냇가에와 그 땅 모

든 거주지에서 먹이되 좋은 꼴을 먹이고 그 우리를 이스라엘 높은 산에
두리니 그것들이 그 곳에 있는 좋은 우리에 누워 있으며 이스라엘 산에서
살진 꼴을 먹으리라 내가 친히 내 양의 목자가 되어 그것들을 누워 있게
할지라 주 여호와의 말씀이니라 그 잃어버린 자를 내가 찾으며 쫓기는 자
를 내가 돌아오게 하며 상한 자를 내가 싸매 주며 병든 자를 내가 강하게
하려니와 살진 자와 강한 자는 내가 없애고 정의대로 그것들을 먹이리라
(겔 34:11-16).

예수님은 양들에게 생명과 풍요를 주기 위해 오신 선한 목자이시다
(11a절). 본 텍스트의 두 번째(첫 번째는 '나는 양의 문이다', cf. 7, 9절)이자
요한복음에 등장하는 일곱 개의 '나는 …이다'(ἐγώ εἰμι…) 선언 중 네 번
째다. 에스겔 34장과 예수님을 선한 목자로 묘사하는 본문을 비교하면
다음과 같은 공통점을 지닌다.

에스겔의 선한 목자 하나님(겔 34장)	선한 목자이신 예수님(요 10장)
자기의 양을 아는 목자	3, 14-15절
양을 치유하고 보살피는 목자	15절
양을 인도하는 목자	7-9절
양을 먹이는 목자	9절
양을 다스리는 목자	16절
양을 보호하는 목자	12-13절
양을 찾아 나서는 목자	16절

선한 목자이신 예수님은 에스겔이 예언한 목자상에 머물지 않고 목
자가 할 수 있는 가장 중요하면서도 매우 어려운 한 가지를 더하신
다. 바로 양들을 위해 목숨을 버리는 것이다(11b절). 예수님은 선한 목
자를 양을 위해 목숨을 버리는 이로 정의하신다. 신약에서 전치사 '위
하여'(ὑπέρ)는 희생제물과 연관해 자주 사용된다(Burge, Carson, Klink,

Mounce, cf. 막 14:24; 눅 22:19-20; 롬 5:6-8). '버리시다'(τίθησιν)는 현재형이다. 예수님은 자신의 십자가 죽음뿐 아니라 삶 자체도 하나님의 백성을 위한 희생(대속)이라고 하시는 것이다(Barrett, Klink). 양들을 위해 생명을 내놓는 목자는 자기 잇속을 챙기는 데 급급한 유대교 지도자들(cf. 9장)과 강력한 대조를 이룬다. 예수님은 인류 역사에 없었던 최고의 목자(shepherd par excellence)이시다. 그러나 이 최고의 목자가 모든 양을 구원에 이르게 하는 것은 아니다(Hendricksen). 오직 그의 음성을 알아듣고 따라오는 자들만 구원하신다.

선한 목자이신 예수님은 양들을 위해 기꺼이 목숨을 버리지만, 삯꾼은 그렇지 않다. '삯꾼'(μισθωτός)은 돈만 주면 무엇이든 하는 사람이다(Mounce). 삯꾼은 이리가 오면 양을 버리고 달아나기 때문에 이리가 양을 물어 가거나 헤친다(12절).

삯꾼이 양을 버리고 달아나는 것은 참 목자가 아니기 때문이다(13절). 그는 돈을 받고 잠시 일하다가 언제 다른 일자리로 옮길지 모르기 때문에 양들과 교감을 형성하는 등 주인 의식을 갖지 않는다. 돈을 받은 만큼만 일할 뿐 헌신적으로 양을 돌보지 않는다. 그러므로 위험이 찾아오면 제일 먼저 도망간다.

선한 목자이신 예수님은 자기 양을 아시고, 양들도 그분을 안다(14절). 예수님과 그분의 양들 사이에 형성되는 친밀함의 정도는 아버지께서 아들이신 예수님을 아시고, 아들이 아버지인 하나님을 아시는 것과 같다(15a절). 우리가 상상할 수 있는 가장 친밀하고 헌신적인 관계다. 그러므로 아버지가 아들을 사랑하시는 것처럼 자기 양들을 사랑하시는 아들은 기꺼이 그들을 위해 목숨을 버리신다(15b절).

당시 헬라인들은 철학과 신학 등을 통해 신을 알 수 있다고 생각했다(Keener). 그러나 예수님은 관계를 통해 하나님을 알 수 있다고 하신다(Mounce). 관계는 경험해야만 형성된다. 그러므로 성경과 묵상을 통해서도 하나님을 어느 정도는 알 수 있지만, 구원에 이르는 앎은 삶에서 하나님을 경험한 사람만이 얻을 수 있다.

예수님은 우리에 들지 않은 다른 양들이 있으며, 우리 안에 있는 양들처럼 우리 밖에 있는 양들도 인도할 것이라고 하신다(16a절). 그들도 예수님의 음성을 듣고 따르는 한 무리가 될 것이기 때문이다(16b절). 누구를 두고 하시는 말씀인가? 우리 안에 있는 양들은 유대인 중에서 예수님을 영접하는 사람들을 뜻한다. 반면에 우리 밖에 있는 무리는 예수님을 영접할 이방인들이다(Carson, cf. 1:29; 3:16; 4:42).

에스겔은 언젠가 이스라엘과 유다가 다윗의 리더십 아래 하나가 될 것이라고 했다(cf. 겔 34:23-24). 예수님은 유다와 이스라엘에 이방인을 더하신다. 다윗의 후손으로 오신 예수님이 이들을 모두 다스리는 한 목자가 되셨다. '한 무리, 한 목자'(μία ποίμνη, εἷς ποιμήν)는 언어유희를 구성한다. '무리'(ποίμνη)와 '목자'(ποιμήν)는 거의 같은 소리를 내며 마지막 두 글자의 순서만 바뀌어 있다.

예수님은 정한 때가 되면 목숨을 빼앗기는 것이 아니라 스스로 버리실 것이다(17-18절). 죄인들을 위해 십자가에서 죽으시는 일은 피치 못할 상황이나 혹은 누군가의 강요로 인한 것이 아니다. 예수님이 그렇게 하겠다고 스스로 결정하신 일이다. 그러므로 십자가에 달리신 예수님이 숨을 거두기 전에 마지막으로 하신 말씀은 "아버지 내 영혼을 아버지 손에 부탁하나이다"였다(눅 23:46). 예수님이 이렇게 하시는 데에는 세 가지 이유가 있다.

첫째, 스스로 생명을 버리시는 것은 다시 얻기 위해서다(17a절). 예수님은 십자가에서 죽으신 후 부활하실 것을 아신다. 또한 예수님이 자기 목숨을 버리지 않으면 한 생명으로 남으실 뿐이지만, 목숨을 버리면 다시 얻으실 때(부활) 수많은 사람을 살리신다. 밀알을 비유로 말씀하신 것이 생각난다. "내가 진실로 진실로 너희에게 이르노니 한 알의 밀이 땅에 떨어져 죽지 아니하면 한 알 그대로 있고 죽으면 많은 열매를 맺느니라"(12:24).

둘째, 예수님은 목숨을 스스로 버리는 일을 통해 하나님의 사랑을 확인하고자 하신다(17b절). 이는 예수님에 대한 하나님의 사랑이 예수님이 자기 목숨을 버리는 조건에 근거한 사랑이라는 뜻이 아니다. 예수님은 성육신하시기 전부터 아버지의 사랑을 경험하고 아셨다. 그 사랑에 근거해 기꺼이 자기 목숨을 버리실 것이다(Mounce).

셋째, 예수님은 버릴 권세와 다시 얻을 권세를 아버지께 받으셨다(18b절). 사람의 삶과 죽음에 대한 권세를 받으신 것이다. 그러므로 예수님은 "누구든지 제 목숨을 구원하고자 하면 잃을 것이요 누구든지 나를 위하여 제 목숨을 잃으면 찾으리라"(마 16:25)라고 선언하셨다.

이 말씀은 사람이 구원에 이르는 유일한 길은 예수님이라고 한다. 양의 문이신 예수님을 통하지 않고는 하나님의 양이 될 수 없다. 예수님은 인류의 유일한 구세주이시다. 그러므로 우리가 죄인에서 용서받은 죄인으로, 죽어 사라질 자에서 영생을 누리는 자로 바뀔 유일한 방법은 예수님을 우리의 구원자로 영접하는 것이다.

또한 예수님은 우리의 선한 목자이시다. 우리를 살리기 위해 스스로 생명을 내놓으셨다. 선한 목자이신 예수님은 우리가 이 땅에 사는 동안 선한 길로 인도하신다. 그러므로 우리는 삶의 방향에 대해 걱정할 필요가 없다. 예수님이 인도하시는 대로 가면 주님이 우리의 모든 필요를 채우시며 천국에 이르게 하실 것이다.

하나님 나라를 위해 헌신하고 희생하는 사람은 더 많이, 더 풍요롭게 거둘 것이다. 버릴 권세도 있고 다시 얻을 권세도 가지신 이가 우리의 희생을 귀하게 여겨 몇 배의 축복으로 갚아 주실 것이기 때문이다.

3. 유대인들의 반응(10:19-21)

¹⁹ 이 말씀으로 말미암아 유대인 중에 다시 분쟁이 일어나니 ²⁰ 그 중에 많은 사람이 말하되 그가 귀신 들려 미쳤거늘 어찌하여 그 말을 듣느냐 하며 ²¹ 어떤 사람은 말하되 이 말은 귀신 들린 자의 말이 아니라 귀신이 맹인의 눈을 뜨게 할 수 있느냐 하더라

바리새인들은 맹인이었던 사람의 증언을 듣고 둘로 분열된 적이 있다(9:16). 예수님이 안식일에 맹인을 치료하신 일을 두고 한쪽에서는 엄연한 안식일 율법 위반이라며 예수님은 하나님으로부터 오신 이가 될 수 없다고 했다. 다른 쪽에서는 예수님이 죄인이라면 맹인을 보게 하는 일을 할 수 없다며 하나님으로부터 오신 이가 틀림없다고 했다.

이번에는 예수님의 말씀을 듣고 분쟁이 일어나 나뉜다(19절). 대부분 바리새인은 예수님이 귀신 들려 미쳤다며 그의 말을 듣지 말라고 했다(20절). 그들이 보기에 자기를 통하지 않고는 구원에 이를 수 없다는 예수님의 말씀은 자신을 모세보다 더 위대한 사람으로 높이는 망언이다. 또한 구약에 따르면 언젠가 오실 선한 목자는 여호와 하나님이시다(겔 34장). 그런데 예수님이 자기를 가리켜 선한 목자라고 하시니 믿음 없는 그들이 보기에는 이 또한 망언이다. 잠시 후 그들은 더는 듣지 못하겠다며 예수님을 돌로 치려고 한다(10:31).

한편, 예수님을 옹호하는 바리새인들은 실용적인 논리를 펼쳤다. 만일 예수님이 귀신 들린 자라면 어떻게 맹인의 눈을 뜨게 할 수 있느냐는 것이다(21절). 사람의 눈을 뜨게 하는 것은 귀신 들린 사람이 할 만한 기적이 아니라는 것이다.

이 말씀은 하나님을 가장 잘 안다는 자들도 구원에 이르지 못할 수 있다고 한다. 바리새인들은 당시 신앙이 매우 깊은 사람으로 존경을 받았다. 율법을 철두철미하게 지켰으며, 하나님을 가장 잘 알고 사랑하는 자들로 여겨졌다. 그러나 대부분 바리새인은 예수님이 미쳤다고 한다. 그들이 가장 사랑한다는 하나님이 오셨는데 알아보지 못하고 오히려 욕되게 한다. 우리도 항상 자신을 돌아보아야 한다. 지금 당장 예수님이 다시 오신다고 해도 그분을 영접할 준비가 되어 있어야 한다.

D. 아버지와 아들(10:22-42)

예수님은 자신이 하늘에서 온 하나님의 아들이라는 사실을 여러 차례 선포하셨다. 그러나 유대인들은 믿기를 거부했다. 이번에도 그들은 그리스도임을 밝히라고 하지만, 사실은 믿기 위해서가 아니라 예수님의 말씀을 문제 삼기 위해서다. 예수님은 이러한 상황을 아시면서도 다시 한번 자신과 하나님의 관계에 대해 말씀하신다. 신성 모독이라며 반발하는 유대인들에게 믿으라고 권면하신 후 그 자리를 떠나신다. 본 텍스트는 다음과 같이 구분된다.

A. 수전절에 성전으로 가심(10:22-24)
B. 예수님과 하나님은 하나(10:25-30)
C. 신성 모독이 아니니 믿으라는 권면(10:31-38)
D. 결말: 성전을 떠나심(10:39-42)

1. 수전절에 성전으로 가심(10:22-24)

²² 예루살렘에 수전절이 이르니 때는 겨울이라 ²³ 예수께서 성전 안 솔로몬
행각에서 거니시니 ²⁴ 유대인들이 에워싸고 이르되 당신이 언제까지나 우리
마음을 의혹하게 하려 하나이까 그리스도이면 밝히 말씀하소서 하니

장막절에 예루살렘 성전으로 순례를 가셨던 예수님이(cf. 7-9장) 이번
에는 수전절 절기를 기념하기 위해 다시 성전을 방문하셨다(22절). 유
대인들의 주요 절기는 모두 율법이 제정한 것이며, 부림절은 에스더서
에 그 유래가 기록되어 있다. 이와 대조적으로 수전절은 구약이 언급하
지 않는 절기다. 유대인들의 달력으로 기슬래월 25일에 시작해 8일 동
안 진행되는데(cf. 마카비1서 4:36-59), 우리 달력으로는 거의 항상 12월
에 시작되거나 마무리된다.

유대인들이 구약에 없는 절기인 수전절(τὰ ἐγκαίνια, 영어로는 Hannukah
혹은 Festival of Dedication이라고 함)을 기념하게 된 역사적 정황은 이러하
다. 북 왕국 이스라엘은 주전 722년에 아시리아의 손에 망하고, 남 왕
국 유다는 주전 586년 바빌론에 망했다. 이후 주전 538년에 스룹바벨
과 세스바살이 이끌고 돌아온 1차 귀향민들에 의해 나라가 재건되었
다. 주전 458년에는 에스라가 2차 귀향민들을 바빌론에서 인도해 왔
고, 주전 444년에는 느헤미야가 3차 귀향민들과 함께 예루살렘을 찾
았다. 그러나 재건된 나라는 참으로 연약해 예수님 시대에 이르기까지
항상 강대국들의 흥망성쇠에 따라 섬기는 군주가 바뀌었다.

유다에 가장 치욕적이고 큰 피해를 준 이방인 왕은 에피파네스
(Epiphanes, '신의 현현'이라는 의미를 지님)라고 알려진 시리아 왕 안티오쿠
스 4세(Antiochus Ⅳ)였다. 사건의 발단은 주전 168년에 안티오쿠스가 이
집트 정복에 나선 일이다. 그는 큰 군대를 이끌고 알렉산드리아 밖 6㎞

지점까지 진군했다.

그런데 안티오쿠스에게 큰 문제가 생겼다. 이전에 그로 인해 엄청난 피해를 본 이집트가 로마에 도움을 청한 것이다. 이집트는 자신들의 힘으로는 도저히 안티오쿠스 군대를 감당할 수 없다고 판단해 많은 돈(뇌물)을 로마 원로원(Senate)에 보내 도와 달라고 요청했다. 로마 원로원은 이집트의 청을 받아들여 가이우스 라에나스(Gaius Popilius Laenas) 장군을 대사로 파견했다. 라에나스 대사를 통해 안티오쿠스에게 이집트 원정을 그만 두고 조국으로 돌아가라고 명령하기 위해서다. 원로원은 안티오쿠스가 명령을 거부하는 상황에 대비해 로마 해군을 알렉산드리아로 급파했다.

원로원이 대사로 파견한 라에나스는 한밤중에 호위병 몇 명을 데리고 안티오쿠스 군대의 진영을 찾았고, 로마는 안티오쿠스가 시리아로 즉시 돌아갈 것을 명령한다고 전했다. 안티오쿠스는 라에나스에게 '생각할 시간'을 요구했다. 시간을 벌어 보자는 계산이었다. 라에나스는 조용히 일어나 안티오쿠스 주변으로 작은 동그라미를 그린 후 말했다. "이 원을 빠져나오기 전에 결정하라."

안티오쿠스는 아무 말도 못하고 짐을 싸 본국으로 돌아가야 하는 수모를 당했다. 만일 안티오쿠스가 마음만 먹었다면, 호위병 몇 명 데리고 나타난 라에나스는 죽은 목숨이었다. 그런데 왜 안티오쿠스는 수만 명의 병력을 지휘하고 있으면서도 혈혈단신이나 다름없는 라에나스에게 굴복했는가? 아무 힘도 없어 보이는 라에나스 뒤에는 안티오쿠스가 매우 두려워하는 로마가 있었기 때문이다. 라에나스를 건드리는 것은 곧 로마와 전쟁하겠다는 선전 포고밖에 되지 않았다. 이 사건이 바로 성경이 '너희는 하늘나라의 대사들'이라고 하는 말씀의 의미다.

안티오쿠스가 라에나스의 말에 힘없이 본국으로 돌아갈 수밖에 없었던 이유는 그가 예전에 '로마의 쓴맛'을 보았기 때문이다. 그의 아버지 안티오쿠스 3세는 마그네시아(Magnesia)에서 로마 군대에 참패한 적이 있다. 전쟁에서 패한 대가로 그의 아들 안티오쿠스 4세는 인질로 로마에 끌려가 그곳에서 15년을 살았다. 로마에 체류하는 동안 안티오쿠스는 로마가 얼마나 강하고 잔인한지 의식하게 되었다.

전쟁에 진 대가로 그의 아버지 안티오쿠스 3세는 매년 로마에 거액을 조공으로 바쳐야 했고, 거액의 조공을 준비하기 위해 시리아에 있던 벨(Bel)의 신전을 약탈하다가 성난 군중에게 맞아 죽었다. 이런 일들이 안티오쿠스에게 큰 두려움이 되었다. 안티오쿠스는 로마를 매우 미워했지만, 그의 힘으로는 어떻게 해볼 수 없는 무시무시한 적이었다. 그러므로 그는 라에나스의 말에 대꾸도 못 한 채 대군을 이끌고 왔던 길을 돌아갔다.

일생 최악의 수모를 당한 안티오쿠스는 시리아로 돌아오는 길에 팔레스타인 지역을 쑥대밭으로 만들었다. 그는 로마에 당한 일을 분풀이하고 싶었다. 게다가 유다가 이집트를 지배하던 톨레미(Ptolemy) 정권의 약속을 믿고 군주였던 시리아에 반역한 상황이었기 때문에 보복해야 한다고 생각했다.

안티오쿠스는 예루살렘 성전을 침략해 많은 것을 약탈했다. 또한 반역에 가담한 사람들을 색출해 죽이거나 노예로 팔아 넘겼다(cf. 마카비1서 1:29-32, 41-64). 이듬해인 주전 167년 12월에 안티오쿠스는 유대인들을 심하게 자극하는 신성 모독을 했다. 예루살렘 성전에 그리스 신화에 나오는 신 제우스(Zeus) 동상과 그 신에게 제물을 바치는 제단을 세운 것이다. 안티오쿠스는 이 제단에서 돼지를 포함한 부정한 짐승들을 제우스에게 제물로 바쳤다(마카비1서 1:37, 39, 44-47, 54, 59; 마카비2서 6:2-5).

안티오쿠스는 유대인들이 여호와 종교의 예식과 풍습을 행하지 못하도록 이를 금하는 법을 제정했다. 할례와 금식과 안식일 준수 및 여러 종교 절기를 지키거나, 성경을 소유하고 있다가 발각된 사람은 처형했다. 그는 성전을 완전히 더럽혔으며, 유대인들에게 자신과 그리스 신들에게 충성할 것을 강요했다. 여호와를 섬기겠다는 사람들은 가차없이 처단했다(마카비1서 1:41-50). 유대인 수만 명이 살해되었다.

유대인들은 가만히 당하고 있지만은 않았다. 마타티아스(Mattathias)라는 유력한 사람이 있었는데 그의 아들들, 특히 유다 마카비(Judas Maccabeus)가 주동이 되어 반격을 시도했다. 소수의 인원에 무기도 변변치 않은 상황에서 유대인 반군이 시리아를 상대로 싸우는 일은 결코 쉽지 않았다. 그래서 그들은 게릴라 전을 펼쳤다. 낮에는 야산에 숨어 쉬다가, 밤이 되면 시리아 군대들을 친 것이다.

시간이 지나며 마카비 반군에 합류하는 유대인이 많아졌다. 마카비 형제들의 전략은 적중했고, 더는 견딜 수 없었던 안티오쿠스는 주전 164년에 예루살렘에서 철수했다. 마카비 형제들은 그해 12월 안티오쿠스에게서 되찾은 예루살렘과 성전을 정결하게 해 하나님께 헌당했다. 이것이 수전절(Hanukah)의 유래다. 수전절은 '헌당절'(Feast of Dedication) 혹은 '재헌당절'(Feast of Rededication)로 불리기도 한다. 수전절은 주전 164년에 처음 기념된 이후 유대인들이 매년 8일 동안 지키는 절기로 자리 잡았다. 예수님이 이 절기를 기념하기 위해 다시 예루살렘 성전을 찾으신 것이다.

예수님은 성전 안 솔로몬 행각에 계셨다(23절). '행각'(στοά)은 성전 건물에서 가장 멀리 떨어져 있는 뜰 주변에 세워진 입구 건물들이다(Brown). 행각에는 밖(예루살렘 시가지)으로 향한 문과 성전을 바라보는 안쪽 문이 있었는데, 안쪽 문은 거의 항상 잠겨 있고 바깥쪽 문만 열려 있었다(Keener). 그러므로 행각은 성전을 방문한 사람들이 추운 겨울 날씨를 피하는 데 도움이 되는 장소였다.

유대인들이 행각에서 서성이는 예수님을 알아보고 에워쌌다(24a절). '에워싸다'(κυκλόω)는 원하는 것을 얻어내기 위해 위협하는 행위다(Barrett, Burge, Mounce, cf. BDAG). 이때는 겨울인데, 그들의 마음도 겨울 날씨처럼 차갑다(Mounce). 그들의 소행은 시편 118:11을 생각나게 한다. "그들이 나를 에워싸고 에워쌌으니 내가 여호와의 이름으로 그들을 끊으리로다."

에워싼 유대인들은 예수님께 질문하며 즉답을 요구했다(24b절). "당신이 언제까지나 우리 마음을 의혹하게 하려 하나이까?"(ἕως πότε τὴν ψυχὴν ἡμῶν αἴρεις;). 이 질문은 '당신은 언제까지 우리의 마음을 졸이게 하시렵니까?'(새번역, cf. 공동, NIV, NRS)라는 의미로, 예수님의 정체에 대해 확실하게 결론을 내리지 못하겠다는 뜻이다. 그러므로 그리스도면 밝히 말씀하라고 한다(24c절). 물론 거짓말이다. 그들은 이미 예수님을 귀신 들린 자, 혹은 망언하는 자로 단정했다. 예수님을 그리스도로 인정하지 않으며, 앞으로 무슨 말을 들어도 계속 이러한 입장을 고수할 것이다.

한편으로는 예수님이 이들의 '마음 졸임'에 일조한 부분도 있다. 예수님은 사마리아 여인(4:26)과 눈을 뜨게 하신 맹인(9:35-36)에게는 자신이 메시아임을 직접 밝히셨지만 이 외에는 빛, 양의 우리로 들어가는 문, 목자 등 비유로 말씀하셨다. 그러므로 유대인들이 왜 이토록 혼란스러워하는지 어느 정도는 이해가 간다.

예수님이 직접 메시아 신분을 밝히기를 꺼려하시는 데는 그럴 만한 이유가 있다. 당시 유대인에게 메시아(그리스도)는 정치적 폭발력을 지닌 개념이었다. 오랜 세월 이방인의 억압을 받으며 살아온 그들이 기대하는 유일한 메시아는 그들을 억압하는 로마인을 쳐부수고 유대에 정치적 독립을 안겨 주는 '정복하는 메시아'(conquering Messiah)였다. 그러므로 예수님은 이러한 정치적 오해를 피하기 위해 자신이 메시아라는 사실을 밝히길 꺼리셨다. 자신을 칭하거나 자신이 메시아라는 사실을 밝힐 때는 대부분 고난받는 종을 상징하는 '인자'라는 타이틀을 사용하셨다.

이 말씀은 영안이 밝지 못한 사람은 자신이 듣고자 하는 말만 들으려 한다고 한다. 예수님은 자신이 메시아라는 사실을 직간접적으로 여러

차례 말씀하셨다. 심지어 자기와 하나님은 같다고도 하셨다(cf. 5:19-
26). 그러나 이같은 예수님의 말씀에 분개한 유대인들은 예수님을 돌로
치려고 했다(8:59). 게다가 예수님의 말씀에 수긍하기를 거부하며 다시
찾아와 자신들이 듣고자 하는 답을 달라며 예수님을 계속 위협하고 있
다. 영적 어두움은 말씀이나 논리나 이성으로 해결할 수 없는 문제다.

> Ⅴ. 유대인들과의 갈등(8:12-10:42)
>   D. 아버지와 아들(10:22-42)

2. 예수님과 하나님은 하나(10:25-30)

²⁵ 예수께서 대답하시되 내가 너희에게 말하였으되 믿지 아니하는도다 내가
내 아버지의 이름으로 행하는 일들이 나를 증거하는 것이거늘 ²⁶ 너희가 내
양이 아니므로 믿지 아니하는도다 ²⁷ 내 양은 내 음성을 들으며 나는 그들
을 알며 그들은 나를 따르느니라 ²⁸ 내가 그들에게 영생을 주노니 영원히 멸
망하지 아니할 것이요 또 그들을 내 손에서 빼앗을 자가 없느니라 ²⁹ 그들을
주신 내 아버지는 만물보다 크시매 아무도 아버지 손에서 빼앗을 수 없느니
라 ³⁰ 나와 아버지는 하나이니라 하신대

예수님은 '당신이 그리스도냐?'라는 유대인들의 질문에(10:24) 이미
그렇다고 말했지만 그들이 믿지 않는다고 하신다(25a절). 이 이슈에 관
해서는 충분히 말했으니 더는 새로 할 말이 없다는 뜻이다.

또한 이때까지 예수님이 하나님 아버지의 이름으로 행하신 일들도
모두 예수님이 그리스도임을 증거한다고 하신다(25b절). 예수님은 항
상 그분을 보내신 아버지의 뜻에 따라 아버지가 하시고자 한 일들을
하셨기 때문이다. 이는 예수님의 가르침과 사역 전반에 관한 말씀이다
(Bultmann). 몇 가지 사례로 예수님은 맹인을 보게 하시고(9:1-7), 중풍
병자를 걷게 하시며(5:2-9), 5,000명을 먹이시고(6:5-13), 물 위를 걸으

셨다(6:16-21). 또한 자신을 생명의 떡(6:35), 양의 문(10:7), 선한 목자(10:11)라 하셨다. 예수님은 아브라함보다 먼저 계셨으며(8:58), 목마른 자들에게 오라고 하셨다(7:37).

유대인들이 예수님을 메시아로 믿으려고 했다면 증거와 증언은 얼마든지 있었다. 그러므로 그들이 예수님에 대해 혼란스럽다고 하는 것은 증거가 부족해서가 아니라 그들이 믿지 않기로 작정해서다. 마음이 강퍅한 사람들에게 예수님이 메시아라는 증거는 많으면 많을수록 그들을 더 강퍅하게 만든다(Bruce).

예수님은 그들이 믿지 않는 것을 영적인 이슈로 간주하신다. 그들은 증거가 부족해서 예수님을 믿지 않는 것이 아니라, 주님의 양이 아니기 때문에 믿지 않는다(26절). 그들은 하나님이 선한 목자이신 예수님에게 보내신 양들이 아니다. 그러므로 그들의 불신은 예수님을 통해서 일하시는(25절) 하나님을 부인하는 행위이기도 하다. 유대인들의 불신은 예수님과 그들 사이의 일인 동시에 하나님과 그들 사이의 일이다(Klink).

유대인들과 대조적으로 예수님의 음성을 듣고 따르는 양들이 있다(27절). 바로 예수님의 양들이다. 예수님은 그들을 알고, 그들은 예수님을 따른다. 10:4에서는 양들이 목자를 알아보는 것이 강조되었는데, 이번에는 목자가 양을 아는 것이 강조되고 있다. 유대인들이 참 목자이신 예수님을 부인하는 것이 사실이지만, 예수님이 그들을 부인하신다는 것도 사실이다. 앞서 예수님은 유대인 지도자들을 가리켜 무능한 목자들이라 하셨는데(10:1-21), 이제는 그들이 양도 못 된다고 하신다(Klink).

예수님은 음성을 듣고 따르는 양들에게 영생을 주신다(28a절). 그러므로 예수님께 영생을 얻은 양들은 영원히 멸망하지 않을 것이다(28b절). 또한 이 양들을 예수님의 손에서 빼앗을 자도 없다(28c절). 그들은 영원히 영생을 누릴 것이다. 예수님이 보호하고 지키시기 때문이다. 칼뱅주의의 핵심인 '성도의 견인'(the preservation of the saints)은 본문과 같은 말씀을 근거로 한다. 연약한 인간이 하나님을 붙잡아서 구원에 이르는 것이 아니라, 하나님의 강인한 손이 그를 붙잡기 때문에 구원에 이른 다(Morris). 믿음뿐 아니라 영생과 복락도 하나님의 선물이다.

29절은 사본학적으로 혼란스럽고 번역하기 까다로운 말씀이다(cf. Brown, Klink, McHugh). 핵심 이슈는 아버지가 예수님에게 주신 양들이 만물보다 크다는 것인지, 혹은 양들을 주신 아버지가 만물보다 크시다는 것인지 하는 점이다. 모든 사람은 하나님이 창조하신 자연 만물보다 더 귀하다는 것을 고려하면 첫 번째 해석도 가능하다(cf. 마 16:26). 그러나 30절이 예수님과 하나님은 하나라고 하시는 것을 고려하면 예수님의 손에 있는 것은 만물보다 크신 하나님의 손에 있는 것과 마찬가지라고 하는 듯하다. 예수님의 손에 있는 양들은 만물보다 크신 창조주 하나님의 손에 있는 것과 다름없다. 따라서 하나님이 보호하실 것이다.

"나와 아버지는 하나이니라"(30절)는 본 텍스트의 절정이다(Mounce). 혹시라도 몰라서 예수님을 믿지 않는다는 자들이 있다면, 이제 더는 변명할 수 없다. 이 말씀은 하나님과 예수님은 동일한 목적을 이루기 위해 하시는 일에서 하나라는 뜻이 아니다. 만일 그런 의미라면 듣고 있던 유대인들이 예수님을 치려고 돌을 들지 않았을 것이다(cf. 10:31). 이는 하나님과 예수님은 본질이 같다는 뜻이다(Lindars). 그러므로 기독교 역사에서 예수님과 하나님의 관계에 대한 논쟁이 일어날 때마다 신학자들은 이 말씀을 인용해 예수님과 하나님은 동질이라며 삼위일체를 옹호했다.

이 말씀은 믿지 않으려고 마음을 정한 사람에게는 어떠한 증거와 증언도 효력을 발휘하지 못한다고 한다. 예수님은 이미 그들에게 자신이 메시아임을 여러 차례 직간접적으로 말씀하셨다. 그러나 그들은 믿으려 하지 않고 또다시 예수님이 메시아가 맞는지 물어보았다. 믿기 위해서가 아니라 문제 삼을 만한 말을 듣고자 해서였다. 그러므로 예수님이 믿으려 하지 않는 그들에게 더 하실 말씀은 없다.

"하고자 하면 방법이 보이고, 하지 않으려고 하면 핑계가 보인다"라는 말이 있다. 유대인들의 문제는 예수님에 대한 정보가 부족한 데 있는 것이 아니라, 진실을 부인하기 위해 핑곗거리를 찾는 데 있다. 혹시 우리도 이런 자세로 살고 있는 것은 아닌지 되돌아보아야 한다.

> V. 유대인들과의 갈등(8:12-10:42)
> D. 아버지와 아들(10:22-42)

3. 신성 모독이 아니니 믿으라는 권면(10:31-38)

[31] 유대인들이 다시 돌을 들어 치려 하거늘 [32] 예수께서 대답하시되 내가 아버지로 말미암아 여러 가지 선한 일로 너희에게 보였거늘 그 중에 어떤 일로 나를 돌로 치려 하느냐 [33] 유대인들이 대답하되 선한 일로 말미암아 우리가 너를 돌로 치려는 것이 아니라 신성모독으로 인함이니 네가 사람이 되어 자칭 하나님이라 함이로라 [34] 예수께서 이르시되 너희 율법에 기록된 바

내가 너희를 신이라 하였노라

하지 아니하였느냐 [35] 성경은 폐하지 못하나니 하나님의 말씀을 받은 사람들을 신이라 하셨거든 [36] 하물며 아버지께서 거룩하게 하사 세상에 보내신 자가 나는 하나님의 아들이라 하는 것으로 너희가 어찌 신성모독이라 하느냐 [37] 만일 내가 내 아버지의 일을 행하지 아니하거든 나를 믿지 말려니와 [38] 내가 행하거든 나를 믿지 아니할지라도 그 일은 믿으라 그러면 너희가 아버지께서 내 안에 계시고 내가 아버지 안에 있음을 깨달아 알리라 하시니

유대인들은 예수님이 "나와 아버지는 하나이니라"(10:30)라고 말씀하신 것에 단단히 화가 나 돌을 들어 예수님을 치려고 한다(31절). 그들은 8:59에서도 예수님을 돌로 치려고 했다. 율법은 여호와의 이름을 모독하는 자를 돌로 치라고 하는데(레 24:16), 예수님의 발언이 여기에 해당

한다고 생각한 것이다.

예수님은 그동안 하나님의 선한 일을 여러 가지 하셨다(32a절). 맹인을 보게 하고, 중풍병자를 낫게 하는 등 많은 기적을 행하셨다. 예수님은 자신이 행한 이 선한 일 중에서 무엇이 문제가 되어 그들이 돌로 치려고 하는지 따져 물으셨다(32b절).

유대인들은 예수님이 하신 선한 일들은 문제가 되지 않는다고 한다(33a절). 다만 예수님이 신성 모독을 했기 때문에 돌에 맞아 처형되어야 한다고 한다(33b절). 요한복음에서 유대인들이 예수님이 하신 말씀을 신성 모독이라며 공식적으로 문제 삼는 것은 이곳이 유일하다(O'Day, cf. 마 26:65; 막 14:64). 그러나 예수님의 말씀은 여호와의 이름을 모독하는 신성 모독에 해당되지 않는다. 그들은 이번에도 5:18에서처럼 예수님이 하나님과 하나(동질)라고 하신 것을 문제 삼고 있다.

이 사람들은 진실을 알고 싶어서 질문한 것이 아니다(cf. 10:24). 그들은 예수님이 자신과 하나님의 관계에 대해 하시는 말씀이 진실일 가능성을 배제한 채 질문했다. 게다가 그들은 나무는 열매를 보고 판단해야 한다는 원리를 인정하지 않는다. 그러므로 예수님이 어떤 말씀을 하시든, 얼마나 선한 일을 많이 하시든 똑같은 결론으로 치달았을 것이다. 한번 비뚤어진 시선은 바로잡기 참으로 어렵다.

예수님은 율법(구약)을 인용해 자신을 변호하신다(34a절). "내가 너희를 신이라 하였노라"는 시편 82:6의 일부다. 시편 82편에는 천사들과 이스라엘 사람들을 불의하게 재판하는 재판관들이 등장한다. 그러므로 이 말씀 속 '너희'가 천사들인지, 혹은 이스라엘을 잘못 다스리는 자들인지를 두고 학자들 사이에 논란이 있다(cf. Brown, Klink, McHugh).

그러나 예수님은 다음 절(35절)에서 '너희'를 '[시내산에서 하나님의] 말씀을 받은 사람들'이라 하신다. 일부 학자는 말씀을 받은 사람들이 시편 82편의 '너희'가 되는 것을 문제 삼기도 하지만, 이러한 해석과 적용은 당시에 흔히 사용되던 유대인들의 해석 방법에 속한다(Brown, cf.

Bultmann).

예수님의 논리는 이러하다. 하나님이 모세를 통해 시내산에서 말씀을 받은 보통 사람들을 신이라고 하셨다는 사실을 고려할 때, 하나님이 거룩하게 하여 세상을 심판하라며 보내신 이(예수님)가 스스로 하나님의 아들이라고 하는 것이 어떻게 신성 모독이 되느냐는 것이다(36절, cf. Michaels).

예수님은 그들에게 행위를 보고 판단하라고 하신다(37절). 영어에 "행동은 말보다 더 큰 소리를 낸다"(Deeds speaks louder than words)라는 말이 있는데, 자신이 하는 일들을 보고 판단하라고 하시는 것이다. 만일 예수님이 하시는 일이 하나님의 일이 아니라면 그들은 예수님을 믿지 않아도 된다(37절). 그러나 예수님이 하시는 일이 하나님의 일이라면, 설령 예수님을 믿지는 않을지라도 하나님이 예수님을 통해서 하시는 일은 믿으라고 하신다(38a절). 예수님은 10:26에서 이미 그들이 믿지 않는다고 하셨는데, 그들에게 믿을 것을 한 번 더 권면하시는 것이다. 만일 그들이 하나님이 예수님을 통해서 일하고 계신다는 사실을 깨닫는다면, 하나님이 예수님 안에 계시고 예수님이 하나님 안에 계시는 것도 깨닫게 될 것이다(38b절). 예수님과 하나님은 하나라는 사실을 인정하게 될 것이라는 뜻이다.

이 말씀은 하나님을 가장 잘 안다고 하는 자들이 하나님을 가장 모를 수 있다고 한다. 유대교 지도자들은 자신들만큼 하나님을 잘 아는 사람은 없다고 자부했다. 그러나 그들은 하나님을 모른다. 만일 그들이 하나님을 알았더라면 하나님이 보내신 아들을 돌로 치려고 하지 않았을 것이다.

성경은 우리가 하나님을 아는 것에 대해 두 가지로 말한다. 첫째, 지적인(객관적인) 앎이다. 성경을 읽고 신학 서적과 묵상집 등을 통해 얻을 수 있는 앎이다. 둘째, 관계적인(주관적인) 앎이다. 순종과 기도를 통해 형성된 관계적 앎이다. 우리는 이 두 가지 앎의 균형을 추구해야 한다. 지나치게 지적으로 쏠리면 영적으로 매우 건조하게 되고, 지나치게 관계적으로 치우치면 무당과 점쟁이가 된다. 그러므로 신앙생활에서 균형을 추구하는 것은 매우 중요하다.

> V. 유대인들과의 갈등(8:12-10:42)
>   D. 아버지와 아들(10:22-42)

4. 결말: 성전을 떠나심(10:39-42)

> [39] 그들이 다시 예수를 잡고자 하였으나 그 손에서 벗어나 나가시니라 [40] 다시 요단 강 저편 요한이 처음으로 세례 베풀던 곳에 가사 거기 거하시니 [41] 많은 사람이 왔다가 말하되 요한은 아무 표적도 행하지 아니하였으나 요한이 이 사람을 가리켜 말한 것은 다 참이라 하더라 [42] 그리하여 거기서 많은 사람이 예수를 믿으니라

이미 예수님에게 마음을 닫은 지 오래된 유대인들이 어떠한 말씀에도 귀를 기울일 리 없다. 그들의 유일한 관심사는 예수님을 잡아 돌로 쳐 죽이는 일이다(39절; cf. 10:31). 그러나 이마저도 쉽지 않다. 아직 예수님이 죽으실 때가 이르지 않았기 때문이다(cf. 7:30). 그러므로 예수님은 잡고자 하는 자들의 손에서 벗어나 원하는 곳으로 가셨다.

예수님은 예루살렘을 떠나 요단강 저편 세례 요한이 처음으로 세례를 베풀던 곳으로 가서 그곳에 머무셨다(40절). 요한이 세례를 베풀던 곳은 오늘날 요르단의 영토이며, 베다니라는 곳이다. 예수님이 이곳에서 그에게 세례를 받으시고 사역을 시작하셨다(cf. 1:28-29). 사역의 시작을 알리는 곳으로 돌아오신 것이다.

앞으로 3-4개월 후에 예수님은 다시 예루살렘으로 가셔서 그곳에서 십자가를 지실 것이다. 그러므로 예수님이 세례받은 곳으로 오신 것은 십자가 죽음을 준비하기 위해서라고 할 수 있다(Barrett). 이때가 겨울이

었으니 참으로 쓸쓸하고 추운 여정이었을 것이다.

예수님이 그곳에 계신다는 소문이 나서 많은 사람이 찾아왔다(41a절). 원래 세례 요한이 사역하던 곳이었던 만큼 찾아온 사람 중에는 요한의 사역을 경험한 사람도 많았다. 그들은 요한과 예수님의 차이를 단번에 알아보았다. 요한도 많은 사역을 했지만 표적은 행하지 않았다(41a절; cf. 1:6-8, 15; 1:19-34; 3:22-36). 이는 예수님이 이곳에서 많은 표적을 행하신 것을 암시한다.

예전에 세례 요한이 예수님에 대해 증언한 것은 모두 다 진실이었다(41b절). 그는 평상시에 장차 오실 메시아에 대해 이렇게 증언했다. "나는 물로 세례를 베풀거니와 너희 가운데 너희가 알지 못하는 한 사람이 섰으니 곧 내 뒤에 오시는 그이라 나는 그의 신발끈을 풀기도 감당하지 못하겠노라"(1:26-27). 또한 그는 예수님을 처음 본 순간 '세상 죄를 지고 갈 어린양'(1:29)이라 했다. 인간의 죄를 대속하고 죽을 고난받는 메시아, 곧 '인자'이심을 직감한 것이다. 이후 요한복음은 세례 요한의 증언에 따라 예수님을 '메시아'(1:41), '하나님의 아들'(1:49), '이스라엘의 임금'(1:49)이라고 했다. 베다니로 예수님을 찾아온 사람들은 이 모든 것이 사실임을 깨달은 것이다.

평소 세례 요한이 곧 오실 것이라고 증언한 이를 만난 사람들의 감동이 어떠했을까? 감개무량한 그들은 주저하지 않고 예수님을 메시아로 영접하고 믿었다(42절). 예수님을 따르고 믿는 사람들의 공동체가 날이 갈수록 왕성해졌다. 당연한 일이다. 그토록 사모하던 메시아를 뵈었으니 얼마나 좋았을까!

이 말씀은 굳이 믿지 않겠다는 사람을 계속 붙잡고 있을 필요는 없다고 한다. 예수님은 마음을 닫아 버린 유대인들에게 어떠한 말을 해도 그들이 믿지 않을 것을 아셨다. 그러므로 그들에게 더는 열정과 시간을 낭비하지 않으시고 베다니로 가서 많은 사람을 하나님께 인도하셨다.

하나님을 영접하는 일은 우리 스스로 결정하는 일이 아니라, 하나님이 우리 마음을 열어 준비시키실 때 가능하다. 그러므로 누군가 복음을 받아들이지 않으면 한 걸음 물러서서 복음을 받을 준비가 되었는지 가끔 점검하면 된다. 하나님은 복음에 저항하는 그 사람만 사랑하시는 것이 아니라, 복음을 접할 기회가 없어서 하나님께 나아오지 못하는 사람들도 사랑하신다. 모든 사람에게 공평한 기회를 주는 것은 좋은 일이다. 그러므로 우리는 듣지 못해서 믿지 못하는 사람들도 찾아가 예수님의 사랑을 전해야 한다.